국제경영의 이론과 실제

박종돈

Going International Business

도서출판 청람

머리말

Borderless World! Think Global, Act Local.

오늘날 세계시장은 국경이 사라지고, 공존과 경쟁이 상존하는 무한경쟁시대의 GVC(Global Value Chain)로 국제경영의 최적화를 추구하는 단일시장으로 통합되면서 자연스럽게 글로벌화(Globalization)를 이루어온 것이 사실이다. 과거 1995년 WTO(세계무역기구)체제 출범으로 기업의 세계지향적 경영활동을 유도한 세계화, 경쟁과 규제완화를 이루어낸 자유화 그리고 세계를 '단일의 장'으로 이룩한 개방화가 바로 그것이다.

시대별 변화를 살펴보면, 무국경의 국제경영은 세계경영을 이끌어낸 글로벌화의 시작점인 1990년을 필두로, 세계시장에서 일본기업이 미국기업에게 국제경쟁력을 내준 1995년, 2001년 중국의 WTO 가입과 2002년 유로화 통용 등으로 글로벌화가 가속화되었다. 한편 2009년 금융위기로 세계경제는 주춤하였지만 중국은 개방경제정책으로 난국을 극복하면서 GDP 세계 2위 국가로 부상하였다. 영국이 EU를 탈퇴한 2016년 브렉시트(Brexit)는 유럽연합의 결속력 의문으로 EU 경쟁력을 하락시켰다.

2020년 잠자는 거인이 깨어났다. 40년간 중국의 GDP 연평균 10% 상승으로 세계시장에서 미국과 쌍벽을 이루게 되었으며, 포춘지 선정 '글로벌 500'에 124개의 중국기업이 등재되면서 121개 미국기업 수를 추월하였다. 글로벌 힘의 균형 이동이 세계시장에서 나타난 것이다. 20세기가 미국의 시대였다면 21세기는 중국의 시대를 전망한다고 예측할 수 있다. 동시에 한국을 비롯한 아시아 국가의 국제경쟁력 및 미래전망도 긍정적이다.

전 세계 인구 77억 명, 세계 국내총생산(GDP) 88조 달러, 미국과 중국의 G2시대 도래, 미국 수출액 1.7조 달러를 넘어선 중국 수출액 2.5조 달러, 아마존을 비롯한 인터넷기업의 폭풍성장으로 산업계 질서의 대변혁 등의 양적 성장을 이루었고 현재도 진행 중이다. 특히 2009년 미국발 금융위기와 그리스, 포르투갈, 이탈리아, 아일랜드, 스페인 등 남유럽 국가의 재정위기가 유로존 위기로 확산되어 세계 경기침체를 벗어나지 못하는 저성장의 New Normal시대에 있다.

하지만 제4차 산업혁명의 새롭게 변하는 Big Data, AI, IoT, Robotics, 3D, 드론, O2O, Cloud, ICT, Cyber Physical System 등의 기술동향, 포퓰리즘(인기영합주의), 내셔널리즘(자기국가중심주의), 보호무역, 첨단기술이전의 회피, 산업구조조정, 경제협력 같은 지역화(Blockalization) 등 다양하고 복잡한 국제경영 환경변화에 기업가정신(Entrepreneurship)으로 유연하고 창의적으로 접근해야 한다.

글로벌 비즈니스 환경은 학제 간 융복합이 자연스러운 제4차 산업혁명의 기업가정신과 창조성을 무엇보다도 중요시하고 있다. 무서운 속도로 변하고 있는 시장에서 기회를 실현하기 위해 새로운 사업을 추진한다. 남들이 발견하지 못한 사업기회를 찾아내어 자신의 책임하에 필요한 자원을 조달하여 사업을 시작하는 변화와 혁신 그리고 창조적 혁신을 추구하고 이를 실행하여 승화시키는 예술적 감각이 중요하다.

국제경영은 세계와 여러 국가로 기업활동을 확대하는 기업의 국제화와 다국적기업의 글로벌 경영에 관련된 다양한 이슈들을 체계적이고 포괄적으로 다루면서 전 세계를 대상으로 경영의 기회를 얻어야 하는 것이다. 국제경영이라는 학문분야는 이를 위해 인문학, 사회학, 과학, 수학, 철학, 공학, 법학, 경제학, 생명과학, 역사학 등 여러 전공분야의 과목을 국제적인 시각에서 접근하는 방식을 취할 수밖에 없는 것이다.

글로벌 비즈니스를 진행하면서 곤경에 빠지는 것은 무엇인가를 몰라서가 아니다. 무엇인가를 확실히 안다는 착각 때문이다. 우리는 하나의 단계에 집착하지 말고 다음, 다음으로 나아가야만 한다. 생성은 끊임없이 흘러가는 것이기 때문에 기존의 질서에만 안주해서는 적응력을 잃어버린다. 항상 새로운 진로를 개척해 나가는 인간만이 안이에서 탈피할 수 있는 것이다.

애플 창업주 스티브 잡스가 우리나라에서 태어났다면 대학졸업도 못한 낙오자가 되었을 것이다. 스펙을 중시하는 구태의연한 시스템에 묻혀서 아무런 시도도 못했을 것이다. 안전한 기준에서 진행된 가장 안전한 결과 이상은 보여주지 않는 수준에 그칠 수 있기 때문이다. 그러나 요즘의 비즈니스는 대부분 자국 내에서만 비즈니스를 한정짓지 않고, 전 세계로 뻗어나가야 한다는 사실을 잘 알고 있기 때문에, 이에 적합한 국제경영인재를 양성하기 위해 사고방식의 전환이 필요하다.

따라서 기업활동의 모든 아이디어는 세계시장중심으로 창출하고, 기업활동 자체는 현지시장중심으로 경영할 수 있는 국제경영방식이 절실한 시기이다. 1인당 GDP가 3만 달러를 돌파한 우리나라는 국제화, 세계화, 글로벌화의 첨단에 서 있으며 국제경쟁력 우위를 확보하기 위해 국가, 기업, 개인 모두 국제경영 사고방식이 빠른 속도로 보편화되고 있다. 과거 특별한 전공이었던 국제경영학이 더 이상의 특별영역이 아닌 일반화되고 보편화된 필요충분조건의 기본적 학문영역으로 변화된 것이다.

"Borderless World! Think Global, Act Local." 특정 국가 내에 경영이 제한되던 때와는 달리, 경영환경이 다양해졌기 때문에 의사결정을 위해 고려해야 하는 변수들도 다양하고, 그 결과, 당면하게 되는 위험도 각양각색이다. 이처럼 다양한 통제 가능한 환경요인과 통제 불가능한 환경요인에 능동적이고 합리적으로 대처하기 위해 글로벌기업은 최적의 경영정책을 모색할 필요가 있다.

이 교재는 글로벌기업의 경영활동에 최적화를 지원해 줄 수 있는 경영정책을 추구하는 데 필요한 개념적 틀과 도구를 제공하려는 데 목적을 두고 있다. 제1부에서는 국제경영의 개념과 국제경영학의 학문적 체계를 다루고 있다. 제2부에서는 기업이 국제경영활동을 수행하면서 직면하게 될 해외시장선택과 진입전략을 다룬 기업의 국제화과정에 대해 설명하였다. 제3부에서는 기업이 국제경영활동에서 경험하게 될 국제경영환경, 즉 국제경제환경, 정치적 환경, 문화적 환경을 다루었다. 제4부에서는 글로벌기업의 경영관리를 각 기능별로 나누어 국제마케팅관리, 국제인사관리, 국제생산관리, 국제재무관리, 국제조직관리 등 광범위한 조직 내부의 경영기능들을 살펴보았다. 제5부는 글로벌전략, 국제경쟁전략, 국제협상전략 등 국제경영전략을 주로 다루고 있다. 이들 내용은 최근 주목받고 있는 주제일 뿐만 아니라 미래 한국기업의 국제경영에 필요한 대안전략으로 중용성이 대두되고 있다. 마지막으로 제6부는 모바일과 SNS 등으로 세계 소비패턴을 급격하게 변화시키는 e-비즈니스 환경을 제시하고 있다.

저자는 경영대학에서 30년간 국제경영학을 강의하면서, 어떻게 추상적 이론과 현실적 지식을 적절히 조화시킬 것인가를 고민하여 왔다. 글로벌화와 제4차 산업혁명으로 세계시장 환경은 하루가 다르게 변화하고 있다. 따라서 그에 대한 최신 지식을 강의실에 전달해 줄 필요성이 커지고 있다. 또한 체계적인 국제경영의 이론교육을 통해 학생들에게 현장의 의미를 정확히 일깨워 주고 국제경영의 장기적 안목도 키워 줄 필요가 있어 출판이라는 작은 소망을 이루게 되었다.

이 교재에는 각 장마다 새로운 이론과 이슈들에 직접 연관된 다양한 사례들을 수록하였다. 한 학기에 이 교재로 국제경영학 과목을 강의한다면, 학생들에게 현실적인 국제경영학 이론과 기법들을 교육할 수 있다. 물론 별도의 사례와 부교재를 활용하여 보다 심도 있는 강의를 진행할 수도 있다. 국내 대학에서 국제경영교육의 수준이 향상되고 글로벌화를 추진하는 기업경영자들에게 실질적인 도움이 되기를 기원한다.

이 책의 출판이 완료될 수 있도록 많은 도움을 베풀어 주신 도서출판 청람의 이수영 사장님과 담당 직원들께 깊은 감사의 마음을 전한다. 마지막으로 이 책을 출간하느라 밤늦도록 씨름하는 동안 가정에서 이를 잘 이해하고 격려해 준 가족에게 사랑을 전한다.

2021년 8월

박종돈

차 례

1부 · 국제경영의 본질

1장 국제경영의 이해

1절 국제경영학의 역사적 의의 ········· 3
1. 국제경영학의 역사적 의의 / 3
2. 국제경영학의 거시환경 / 3
3. 한국에 있어서 국제경영학의 중요성 / 4

2절 국제경영의 의의 ········· 4
1. 국제경영의 개념 / 4
2. 국제경영의 특성 / 5

3절 국제경영의 이해 ········· 6
1. 국제경영의 동기 / 6
2. 국제경영의 생성배경 / 8
3. 국내경영과 국제경영의 차이 / 10
4. 국제경영 논의의 쟁점 / 11
5. 글로벌화 개념의 확산 / 14

4절 국제경영에 영향을 미치는 요소 ········· 15
1. 경제적 상황 / 15
2. 기술 / 16
3. 전쟁 / 16
4. 정치적 관계 / 17

5절 국제경영학의 학문체계 ········· 18
1. 국제경영학의 정의 / 18
2. 국제경영학의 연구분야 / 18
3. 국제경영학 연구의 종합성 / 20
4. 국제경영학에 관한 문헌의 발전 / 21

2부 · 기업의 국제화과정 및 다국적기업

2장 해외시장선택과 진입전략

1절 해외시장선택 ········· 25
1. 해외시장선택의 개념 / 25
2. 해외시장선택기법 / 30

2절 해외시장 진입방법의 선택 ········· 35
1. 해외시장 진입방법 / 35
2. 해외시장 진입방법 결정요인 / 37

3절 소유권과 통제수준 결정 ··· 39
1. 소유권전략의 이해 / 39
2. 통제수준의 결정요인 / 40

4절 해외시장 진입전략 수립 ··· 41
1. 진입전략의 목표 및 환경의 분석 / 41
2. 투자국의 일반환경분석 / 44
3. 해외시장의 세분화 / 46
4. 해외시장의 확대전략 / 47

3장 기업의 국제화과정

1절 기업의 국제화 개념 ··· 50
1. 기업 국제화요인 / 51
2. 기업 국제화과정 / 52
3. 기업 국제화동기 / 54

2절 기업의 국제화 진출과정 ··· 57
1. 기업의 국제화단계 / 57
2. 해외시장 진출방식의 변화과정 / 58
3. 해외진출방식의 선택모형 / 59

3절 다국적기업의 진출 ··· 62
1. 다국적기업의 정의 / 62
2. 다국적기업과 현지국 / 64
3. 다국적기업에 대한 유인과 규제 / 66

4장 해외시장 진출유형

1절 진출형태선택에 영향을 미치는 변수 ··· 68
1. 법 / 68
2. 가격 / 68
3. 경험 / 69
4. 경쟁 / 69
5. 위험 / 69
6. 통제 / 70
7. 자연자산 / 70

2절 수출을 통한 진출형태 ··· 70
1. 간접수출(indirect export) / 71
2. 직접수출(direct export) / 72

3절 계약방식에 의한 진출 ··· 75
1. 라이선스계약 / 75
2. 프랜차이즈계약 / 77

4절 국제경영관리계약 ··· 78
1. 경영관리계약의 의의 / 78
2. 경영관리계약의 방법과 단점 / 79
3. 국제하청생산계약 / 79
4. 턴키프로젝트 / 82

5절 해외직접투자방식에 의한 진출 ··· 83
1. 합작투자 / 84
2. 단독투자 / 87
3. 기업의 M&A / 88
4. 국제기업의 전략적 제휴 / 94

6절 기술의 국제적 이전 99
1. 기술의 이전 / 99
2. 기술의 국제적 이전 / 100
3. 기술이전의 이유 / 102
4. 기술도입 시 유의사항 / 103

5장 해외직접투자

1절 해외직접투자의 동기와 유형 107
1. 해외직접투자의 동기와 결정요인 / 107
2. 해외직접투자의 유형 / 108

2절 해외직접투자의 결정과정 111
1. 해외직접투자안의 심사과정 / 111
2. 해외직접투자안의 심사 필요성 여부 결정 / 112
3. 투자대상국의 투자환경분석 / 112
4. 해외직접투자안에 대한 수익성분석 / 114
5. 투자대상국 정부와의 협상 및 투자결정 / 117

3절 해외진출형태 및 경로의 선택 118
1. 해외진출형태의 선택 / 118
2. 해외진출경로의 선택 / 120

4절 합작투자 122
1. 합작투자의 세계적 추이 / 122
2. 합작투자의 유형 / 122
3. 합작투자의 이점과 불리점 / 124
4. 합작투자파트너의 선정 / 126

5절 해외직접투자가 투자국과 피투자국에 미치는 영향 128
1. 투자국에 미치는 영향 / 128
2. 피투자국에게 미치는 영향 / 130

6절 해외직접투자의 협상 132
1. 해외직접투자협상의 의의 / 132
2. 다국적기업과 피투자국의 협상력 / 133
3. 다국적기업과 피투자국의 협상력 변화 / 135
4. 협상기술 / 135

7절 해외직접투자 철수 137
1. 해외직접투자 철수의 정의 / 137
2. 해외직접투자 철수의 유형 / 138
3. 해외직접투자 철수의 원인 / 138
4. 해외직접투자 철수전략 / 139

3부 · 국제경영환경

6장 기업의 글로벌화

1절 글로벌화의 목적 ··· 143
1. 경쟁우위와 비교우위의 종합 / 143
2. 규모의 경제와 범위의 경제 실현 / 143
3. 불확실성의 재정과 시장지배 / 144

2절 글로벌화의 개념 ··· 145
1. 글로벌화의 개념 / 145
2. 글로벌화에 따른 기업의 변화 / 146

3절 글로벌화과정 ··· 149
1. 국제기업의 글로벌화단계 / 149
2. 관리 측면의 글로벌화과정 / 150

4절 글로벌화 행동양식과 발전과정 ··· 151
1. 글로벌기업의 행동양식 / 151
2. 글로벌기업의 발전과정 / 152
3. 한국기업과 글로벌화 / 154

5절 글로벌화 경영전략 ··· 155
1. 단일시장형 글로벌전략 / 155
2. 단일시장형 세계기업 / 155
3. 지역글로벌화형 글로벌전략 / 156
4. 지역글로벌화기업 / 157

7장 국제경제환경

1절 GATT와 WTO ··· 160
1. GATT / 160
2. UR / 164
3. WTO / 167
4. DDA / 172

2절 경제통합과 세계경제의 블록화 ··· 176
1. 경제통합의 정의 및 형태 / 176
2. 경제통합의 효과 / 180
3. 경제블록화의 현황 / 182
4. 우리나라의 FTA 추진 현황 / 186

8장 정치적 환경

1절 정치적 위험의 개요 ··· 191
1. 정치적 위험의 역사 / 191
2. 정치적 위험과 기업경영 / 192
3. 정치적 위험의 유형 / 195
4. 정치적 위험의 원천과 영향력 / 197

2절 정치적 위험의 측정과 분석방법 ··· 200
1. 정성적 · 이론적 분석방법 / 201
2. 정성적 · 비이론적 분석방법 / 201
3. 정량적 · 이론적 분석방법 / 204
4. 통합적 분석방법 / 204

3절 정치적 위험의 관리 ······ 206
1. 정치적 위험관리의 기초 / 206
2. 정치적 위험의 관리전략 / 209

9장 문화적 환경

1절 이문화환경과 국제경영 ······ 216
1. 언어 / 217
2. 종교 / 218
3. 교육 / 219
4. 가치관 및 태도 / 219
5. 기술 및 물질문명 / 221
6. 사회제도와 정치체계 / 222

2절 문화적 환경의 분석방법 ······ 223

3절 문화의 종합적 평가모형 ······ 225
1. 홉스테드모형 / 225
2. 홀의 모형 / 229
3. 클러크혼과 스트로드벡의 모형 / 230

4절 문화적 환경의 관리 ······ 235
1. 마케팅의 적응 / 235
2. 경영자의 적응 / 236
3. 기업조직 및 제도의 적응 / 236

4부 · 국제경영관리

10장 국제마케팅관리

1절 해외시장세분화 ······ 240
1. 세분화의 기준 / 240
2. 표적시장선정 / 241

2절 해외제품포지셔닝 ······ 243
1. 해외포지셔닝과 원산지효과 / 243
2. 표준화 대 차별화(현지적응) / 244
3. 해외포지셔닝관리 / 245

3절 제품전략 ······ 246
1. 제품수명주기관리 / 246
2. 제품라인의 확장과 믹스 / 248

4절 가격전략 ······ 250
1. 덤핑과 법적 문제 / 250
2. 원가가산법 / 250
3. 시장의 다양성 / 252
4. 가격등귀 / 252
5. 통화가치와 가격의 변화 / 253
6. 고정 · 변동 가격제도 / 253
7. 경험곡선 / 253
8. 초기고가정책 대 침투가격정책 / 254
9. 국제적 경쟁자에 대한 대응 / 255

5절 촉진전략 ···· 256
1. 푸시-풀 믹스(push-pull mix) / 256
2. 풀(pull)전략으로서의 광고 / 257
3. 광고의 표준화 / 257
4. 광고예산 / 258
5. 매체선정 / 259
6. 광고메시지 / 260
7. 인적판매 / 260

6절 유통전략 ···· 261
1. 유통경로의 표준화문제 / 261
2. 단계적 경로관리 / 262
3. 유통세분화전략 / 263
4. 경로 내부화전략 / 263
5. 판매자회사 / 264

11장 국제인사관리

1절 국제인사관리의 전략대안 ···· 266
2절 국제경영자 선발 ···· 268
1. 해외파견인 선발 / 268
2. 해외파견인 선발방법 / 271
3. 현지인 채용 / 272
3절 국제경영자 교육 ···· 273
1. 해외파견인 교육 / 273
2. 현지채용인 교육 / 276
4절 보상관리 ···· 277
1. 해외파견인 보상관리 / 277
2. 현지채용인 보상관리 / 280
5절 해외파견인 귀국관리 ···· 281
1. 해외파견인 재귀국 시 발생되는 문제 / 281
2. 해외파견인 재적응 관리방안 / 282
3. 국제노사관계 / 283

12장 국제생산관리

1절 국제생산의 의의 ···· 285
2절 국제생산입지의 선정 ···· 286
1. 국제생산입지의 환경분석 / 286
2. 국제생산입지의 선정기법 / 288
3절 글로벌 소싱 ···· 290
1. 해외조달방식 / 290
2. 자체조달 대 외부조달 / 291
3. 기업 내 국제분업 / 293

4절 국제로지스틱스 ………… 293
1. 국제로지스틱스의 의의 / 293
2. 국제로지스틱스의 주요 기능 / 294

13장 국제재무관리

1절 환위험관리 ………… 297
1. 환위험의 측정 / 298
2. 환위험의 관리 / 300

2절 국제투자관리 ………… 305
1. 자본예산의 기초 / 305
2. 국제자본예산의 특수성 / 307
3. 해외투자의 자본비용 / 308
4. 해외투자의 자본비용에 영향을 주는 요인들 / 309

3절 국제자금조달 ………… 310
1. 국제금융시장의 선택 / 311
2. 국제자본조달방식 / 312
3. 국제자금조달의 효과 / 314

4절 국제운전자본관리 ………… 316
1. 본 · 지사 간 자금이전체계 / 316
2. 자금이전수단 / 317
3. 조세회피국 이용 / 319

14장 국제조직관리

1절 조직의 개관 ………… 320
1. 조직의 개념과 목표 / 320
2. 조직의 형태 / 321

2절 조직의 결정요인 및 조직의 형태 ………… 326
1. 조직의 결정요인 / 326
2. 조직의 변천과정 / 328
3. 조직의 집권화와 분권화 / 329

5부 · 국제경영전략

15장 글로벌전략

1절 글로벌전략의 개념 ………… 335
1. 글로벌전략의 정의 / 335
2. 글로벌전략의 특징 / 336
3. 글로벌전략의 경쟁우위 원천 / 339
4. 글로벌전략의 이점과 한계 / 341

2절 글로벌전략의 모형 ··· 342
1. 통합-적응모형 / 342
2. 배열-조정모형 / 344
3. 자원준거관점의 모형 / 347

3절 글로벌전략의 분석절차 ··· 348
1. 글로벌 팀의 구성 / 349
2. 사업의 정의 / 349
3. 주요 시장의 확인 / 350
4. 주요 경쟁자 확인 / 350
5. 핵심전략에 대한 체크 / 351
6. 국가선택에 대한 체크 / 351
7. 산업의 글로벌 잠재력 평가 / 352
8. 글로벌전략의 가능성 평가 / 352
9. 조직능력의 평가 / 353
10. 글로벌 프로그램의 개발 / 354

16장 국제경쟁전략

1절 경쟁전략의 의의 ··· 355
1. 산업의 수익성 다섯 가지 요인 / 355
2. 본원적 경쟁전략 / 359
3. 글로벌화와 경쟁전략 / 363

2절 국제경쟁전략에 대한 이해 ··· 365
1. 국제경쟁전략의 의의 / 365
2. 국제경쟁전략에 대한 접근방식 / 367
3. 국제경쟁전략의 특성 / 373

3절 범세계적인 수준의 경쟁행동 ··· 376
1. 글로벌화의 시장요인 / 377
2. 글로벌화의 비용요인 / 377
3. 글로벌화의 정부요인 / 377
4. 글로벌화의 경쟁요인 / 377

4절 국제경쟁전략의 수행 ··· 379
1. 국제경쟁전략 수행의 개념화단계 / 380
2. 국제경쟁전략 수행의 구체화단계 / 382

17장 국제협상전략

1절 국제협상 일반론 ··· 385
1. 국제협상의 의의 / 385
2. 국제협상의 절차 / 386
3. 성공적인 국제협상 / 390
4. 국제협상의 주요 이슈 / 393

2절 국제기업협상 ··· 398
1. 국제기업협상의 기본개념 / 399
2. 현상인식을 위한 국제기업현상분석 / 404

3절 주요 국가의 협상사례 ··· 407
1. 중국인과의 협상 / 407
2. 미국인과의 협상 / 407
3. 아랍인과의 협상 / 408
4. 일본인과의 협상 / 408

6부 · e-비즈니스 환경

18장 e-비즈니스 환경변화

1절 인터넷시대의 국제경영의 환경변화 ···· 411
1. 고객중심의 환경변화 / 411
2. 산업의 환경변화 / 411
3. 가치사슬의 환경변화 / 412
4. 네트워크의 환경변화 / 412

2절 국제적 인터넷환경요인의 분석 ···· 412
1. 인터넷 비즈니스의 환경요인 / 412
2. 시장환경요인 / 413
3. 기술환경요인 / 414
4. 물류환경요인 / 415
5. 법과 정치적 환경요인 / 416

3절 디지털 신경영이론 ···· 416
1. 신경영이론 / 416
2. 디지털경영의 거품이론 / 417

4절 글로벌화와 인터넷경영 ···· 418
1. 글로벌화와 인터넷 / 418
2. 인터넷이 글로벌화에 미치는 영향 / 421

5절 우리나라 인터넷기업의 해외진출 ···· 423
1. 인터넷기업의 해외진출 필요성 / 423
2. 인터넷기업의 해외진출 유형 / 424

19장 글로벌 인터넷 마케팅

1절 인터넷 마케팅환경 ···· 425
1. 인터넷시대의 마케팅환경변화 / 425
2. 인터넷환경변화에 따른 문제점 / 427

2절 인터넷 마케팅전략 ···· 431
1. 인터넷 마케팅전략 / 431
2. 신경영전략에 따른 기대효과 / 435

• 참고문헌 ···· 437

• 찾아보기 ···· 440

1부

국제경영의 본질

1장 ■ 국제경영의 이해

Going International Business

1장 국제경영의 이해

1절 국제경영학의 역사적 의의

1. 국제경영학의 역사적 의의

국제경영학의 역사적 전개는 한국의 최근세사 1세기와 세계적으로 전개되고 있는 20세기 산업사회가 21세기 정보사회로 전환하는 과정에 필연적으로 나타나는 현상이라는 관점에서 파악해야 한다. 한국의 지난 1세기 동안의 역사, 즉 1876~1962년은 개방화와 국제화의 실패기, 1963~1991년은 개방화 촉진기 그리고 1992~2020년은 글로벌화 추진기라고 구분될 수 있다.

첫 번째 기간은 국제화와 개방화의 실패로 갖은 고난과 어려움을 겪어 민족적 수난 및 정체기로 규정할 수 있고, 두 번째 기간은 개방화 촉진을 통해 중진국도약에 성공한 시기로 볼 수 있다. 이제 국내 정치 · 경제 · 사회 및 문화의 각 측면을 고려할 때, 현재는 과거를 바탕으로 글로벌화를 필연적으로 추진할 수밖에 없다.

2. 국제경영학의 거시환경

국제경영학이 현상으로서만이 아니라 전략으로서 필요한 것은 인류역사가 농업사회에서 시작하여 20세기까지의 산업사회를 거쳐 21세기의 정보사회로 전환하면서 세계 정치 · 경제 · 사회 · 문화가치 등 사회의 기본질서가 변화함에 따라 적극 대응하여야 하기 때문이다. 20세기 산업사회에서는 국제화 · 산업화 및 근대화전략을 적극적으로 추진한 국가들이 성공적인 성과를 달성할 수 있었다.

그러나 21세기에는 기본적으로 사회의 지배원리가 바뀜에 따라 국제화전략에서 글로벌화전략으로, 산업화전략에서 정보화전략으로 그리고 근대화전략에서 인간화전략으로 기본전략을 바꿀 것을 요구하고 있다. 왜냐하면 20세기 산업사회는 자본이나 노동과 같은 경제적 요소가 발전의 전략변수였으나, 정보사회에서는 인간이 창출하는 지식과 정보가 모든 부가가치 창출의 원동력이 되기 때문이다.

3. 한국에 있어서 국제경영학의 중요성

국제경영학은 인류역사에서 처음으로 나타나고 있지만, 과거 국내외 역사의 국제화와 개방화의 경험을 비교함으로써 그 교훈을 찾아볼 수 있다.

19세기 말 한 · 일 간의 첫 개항의 사례비교에서 교훈을 발견할 수 있다. 19세기 중반 서구 열강의 개항압력에 대해 일본은 1854년 미 · 일 통상조약을 수동적 · 소극적으로 추진한 결과 20세기에는 서구 열강을 대신하여 동아시아의 식민종주국으로 부상할 수 있었다. 반대로 한국은 서구 열강의 개항압력에 대해 계속 버티다가 1876년 강화도조약을 체결하고 20세기에 들어와 어려운 환경에 처하게 된다.

국가 산업화의 성공 여부가 주로 개방화 · 국제화전략의 채택 여부나 그 정도에 달려 있음을 알 수 있다. 이는 산업사회의 국제화전략이 정보사회에서의 글로벌전략과 비교될 수 있으므로 글로벌화의 대응전략의 내용과 방법에 따라 21세기 국가의 미래가 달라지고 학문으로서의 국제경영학은 역사적 과제이면서 국가융성의 기회임을 보여주는 것이다.

2절 국제경영의 의의

1. 국제경영의 개념

국제경영은 글자 그대로 두 개 이상의 국가 간에 이루어지는 경영활동의 현상을 의미한다. 그 대상은 재화, 서비스, 자본, 인력, 기술과 아이디어이다. 국제경영활동은 국가(state)가 생성되기 시작한 이미 오래 전부터 인류사회에 존재해 왔다고 할 수 있다.

한편, 국제경영은 국제거래활동이 더 많은 숫자의 국가들을 포함하는 범위로 확대된 개념이라고 할 수 있다. 1930년대 이후 국제경영활동이 세계 전반적으로 확대되면서 국가 간 경영활동이 다른 국가들에 중요한 영향을 미치게 되었다. 특히, 제1 · 2차 세계대전을 겪으면서 범세계적인 경제협력의 필요성이 인식되었고, 이러한 배경에서 중요하게 사용된 개념이 국제경영이라고 할 수 있다. 이러한 관점에서 국제경영은 기업경영활동이 범지구적 경영활동으로 확장되는 현상으로 정의될 수 있다.

그러나 국제경영은 국가 간 경영활동이 단순히 범지구적 범위로 확장되는 것을 의미하는 것은 아니다. 국제경영은 기업활동이 범지구적 시스템(system)과 네트워크(network) 안에서 작용하는 것을 뜻한다. 여기서 말하는 범지구적 시스템이라는 것은 주로 세계의 많은 국가들과 정책 등을 중심으로 형성되는 국제기구, 국제협약 또는 지역경제권 등을 의미하고, 한편 범지구적 네트워크는 다국적기업(multinational enterprises) 또는 초국적기업(transnational enterprises)들에 의해 만들어지는 기업활동의 네트워크를 말한다. 한편, 다국적기업들과 초국적기업들에 의한 글로벌기업활동의 네트워크는 국가와 정책에 의한 글로벌시스템보다 훨씬 빠르고 강력하게 국제경영의 통합을 촉진하고 있다.

이와 같이 국제경영은 단순한 공간적 확대라는 의미만이 아니다. 시기적으로 국제경영화 현상은 1980년대 중반 이후에 두드러지게 나타나고 있다고 볼 수 있다. 물론 1980년대 중반 이전에도 GATT 및 IMF와 같은 국제기구나 규범들이 존재하였다. 그러나 1980년대 중반 이후 국제금융의 발달, 초국적기업의 활발한 활동과 같은 새로운 경영현상들이 나타나면서 국제경영은 과거와는 다른 새로운 행동원칙과 질서를 강화해 가고 있다.

그리고 국제경영은 선 · 후진국 간의 제휴 · 갈등 · 긴장을 야기하며, 또한 매판 · 예속성 문제 · 공해 · 조세 · 부조리 · 노사문제 등 정치 · 경제 · 사회적인 문제와 깊은 관계를 가지고 있으며, 이를 둘러싼 환경에 크게 영향을 받는다.

2. 국제경영의 특성

21세기에 있어서 국제경영의 특성은 몇 가지로 들 수 있다.

첫째, 인터넷시스템과 금융시스템의 존재이다. 세계경제 안에서 각 국가들을 포함하는 범지구적 경영시스템의 존재는 경영활동의 연계성을 높이게 된다.

둘째, 다국적기업(multinational enterprises)들에 의한 네트워크의 형성이다. 현재 지구상에는 3개국 이상에 걸쳐 활동하는 약 5만 개 정도의 다국적기업들이 있다. 이 다국적기업들은 전 세계 부(富)의 3분의 2를 차지하며, 각국의 각종 규제와 장벽들을 철폐시키는 데 큰 영향력을 발휘하고 있다. 이들이 만들어내는 '세계상품(world products)'은 각국의 고유생활이나 문화를 바꾸어 놓고 있다.

셋째, 세계 금융자본의 존재이다. 이 세계 금융자본은 인터넷 망을 통하여 지구촌을 하루에도 수십 바퀴씩 돌아다니며 수익이 높은 곳이면 과감하게 투자했다가, 수익이 떨어질 것으로 예상되면 대량으로 이탈하여 시장에 막강한 영향력을 행사한다. 초국적기업들의 이러한 행동은 이제 한 국가의 존멸 자체를 결정할 정도의 위력을 발휘하고 있다. 따라서 각국 정치가들조차 서로 이들과 손을 잡으려고 아우성칠 정도이다.

이상과 같은 특징들을 나타내는 국제경영화현상의 빠른 진전은 세계 각 국가 간 경제활동의 연계성을 인위적으로 높이게 되어 획일적인 행동원칙을 강요하는 복잡하고 긴밀한 경제활동의 공간을 구성하게 된다. 이러한 배경에서 세계가 갖고 있는 다양한 경영가치관에 대한 인식이 더욱 중요해지고 있다. 오늘날 세계에는 다양한 경영적 규범과 가치관들이 공존하고 있다.

따라서 국제경영의 행동원칙 속에서 세계 각국의 경영이념 및 가치관이 조화를 이루어 가는 것이 국제경영의 새로운 과제가 되고 있다.

3절 국제경영의 이해

1. 국제경영의 동기

국제경영을 추구하는 데는 세 가지 주요 동기가 있는데, 판매확대, 자원획득, 판매와 공급원의 다양화가 그것이다.[1)]

1) John D. Daniels and Lee H. Radebaugh, *International Business* (Addison-Wesley, 1986), pp.7-11.

1) 판매확대

판매는 기업의 상품과 서비스에 관심이 많은 사람들과 소비자의 구매능력에 의하여 제한을 받는다. 사람의 수나 구매력의 크기는 일반적으로 한 국가보다는 전 세계가 크므로 국제적인 경영활동은 기업의 판매시장 잠재력을 높일 수 있다.

일반적으로 높은 판매량은 많은 수익을 의미한다. 즉, 대량판매는 대량생산을, 대량생산은 규모의 경제에 의하여 국제경쟁력을 높여 준다. 그러므로 국제적인 판매와 기업 확장이 국제경영의 주요한 동기라고 할 수 있다.

2) 자원획득

제조업자와 유통업자들은 해외에서 생산된 제품이나 부품뿐만 아니라 상품이나 서비스를 얻으려고 한다. 해외를 통한 자원의 획득은 거래비용과 생산비를 절감시키고 이익을 증가시켜 결과적으로 소비자에게 이익이 돌아가게 된다. 따라서 보다 많은 사람들이 그 상품을 구입하게 된다. 그리고 해외자원의 획득은 본국 내에서는 쉽게 이용 불가능한 독특한 능력을 갖게 해준다. 그러한 전략이 기업에게 상품의 품질을 개선시키게 하거나 적어도 경쟁상품과 차별화시키게 된다. 그리하여 그 회사의 시장점유율과 이익을 증가시킨다. 또한 외국에서의 자원조달은 국내에서 할 수 없는 것을 하게 함으로써 수익의 증가를 가져올 수도 있다.

3) 판매와 공급원의 다양화

기업은 판매와 이익이 크게 흔들리는 것을 회피하려고 한다. 이런 목적으로 해외시장과 해외에서의 생산을 추구한다. 많은 기업들은 각 국가들 사이에 비즈니스 사이클이 다르다는 사실을 이용한다. 그리하여 경제후퇴가 진행 중인 국가에서의 판매 감소 기간 동안에 회복기에 다른 지역에서는 판매를 증가시킨다. 결과적으로 해외 여러 나라에 상품이나 부품공급을 분산함으로써 기업은 한 국가 내에서 부딪칠 수 있는 가격의 격변이나 생산부족과 같은 충격들(예를 들어, 스트라이크)을 피할 수 있게 된다.

2. 국제경영의 생성배경

1) 통신 · 인터넷 · 항공기의 발달

만약 경영자와 기술자들이 지난 세기 동안 국제적 공간을 좁히는 방안을 발견하지 않았더라면 국제경영은 오늘날처럼 이렇게 일반화되지는 않았을 것이다. 국제전화, 컴퓨터 그리고 민간항공기는 국제경영에 필요불가결한 요인이었다. 통신의 개선과 더불어 컴퓨터가 개발되었다. 국제경영의 관점에서 볼 때 컴퓨터의 중요성은 전 세계에 걸친 활동의 방향과 통제에 필요한 많은 자료들을 통제할 수 있으며, 또한 짧은 시간 내에 정정을 하여 다시 재구성할 수 있다. 이렇게 됨으로써 문서와 말로써 전달된 정보의 애매성이 크게 줄어들게 되었다. 전화와 컴퓨터의 성장을 뒷받침해 준 것은 전 세계에 퍼져 있는 자회사와 해외여행 대리점, 국제신용카드와 민간항공사의 발전이었다.

금세기에 들어와서 국가 간의 거리가 좁혀짐에 따라 재화와 용역의 생산은 인류가 지금까지 증가시켜 왔던 것 중에 가장 큰 증가를 보였다. 지구의 거의 모든 지역에서 수많은 생산물이 흘러나왔다. 수송과 통신의 개선으로 얻어진 국제적 공간의 축소는 이 지구상의 커다란 변화 중의 하나가 되었다. 모든 사람들은 소비와 생산에서, 구매와 판매에서 그리고 계획을 세우고 그것을 받아들임에 있어 다국적기업이 조직망을 통하거나 다른 수단을 통하여 이 같은 변화들을 연관시켰다.

2) 국제적 공간축소의 영향

국제적 공간의 축소가 모든 형태의 기업에 미친 근본적인 영향 중의 하나는 소비자의 기호를 급격하게 일치시켰다는 점이다.[2] 전 세계적인 구매자선호의 일치에 관한 증거는 아직 체계적으로 밝혀지지는 않았다. 그러나 그것이 갖는 의미는 명백하다. 플라스틱 그릇이 조롱박과 토기 등을 대신하게 되었으며, 토속적인 초가지붕이 양철지붕으로 바뀌게 되었다.

고소득수준에 있는 소비자들의 경우 세계의 서로 다른 지역에 살면서도 소비유형은 거의 비슷한 경향을 보여 주고 있다. 프랑스산의 술과 이탈리아산 구두가 거의 모든 지역에서 팔리고 있으며, 그것들이 없는 지역에서는 모조품이 팔리고 있다. 맥도날드 햄버거 상표는 런던과 동경의 거리에서뿐만 아니라 서울의 종로거리에서도 쉽게 찾아볼 수가 있다.

---

2) Raymond Vernon, *Storm over Multinationals* (President and Fellows of Harvard College, 1977), pp.10-11.

3) 기술과 지리적 확장

오늘날의 시대는 수백 년의 지리적 개척과 기술적 발전의 누적된 결과라는 것을 너무 당연하게 생각한다. 기술개발로 인해 제조업자들은 상품을 만들어내고 판매할 수 있게 되었다. 그리고 운송시설의 발달로 여러 지역으로 신속히 이동할 수 있게 되었다. 또한 인공위성을 통한 통신의 발달은 상호 간의 연락은 물론 특정국가의 사람들이 다른 지역에서의 경영활동을 통제할 수 있게 되었다.

4) 제도의 발달

오늘날은 또한 능률적인 기술혁신을 가능하게 하는 기업과 정부의 누적된 제도적 발전의 결과를 당연하게 생각한다. 외국에 상품이나 서비스를 배급하는 능력은 교통의 진보에도 있지만, 한편으로는 제도상의 발전에 기인한다.

과거에는 물물교환시스템이 가장 일반적이었는데 물물교환 거래는 대개 번거롭고 시간이 걸리며, 위험하며, 비용이 많이 들었다. 오늘날의 생산자들이 해외에서 판매하는 재화와 서비스에 대한 결제를 비교적 용이하게 할 수 있는 것은 광범위한 혁신에 의해서이다. 여기에는 물물교환을 대신하는 화폐와 신용카드, 일국의 통화를 다른 통화로 바꾸는 외환교환협정, 구매자의 미결제에 의한 손해를 보상해 주는 보험, 은행신용협정들이 포함된다. 이외에도 우편우송협정 등 국제경영을 용이하게 해주는 수많은 제도적 협정들이 있다.

5) 전 세계적 경쟁심화

오늘날의 기업들은 과거의 기업보다 많은 해외기회를 가질 수가 있다. 한 곳에서의 사건과 혁신에 대한 소식은 인터넷을 통해 거의 동시에 다른 곳으로 전달된다. 많은 신상품의 정보와 외국판매가 훨씬 더 신속하게 확산된다. 기업은 해외의 시장과 생산기회와 접하기 때문에 경쟁이 점점 더 세계적으로 격화된다. 이제까지 국내에서만 활동하고 경쟁자를 국내기업으로만 생각했던 기업들은 해외기업과 국제화되는 국내기업으로부터의 경쟁증가에 직면하게 된다. 만약 그들이 새로운 세계적 경쟁을 인식하지 못하고 이에 대응하지 않으면 그 결과는 대실패(파멸)를 가져오게 될 것이다.[3)]

---

3) Thomas F. O' Boyle, "Rise and Fall", *Wall Street Journal* (4 January 1984), p.1.

6) 정보화와 인터넷 거래

기업이나 가정에 휴대용 컴퓨터가 급속히 확산되고 있다. 이런 기술의 전자화, 소형화, 디지털화 그리고 소프트웨어의 확산은 지금까지의 시간과 공간의 개념을 파괴시킨다. 예컨대, 지구촌의 정보와 주위의 활동은 '실제시간(리얼타임)'에 일어난다. 서울에서 런던까지 우리는 인터넷을 통해 상대방의 말과 행동을 즉각 감지한다.

이처럼 현실을 조직하는 방법과 일치해 왔던 공간과 시간의 파괴와 재구축은 지금까지의 국가 간의 거래의 개념도 발전적으로 변모시키게 된다. 인터넷이나 정보망을 통해 공동의 이익을 가진 기업과 집단들의 의사소통욕구가 증대되며 쉽게 규제되지 않음으로써 국제적 경영활동을 활성화시킨다.

3. 국내경영과 국제경영의 차이

국내경영과 국제경영은 서로 많은 공통점과 유사점을 가지고 있고 이들 간에는 상호 유기적인 관계가 유지될 뿐 아니라, 국내경영에서 활용되는 여러 가지 보편적인 기본원리들은 국제경영의 경우에도 그대로 연장 · 적용된다.

그럼에도 불구하고 국제경영이 국내경영과 특별히 다른 점은 경영활동이 자기 나라와 전혀 다른 경제적, 사회 · 문화적, 정치적, 법률적 환경을 가진 다른 나라에서 이루어지고 그것도 어떤 한 나라에서만 이루어지는 것이 아니라 수많은 나라에서 동시에 이루어진다는 점이다.

그 결과 다국적기업은 자사가 진출한 국가의 수만큼 수많은 이질적인 환경하에서, 국내경영의 경우보다 훨씬 더 많은 사업상의 위험과 어려움을 겪으면서 국제사업활동을 수행하고, 그런 가운데서도 자사의 경영자원을 국제적으로 최적 배분 · 활용하여 이익을 극대화해야 한다. 이런 점에서 국제경영은 국내경영을 단순히 국제적으로 연장한 것 그 이상으로 보아야 한다.

따라서 국내경영의 경우에는 단일 국민경제에 적용되는 이론과 실무만으로 충분하지만, 국제경영의 경우에는 여기에 부가하여 국가 간의 환경의 차이로 인해 발생하는 국제경영활동상의 제반 문제를 해결해 줄 수 있는 또 다른 이론과 실무를 필요로 한다. 이것이 국제경영이 국내경영과 다른 점이며 국제경영학이 해결해야 할 문제이다.

표 1-1 국내경영과 국제경영의 차이점

국내경영	국제경영
1. 단일 언어 및 문화권에서 활동	1. 상이한 언어 및 문화권에서 활동
2. 상대적으로 동질시장 상대	2. 이질적 및 다양한 시장 확대
3. 자료가 충분하고 정확	3. 자료수집이 어렵고 부정확
4. 정치적 요인이 상대적으로 덜 중요	4. 정치적 요인이 매우 중요
5. 정부간섭이 상대적으로 미약	5. 비즈니스 결정에 정부간섭이 높음
6. 국수주의가 도움이 됨	6. 국수주의로 인해 피해
7. 안정적 사업환경	7. 변화가 심한 사업환경
8. 통일된 재무구조	8. 다양한 재무기준
9. 단일통화 사용(환위험으로부터 안전)	9. 복수통화 사용(환위험에의 노출)
10. 안정된 '게임의 규칙'	10. '게임의 규칙'이 변화될 수 있음
11. 한정된 경쟁자 상대	11. 국제적 경쟁자 상대
12. 본국의 이해관계자집단	12. 본국과 외국의 이해관계자집단
13. 시간적 및 거리제약이 미약	13. 시간적 및 거리제약이 따름
14. 관리권한과 책임소재 명료	14. 상대적으로 권한과 책임소재 불명료
15. 조직구조와 의사소통체계가 단순	15. 조직구조와 의사소통체계의 복잡성
16. 재무적 통제가 용이	16. 재무적 통제의 어려움
17. 국제경영자의 필요성이 덜함	17. 국제경영자의 필요성이 높음

4. 국제경영 논의의 쟁점

현대의 국제경영 논쟁의 중요성은 근본적으로 최근 국제경영활동 수준의 급격한 증가를 지칭하더라도 국제적 경제거래와 그 상호 연계성의 정도를 측정하는 것을 넘어서는 것이다. 오히려 실질적인 문제는 국제경영활동의 현황에 대한 자신들의 해석에 입각하여 다양한 규정과 정의를 동원하여 이루어지는 진단과 처방이라고 할 수 있다. 몇 가지 쟁점에 대한 검토는 다양한 논의들이 국제경영의 성격을 어떻게 규정하고 있으며, 어떠한 정의에 입각해 있는지를 보여준다는 점에서 유용하다.

국제경영을 둘러싼 다양한 논점을 파악하기 위해 편의상 극단적 국제경영론(hyper-globalization thesis)과 국제경영회의론 또는 비판론 간에 대립할 수 있다.

1) 극단적 국제경영론

도식적으로 극단적 국제경영론은 기술진보에 의해 초래된 자본의 무한한 이동성으로 진정한 의미에서 세계경제가 출현하여 국경의 의미는 없어지고(지리의 종언, 국경 없는 세계경제), 자유시장체제의 막대한 영향력으로 모든 규제 등은 무의미해질 뿐만 아니라, 소수의 거대기업이 내부화된 생산체제를 통해 세계경제를 지배함으로써(글로벌기업의 존재, 다국적기업의 절대적 영향력) 국가는 필연적으로 약화 내지 소멸(개별국가의 미약성, 국가의 종말)하고, 단일화된 자유시장경제하에서 생활수준, 소비자의 기호, 문화가 동질화될 것(사회 · 정치 · 경제의 동질화 또는 수렴)이라고 주장한다.[4)]

첫 번째 논점은 정보의 수집, 전달 및 가공과 관련된 새로운 기술의 출현에 따른 지리의 종언이라는 명제(the end of geography thesis)이다. 이는 세계적 차원에서 자원과 활동을 배치하며 효과적으로 이를 관리 · 통제할 수 있게 하는 기술혁신에 의해 이미 지리(geography)는 더 이상 경제활동의 입지와 조직에 영향을 미치지 못하게 되었다는 주장이다.

두 번째 논점은 동유럽 공산주의체제의 붕괴와 시장경제로의 이행, 제3의 길로 간주되었던 스웨덴 사회민주주의 모델의 구조적 위기, 프랑스 등 유럽 집권 사회당 정책의 실패, 동아시아 신흥공업경제(NIEs)의 급격한 성장 등을 배경으로 한다. 과거 공산주의 국가들의 붕괴와 시장경제로의 이행은 계획경제에 대한 시장경제의 승리로 평가되어 자본주의적 시장관계가 지리적으로 확산된다.

또한 시장우위의 앵글로색슨식 자본주의 유형과 경합관계에 있었던 유럽의 사회민주주의형 및 국가주도형 자본주의의 실패는 체제의 다양성의 종결과 규제되지 않거나 최소한의 규제만 존재하는 시장경제라는 단일모델의 수렴(convergence)으로 간주되었다. 나아가 동아시아 신흥공업경제의 급속한 성장은 세계경제로의 통합을 통한 선진 자본주의 국가에 대한 성공적인 추격 또는 따라잡기(catch-up)의 모범사례로서 수렴이론의 증거로 간주될 뿐만 아니라 성장과 생활수준 향상의 새로운 전망을 제공하고 있다.

세 번째 논점은 지리와 역사가 경제활동을 형성하는 데 중요성을 상실하고 있다는 사고와 관련되어 있는, 국민국가의 종말(the end nation state)이라는 명제이다. 현대의 글로벌화는 “전통적인 국민국가가 부자연스러워지고, 글로벌경제에서 불가능한 사업단위가 되는, 인류역사의 새로운 시대(new epoch)”를 나타낸다. 1970년대부터 시작된 국가개입에 대한 불신은 1980년대 신자유주의 정책의 확산으로 강화되었으며, 이제 글로벌화를 통해 증폭

---

4) Stan Davis and Christopher Meyer, *Blue : The Speed of Change in the Connected Economy* (Addison-Wesley, 1998), pp.132-148.

되기에 이른다.

자유시장체제의 영향력은 막대해져 모든 규제, 원칙, 정치적 성향 등은 무의미해진다. 세계경제에서 상이한 국가로부터 나온 재화 간, 생산요소 간 그리고 금융자산 간에 거의 완전한 대체가 존재하게 되고, 이러한 상황에서 일국적 목적을 추구하면서 자율적인 의사결정력을 가진 국민국가를 상징하는 것은 더 이상 불가능해진다는 것이다.

2) 국제경영회의론

이상과 같은 극단적 국제경영론에 대해 회의론은 국제무역, 국제투자 및 노동의 국제적 이동에 대한 19세기의 고전적 금본위제 기간(1870~1914년)의 통계적 자료를 근거로 오늘날의 국제거래의 증가수준은 결코 역사적으로 유례없는 것이 아니며, 1930년대 대공황과 제2차 세계대전의 붕괴 이후 원래상태로의 복귀에 지나지 않는다고 반박한다. 나아가 경우에 따라서는 이전의 시기보다 덜 개방적이고 덜 통합적이라고 주장한다.

첫째, 지리적 경계의 끝이라는 명제와 관련된 비판이다. 비록 지리적 범위가 국제적으로 확장되었음에도 불구하고 다국적기업이 탈국가화되었다는 주장은 현실에 대한 부분적인 해석에 불과하다는 것이다. 국제화과정에 오랫동안 관여하였더라도 미국의 대규모 기업들은 오직 부분적으로만 다국적화하였다. 제조업기업 중 포드사 등의 해외고용이 전체 고용의 50%를 넘을 뿐, 일본기업은 그 비중이 매우 작다. 실제로 글로벌화한 기업은 소규모 국가의 다국적기업에 불과하다는 것이다. 따라서 글로벌기업은 초국적화한 대규모 기업의 실천이라기보다는 대부분의 경우 과장된 기업프로젝트의 영역에 속하는 것이라고 비판한다.

둘째, 표면적인 글로벌화의 경제체제이다. 오늘날 무역과 투자의 흐름은 압도적으로 OECD 국가에 집중되어 있으며, 진정으로 글로벌화되기보다는 세계경제는 3대 블록, 즉 유럽, 중국 및 일본 그리고 북미라는 삼극에 의해 지배되고 있다. 따라서 국제무역, 국제자본흐름, 기술흐름 등은 글로벌화라기보다는 삼극화(triodization)라고 하는 것이 타당하다. 일부에서는 대부분의 국제활동의 증가는 세계적 차원이기보다는 대륙적 지역수준에 머무르는 소위 지역화(regionalization)현상으로 파악한다.

셋째, 국민국가의 종말이라는 명제에 대한 비판이다. 회의론자들은 규제에서 국가의 중심성, 국제화에 있어서 적극적인 촉진정책 등을 강조한다. 경제활동은 대부분 출신국가에 기반을 두고 있으며, 국제적 흐름의 증가는 세계적 경제활동의 출현이라기보다는 국민국가들 간의 상호작용의 증가, 즉 국제화를 나타낼 뿐이라는 것이다. 따라서 국민적 경제정책은 잠재적으로 응집적이고 유효하다.

비록 국제경영이 부과하는 제약이 정부의 정책의 효과를 감소시키기도 하지만, 국제화는 국가에 따라 상이한 영향을 미치며, 그 사회적 · 정치적 결과도 국가별로 매우 다양하다. 따라서 자본의 국제화는 정책선택을 제한할 뿐만 아니라 마찬가지로 확대시키기도 한다.

5. 글로벌화 개념의 확산

기존의 국제화(internationalization)를 대체하는 글로벌화라는 용어는 다국적기업에 관한 연구문헌에서 수요의 글로벌화(globalization of demand)라는 제한된 현상을 가리키기 위해 등장하였지만, 이제는 세계경제의 새로운 단계 또는 국면을 지칭하는 것으로 그 내용이 계속 확장되어 왔다.

이 용어가 지칭하는 내용은 극히 다양하기 때문에 분석을 하기 위해서 다음과 같은 네 가지 유형의 정의로 나눌 수 있다.[5)]

첫째, 다국적기업의 새로운 전략 또는 새로운 경영행태로서의 글로벌화이다. 레빗(T. Levitt, 1983)은 동일한 상품을 전 세계에 판매하는 다국적기업의 새로운 전략을 지칭하기 위해 글로벌화라는 용어를 사용하였다. 이 경우 글로벌화는 다국적기업의 경영전략을 지칭하는 것으로 배타적으로 국제무역과 관련된 '시장의 글로벌화'이다. 따라서 선진국에서 성숙기에 접어든 제품을 해외에 판매한다는 버논(R. Vernon)의 제품수명주기이론(Product Life Cycle Theory)과 대조를 이룬다. 이러한 글로벌화 개념에서 결정적인 역할을 하는 것은 기업이며, 국제분업의 심화도 기업집단 내부에서 이루어진다는 글로벌화에 대한 하나의 특수한 접근을 대표한다. 즉, 글로벌화는 단순한 다국적기업의 전략과 구별되는 세계적인 차원에서 완전히 통합된 경영형태를 지칭한다.

둘째, 국제화된 자본에 의한 국민국가 내부의 사회적 재편(social recomposition)과정 또는 그 극단적 형태인 '국가의 종말(the end of nation)'로서 글로벌화이다. 세계 생산의 큰 비중을 차지하고 있는 다국적기업은 보다 유리한 환경을 제공하는 국가를 선별하게 되고,

5) R. Boyer(1997b), pp.15-16 ; R. Boyer(1998c), pp.32-35.

무역 · 투자 · 금융 및 연구개발의 측면에서 확보한 극단적 이동성 때문에 자본을 유치하기 위한 국가 간의 경쟁을 조장한다. 국민국가의 전통적인 경제정책은 대규모 기업의 전략에 대해 무력해진다. 그 결과 국민적 공간은 다국적기업 등 가장 국제화된 집단의 요구에 적응할 수밖에 없으며, 이 경우 글로벌화는 가장 국제화된 기업 또는 사회집단이 과거 국민국가가 부과하던 게임의 규칙을 그들에게 유리하게 재편하는 과정을 지칭하게 된다.

셋째, 영토상의 재편이라는 의미에서 지역화(regionalization) 또는 지역경제통합(regional economic integration)으로서 글로벌화이다. 지역경제통합은 특정지역 내부에서 경제적 거래를 촉진하기 위해 새로운 게임의 규칙을 부과하는 것이기 때문에 익명적이며 글로벌화된 경쟁시장이라는 관념에 반대한다.[6] 대륙적 지역 내부에서 정치적 타협은 국제금융시장의 평가에 크게 영향을 받지만, 매우 자율적인 지역공간이 형성되었다는 것과 경쟁은 대륙적 지역 전체와 관련되어 있음을 강조한다. 정치와 경제는 더 이상 국민국가가 아닌 광범위한 지리적 공간에서 상호작용한다.

넷째, 글로벌화는 과거의 국제경제와 질적인 단절을 나타내는 새로운 구도(new configuration)를 지칭한다. 과거의 경제는 주로 국민국가수준에서 진행되는 과정들의 상호작용에 의해 결정되었기 때문에 국제경제적(international)이었다. 대조적으로 오늘날 완전히 통합된 하나의 단위로서 '글로벌화된 경제(globalized economy)'가 출현하였다는 것이다. 이제 국민경제는 국제적 수준에서 직접적으로 작용하는 거래와 과정들의 체계 내부에서 분해되고 재구성한다. 이 정의는 가장 일반적이고 체계적이며, 이전의 국제경제체제와의 질적인 단절을 강조하는 경향이 있다.

4절 국제경영에 영향을 미치는 요소

1. 경제적 상황

제2차 세계대전 이후 세계적 풍요 속에서 세계무역과 해외투자는 상품의 형태, 개별국

6) Stan Davis and Christopher Meyer, *Blue : The Speed Change in the Connected Economy* (Addison-Wesley, 1998), pp.132-148.

가들이 차지하는 국제경영의 비례적 가치에 영향을 미쳤다.

1970년대의 호경기 동안에 무역은 생산보다 더 빠르게 성장하였으나, 1980년대 초와 1980년대 후반 사이의 기간 동안에는 생산보다 더 느리게 무역의 증가를 가져왔으며, 2000년대 초반에는 무역과 생산이 비슷한 비율로 증가하였다.

변화하는 세계의 풍요로움은 세계무역의 상대적 중요성과 상품형태에 영향을 미쳐왔다. 19세기 중반 독일의 정치경제학자이며 통계학자인 엥겔(Ernst Engel)은 소득이 증가하면 식료품비에 쓰이는 비중은 감소하는 반면, 다른 품목에 쓰이는 비중은 같거나 증가한다는 것을 발견했다. 비록 보다 비싼 식료품비 때문에 식료품에 쓰이는 절대액은 증가하겠지만 이것은 사실이다. 이러한 경향이 국제무역과 해외투자에서 차지하는 농산물의 비중을 감소시켰고 제조업의 비중을 증가시켰다.

2. 기술

이 시대의 급격한 기술변화는 새로운 상품들을 창출하였고 구상품을 대체시켰으며 세계무역과 투자에 있어 국가들의 상대적 지위에 영향을 미쳤다. 가장 분명한 예로 제트기, 컴퓨터 같은 새로운 상품들이 국제경영에 큰 비중을 차지한다. 이전에 존재하던 상품들은 생산공정의 기술개발이나 새로운 사용법이 발견됨으로써 세계무역을 확대시켰다. 다른 상품들도 대체재에 의해 부분적으로 대체되어 왔다.

대부분의 기술적 발전이 선진국에서 이루어졌기 때문에 선진국의 기업들이 제조업부문에서 무역과 해외투자의 많은 비중을 차지하며, 제조업부문이 주요 성장부문이 되었다. 그 결과 많은 대부분의 후진국들은 국제경영에서 비례적으로 작은 비중을 차지하게 되었다.

3. 전쟁

군사적 갈등은 생산능력과 운송체계가 전쟁으로 인하여 바뀜으로써 전통적인 국제경영 유형을 방해한다. 그리고 정치적 적대감이나 운송의 어려움으로 교역경로가 방해될지도 모른다. 또한 교역재의 구성도 소비재에서 군사적 목적에 부응하는 산업재로 이동하기 때문에 변한다. 국제적인 투자는 해외소유 공장들이 종종 파괴되거나 수용됨으로써 방해를 받는다. 외국으로의 이동 가능한 자본은 거의 없으며, 만약 있다고 해도 불확실성이나 정치적 규제로 이를 못하게 된다. 이전의 전쟁과는 다르게 20세기의 전쟁들은 세계적 상호관계가 매우 증가했기 때문에 먼 곳까지 충격을 준다. 그리고 민족적 분규조차도 국제적으로 크게 영향을 미치게 된다.

4. 정치적 관계

1) 정치적 블록

최근의 주요한 정치적 분리는 공산주의와 비공산주의 국가들이다. 두 집단 사이에는 아주 적은 교역만이 있고 직접투자의 경우는 공산주의 국가가 개인 소유권에, 특히 해외자산일 경우는 제한을 두기 때문에 두 집단 간의 투자는 매우 적다. 그러나 공산주의 국가의 붕괴 이후로 상호 간 대부분의 교역제한을 없애기 시작하였다. 그리고 EU는 2002년에 모든 회원국 간의 통화장벽을 철폐하여 회원국 간 총교역이 증가하고 있다. 이러한 회원국의 성장으로 세계 총무역에서 차지하는 비율도 증가하고 있다. 이러한 성장은 공동사회의 대시장접근과 함께 해외투자자들에게 주요한 매력이 되고 있다.

2) 다국 간 협정

세계적 경영에 영향을 미치는 많은 국제적 조약과 협정이 있다. 이에 따라 국가 간의 상호의존이 증가되고 국제적인 상품과 서비스의 흐름에 이들 조약과 협정이 영향을 미치게 된다.

이와 같은 조약과 협정의 예로는 IMF(국제통화기금), IATA(국제항공운송협회), 선적에 관한 협정, 국제특허권과 상표권에 관한 협정, 이중과세협정, WTO(세계무역기구) 등이 있다.

5절 국제경영학의 학문체계

1. 국제경영학의 정의

국제경영학(international business)의 연혁은 페니키아 시대를 지나서 고대의 교역상인 시대에까지 이르고 있다. 그러나 "세계적으로 상관관계를 가지고 생산과 판매의 거점을 구축하는 다수의 기업"이라는 오늘날의 의미로 파악한다면, 국제경영학의 존재가 처음 주목되기 시작한 것은 1950년대에 들어서면서부터라고 할 수 있다.

따라서 "국제경영 관리문제의 연구에 있어서는 아직 체계적인 어프로치를 모색하는 초기단계에 있다"고 뉴욕대학의 페어웨더(J. Fayerweather) 교수는 그의 저서 '국제기업경영론'(1969년)에서 말하고 있다. 그만큼 이 학문은 새로운 것이다. 페어웨더는 MIT의 로빈슨과 더불어 국제경영학의 개척자라고 할 수 있으나, 그 최초의 저서인 '*Management of International Operations*'가 나온 것이 1960년이며, 로빈슨의 '*International Business Policy*'는 1964년에 발간되었다.

국제경영학이란 무엇인가? 이것을 정확하게 정의하는 것은 곤란하다. 페어웨더는 "2국이나 그 이상의 국가에 걸쳐서 사업을 영위하는 경영"이라고 정의하고 있다.

즉, 국제경영학은 여러 분야와의 경계영역에 걸친 학문분야라고 할 수 있다. 또한 콜데(E. J. Kolde)는 기업목적을 중심으로 같은 원을 몇 개 겹쳐서 그것이 얼마나 많은 영역과 관계하며 그것들에 영향을 미치고 있는가를 나타내고 있다.[7)]

이것은 기업에 있어서도 해외경영은 국내경영의 연장이라고 똑같이 이해되고 있다. 해외경영이 세계전략이라는 입장에서 중요시되어 다국적기업이 대두되고, 그 세력이 세계경제에도 영향을 미치기 시작하기에 이른 것은 이 때문이다.

2. 국제경영학의 연구분야

국제경영분야가 확립된 것은 페어웨더나 로빈슨 등의 노력도 무시할 수 없으나, 그 이상으로 다국적기업의 급속한 발전이라는 객관적인 정세의 변화에 의한 것이 크다는 점이

7) Endel J. Kolde, *International Business Enterprise* (1968), p.8.

간과되어서는 안 된다. 모든 학문이 그러하듯이 처음부터 이론이 생성되는 것은 아니다. 국제경영에 있어서도 탐구와 시행착오가 거듭되었다는 것은 의심할 여지가 없다. 오랫동안 미국에 있어서 국제경영은 국내의 연장에 지나지 않았다라든가, 국내경영에 사용되는 분석방법 · 개념 · 지식이 세계적으로 타당하다고 하는 사고방식에 머물러 있었다.

이에 대하여 로빈슨 교수는 국내의 경험과 분석방법은 세계 어디서나 유익하며, 또한 국내에서 성공한 경영자가 해외에서도 훌륭하게 경영하는 것이 가능하다고 인정하면서 다음과 같이 논하고 있다. "사람이 문화적 · 정치적 경계를 넘는 경우 그가 직면한 변수는 시스템의 작용원리를 변화시켜 버리는 성질의 것이다."[8] 가령 국내의 마케팅 전문가는 법률에 특별한 규정이 없는 한 자기가 판매하는 제품의 사회적 · 정치적 · 경제적 영향에 대해서 생각하지 않는다. 그러나 일단 국경을 넘으면 그 양상은 변하게 된다. 그 제품에 대한 대중수요와는 별도로 공업화에 대한 그 국가의 장기적 목표가 있어서 그 제품의 수요는 억제되고, 그 제품의 수입과 제조 · 판매는 금지되거나 제한된다. 따라서 "국제마케팅 문제에 대한 고려는 단순한 국내의 연장은 아니다."라고 로빈슨은 말하고 있다. 아주 새로운 변수가 이런 상황에 도입되어서 그 일부는 시스템을 지배해 버릴지도 모른다는 것이다.

그림 1-1 국제경영학의 분류

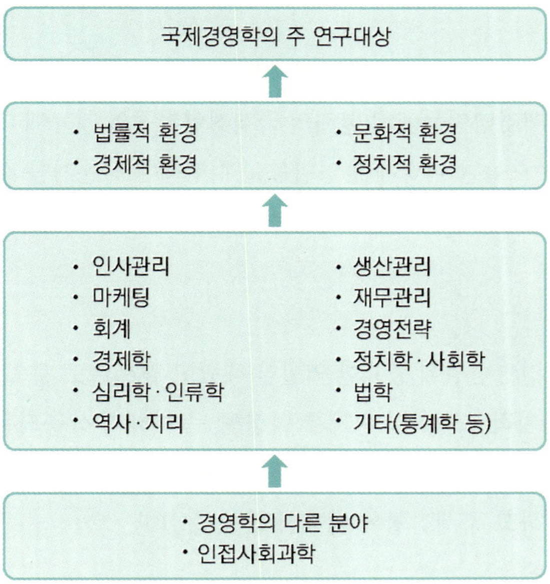

8) Richard D. Robinson, *International Business Policy* (1964), p.411.

3. 국제경영학 연구의 종합성

국제경영은 세계환경의 광범한 배경 속에서 운용되기 때문에 지리 · 역사 · 정치 · 법률 · 경제와 문화 등의 수많은 기본적 사회과학원리들의 기여 위에서 접근해 가야 한다. 여기에 국제경영은 마케팅, 경영관리와 금융 등의 기능적 분야까지도 포괄하고 있다.

이러한 기본적 원리들과 기능적 분야가 국제경영의 수행과정에서 중요한 역할을 하게 되며, 경영자가 국제환경 가운데서 효과적인 기능을 수행하려면 그 같은 환경들의 중요성을 기본적으로 파악하고 있어야 한다.

1) 지리학

지리학의 이해는 국제관리자에게 세계자원의 위치 · 양 · 질 등과 그것들의 개발 가능성을 결정하기 때문에 중요하다. 이러한 자원의 배분으로 전 세계적으로 서로 다른 지역에서 서로 다른 재화와 서비스를 생산한다. 높은 산, 광활한 사막, 정글과 같은 지리적 장벽은 기업의 유통과 유통경로에 영향을 준다. 그리고 기업의 국제경영관계를 결정하는 중요한 요인이 된다.

2) 역 사

역사는 사상과 제도에 대한 평가의 체계적인 기록을 국제관리자에게 제공한다. 과거를 돌이켜보는 것은 국제경영인들에게 현재의 국제경영활동의 기능에 대해 명확하게 이해를 시키게 된다. 역사는 오늘날 어떻게 경영활동을 수행해야 하는가를 결정해 주는 인간경험의 축적이다. 그리고 기술적이고 제도적인 발달은 국제경영의 범위를 확대시켰다.

3) 정치학

정치학은 국제적 경영형성에 중요한 역할을 해왔고 앞으로도 계속 그럴 것이다. 정치학은 경영과 국가의 정치적 조직과의 관계를 설정해, 즉 이해가 상충되는 지역에서의 기업과 정부의 행동패턴을 설명하는 데 도움을 준다. 각 국가의 정치지도층은 국제경영활동이 발생되는 조건을 결정하고 국제경영에 대해서 통제를 한다.

4) 법률학

국내법과 국제법은 국제기업의 경영자가 경영활동을 하느냐 못하느냐를 결정한다. 이것은 세금 · 고용 · 외환거래 등과 같은 문제를 통제하는 투자모국과 현지국의 국내법을 모두 포함한다. 2개국 간의 국제법률협정은 양국에 의해 어떻게 세금을 부과할 것인가를 조정한다. 경영활동이 발생하는 각 국가의 법률과 국가 간 협정에 대한 이해를 통해 기업들은 어느 곳이 수익이 좋을 것인지를 정할 수 있다.

5) 경제학

경제학에 대한 이해는 투자모국이나 현지국의 경제에 미치는 국제기업의 영향과 국제기업에 대한 국가의 경제정책의 영향을 분석할 도구를 제공한다. 경제이론은 또한 왜 국가들이 재화와 서비스를 서로 교환하는가, 왜 경영활동에 있어 자본과 인력이 이동하는가, 왜 한 나라의 화폐가 다른 나라의 화폐에 비해 특정비율의 가격이 결정되는가를 설명해 준다.

6) 문화인류학

인류학의 연구를 통해 관리자들은 사람들이 그들 자신 및 환경에 대해 갖는 가치, 태도, 믿음을 이해할 수 있고, 그리하여 그들의 환경과 다른 사회에서의 그들의 활동을 용이하게 할 수 있다.

4. 국제경영학에 관한 문헌의 발전

국제경영학에 관한 문헌은 크게 두 가지 범주로 나누어 볼 수 있다. 즉, 경영전개상 세분된 구체적인 문제를 취급한 것과 직능별 실제관행과 경영정책을 취급한 두 가지로 분류할 수 있다.

1) 경영전개상 문헌

경영전개상 세분된 구체적 문제(operational detail)에 관한 문헌은 경영에 영향을 미치고, 세계를 무대로 활약하는 기업의 활동과 거대한 양의 특수한 문제, 예를 들면 수출서류의 작성, 금리, 인간관계, 해외파견 종업원의 고용에 관한 문제, 기타 기업경영의 모든 측면에 관한 특수한 문제들을 취급하고 있다. 그러나 국제경영관리에 필요한 기초적 능력의 개발이라는 관점에서 본다면, 이런 종류의 문헌이 가지고 있는 가치는 극히 한정된 것에 불과하다. 그리고 기업경영의 모든 구체적 측면에 관한 사실과 세계적으로 모든 국가에 대한 지식을 얻는 것은 불가능하다.

이에 비해 경영의 각 직능분야의 정책(functional policy)과 관행에 관한 연구에서는 보다 큰 성과를 얻을 수 있다고 생각된다. 기업을 둘러싼 환경여건과 경영자 사이에 거듭되는 반응의 형태 가운데 우리는 국제기업을 관리하는 능력의 양성에 유익한 것을 발견할 수 있기 때문이다. 가령 해외에 있어서의 인사관리에 대해서 고찰해 보자. 종종 여기에는 가족주의, 임금수준 그리고 기술수준문제라는 각국에 공통적인 특성이 발견된다. 어떤 특정한 사고방식이나 일반적인 인사정책을 여러 국가에 동시에 적용하는 것은 어려운 일이다. 따라서 각국의 특수한 사정에 따라 경영전개상 세분된 구체적인 문제를 치밀하게 조정해 나가는 것이 최종적으로 필요하다.

2) 직능별 기능상 문헌

그러나 국제경영에서는 일반적인 직능별 기능도 그 유효한 움직임의 여지를 남겨 두고 있다. 해외에 파견된 종업원의 생활비 또는 배치전환 등이 인사관리상의 문제에서 얻어지는 경험에는 많은 반복이 있으므로 거기서 일반적인 원칙을 발견하는 것이 가능하며, 이로써 국제적인(international) 인사관리담당 관리자의 능력이 축적된다. 이와 같은 능력은 어느 특정한 외국에 한정된 인사관리능력보다도 광범위한 것이며, 국내적인 인사관리능력과도 구별되어서 평가되어야 하는 능력이다. 이런 수준의 문제를 취급한 문헌은 제2차 세계대전 이후 축적된 경영에 관한 체험을 바탕으로, 실무자 및 학자의 연구결과로 많이 나왔다.

직능별 문제점에 대해서는 여러 문제를 취급한 많은 문헌들이 있다. 이러한 문헌은 국제적 업무를 포함한 새로운 업무에 적응해 가지 않으면 안 될 국내 판매담당 관리자와 인사관리의 강좌에 국제기업에 관한 항목을 추가하고 싶어하는 교수 등에게도 크게 유익한 것이다.

2부

기업의 국제화과정 및 다국적기업

2장 ■ 해외시장선택과 진입전략

3장 ■ 기업의 국제화과정

4장 ■ 해외시장 진출유형

5장 ■ 해외직접투자

Going International Business

2장 해외시장선택과 진입전략

1절 해외시장선택

기업이 해외시장을 선택한다는 것이 무엇인가를 이해하고 그 선택에 영향을 미치는 요소들과 선택절차에 관해 살펴본다. 그리고 해외시장 선택기법들을 설명한다.

1. 해외시장선택의 개념

1) 시장선택의 의미

시장선택이라는 것은 인적자원이나 기술, 자본 등의 제한된 자원을 가진 기업들이 자신들이 보유하고 있는 제품을 가지고 어떤 시장에 참여할 것인가를 결정하는 것이다. 이는 구체적으로 다음과 같은 의미를 가지고 있다.

(1) 판매시장 및 생산기지의 선택

기업활동 및 자원의 국제적 배치, 자사의 판매시장 및 생산지역의 선택문제이다. 즉, 주된 판매시장을 어디로 할 것이며 판매제품의 생산지역을 어디에다 선택할 것인가의 문제이다. 이들 생산 및 판매지역의 결정은 별개의 문제가 아니며 상호 연계성을 지니고 있다. 예를 들어, 정보의 무역규제나 운송비 부담 등의 문제는 기업들로 하여금 생산 및 판매지역의 동일화를 가져오게 한다. 그리고 특정지역에서의 초과 생산시설의 존재는 새로운 판매시장을 선택하게 하거나 생산시설 건립에 필요한 자본규모가 지나치게 큰 경우에는 그 지역에서의 판매 가능성을 포기하게 하는 결과를 가져올 수 있다. 따라서 기업들의 입장에서는 생산 및 판매지역을 선정할 때 독립적인 의사결정이 아닌 상호 연계성을 가지고 있다는 인식을 갖는 것이 중요하다.

(2) 경쟁자와 경쟁범위의 결정

해당 참여시장의 선택은 기업 스스로가 자사와의 경쟁기업들을 선택하는 것과 동일하다. 즉, 자사가 특정지역으로 진입한다는 것 자체는 그 지역에서 이미 활동 중인 기업들과의 경쟁을 선포하는 것과 같은 의미이기 때문이다. 따라서 기업들이 특정시장을 선택한다는 것은 그 시장의 잠재력뿐만 아니라 그 시장의 경쟁구조 및 잠재적 및 현재의 경쟁기업들과 자사의 경쟁우위를 고려하여야 한다. 그리고 자사의 시장선택에 따르는 경쟁기업들의 반응을 고려하여야 한다. 그리고 자사의 시장선택에 따르는 경쟁기업들의 반응을 고려하여야 하는 등 다양한 요인들을 고려한 신중한 시장선택과정이 요구된다.

(3) 글로벌 시장확대전략의 수립

시장선택에 있어서 또 하나의 중요한 사항은 자사의 범세계적 네트워크와 국제시장의 동태적 변화과정을 고려하여야 한다. 즉 해당 지역에서의 잠재적인 판매 가능성만을 고려하는 것이 아니라 자사의 범세계적 네트워크를 고려하여 생산 및 판매지역을 선정하는 것이 필요하다. 또한 시장선택에 있어서는 지금의 시장상황이 아니라 미래의 시장 간 상호연계성을 고려해야 한다. 그리고 향후 시장의 진전 및 통합 정도와 시장 내 다양화를 고려한 동태적인 시장선택과정을 도입하는 것이 기업의 성공 여부에 결정적인 동인이 된다고 할 수 있다. 그리고 투자지역의 결정에 있어서 중요한 것은 환경조건과 위협 및 기회요인들의 변화를 항상 염두에 두어야 하며 이러한 환경변화에 대응하기 위한 동태적인 시장선택기준의 도입이 필요하다. 즉, 해당 지역에서의 생산조건 변화나 수요의 감퇴에 따른 생산지역 및 판매지역의 전략적 조정이 항상 가능하다는 탄력적인 사고를 유지하는 것이 중요하다.

2) 시장선택에 영향을 미치는 변수들

기업의 시장선택에는 많은 요인들이 영향을 미치게 된다. 현지국의 시장잠재력과 기업이 보유한 자원의 유용성, 현지국에서의 경쟁환경과 현지사업의 용이성 및 적합성, 전략시장으로 가능성 등이 있다.

(1) 시장잠재력

시장선택에 영향을 미치는 변수들 중 가장 중요한 변수로는 해당 국가의 시장성장률 정도이다. 즉, 수많은 잠재 참여시장의 현재규모 및 앞으로의 성장률 정도 등을 들 수 있으며, 잠재력이 높은 시장을 선택한다. 시장잠재력을 측정하기 위해서는 GNP나 일인당 국민소득, 성장률, 중산층의 규모, 산업화지수 등의 각종 2차 자료를 이용할 수 있다. 시장잠재력을 평가하는 데 있어서 기업들이 고려하여야 할 것은 지금 현재의 잠재력뿐만 아니라 미래의 잠재력을 고려하여 투자지역을 선정하는 것이 요구된다.

시장잠재력의 평가에 있어서 해당 제품의 소비에 대한 사회 전체의 분위기를 간과하는 경우가 많은데 이들 요인들 역시 고려하여야만 한다. 예를 들어, 일회용 기저귀의 경우 신생아 출산율과 환경운동에 대한 관심사항 등을 고려하여야 하며 모피코트회사의 경우는 현지국의 기후와 동물보호운동 분위기, 사치성 소비재에 대한 세율, 모피코트의 착복에 대한 태도 등이 영향을 미치기 때문이다.

(2) 사업의 용이성과 적합성

사업환경과 문화가 상이한 외국시장으로 진출할 때 기업들은 위협과 불안감을 느끼게 된다. 따라서 해외시장으로의 진출을 꾀하는 기업들의 입장에서는 자국과 가까이에 위치해 있는 국가나 언어가 비슷한 국가, 일인당 국민소득과 인구가 많은 시장에 우선적으로 진입하게 된다. 지리적으로 근접한 국가일수록 해외 자회사에 대한 통제의 용이성 및 기업관리가 편리할 것이며, 같은 언어를 사용할수록 기업운영에 있어서 편리성을 기할 수 있다는 장점이 있기 때문이다. 그리고 소비자들의 관심사항이나 구매특징들이 비슷한 국가에 우선적으로 진출할 수 있는데 이는 상이한 국가인데도 불구하고 동일한 소비자그룹을 형성할 수 있게 함으로써 같은 전략을 활용할 수 있기 때문이다. 이 밖에도 유통체제나 제품 및 광고에 대한 규제정책 등의 마케팅 하부구조의 유사성 역시 마치 하나의 국가와 같은 특성을 보이게 된다. 이는 기업들로 하여금 동일한 마케팅전략을 활용할 수 있게 함으로써 보다 쉽게 진출할 수 있게 한다.

(3) 전략시장 여부

전 세계적 시각에서 다음과 같은 특징을 지닌 전략국가시장으로의 진출도 중요한 요인이 된다. 매출과 이익 면에서 중요한 시장으로 진출하는 것이다. 특정지역 내에서 가장 규모가 큰 국가시장으로 진출함으로써 수익성의 증대 및 규모의 경제 가능성을 높일 수 있다는 장점이 있다. 또한 전 세계적으로 사업활동을 영위하는 고객에게 효과적인 서비스를 제공하기 위한 방편으로 이들 고객들의 모국에 진출하거나 글로벌 경쟁기업의 주력시장에 진출하여 이들의 동향파악과 후방교란작전을 통한 기업목적달성에 이바지할 수 있다. 이와는 달리 글로벌 경쟁기업의 모국시장에 진출함으로써 이들 경쟁기업에 대한 기술이나 경영기법 및 신제품정보를 수집할 수 있으며, 현지시장에 대한 성공적인 공략을 통하여 경쟁사의 경쟁력을 약화시킬 수 있는 장점도 있기 때문이다. 이러한 전략의 예로는 IBM이 일본시장에 진출함으로써 일본기업의 부상을 다소 지연시킨 효과를 가져올 수 있었다는 것이다.

(4) 기업의 목적

기업의 입장에서는 비용최소화의 원칙보다는 기업의 목적에 따라서 시장을 선택할 수 있다. 예를 들어, BMW의 경우 멕시코지역이 가장 생산비가 싼 지역인데도 불구하고 소비자들의 국가이미지를 고려하여 미국에서 생산지역을 선정한 경우나 일본의 Sharp사가 유럽지역에 대한 원활한 수출유통망을 형성하기 위하여 말레이시아에서 미국으로 마이크로웨이브 조립공장을 이전한 경우이다.

그리고 회사의 전략적 동기, 즉 판매시장이 목적인가 혹은 수출품 생산이 목적인가에 따라 시장선택은 달라진다.

(5) 비용

시장선택에 있어서 또 하나의 변수는 생산원가를 최소화할 수 있는 지역을 선택하는 것이다. 생산에 필요한 자원들이 노동력과 투입원자재들 그리고 기술 등의 비용뿐만 아니라 이들 자원들의 이동에 따르는 비용과 세금 등을 고려하여 최소의 비용을 통하여 생산 가능한 시장을 선택하는 것이 필요하다.

(6) 위험과 불확실성

대부분의 기업들이 투자에 따르는 불확실성과 위험을 줄이려고 노력하며 위험이 증가할수록 투자수익률은 높아야 한다는 생각을 하게 된다. 따라서 투자대상지역의 선정에 있어서는 현지소비자들과 경쟁대상기업 그리고 정부의 규제나 입법활동 등에 대한 정확한 평가를 통한 불확실성과 위험을 줄이려는 노력이 요구된다. 그리고 환경요인들의 변화 가능성이 높은 지역에 진출하기 위해서는 위험의 증가에 따른 수익성이 높지 않으면 그 국가에 진출하는 것을 꺼리게 된다는 것이다.

(7) 경쟁환경

진입지역의 선정에 있어서 영향을 미치는 또 하나의 요인은 산업구조와 경쟁자의 전략이다. 첫째, 산업구조는 자사 상품의 특성이 소수의 기업들이 지배하고 있는 범세계적 산업이라면 이 산업에서의 주된 경쟁자들의 반응을 예상하여 진입지역을 선정하여야 한다. 그리고 해당 산업의 경쟁 정도가 국가별로 제한되어 있으며 다수의 중 · 소기업들이 경쟁하고 있는 산업이라면 해당 국가에서 기업의 전략적 요인들이 많은 영향을 미친다는 것이다. 둘째, 경쟁자들의 전략적 반응을 고려한 동태적인 진입시장의 선택이 요구된다. 예를 들어, 대만의 컴퓨터업체인 에이서(Acer)사가 유럽지역에서 저가격의 컴퓨터를 판매하기 시작하자 2년 후 거대 다국적기업인 IBM과 컴팩(Compaq)이 이 지역에 초저가로 판매를 시작함으로써 경쟁이 가열된 경우를 들 수 있다. 따라서 기업들의 입장에서는 투자지역의 선정에 있어서 투자대상산업의 산업구조 및 경쟁자의 전략적 반응 정도를 예상한 투자지역의 선택이 필요하다.

3) 해외시장 선택절차

사업요인, 기회창출요인, 심리적 거리 그리고 심리적 거리에 대해 풀어야 할 문제 등을 충분히 고려하여 국가시장선택에 관한 일반적 절차를 제시하면 다음과 같다. 1단계로 기업의 정책에 바탕을 둔 실현 가능성 있는 국가를 설정한다. 2단계로 정보자료를 활용하여 현지국을 중요한 국가와 그렇지 못한 국가로 구분한다. 중요한 국가로 인식이 되면 다음 3단계에서 확인된 중요국가를 대상으로 정보자료를 이용하여 수익성이 있는 경우 시장에 진출한다. 수익성은 시장잠재력과 경쟁 정도를 고려하여 평가한다. 그리고 선택된 국가시장에 대해서는 모니터링과 재평가를 위하여 항상 정보자료를 유지하고 새롭게 개발해야 한다.

2. 해외시장선택기법

1) 그리드기법

그리드기법은 해외시장 선정에 필요한 몇 가지 중요한 요인들을 먼저 선정한 다음 이들 요인들에 대한 종합점수를 계산하고 이들 조건에 충족되는 국가시장에 우선적으로 진출하는 방법이다. 이러한 그리드기법에 있어서 중요한 것은 수많은 국가 중에서 일차적으로 탈락될 수 있는 국가들을 구별할 수 있는 조건들을 먼저 선정하여 예상국가들을 줄여 나가는 작업이 필요하다. 그 다음에는 나머지 국가들에 대하여 평가자가 중요하다고 생각하는 요인들에 대한 점수를 합계한 다음 가장 좋은 평가점수를 받은 국가에 우선적으로 진입하는 방법이다. 국가시장 선정에 영향을 미치는 요인들에 대한 평가방법과 그 예를 살펴보면 〈표 2-1〉과 같다.

표 2-1 그리드 평가기법

영향요인 \ 예상국가	가중치	진입 예상국가				
		1	2	3	4	5
1. 진입 가능(A), 진입 불가능(U)						
① 100% 소유권 인정 여부	–	U	A	A	A	A
② 라이선싱이나 다수소유권 인정 여부	–	A	A	A	A	A
2. 수익성요소(숫자가 높을수록 선호)						
① 필요한 투자규모	0~5		4	3	3	3
② 직접비용	0~3		3	1	2	2
③ 조세율	0~2		2	1	2	2
④ 현재 시장규모	0~4		3	2	4	1
⑤ 3~10년 후 시장규모	0~3		2	1	3	1
⑥ 현재 및 2년 후의 시장점유율	0~2		2	1	2	1
⑦ 3~10년 후 시장점유율	0~2		2	1	2	0
총계			18	10	18	10
3. 위험요소(숫자가 낮을수록 선호)						
① 3~10년 후 시장점유율 감소예상비율	0~4		2	1	3	2
② 환율문제	0~3		0	0	3	3
③ 정치적 불안정 가능성	0~3		0	1	2	3
④ 현재의 경영관련 법률	0~4		1	0	4	3
⑤ 3~10년 후 경영관련 법률	0~2		0	1	2	2
총계			3	3	14	13

잠재 예상국의 선정에 있어서 우선적으로 고려하여야 할 것이 해당 국가에 대한 진입 가능과 불가능의 판단이다. 〈표 2-1〉에 따르면 국가 1은 단독을 인정하지 않기 때문에 일차적으로 진입 불가능한 국가이다. 그 다음으로 진입 가능한 국가 2, 3, 4, 5에 대하여 이들 국가들을 대상으로 수익성요인과 위험요인들에 대한 가중치와 평균을 고려하여 최종 국가를 선정하게 된다. 〈표 2-1〉에 따르면 국가 2가 수익성요인은 높으며 위험은 낮은 것으로 조사되어 가장 가능성이 높은 국가로 평가되었다. 이 기법은 변수가 많아지면 많아질수록 평가가 복잡해진다는 단점은 있으나 해당 제품과 기업의 목적 및 상황에 따라 변수를 달리함으로써 사전 타당성조사를 하는 데 유용하게 이용할 수 있다는 장점이 있다.

2) 기회-위험 매트릭스기법

기회-위험 매트릭스기법은 진입 예상 국가에 대한 기회요인을 수평축에 놓고 위험요인을 수직축에 위치시킨다. 그런 다음 이들 요인들에 대한 평가지수를 선정하여 이들 지표에 대한 점수의 합계를 구한 다음 이들 사각형에 각 국가의 해당 점수를 도표화하는 방법이다.

이들 지표에 대한 평가에 있어서 여러 가지 요인들이 포함될 수 있으며 평가자에 따라 각각의 요인들에 대하여 상이한 가중치를 부여함으로써 평가의 정확성을 높일 수도 있다. 그리고 이들 지표들의 평가에 있어서 또 하나의 고려요인은 지금 현지의 위치뿐만 아니라 미래의 위치를 같이 평가함으로써 시장의 선정과 이동에 대한 동태적인 평가가 가능하다는 장점이 있다.

각 국가에 대한 위험 및 기회요인을 고려하여 해당 국가의 위치를 평가하는 방법은 다음과 같다. 현지국의 위험요인을 다음과 같이 네 개의 요인으로 평가하고 각각의 요인에 대하여 별도의 가중치(총 100%)를 부여하는 경우를 살펴보자, 현지국의 몰수위험 가능성에 대해서는 40%를 부과하며, 외환통제 가능성에 대해서는 25% 그리고 시민의 폭동 및 반란 가능성에는 20%, 마지막으로 환율변화 정도에는 15%를 부여한다고 하자. 그리고 진입 예상 국가 각각에 대하여는 1에서 10점을 부여하며 점수가 높을수록 그 분야에서 발생 가능성이 높은 것이며 점수가 낮아질수록 발생 가능성은 낮다고 평가한다고 하자. 예를 들어, 국가 A에 대해서는 몰수위험에 대한 평가가 8이라고 한다면 이때는 총점수가 8×0.4=3.2가 된다. 그리고 나머지 위험요인들에 대한 총점수를 합하여 최종적인 위험요인에 대한 누적 점수로서 위험요인을 수직축에 표시하면 된다.

3) 시장포트폴리오기법

시장포트폴리오모형은 여러 시장에서 사업을 하고 있는 기업이 한정된 자원을 각 시장에 어떻게 효율적으로 배분할 것인가를 나타내 주는 의사결정지원기법 중의 하나라고 할 수 있다. 이 모형을 진출국가선택에 활용할 경우 우선 국가별 매력도와 자사의 경쟁력을 기준으로 각 개별 국가에서의 전략적 위치를 파악 · 평가할 수 있으며 이를 바탕으로 국가시장별로 진출 여부 및 참여수준을 결정하는 데 사용하게 된다.

[그림 2-1]은 국가매력도와 자사의 경쟁력을 토대로 개발한 네 가지의 전략유형을 제시하고 있다.

그림 2-1 시장포트폴리오

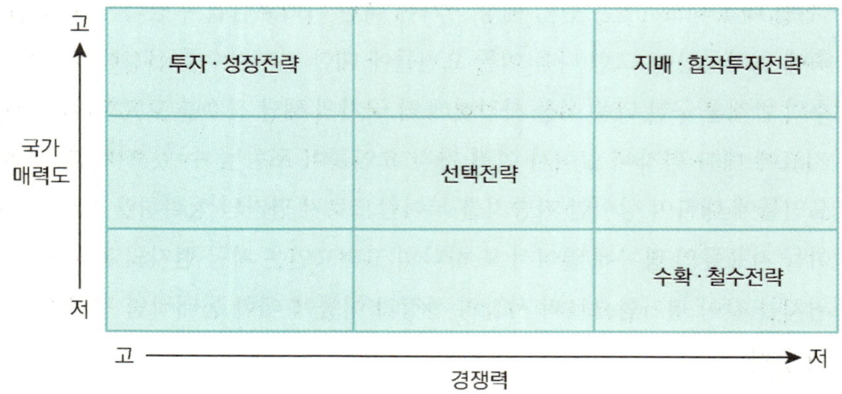

첫째, 국가매력도와 경쟁위치가 모두 높은 시장에서의 투자 · 성장전략이 있다. 이 전략은 현지시장으로의 적극적인 진출전략 실행과 더불어 집중적인 투자노력이 요구된다.

둘째, 국가매력도와 자사의 경쟁력이 중간 정도인 시장에서의 선택적 전략이 적합한 지역이다. 현지국의 상황변화에 따른 다른 전략으로 변화시킬 수 있는 탄력적인 운영이 필요하다.

셋째, 지배 및 합작투자이다. 이 경우는 자사의 약한 경쟁력을 보완하기 위한 합작투자를 선택하거나 여건이 여의치 않을 경우는 철수까지도 고려하는 지역이다.

넷째, 국가매력도와 자사의 경쟁력이 모두 낮은 지역으로 자사의 투자자본을 조기에 회수하려는 수확과 철수전략이 요구되는 지역이다.

4) PEST분석

해외시장선택기법 중에서 빠질 수 없는 것 중에 하나가 거시적 환경분석이라고 할 수 있는데 이때 가장 많이 활용되는 분석기법이 PEST분석(Political, Economic, Social and Technological analysis)이다. 이는 기업의 전략관리 구성요소 중 거시적 환경 파악에 주로 사용되는 기법이다. 일부 학자들은 이 내용에 법적(Legal) 특성을 추가하여 SLEPT로 부르기도 하며 환경(Environmental)분야를 추가하여 PESTEL 혹은 PESTLE로 불리기도 한다. 시장조사나 전략분석을 할 경우 특별히 거시경제요소에서 기업이 의사결정을 내려야 할 때 사용하는 기법이다. 시장 성장과 축소, 사업 포지셔닝, 사업방향 등을 파악하는 데 효과적인 도구이다. 환경 및 생태학적 요소가 21세기 들어 높아지기 때문에 녹색 비즈니스의 성장세도 높아지고 있어 PEST의 사용범위도 넓어지고 있으며, 주로 SWOT분석 이전 단계에서 많이 활용되고 있다.

그림 2-2 PEST분석

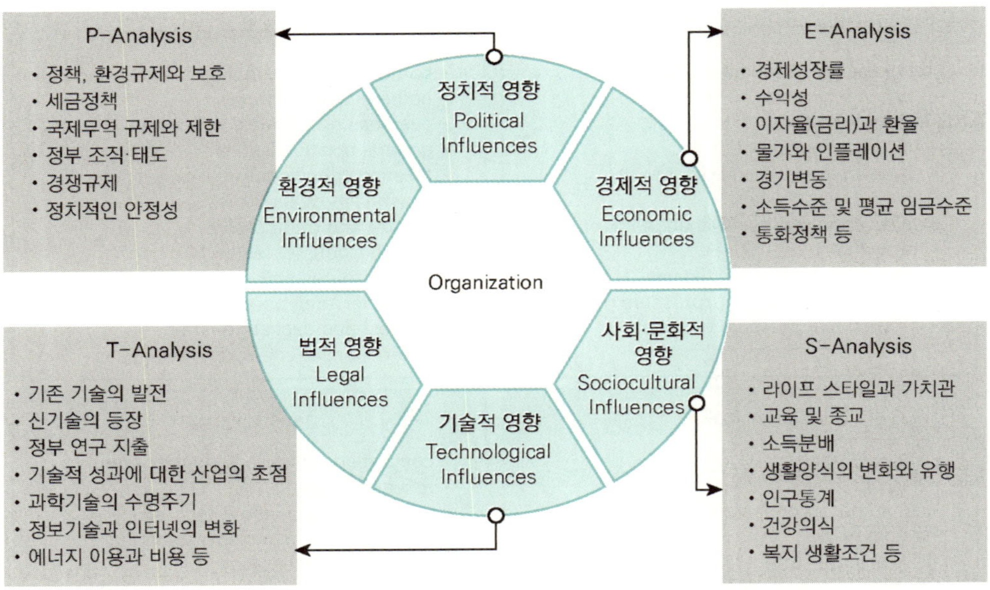

PEST분석에서의 주요 네 가지 요소를 살펴보면 다음과 같다.

정치적(Political) 요소는 정부가 시장에 대하여 간섭하는 정도로서 구체적으로는 세금, 노동법, 무역 제재, 환경법, 관세, 정치적 안정성 등을 포괄한다.

경제적(Economic) 요소는 경제성장률, 금리, 환율, 인플레이션 정도 등을 포함한다. 이러한 요소는 경제주체(기업)가 의사결정을 내리는 데 막대한 영향을 끼친다. 일례로 금리는 비용에 영향을 끼치기 때문에 어느 정도에서 기업이 성장하고 확대될지를 가늠하는 기본적인 기준이 되며, 환율 또한 수출입 및 수입가격에 적잖은 영향을 끼치는 요소이다.

사회적(Social) 요소는 문화적 요소와 보건환경, 인구성장률, 연령대 분포, 직업 태도, 안전관련 요소 등이 포함된다. 사회적 요소에 따라서 기업체의 제품과 경영방식이 영향을 받을 수도 있다. 고령인구가 많다면 노동력이 줄고 노동투입비용은 늘어날 것이다. 또한 다양한 경영전략을 세워서 중장년층 채용과 같은 사회적 변화를 반영하게 될 것이다.

기술적(Technological) 요소는 R&D활동, 자동화, 기술관련 인센티브, 기술혁신 등을 포함한다. 위 요소는 진입장벽, 최소효용생산수준, 아웃소싱 등에 영향을 미친다. 기술적 요소는 기술투자와 품질, 비용 및 혁신에도 영향을 끼치는 요소이다.

그림 2-3 PEST분석의 주요 항목

political

- ecological/environmental issues
- current legislation home market
- future legislation
- international legislation
- regulatory bodies and processes
- government policies
- government term and change
- trading policies
- funding, grants and initiatives
- home market lobbying/pressure groups
- international pressure groups
- wars and conflicts

economic

- home economy situation
- home economy trends
- overseas economies and trends
- general taxation issues
- taxation specific to product/services
- seasonality/weather issues
- market and trade cycles
- specific industry factors
- market routes and distribution trends
- customer/end-user drivers
- interest and exchange rates
- international trade/monetary issues

social

- lifestyle trends
- demographics
- consumer attitudes and opinions
- media views
- law changes affecting social factors
- brand, company, technology image
- consumer buying patterns
- fashion and role models
- major events and influences
- buying access and trends
- ethnic/religious factors
- advertising and publicity
- ethical issues

technological

- competing technology development
- research funding
- associated/dependent technologies
- replacement technology/solutions
- maturity of technology
- manufacturing maturity and capacity
- information and communications
- consumer buying mechanisms /technology
- technology legislation
- innovation potential
- technology access, licencing, patents
- intellectual property issues
- global communications

아울러 PEST분석을 확대하여 PESTLE로 확대한 경우에는 추가로 법적 요소와 환경적 요소가 포함된다. 법적(Legal) 요소는 차별법, 소비자법, 고용법, 독점금지법 등을 포함하며, 환경적(Environmental) 요소는 생태학적 · 환경적 요소로 날씨, 기후, 기후변화 등을 포함하며 관광, 농업, 보험업계 등에도 영향을 끼치는 것으로 본다. 기후변화의 문제점이 대두되면서 제공생산품의 경영과 신시장 개척, 현존하는 제품의 단종과 변화, 제품의 시장 축소나 소멸 등에도 영향을 미치는 부분이다.

2절 해외시장 진입방법의 선택

기업이 해외시장에 진입하는 방법은 수출, 해외직접투자, 국제계약사업 등 크게 세 가지 형태로 나눌 수 있다.

기업은 그중에서 가장 적합한 진입방법을 선택해야 하는데 이를 위해서는 각 진입방법의 장 · 단점을 이해하는 것이 필요하다. 또한 선택에 영향을 미치는 환경요소들과 진입방법을 선택하는 기업을 이해하는 것이 필요하다.

1. 해외시장 진입방법

1) 간접수출과 직접수출

간접수출이란 종합무역상사, 수출대행업자, 수출조합 또는 국내에 거주하고 있는 외국상인 등을 통하여 수출함으로써 수출국내에서 요구하는 수출관련 기능을 제조업자가 스스로 수행하지 않으면서 제품을 해외에 판매하는 방법이다.

이에 반해 직접수출은 제조업자가 본사의 수출전담부서나 계열무역회사를 통해 수출과 연관된 제반 업무와 기능을 타인에게 위임하지 않고 직접 수행하는 수출방법이다.

우리나라의 경우에서도 알 수 있듯이 오늘날 거의 모든 대기업들은 간접수출보다 직접수출에 의존하고 있으며, 해외시장 경험과 무역실무에 대한 지식이 어느 정도 보편화됨에 따라 중소규모의 제조업체들도 상당수가 직접수출을 하고 있다.

표 2-2 간접수출과 직접수출의 비교

구분	간접수출	직접수출
장점	• 수출업무가 안정적이다. • 정보획득이 용이하다. • 분쟁위험을 피하기 쉽다. • 자금부담이 적다.	• 간접수출보다 수출판매량이 크다. • 유통경로에 통제력이 강화된다. • 마케팅에 대한 노하우가 축적된다.
단점	• 해외시장에서 통제력이 약화된다. • 시장기회포착이 어렵다. • 마케팅 노하우의 축적이 어렵다. • 이미지 훼손이 이루어질 수 있다.	• 수출경비가 많이 든다. • 분쟁위험에 말려들기 쉽다.

2) 해외직접투자

해외직접투자의 장점으로는 기업의 경영자원을 피투자국에 총체적으로 이전함으로써 자본 · 기술 · 마케팅 · 재무 등의 측면에서 기업이 보유하고 있는 경쟁적 우위를 보다 효율적으로 활용할 수 있다는 점이다. 이에 반해 해외직접투자의 단점으로는 본질적으로 다른 진입방법에 비해 더 많은 기업자원의 투입이 요구되므로 그만큼 높은 위험이 따르게 된다.

표 2-3 해외직접투자의 장 · 단점

구분	장점	단점
해외직접투자	• 원가절감을 통한 공급가격 하락 • 생산 및 마케팅에 대한 통제력 강화 • 수익증대효과(라이선싱, 자본참가)	• 투자에 따른 위험 증가 • 현지국의 정치적 위험에 노출

3) 국제계약진출

계약에 의한 진입방식은 시장규모 면에서나 운송비, 무역장벽 등의 면에서 현지에서 생산하는 것이 유리하지만 기업이 이러한 활동을 직접 수행할 여건이 되지 않을 경우 적절한 시장진출형태가 될 수 있다. 이러한 계약진입방식으로는 라이선싱, 프랜차이징, 기술제휴, 계약생산, 경영관리계약, 공동생산협약 등을 들 수 있다.

계약생산은 기업이 해외시장에서 제품의 마케팅, 유통 및 서비스를 통제하면서 계약을 통해 현지기업에 생산활동을 위임하는 것이다. 라이선싱은 해외에서 생산활동이나 마케

팅활동 없이 특허, 상표, 기업명과 같은 독점적 자산의 사용에 대한 대가를 거두어들일 수 있다.[1)]

2. 해외시장 진입방법 결정요인

해외시장 진입방법 결정요인은 기업의 외부영향요인과 국제사업에 의해 크게 영향을 받는다. 이하에서는 이들 요인들이 진입방법에 어떻게 영향을 미치는가에 대해 살펴본다.

1) 진출대상국의 물리적 · 사회적 요인

(1) 생산요소의 가용성

질과 보존량 및 가격 여부를 결정하는 데 필수적인 고려요인과 생산요소의 가용성(quality, quantity, price)이 낮을 경우 해외직접투자는 불리하고 수출이 유리하다.

(2) 경제하부구조

경제하부구조가 잘 정비되어 있을 경우 현지생산비용 감소로 해외직접투자가 가능하다.

(3) 정부정책과 규제

높은 관세율, 수량제한과 기타 무역장벽들이 존재하는 경우 기업은 수출보다는 다른 진입방법을 선호한다.

(4) 지리적 거리

진출대상국이 지리적으로 멀리 떨어져 있는 경우 운송비 부담으로 수출을 통해서는 경쟁에서 불리하다. 이러한 경우 현지에 직접투자하여 조립 생산하는 것이 유리하다.

(5) 정치적 위험

정치적 불안정, 몰수위험 등 정치적 위험도가 높을 경우 기업은 현지국에 대한 개입 정도가 상대적으로 낮은 진출방법을 선호한다.

---

1) 조동성, 국제경영, 경문사, 1999, p.509.

2) 진출대상국의 경쟁요인

(1) 시장규모

대규모 시장에서는 직접수출이나 현지직접투자 등이 선호되고 소규모 시장에서는 간접수출이나 라이선싱 등의 계약형태의 진입방식이 선호된다.

(2) 경쟁구조

완전경쟁, 과점, 독점 등 현지국 시장의 경쟁구조에 따라 진입방법을 달리하고 있으며, 완전경쟁시장에서는 독과점시장보다는 상대적으로 수출이 유리하다.

(3) 마케팅 하부구조

현지에 믿을만한 대리점 또는 유통업체가 존재하지 않거나 경쟁기업에 선점당하고 있는 경우에는 단순수출보다는 지점이나 현지자회사를 설립하는 것이 유리하다.

(4) 자원수준

경영, 자본, 기술 등의 기업자원이 풍부하고 우수할수록 그리고 자원투입의지가 높을수록 해외직접투자가 유리하다.

3) 본국의 운영요인

(1) 시장규모

국내시장의 규모가 클수록 기업들은 국내지향적이 되며 해외시장에 대한 적극적인 자원투입을 꺼리고 수출을 선호한다.

(2) 경쟁구조

국내시장에서 과점상태의 기업들은 경쟁기업의 행동을 모방하는 경우도 있다. 한 기업이 해외투자 시 다른 경쟁기업의 행동을 모방하는 경우도 있다. 한 기업이 해외투자 시 다른 경쟁기업들도 선도기업을 따라 해외로 동반 진출하는 경우 완전경쟁상태에 있는 기업들은 수출을 통한 해외진출을 선호한다.

(3) 높은 생산비용

본국에서의 생산비용이 증대될수록 수출보다는 현지생산이나 라이선싱 같은 계약형태의 진출전략을 선호한다.

3절 소유권과 통제수준 결정

기업이 해외에서 경영에 참여할 경우 해외법인의 소유지분율(ownership)과 경영통제(control)를 적절한 수준으로 결정하는 것은 진입전략에 있어 매우 중요한 과제이다.

1. 소유권전략의 이해

[그림 2-4]에서와 같이 일반적으로 높은 지분을 소유한 기업은 높은 통제권(control)을 행사할 수 있다. 그러므로 기업이 높은 수준의 경영통제를 확보하려 한다면 대지분 참여 방식의 소유권형태를 선택하여야 할 것이다.

그림 2-4 ▌ 통제수준에 따른 소유권 분류

대지분 참여 : 높은 통제수준

- 완전 소유자회사(wholly-owned subsidiary)
- 대지분 참여(소수의 파트너)
- 대지분 참여(다수의 파트너)
- 대지분 참여(하나의 파트너)

균형된 지분참여 : 중간 통제수준

- 과반수 지분 참여(다수의 파트너)
- 과반수 지분 참여(소수의 파트너)
- 동등 지분 참여(50/50)
- 계약 조인트 벤처

- 계약관리
- 독점, 제한적 계약
- 프랜차이즈
- 비독점적 제한 계약
- 독점적 비제한적 계약

소수 지분 참여 : 낮은 통제수준

- 비독점적, 비제한적 계약
- 소수지분 참여(소수의 파트너)
- 소수지분 참여(다수의 파트너)
- 소수지분 참여(하나의 파트너)

1) 단독투자

완전소유자회사는 한 개 기업이 단독으로 투자하여 100%의 소유지분율을 가지는 형태이다. 그런 의미에서 단독투자라 한다. 단독투자는 100% 출자에 의해 사업을 하고 자사의 방침에 의거하여 자유로운 행동이 가능하면 합작기업에서는 생각대로 되지 않았던 경영방침의 철저, 인사권의 장악, 배당정책의 자유재량, 경영 노하우, 기업비밀의 유지 등을 강력히 추진하는 것이 가능해진다.

2) 합작투자

단독투자 이외에도 대지분 참여방식은 파트너의 숫자에 따라 여러 유형이 있을 수 있으며 그에 따라 통제수준은 달라질 것이다. 균형지분 참여방식은 중간수준의 경영통제권을 확보하려 할 경우에 선택할 수 있을 것이다. 과반수 지분참여(majority ownership)와 동등지분참여(equality ownership) 등의 합작투자가 이에 해당된다.

2. 통제수준의 결정요인

경영자에게 만약 통제권이 없다면 기업활동을 계획하고 수행할 때 그리고 분쟁을 해결할 때 어려움을 겪을 수 있다. 그러나 높은 통제권의 행사는 해외시장의 많은 자원투입과 불확실성으로 인해 그만큼 위험과 책임을 동반한다. 그러므로 적절한 통제수준을 결정하기 위해서는 특정 국제거래에 따른 거래비용을 고려하는 것이 필요하다. 거래비용 접근법(Transaction Cost Approach)은 기업이 국제사업에 참여하여 통제권을 행사하려면 그에 따른 거래비용이 발생하기 마련이다. 거래비용은 해외시장에서 적합한 파트너 또는 대리인을 찾는 데 따르는 탐색비용, 협상에서 사업 개시까지의 계약비용, 자산의 국제관리에 따르는 관리비용 그리고 파트너의 기회주의적 행동으로 말미암은 손실과 이를 방지하기 위한 감독비용 등이 포함된다.

4절 해외시장 진입전략 수립

1. 진입전략의 목표 및 환경의 분석

1) 진입전략의 목표 수립

우선 해외시장에 진입하려는 기업의 전략방침 및 중점분야가 명확하게 설정되어야 한다. 이 단계에서 진입하고자 하는 시장 및 달성목표가 구체적으로 제시되어야만 다음 단계인 내부자원의 평가와 외부환경에 대한 분석이 용이해진다. 그런데 해외시장에서 달성하고자 하는 목표를 구체적으로 설정하기 위해서는 먼저 해외시장에 대한 환경분석이 선행되어야 하므로 목표설정과 다음 단계인 외부환경분석은 상호 연관을 가지고 이루어져야 한다.

2) 외부환경의 분석

해외시장에 진출하려는 기업은 새로운 시장환경에 대한 정확한 정보의 수집이 요구된다. 해외시장 진입전략을 수립하기 위한 조사활동의 대부분은 새로운 시장환경에 대한 정보를 수집하는 데 투입되어야 한다. 만약 현지국의 경기전망, 시장잠재력 등 환경분석을 소홀히 하게 되면 해외시장 진입은 실패로 끝날 가능성이 높아진다. 외부환경의 분석은 현지국의 진입조건, 현지국의 거시적 · 미시적 환경 등에 대한 분석으로 구분될 수 있다.

(1) 현지국의 진입조건

이는 진입하려는 현지국에서 소유지분을 제한하거나 외국인의 시장진입을 금지하는 등 기업의 자원을 현지로 이동시키는 것과 관련되는 법률적인 조건을 의미한다. 이러한 조건에 따라 기업의 해외시장 진입전략은 수출이나 OEM(주문자상표부착생산)방식 또는 합작투자나 라이선싱 등의 구체적인 대안이 선택된다.

(2) 현지국의 거시적 환경

해외시장에 진출하려는 기업은 현지국의 경제상황 및 법률과 사회 · 문화에 대한 광범위한 정보의 수집과 분석을 필요로 한다. 특히 해외시장에 처음 진입하는 기업은 이들에 관한 조사활동이 없이는 전략을 수립할 수 없다.

(3) 현지국의 미시적 환경

해외시장에 진출하고자 하는 기업은 교역대상이 되는 특정제품(재화와 서비스)에 대한 시장환경과 경쟁기업에 대한 분석을 선행해야 한다. 현지국의 미시적 환경에 대한 분석은 다음과 같은 현지국의 구체적 사업환경에 관한 것이다.

① 제품시장환경

현지시장에 진입하려는 기업은 먼저 이미 진입한 다른 국가의 제품시장환경과 새로운 제품시장환경 간의 유사점과 차이점에 대해 상당한 관심을 가져야 한다. 이를 통하여 다른 곳에서 사용했던 제품전략이나 기법을 새로운 시장환경에도 전용시킬 수 있는지의 여부를 평가할 수 있다. 제품시장환경이 유사한 현지국으로 진입하면 신규진입에 따르는 추가비용이 상당히 절약된다. 제품시장환경의 특성을 비교하는 데 있어서 주요한 항목들은 〈표 2-4〉와 같다.

표 2-4 제품시장의 미시적 환경

분석항목	구체적 내용
일반적 특성	제품시장규모, 산업집중도, 수입비율, 시설가동률, 제품의 안정도에 관한 법률규제 및 기준, 기술 사양
소비자 특성	1인당 국민소득, 소득분배, 인구의 통계적 특성, 상관습, 구매 패턴, 쇼핑 패턴, 구입과정
마케팅 특성	평균가격, 가격범위, 제품 본질, 보완상품, 유통채널, 상품의 인도기간, 광고
경쟁기업	규모, 특수한 능력, 정부와의 연관성, 부품조달원, 기술의 종류와 수준, 기업 간 협정, 고객의 충성도, 기술 도입 계약 현황

② 경쟁기업의 분석

사업환경평가의 핵심적 부분은 경쟁기업에 대한 분석인데, 여기에서는 현실적인 경쟁기업뿐만 아니라 잠재적인 경쟁기업에 대한 평가도 이루어져야 한다. 경쟁기업에 대한 분석을 통하여 경쟁기업의 강점과 약점, 경쟁기업의 전략을 이해할 수 있고 이를 통해 경쟁기업에 대하여 효과적으로 대응할 수 있다. 경쟁기업의 미래전략변화를 예측할 수 있으므로 그에 따르는 위협과 기회를 사전에 예측할 수 있다.

경쟁기업에 대한 분석은 일반적으로 경쟁기업의 시장점유율 및 수익성, 경쟁기업의 사업목표, 경쟁기업의 과거 및 현재의 전략, 경쟁기업의 강점과 약점 등의 측면에서 이루어져야 한다. 참고로 경쟁기업의 강점과 약점이 될 수 있는 항목은 〈표 2-5〉에 열거되어 있다.

표 2-5 경쟁기업의 강점과 약점 분석항목

항목	주요 내용	
기술혁신	• 연구개발(R&D) • 보유기술	• 신제품의 개발능력 • 특허권
제조	• 원가구조 • 원자재 조달능력 • 근로자의 작업태도 및 동기수준	• 장비 • 수직적 통합의 정도 • 생산능력
재무 (자본조달능력)	• 영업부의 조달능력 • 부채 조달능력 및 조달의사 • 모기업의 지원	• 당기순자산 • 주식발생능력 및 발행의사
경영관리	• 최고경영층의 자질 • 구성원의 충성도-이직률	• 중간관리층 및 운영체제의 우수성 • 전략적 의사결정의 우수성
마케팅	• 제품품질 • 상표명 • 소매상과의 관계 • 판매원 • 고객의 욕구에 대한 지식	• 제품 계열의 폭 • 유통망 • 광고 및 판촉기법 • 서비스의 질
고객의 특성	• 대상 시장의 규모 및 성장성	• 고객의 충성도

출처 : D. A. Aaker, *Strategic Market Management*, New York : John Wiley & Sons, 1992, p.66.

③ **목표시장의 분석**

사업환경의 평가작업에는 잠재적인 목표시장을 파악하는 것도 포함된다. 만약 현지국시장에서 특정시장부문만을 목표로 하고자 할 경우 시장세분화작업을 통하여 세분시장을 찾아낼 수가 있다. 예를 들어, 제품의 가격과 기술적 고도화를 기준으로 시장을 세분화하여 주요 경쟁기업의 제품을 분류해 보면 현재의 시장경쟁이 어느 부문에 집중되고 있는지를 파악할 수 있다.

④ **현지시장의 성공요인**

모든 산업에는 몇 가지 성공요인이 있는데, 예를 들어 어떤 산업에서는 주요한 구매업자와의 계약체결 여부가 성공요인이 될 수가 있으며, 어떤 경우에는 상품의 적기공급과 애프터서비스가 성공요인이 되기도 한다. 그런데 이러한 성공요인은 같은 산업이라고 하더라도 국가에 따라 다를 수 있으며, 또한 시간이 지남에 따라 변화하므로 현지시장에서의 성공요인을 정확하게 파악하는 것이 중요하다.

2. 투자국의 일반환경분석

1) 일반경제환경

투자현지국의 경제수준이나 성장잠재력, 하부구조 등을 평가하여 전체 기업들에게 미치는 거시환경요인을 분석할 수 있다. 환경분석에 필요한 자료들로는 다음과 같은 것들이 있다.

① 국민소득, 경제성장률, 제조업의 일반수준, 경제발전 등 현재의 경제수준 관련자료
② 국토면적, 인구, 천연자원, 지정학적 위치, 교육수준 등의 장래의 성장잠재력
③ 도로, 항만, 공항, 전력, 용수시설 등 사회간접시설 현황
④ 정부의 경제개발계획, 외국인투자정책 및 개방일정 등 정부의 대외경제정책
⑤ 은행 및 보험산업, 현지금융, 외환 등 금융환경분야 등이 포함된다.

2) 산업 및 행정규제, 법률적 환경

거시환경요인분석에 이어서 필요한 것은 현지국의 산업 및 각종 규제요인과 법률적인 측면을 평가하는 것이다. 현지시장에의 진입장벽을 파악하고 현지경영에 수반되는 비용요소들을 분석하는 것이 필요하다.

① 외국인업체 전용공단, 부동산 임대료 및 기간 등 공장입지와 관련된 요인
② 개별 기업차원에서의 주력 산업 및 현지국에서의 발전단계
③ 회사설립과 공장건설 및 영업허가절차상의 용이성 및 비용
④ 건물 · 토지 등 부동산 취득의 용이성 및 비용
⑤ 특허권 등 지적수요권 취득의 용이성
⑥ 소득세 감면, 현지물품구입에 대한 세금공제, 감가상각비율의 조정 등 외국기업에 대한 세제상의 우대조치

3) 노동환경

현지국의 노조설립의무, 노임의 변화추세 등을 분석하는 것으로 현지국에서 생산 판매하거나 혹은 제3국에 수출하기 위하여 제조자회사를 설립하려는 기업들은 특히 중요하게 수집 · 분석하여야 한다.

① 숙련 및 미숙련 노동자의 수급상황

② 현지국의 임금수준, 이직률 및 노동의 질

③ 노동쟁의, 파업, 노동조합 등의 노사관계

④ 노동자의 사고방식이나 문화차이에 따른 인사관리문제

4) 시장 및 경쟁환경

진출기업들의 경쟁 정도나 현지국시장의 시장 및 경쟁상황을 평가함으로써 자사의 진출 가능성과 현지에서의 경쟁에 대비하기 위한 전략수립에 도움이 될 수 있다.

① 당해 제품의 현지시장규모 및 성장 가능성

② 당해 제품의 제3국 수출 가능성

③ 당해 제품의 현지제조 후 국내반입 가능성

④ 진출대상산업의 현지경쟁상황 및 진출기업의 경쟁력

⑤ 현지 또는 외국기업과의 자본, 기술, 마케팅상의 협력 가능성

5) 정치 · 경제적 위험

정치적 환경의 변화와 경제변수의 변화는 기업운영에 커다란 영향을 미칠 수 있기 때문에 위험을 관리하기 위하여 기업은 다음과 같은 요소들을 평가하여야 한다.

① 정치제도 및 지도자의 급격한 변화 가능성

② 전쟁, 폭동, 테러 혹은 잦은 데모 가능성

③ 국내시장개방, 무역, 외국인투자 등 대외경제정책의 급격한 변경 가능성

④ 현지국민의 외국기업에 대한 적대감 정도나 특정 외국에 대한 폐쇄적인 외교정책

⑤ 물가, 환율, 물류비용 증가 등 경제적 변화

3. 해외시장의 세분화

시장을 세분화하기 위해서는 비교 · 가능한 자료를 수집하여 측정할 수 있는 세분시장의 규모가 상당히 커야 하며 세분시장 소비자들에게 접근 가능해야 한다. 일반적으로 사용되는 시장세분화기준은 다음과 같다.

1) 인구통계적 변수

인구통계적 변수는 소비자집단을 분류하는 객관적인 기준으로 가장 널리 이용되는데 연령, 성별, 가족구성원의 수, 소득수준, 종교, 인종, 직업 등을 세분화의 기준으로 삼는다. 예를 들면, 국제기업이 시장을 불교, 기독교, 회교, 천주교 신앙권으로 구분하거나 소득수준에 따라 1천 달러 미만, 1천~5천 달러 미만, 5천~1만 달러 미만, 1만 달러 이상으로 분류하는 것이다.

2) 문화적 변수

문화적 세분화는 각국의 문화적 특성의 유사성에 의해 시장을 분류하는 것으로, 특히 해외시장의 세분화기준으로 매우 중요하다. 즉, 문화는 소비자의 행동과 사고방식에 절대적인 영향을 미침으로써 소비자들의 의 · 식 · 주 및 기타 선호체계를 변화시키기 때문에 문화적 특성에 의해 각국 시장을 분류하는 것이 중요하다.

3) 지리적 변수

지리적 세분화는 시장을 국가나 주(도), 지역, 시, 군 등의 상이한 지리적 단위로 나누는 것이다. 예컨대, 시장을 아시아권, 유럽권, 북미권, 남미권, 아프리카권 등으로 구분하는 것이다. 이때 국제기업은 지리에 따라 기본적 욕구와 선호의 차이를 인식하여 차별적인 마케팅활동을 전개해야 할 것이다.

4) 행동적 변수

행동세분화는 구매자들이 제품에 대해 갖고 있는 지식, 태도, 반응 등의 기준에 따라 시장을 나누는 것이다. 구체적인 행동변수로는 사용률, 사용 여부, 구매동기, 충성도, 추구하는 편익 등을 들 수 있다.

5) 제품수명주기를 이용한 시장세분화

국제기업은 마케팅전략을 수립할 때 국제적인 추세나 패턴의 변화를 중시해야 하는데, 그중에서도 특히 시장세분화전략은 세계시장의 동태적 특성을 반드시 반영하여야 한다. 동태적인 시장특성을 고려하여 시장을 세분화하는 방법으로는 제품수명주기를 국제시장에 적용하는 방법이 많이 활용된다. 제품수명주기는 일반적으로 특정한 한 시장에서 시간경과에 따른 특정제품의 변화추세를 분석하는 데 사용되지만, 국제기업활동에 있어서는 일정시점 혹은 일정기간 동안 여러 국가시장의 제품수명주기상의 상대적 위치를 파악하는 방법으로 활용할 수 있다.

모든 제품은 시장에서 수명주기가 있기 마련이며, 그것의 지속기간과 형태는 제품과 국가에 따라 달라진다. 예를 들면, 미국에서 신제품이 개발될 경우 그 제품이 일본이나 기타 선진국시장으로 비교적 빨리 이전되지만, 개도국에는 상당한 기간이 지나야 도입된다. 그러므로 일정시점에 있어서 동일한 제품이라도 국가마다 제품수명주기는 다를 수밖에 없다. 이에 따라 자국시장에서는 판매가 줄어들어 성숙기 후반 내지 쇠퇴기에 있는 제품이라고 할지라도 어떤 국가에서는 시장 도입기에 있거나 전혀 진출조차 하지 않을 수도 있는 것이다.

4. 해외시장의 확대전략

시장확대전략의 수립에 있어서 그 중요성에 비해 기업들이 간과하기 쉬운 문제가 바로 세분시장 내지 개별 시장국으로 진출 순서를 결정하는 일이다. 이와 관련하여 일본기업들의 사례는 우리 기업들에게 많은 점을 시사해 주고 있다. 즉, 일본기업들은 국제화의 초기단계에서 해외시장기회를 포착하기 위하여 충분한 정보를 수집한 후, 경쟁적으로 가장 유리한 세분시장에 제한된 자원을 집중 투입하여 발판을 구축한 다음, 여기서 얻어진 경험과 지명도를 바탕으로 다른 세분시장 내지는 시장국으로 진출하여 오늘날과 같은 대규모 다국적기업들로 성장할 수 있었던 것이다. 좀 더 구체적으로 보면 이와 같은 성공이 있기까지 일본기업들의 일반적이 시장확장유형은 다음과 같은 세 가지로 대별된다.

1) 전형적 확장경로

일본기업들의 가장 전형적인 시장확장경로로서 일본시장에서 개도국으로 그리고 다시 개도국에서 선진국으로 진출하는 유형이다. 이러한 예로는 철강, 자동차, 석유화학, 시계, 카메라 등의 산업을 들 수 있다. 이러한 단계별 확장과정은 제1단계로서 일본기업들이 서방 선진국기업들의 기술을 본뜨거나 아니면 라이선싱을 통해 수입을 대체하는 등의 방법으로 국내시장 기반을 다지는 것에서 출발한다. 일단 국내시장 기반이 확립된 다음에는 제2단계로서 생산시설 확충으로 인하여 국내시장이 포화상태에 이르게 되자 일본기업들이 과잉생산물의 출구를 찾기 위해 해외시장으로 주로 경쟁력이 취약한 동남아나 중남미의 개도국시장으로 눈을 돌리는 때이다. 그리고 제3단계는 일본기업들은 개도국시장에서 얻어진 마케팅 경험과 가격경쟁력은 물론 지속적인 품질개선 노력을 바탕으로 미국을 비롯한 선진국시장에 진출하게 된다. 일본기업들이 미국시장에 먼저 뛰어들게 되는 이유는 미국시장의 거대한 규모, 즉 높은 구매력과 함께 일단 미국시장 진출에 성공하면 여타 선진국시장에 대한 접근이 훨씬 용이하기 때문이다. 또한 미국시장 진출의 초기단계에서 일본기업들은 미국의 생산자들이 그다지 눈여겨보지 않는 지역과 세분시장에 집중함으로써 상표에 대한 이미지를 쌓는 한편 시장점유율을 늘려 나갈 수 있었다. 마지막 제4단계는 유럽시장까지 뻗어 나가는 단계이다. 유럽시장은 지리적 거리와 문화 및 언어적인 차이 등 국가적 장벽 때문에 일본기업들에게 오랜 도전의 대상이었다. 그러나 이미 미국시장에서 쌓은 경험으로 인하여 유럽시장은 더 이상 난공불락의 성이 아니었다.

2) 첨단산업 확장경로

일본기업들의 시장확대경로 중에서 두 번째 확장경로는 컴퓨터나 반도체와 같은 첨단산업에서 찾아볼 수 있다. 이 경우 일본기업들이 국내시장 기반을 확고히 다진 다음의 목표는 미국과 같은 선진국시장이었다. 그 이유는 이러한 산업의 경우에는 개도국시장이 아직 존재하지 않거나, 있다고 하여도 무시할 수 있도록 작은 시장이었기 때문이었다. 그러나 그 후 개도국시장의 수요가 점차 늘어나면서부터 일본기업들이 이들 시장에서의 진출을 더 이상 망설일 필요가 없어졌다.

3) 수요우선 확장경로

일본기업들의 확장경로는 전형적 확장경로 아니면 첨단산업의 확장경로에 속하는 경우가 대부분이지만 여기에는 예외가 있다. 즉, 국내시장의 수요가 미미한 관계로 국내시장에의 본격적인 출하보다 선진국시장에서의 판매가 선행된 경우로 컬러 TV, VTR 등이 이러한 예에 속한다.

이상에서는 일본기업들의 예를 들어 표적시장국에의 진출순서의 중요성을 살펴보았는데, 우리나라 기업들의 경우에 전반적인 시장확대유형을 산업별로 살펴보면, 일본기업들의 경우와는 약간의 차이가 있음을 알 수 있다. 예를 들어, 자동차산업에 있어서 일본기업들이 전형적 확장유형에 속한다면, 현대자동차를 비롯한 우리나라 기업들은 첨단산업의 확장경로를 택한 것으로 판단된다. 특히 현대자동차의 경우 본격적인 미국시장 진입에 앞서 미국과 지리적 · 문화적으로 가까운 캐나다시장에서의 마케팅 경험이 커다란 도움이 되었던 사실과 미국시장에서의 초기단계의 마케팅 노력이 교포 등 일부 고객층에 집중되었던 것이 그처럼 놀라운 속도로 소형차시장에서의 시장점유율을 높이는 계기가 되었던 점은 시장확대전략과 관련하여 매우 중요한 의미를 지닌다. 더욱이 현대자동차의 미국시장에서의 성장은 기아자동차, 쌍용자동차 등 다른 자동차업체뿐만 아니라 여타의 제품이나 산업에까지 대단히 긍정적인 파급효과를 나타내고 있다는 점에서 시장진출순서의 결정이 얼마나 신중함을 필요로 하는 의사결정인지를 일깨워 주고 있다.

3장 기업의 국제화과정

1절 기업의 국제화 개념

기업의 국제화란 기업이 점진적으로 경영활동을 확대하여 세계시장으로 개입을 넓혀 가는 과정이라 말할 수 있다. 여기서 세계시장 개입의 증가는 두 가지 방향으로 파악할 수 있는데 그 하나는 어느 특정국가시장을 대상으로 기업이 활동영역을 증가하는 수직적 확장이 있을 수 있고, 다른 하나는 기업이 거래상대국을 추가하면서 활동무대를 넓히게 되는 수평적 확장이 있을 수 있다.

여기서 기업활동이 국제적으로 확대된다는 것은 여러 가지 의미를 내포하고 있다.

첫째는 기업활동의 지리적 범위(geographic scope)가 한 국가로부터 세계 여러 나라로 넓어진다는 것을 의미한다. 보통 국내시장으로부터 소수의 해외시장으로 진출한 후 이를 발판으로 전 세계시장으로 확대하게 된다.

둘째는 세계에서 여러 가지 사업을 동시에 수행할 수 있을 정도로 사업범위(business scope)가 넓어지게 된다는 것을 의미한다. 즉, 국제사업다각화를 말한다.

셋째는 기업이 경영기능을 세계 어느 곳이든지 가장 효율적인 국가에서 수행할 수 있도록 기능범위(functional scope)가 넓어지는 과정을 의미한다. 예를 들어, 생산, 원자재조달, 연구개발, 재무, 인사, 마케팅 등의 활동도 세계 여러 나라에서 수행하게 된다는 것이다.

넷째는 기업이 새로운 국가, 사업 및 기능활동에 참여하는 방식이 수출, 해외직접투자, 국제계약형태, 인수합병 등으로 다양해지는 것을 의미한다. 예를 들면, 기업이 국제활동에 참여할 때 자원투입 및 위험이 낮은 수출방식으로부터 점차 높은 해외직접투자방식으로 변화되어 가는 것이다.

이상의 네 가지 의미는 독립적이라기보다는 서로 상대적으로 영향을 미치고 있다.

1. 기업 국제화요인

1) 시장요인

국가 간 1인당 소득의 격차가 좁혀지고, 그 결과로 생활방식과 소비자 기호가 유사하게 통일되어 가고 있는 데에는 매스컴과 인터넷의 영향이 크다. 특히 위성 케이블 TV와 CNN 같은 전 세계적인 네트워크를 가진 미디어의 영향으로 소비자들의 의식구조 등이 비슷하게 나아가고 있는 것이다. 그리고 해외여행의 증가로 전 세계적으로 글로벌 브랜드를 선호하는 글로벌 소비자들이 늘어가기 시작했으며 글로벌 브랜드의 시장 위력이 전 세계적으로 커지게 되었다. 이에 따라 기업들도 글로벌 광고를 늘리고 유통망을 전 세계적으로 운영하는 등 글로벌 마케팅을 적극 도입하였다. 이와 같은 글로벌 마케팅의 도입이 이제는 역으로 시장 및 산업의 글로벌화를 더욱 촉진하고 있다.

2) 비용요인

규모의 경제를 위한 노력이 계속되어 기술혁신이 가속화되고 있다는 점을 들 수 있다. 또한 생산 면에서 저임의 노동력을 보유한 중국, 인도 및 태국 등의 신흥공업국가들이 등장하고 제품수명에 비해 제품개발비용이 급증하게 됨에 따라 비용을 줄이기 위한 생산방식의 글로벌화, 즉 글로벌 생산방식에 대한 요구가 점점 증대하게 되었다. 이와 같은 요인들이 합쳐져서 글로벌화를 촉진하고 있다.

3) 정부요인

WTO체제 아래에서 국가 간의 관세 및 비관세 무역장벽이 점점 축소되고 유럽통합으로 2002년 1월부터 유로화가 사용되는 등 지역경제 공동체가 전 세계적으로 확대되고 있다.

또한 많은 국가에서 개방적 시장경제체제를 받아들여 정부의 생산자 및 소비자로서의 역할이 감소되어 경제운영에 있어서 민간기업의 역할이 점점 커지고 있다. 이 모든 요인들이 글로벌화를 정부차원에서 촉진하고 있다.

4) 경쟁요인

외국기업에 의한 인수합병이 늘어나고 많은 국가가 점차 주요 시장으로 등장하면서 세계적 차원에서 경쟁을 시도하는 새로운 경쟁자들이 탄생하게 되었다는 점을 들 수 있다.

특히 자동차와 전자산업에서 세계유수기업들은 이러한 글로벌 경쟁전략을 사용하고 있다. 또한 기업들 간의 글로벌 차원에서의 전략적 제휴가 늘어나고 많은 기업들이 점차 세계적 차원에서 생산기지를 결정하면서 국가 간의 상호 의존성이 심화되는 글로벌 네트워크를 구축하는 기업들이 늘어나게 되었다. 이와 같은 글로벌 경쟁전략의 예를 일본기업의 국내시장진입에 대한 미국기업들의 대응에서 찾아볼 수 있다. 자동차산업의 경우 미국의 GM, 포드, 크라이슬러가 적자에도 불구하고 계속적으로 일본시장에 진출하는 것은 일본자동차회사의 미국시장에서의 전력투구를 방지하기 위한 전략이다. 이처럼 기업 간의 경쟁이 글로벌해지면서 글로벌화가 가속화되고 있다.

2. 기업 국제화과정

기업의 국제화란 단순한 국내경영에서 벗어나 국내와는 상이한 환경과 조건 아래에 있는 세계시장에 대해 수출활동을 시작으로 해서 복잡하고 방대한 세계적인 경영활동에 이르기까지의 과정을 말한다. 그런데 이러한 기업의 국제화과정은 국가마다 특수한 환경이 있기 때문에 어느 국가에나 적용될 수 있는 동일한 모델을 제시하기란 어려운 일이다. 시장규모가 크고 기업의 역사가 길며 경영전략이 이미 다양화되어 있는 선진국에서는 기업의 국제화가 쉽지만 그 반대여건에 직면하고 있는 개도국에서는 기업의 국제화가 어렵다. 따라서 선 · 후진국 간에 기업의 국제화단계가 다를 수밖에 없다.

여기서는 보편적으로 기업의 국제화단계를 다음과 같이 네 가지로 구분하여 살펴보고자 한다.

1) 국내지향기업(국내기업)

기업이 설립될 때 무역전문업체와 같이 처음부터 해외시장을 상대로 영업활동을 하는 기업도 있으나 대부분의 제조업체는 국내시장을 목표로 영업을 개시하는 것이 일반적이다. 기업의 입장에서 볼 때 영업을 처음 시작할 때는 충분한 국제시장에 대한 경험과 노하우(know-how)가 축적되지 못한 상태이므로 국내시장에서의 영업활동은 해외시장진출을 위한 교두보 역할을 하게 될 것이라고 생각된다. 따라서 국내지향기업은 생산시설의 가동률을 극대화하여 국내시장점유율을 높임으로써 수익을 극대화하는 것이 정책적 목표가 된다.

2) 해외지향기업(수출기업)

기업이 안정만을 추구한다면 굳이 위험을 무릅쓰고 해외에 진출하지는 않을 것이다. 그렇다고 해외에 진출하지 않는다고 해서 기업의 생존이 확보되는 것도 아니다. 왜냐하면 한정된 사장에서 다른 기업과의 치열한 경쟁을 극복해야한 생존이 가능하기 때문이다. 따라서 기업은 자체의 존속 내지 성장을 위해서는 협소한 국내시장에서 벗어나 필연적으로 해외시장으로 진출할 수밖에 없다.

그러나 기업은 처음으로 해외에 진출할 때에는 위험을 극소화하려고 한다. 그렇기 때문에 기업의 해외진출 초기의 전략으로서 수출이 많이 활용되는 것이다. 해외지향기업은 수출에 의한 해외시장개척과 규모의 경제 달성을 통한 수익의 증대를 목표로 삼게 된다. 현재 우리나라의 기업체 중 종합무역상사 및 일반무역회사 그리고 수출업무를 직접 수행하고 있는 섬유 · 전자 등 대부분의 제조업체가 이에 해당된다고 할 수 있다.

3) 현지지향기업(다국적기업)

기업의 수출이 아무런 장애가 없이 증대된다면 기업 입장에서는 바람직한 일일 것이다. 또한 기업이 속해 있는 모국의 입지조건이 다른 국가와 비교하여 유리하다면 이것도 제품의 경쟁력을 유지시킬 수 있는 강력한 요인이 된다. 그러나 이것들은 모두 기업의 소망일 뿐 실제로는 기업의 수출을 관세 · 비관세장벽 등 수입국의 규제를 받기도 하고 모국보다도 유리한 입지조건이 세계 어느 국가엔가 존재할 수도 있다.

따라서 기업은 무역규제를 피하기 위해 또는 유리한 입지조건을 이용하기 위해 현지국에 직접 생산시설을 투자하게 되는데, 이러한 기업들이 바로 국제화된 기업들이라고 할 수 있다. 우리나라에서도 대우가 방글라데시에 봉제공장을 설립한 것은 현지국의 저렴한 노동력을 이용하기 위한 것이고, LG가 미국에 컬러 TV 공장을 설립한 것은 미국에 대한 수입규제를 피하기 위한 것이다.

4) 세계지향기업(세계기업)

한 국가가 자국의 자원만을 가지고 독자적인 경제활동을 계속하기는 어렵기 때문에 장기적으로 볼 때 전 세계시장은 미국 주도의 신자유주의 사상 아래에서 통합되고 글로벌화되면서 무역자유화운동에 따라 무역장벽이 낮춰질 것이며, 전자상거래의 증가와 운송수단의 급속한 발달로 인해 제품가격에서 차지하는 수송비의 비중은 적어질 것이다. 이때 기업의 형태 또한 제품을 세계에서 가장 저렴한 원가구조를 가진 국가에서 생산하여 이를 전 세계시장을 대상으로 판매하는 전략을 수행하는 기업으로 바뀌게 된다.

이러한 기업이 바로 세계지향기업 또는 세계기업인 것이다. 결국 세계기업은 다각적 생산 · 판매의 네트워크(network)를 통한 경영의 적정화를 목표로 한다고 할 수 있다.

3. 기업 국제화동기

기업이 국제화하는 동기는 방어적 전략으로서의 동기, 공격적 전략으로서의 동기, 기타의 동기로 구분하여 살펴볼 수 있다.[1)]

1) 방어적 전략으로서의 국제화동기

① 관세장벽이나 수입규제, 독점금지 또는 무역협정 등과 같은 각종 규제조치로부터 기업을 보호하고자 하는 경우

② 해외시장에서의 민족주의의 고조 등으로 인해 현지생산을 종용받는 경우

③ 수송비가 과다하게 소요되거나 수송 자체가 어려운 제품인 경우

④ 대리인이나 라이선싱 제휴자와의 관계가 어려워져서 자기 기업이 직접 개입해야 할 필요가 있는 경우

⑤ 해외시장에서 애프터서비스를 제공하는 데 어려움이 있거나 기타 기술적인 어려움에 봉착하는 경우

⑥ 특허권을 보호하고자 하는 경우

⑦ 원자재 및 부품조달의 어려움을 극복하고자 하는 경우

⑧ 경쟁업체나 공급업체 또는 고객의 국제화에 대응하고자 하는 경우

⑨ 경기변동의 위험 등 기업의 제반 위험을 지역분산화와 제품다각화로 회피하고자 하는 경우

2) 공격적 전략으로서의 국제화동기

① 자본이나 설비, 인적자원 및 노하우 등을 보다 적극적으로 활용하여 기업의 수익을

---

1) M. Z. Brooke and L. H. Remmers, *The Strategy of Multinational Enterprise* (London : Longman Group, Ltd. 1970), pp.227-229.

증대시키고자 하는 경우

② 범세계적인 시장전략 및 계획을 수립하여 추진함으로써 자원 및 시장에 대한 각종 기회를 보다 적극적으로 활용하고자 하는 경우

③ 외국의 새로운 기술과 노하우를 습득하고자 하는 경우

④ 국내시장에서는 더 이상 확장 가능성이 희박하여 기업의 성장을 위해 국제화전략을 택하는 경우

3) 기타의 국제화동기

기업들은 국내의 유휴시설을 활용하기 위한 동기에서 국제화를 추진하는 경우가 있다. 예를 들어, 규모의 경제효과가 큰 산업에서 경쟁력을 확보하기 위하여 대규모 설비투자를 했을 경우 좁은 국내시장 때문에 기업들은 국제화 없이는 유휴시설문제를 해결할 수 없다.

① 해외투자에 대한 유리한 환경조성이나 조세 및 금융상의 혜택 등 각국 정부가 제공하는 유리한 정책을 활용하고자 하는 경우

② 다른 기업의 해외진출에 자극을 받는 경우

③ 기업 내부에서 국제화하고자 하는 강력한 욕구가 작용하는 경우

4) 진출요인별 국제화동기

(1) 기존시장유지 및 신시장개척

기업들은 기존시장을 유지하거나 새로운 시장을 개척하기 위해 국제화를 추진하게 된다. 자국 내 시장에서 해외시장으로의 확대를 꾀하는 시장확대전략에는 방어적 시장추구와 공격적 시장추구의 두 가지 형태로 나눌 수 있다.

방어적 형태란 기존 수출대상국의 무역규제 때문에 기업이 그 수출시장을 상실할 위험이 있을 경우 그 국가에서 생산하여 직접판매하는 경우 또는 우회생산 및 수출을 목적으로 제3국에서 직접투자하는 경우 등이 해당된다. 이에 비해 공격적 형태란 잠재시장규모가 큰 새로운 시장을 확보할 목적으로 적극적으로 진출하는 방법을 말한다.

(2) 원가절감

생산요소가격이 상대적으로 저렴한 지역이나 국가에 진출하여 생산함으로써 생산효율

성을 추구하려는 동기에서 해외에 직접투자하는 기업들이 있다. 이를 생산효율성 추구형 직접투자라 한다. 생산효율성을 추구하기 위한 투자형태로는 가격경쟁력을 확보하기 위하여 임금이 싼 지역에 진출하는 것을 들 수 있으며, 최근의 한국기업들이 임금이 싼 동남아지역, 서남아시아, 중국에 대거 진출하는 현상이 이에 해당된다 하겠다.

또한 해외시장의 수요량까지 감안한 기업의 생산량 증가는 기업의 경제와 원자재의 대량구매 및 대량수송 등으로 인한 원가절감을 가져온다. 그리고 수송비가 많이 드는 제품일 경우 현지에서의 생산을 통한 수송비의 절감효과를 위해 해외에 진출하는 경우도 있다.

(3) 자원개발

해외의 풍부하고 저렴한 자원을 개발해 수입하기 위해서 국제화를 추진할 수 있다. 특히 이러한 동기는 주로 천연자원이 부족한 국가들이 광업, 어업, 임업 등의 분야에서 자원개발을 통한 원재료의 안정적 확보를 추구하게 된다. 이러한 전략적 동기에서 해외에 직접투자하는 기업들을 자원추구형 기업(resource seekers)이라 부른다. 한국기업의 경우는 1968년에 인도네시아의 삼림개발을 목적으로 투자한 남방개발의 경우가 자원개발형 직접투자의 효시이며, 그 이후 원유의 안정적 확보를 위한 중동국가들에서의 합작투자, 호주에서 철강석 확보를 위한 합작투자 등이 있다.

(4) 첨단기술 및 지식습득

고도의 첨단기술이나 선진경영기법을 습득하기 위해 현지국에서 직접 사업활동을 영위하거나 합작투자를 통한 국제화를 추구할 수 있다. 예를 들어, 반도체기술을 습득하기 위해 미국의 실리콘밸리에 직접투자하는 경우나 LG가 미국의 제니스(Zenith)사와 합작하여 첨단 TV 제조기법을 획득하고 난 후에 이 회사를 인수한 것을 들 수 있으며, 일본의 쯔쿠바 단지 내에 한국기업의 기술연구소 설립 등이 있다.

(5) 경쟁기업에 대한 견제

경쟁기업체에 대한 견제의 목적으로 국제화를 추진할 수 있다. 예를 들어, 어느 기업이 해외에 진출할 경우에 함께 따라 나가는 선도기업추종형(follow the leader)의 직접투자가 있다. 또한 선점적 지위를 누리기 위해 어느 국가에 다른 기업이 진입하기 전에 우선적으로 진출하는 방법을 택할 수 있다. 그리고 경쟁자를 견제하기 위한 방편으로 그들의 본국 시장에 진입하는 경우도 있다.

2절 기업의 국제화 진출과정

1. 기업의 국제화단계

기업의 국제화단계는 간접수출 또는 우연한 수출단계로부터 범세계적인 차원에서 해외시장 진출전략을 모색하는 글로벌 마케팅 및 생산단계에 이르기까지 네 가지 단계로 구분할 수 있다. 이들 국제화단계의 특징을 살펴보면 다음과 같다.[2)]

1) 제1단계 : 간접수출 또는 우연한 수출

이 단계는 간접수출이나 비정기적인 수출 또는 우연한 수출주문에 응하는 단계로서, 여기에는 소극적인 라이선싱도 포함된다. 이 단계는 통상 해외시장에 대한 개입수준이 아주 낮다.

2) 제2단계 : 적극적 수출 또는 라이선싱

이 단계에서는 대리인 · 유통업자 또는 지사 · 법인을 통한 직접수출과 의욕적인 라이선싱이 이루어지게 된다. 이 단계에 이르면 국제경영과 국내경영이 구별된다.

3) 제3단계 : 적극적인 수출, 라이선싱, 해외생산에 대한 자본투자

이 단계에서는 일부 국가에서는 현지생산이 이루어지고, 다른 국가에서는 수출 또는 라이선싱이 이루어진다. 그리고 조직구조는 무역부에서 국제사업부로 전환된다. 그러나 이 단계에서는 여전히 국제경영이 국가와 지역을 초월하여 통합되지 못하고 또 국제사업전략도 국내사업전략과 통합되지 못한다.

---

2) F. R. Root, *Entry Strategies for International Markets*, Revised and Expanded ed.(New York : Lexington Books, 1994), p.40.

4) 제4단계 : 글로벌 마케팅 및 생산

이 단계에서는 수많은 시장이 수많은 국가로부터 공급되며, 국제사업부조직이 지역별, 제품별 조직부로 전환된다. 그리고 국내시장은 수많은 시장 중 단지 하나의 시장으로만 간주된다.

이상에서 기업의 국제화단계를 살펴보았는데, 제1단계와 제4단계가 특별히 다른 점은 기업이 해외진출방식을 결정하는 데 있어서 모든 대안적인 진출방식을 비교 · 평가하여 목표제품과 목표지상에 가장 적합한 방식을 선택하려는 자세를 가지고 있느냐, 그렇지 않느냐 하는 데 있다. 즉, 국제화의 첫째 단계에서는 기업들이 해외진출방식의 대안으로서 한두 가지 진출형태만을 고려하지만, 국제화수준이 높아갈수록 기업들은 이용 가능한 모든 진출방식을 선택하게 된다.

따라서 국제화의 최종단계에 접어든 글로벌기업은 진출하고자 하는 목표시장의 특성에 따라 각기 다른 진출방식을 택하게 되고, 그 결과 자신이 진출하고 있는 모든 해외시장에서 다양한 형태의 진출방식을 활용하게 된다.

2. 해외시장 진출방식의 변화과정

기업은 일단 국제경영활동을 시작하게 되면 해외진출기업을 예측 가능한 형태로 변화시켜 가는 것으로 알려지고 있다. 즉, 기업은 일단 해외시장에 진출한 다음에는 점차 해외마케팅활동에 대한 통제를 강화할 수 있는 진출방법을 모색하게 된다. 그리고 이때 기업은 통제를 강화하기 위해 해외시장에 훨씬 더 많은 자원을 투입해야 하며, 그에 따라 훨씬 더 높은 수준의 시장위험 및 정치적 위험을 부담하게 된다. 그러나 해외에서의 경쟁에 자신감을 갖게 되면 해외사업에 대한 위험보다는 시장통제력을 강화하는 데 더 많은 관심을 갖게 된다. 따라서 다국적기업은 점차 해외직접투자방식을 통해 현지에 진출하게 된다.

제조기업의 해외진출형태는 기업들은 규모의 제약 때문에 현지판매지점이나 자회사를 통한 수출단계 그 이상으로 발전하지 못하지만, 또 다른 기업들은 합작투자나 단독투자 등과 같은 현지생산단계에 이르기까지 지속적으로 발전해 간다.

기업의 국제경영활동의 간접수출 ➜ 직접수출 ➜ 턴키프로젝트 ➜ 관리계약 ➜ 라이선싱 ➜ 프랜차이징 ➜ 합작투자 ➜ 직접투자의 방향으로 가면 갈수록 국제경영활동에 대한 개입의 수준이 높아지고 경영자원의 투입이 많아지며 위험의 정도가 높아지고 통제권이 강화된다.

따라서 독점적 우위요소 등과 같은 강력한 국제사업 경쟁력을 소유하고, 국제사업 경험이 많으며, 높은 시장점유율을 확보하고, 국제경영활동상의 위험을 흡수할 수 있는 기업만이 수출방식으로부터 직접투자방식과 같은 국제경영활동으로 발전해 갈 수 있다.

3. 해외진출방식의 선택모형

기업국제화이론에 따르면 해외시장진입은 보편적으로 점진적 과정을 거치는 것으로 알려져 있다. 즉, 해외시장에 진입하는 기업은 처음에는 수출과 같이 상대적으로 위험부담이 낮은 방법으로 출발하여 해외시장에 대한 지식이 늘고, 자본 및 경영능력이 축적되면 높은 위험 감수가 요구되는 해외직접투자도 가능해진다는 것이다. 그러나 모든 기업들에게 이러한 전개과정이 일률적으로 적용되는 것은 아니다. 또한 어느 정도 해외시장 경험이 축적된 기업에게는 앞에서 살펴본 다양한 해외시장 진입방법이 모두 하나의 선택 가능한 대안이 된다.

여기서는 수출 · 라이선싱 · 해외직접투자 등의 세 가지 대표적인 해외시장 진입방식 중에서 어느 방식을 선택할 것인가에 관한 기본적인 모형을 소개하기로 한다.

1) 러그만(Rugman)의 단순모형

대부분의 기업들은 해외시장 진입방법의 선정에 있어 비교적 단순한 모형을 사용한다. 즉, 기업들은 우선 위험수준이 낮고 별다른 자원투입을 요하지 않는 방식인 수출을 통한 진출 가능성을 모색한다.

그러나 높은 무역장벽으로 수출이 불가능할 경우 비로소 라이선싱이나 해외직접투자 등의 다른 대안이 활용될 수 있는가를 알아본다. 이때 기업들이 특히 관심을 갖는 것은 기술의 유출위험인데, 만약 기술이 유출되어 경쟁우위를 잠식당할 가능성이 크지 않다면 위험이 낮은 라이선싱을 하게 되고, 기술이 유출될 위험이 높다면 상대적으로 많은 자원이 투입이 요구되더라도 해외직접투자를 감행하게 된다.

그림 3-1 Rugman의 단순모형

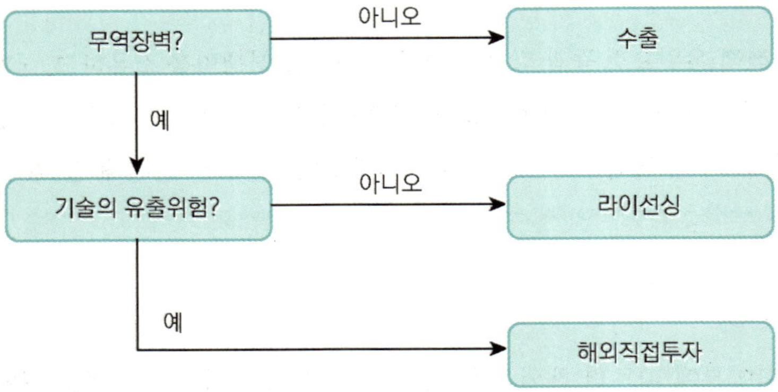

출처 : A. M. Rugman. D. J. Lecraw and L. D. Booth. International Business : Firms and Environment. New York : McGraw-Hill. 1985.

이러한 단순모형의 장점은 우선 간편하고 신속한 의사결정이 가능하다는 사실이다. 이는 다른 진출대안에 대한 정보를 수집하고 평가하는 데 소요되는 비용과 시간을 줄일 수 있기 때문이다. 그러나 단순모형의 근본적인 약점은 목표 해외시장에서의 사업기회에 대한 기업의 능력을 가장 잘 발휘할 수 있는 진입방법을 찾지 못하고 소극적인 해외시장 진출수준에 머무르게 할 수도 있다는 점이다.

2) 루트(Root)의 점진적 학습과정모형

기업의 국제화는 일반적으로 점진적 학습과정을 따른다. 이는 해외영업에 따르는 높은 불확실성과 해외시장지식 또는 사전 경험의 부족으로 국제화에는 일정한 학습과정이 필요하기 때문이다. 기업은 해외시장에 개입한 이후 시간이 지나고 해외시장에 대한 경험과 지식이 축적되면 높은 수준의 위험이 수반되는 진입방식도 채택할 수 있게 된다는 것이다. 일반적으로 한 기업은 위험도가 가장 낮은 간접수출에서 시작해서 직접수출을 거쳐 해외판매 자회사 설립, 합작투자 생산자회사 설립, 단독투자 생산자회사 설립의 순서로 해외시장진입방식을 고도화시켜 가는 것으로 알려져 있다.

▌그림 3-2▐ Root의 점진적 학습모형

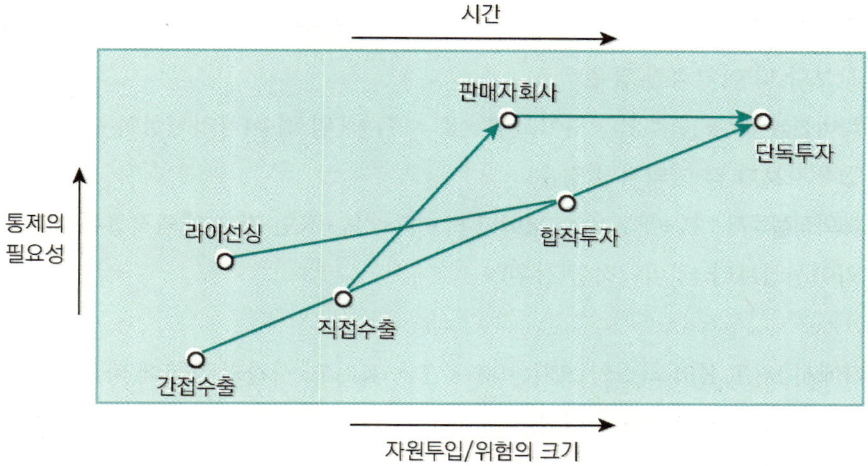

출처 : F. R. Root, *Entry Stategies for International Markets*, Lexington Books, 1994, p.39.

3) 허쉬(Hirsch)의 모형

수출, 라이선싱, 해외직접투자 간의 선택모형을 살펴보면 다음과 같다.[3] 먼저 모형을 단순화시키기 위해 다음과 같이 가정한다.

① F : 지식집약형 투자기업

② p_d : 본국에서의 생산비

③ P_f : 현지국에서의 생산비

④ K : 현지국기업에게 라이선싱을 제공함으로써 부담하게 되는 비용

⑤ M : 국내마케팅과 수출마케팅 간의 비용 차이

⑥ T : 제품을 해외에서 생산함으로써 추가적으로 부담하게 되는 비용

이상의 여섯 가지 변수를 가지고 수출, 라이선싱, 해외직접투자 간의 선택을 살펴보면, 먼저 만약 K = M = T = 0이면 본국에서의 생산비가 현지국에서의 생산비보다 낮을 경우에만 수출을 통하여 해외시장을 공급하게 된다. 그러나 본국에서의 생산비가 현지국보다 높은 경우에는 해외에 진출하지 않고 국내에 머무르게 된다.

그러나 K, M, T가 모두 정의 값을 갖는다면 수출, 라이선싱, 해외직접투자는 다음과 같

3) A. M. Rugman, *Inside the Multinationals* (New York : Columbia University Press, 1981), pp.54-60.

은 기준에 의해서 선택된다.

① **수출** : $P_d + M < P_f + K$이고 $P_d + M < P_f + T$인 경우(수출이 라이선싱 및 해외직접투자보다 더 이익적인 경우)

② **라이선싱** : $P_f + K < P_d + M$이고 $P_f + K < P_f + T$인 경우(라이선싱이 수출 및 해외직접투자보다 더 이익적인 경우)

③ **해외직접투자** : $P_f + T < P_d + M$이고 $P_f + T < P_f + K$인 경우(해외직접투자가 수출 및 라이선싱보다 더 이익적인 경우)

여기에서 M, T, K의 최소의 크기는 $M < T < K$이고, 시간의 흐름에 따른 비용의 감소속도도 $M < T < K$의 관계가 성립된다. 따라서 F기업은 처음에는 수출을 선택하게 되고, 시간이 경과함에 따라 T가 M보다 더 하락하고 현지국에서 생산비가 더 저렴해지면 해외직접투자를 하게 되고, 보다 더 장기적으로 F기업의 제품지식이 여타 기업에 의해 모방되므로 K가 T에 비해 상대적으로 더 하락하게 되면 현지국기업에게 자사의 기술을 라이선싱하게 된다.

3절 다국적기업의 진출

1. 다국적기업의 정의

다국적기업(multinational corporation)이란 용어가 일반적으로 쓰이게 된 것은 1970년대부터이며, 이와 유사한 용어로서는 국제기업(international firm), 초국가기업(transnational corporation), 세계기업(world enterprise), 지구기업(global firm), 무국적기업(stateless enterprise) 등이 있다.

다국적기업의 정의에 대해서는 여러 가지 명칭과 평가기준이 병존하고 있으며 아직까지도 이에 대한 통일적인 정의가 존재하지 않고 있다. 즉, 1973년도 UN의 다국적기업에 관한 보고서에서는 다국적기업에 대한 대표적인 정의가 20여 개 이상이나 제시되고 있다.

예를 들면, 다국적기업이란 용어를 처음 상용한 릴리엔탈(D. E. Lilienthal)은 다국적기업을 "1개국 이상에서 해외생산활동을 전개하면서 경영자가 세계적인 차원에서 연구개발, 생산 및 판매에 대한 의사결정을 내리는 기업"으로 정의하여 매우 포괄적으로 규정하고 있다. 이에 비해 버논(Raymond Vernon)은 다국적기업을 "포춘(Fortune)의 500대 기업에 연 2회 이상 등재되어 있는 동시에 6개국 이상에서 현지생산 및 판매활동을 하는 기업"이라고 정의함으로써 거대규모의 제조기업만을 다국적기업으로 한정하고 있다. 또한 펄무터(H. V. Perlmutter)는 경영자의 태도(본국중심적, 현지국중심적, 지구중심적)를 중시하고 다국적기업을 "지구중심적 경영을 하는 기업"이라고 정의하고 있다.

이와 같이 학자들마다 다국적기업에 대한 정의가 상이한 것은 기업의 다국적성(multinationality)을 기업의 구조 면에서 보는가, 성과 면에서 보는가, 아니면 형태 면에서 보는가에 따라 그 평가기준이 얼마든지 달라질 수 있기 때문이다.

1) 구조적 측면

기업구조 측면에서 다국적기업을 정의할 경우 다음과 같이 기업활동범위의 다국화, 기업소유의 다국적성, 최고경영자의 국적 등의 기준 중에서 한 가지 이상을 충족하고 있는 경우를 다국적기업으로 보고 있다.

① 기업의 국제경영활동을 2개국 이상에서 전개하는 경우
② 기업의 소유권이 2개국 이상에 걸쳐 분산되어 있는 경우
③ 최고경영층이 2개국 이상의 경영자로 구성되어 있는 경우
④ 제조기업으로서 6개국 이상에서 제조활동을 전개하는 경우

2) 성과 측면

성과 측면에서는 기업의 전체 매출액, 자산규모, 생산규모, 종업원 수 등에서 해외부문이 차지하는 비중이 어느 정도인가에 따라 다국적기업을 정의하고 있다. 예를 들면, 해외매출액이 전체 매출액에서 차지하는 비중이 25% 이상일 경우에 다국적기업으로 간주하고 있다.

3) 형태 측면

형태 측면에서는 경영의 관점이나 사고가 세계적인지의 여부를 통해 다국적기업을 정의하고 있다.

① 세계적인 관점에서 자원을 배분하고 경영하는 경우
② 해외자회사의 경영전략을 유기적으로 통합 · 조정하고 조직화하는 경우
③ 경영자의 태도가 본국중심적 사고, 현지중심적 사고, 세계중심적 사고 중에서 세계중심적 사고를 하는 경우

이상에서 살펴본 바와 같이 다국적기업에 대한 정의는 연구하는 학자에 따라 천차만별이지만 기본적으로 "2개국 이상에서 국제경영활동을 전개하는 기업"이라고 포괄적으로 정의할 수 있다.

2. 다국적기업과 현지국

다국적기업이 현지국에 미치는 효과는 다음과 같은 이유들로 인하여 정확한 분석이 어렵다.

첫째는 다국적기업이 진출하기 전과 후의 경제적 사정을 정확히 분석하는 것이 어렵다. 둘째는 직접투자의 효과가 다양한 형태로 나타난다는 것과 측정하기 어려운 정치 · 문화적 요인들을 고려하면 정확한 정(+) · 부(−)의 효과를 판정하기 어렵다. 마지막으로 직접투자의 효과가 정부의 정책과 연계되어 있어서 독립적으로 측정하기 어렵다. 진입 시 진입에 따르는 일시적인 산업보호(관세정책)효과를 요구하는 경우가 많다. 이 경우 많은 사람들이 산업보호의 역효과만 강조하게 되는데 이러한 보호효과는 국내의 다른 기업에도 적용되기도 하며, 이는 경제적 요인보다는 정부의 정책에 의한 전체적인 왜곡효과이기 때문이다.

1) 자원이전효과

자본이나 기술, 경영자원 등의 이전효과로서 장 · 단기에 걸친 이전의 결과를 따지는 것이 필요하다.

(1) 자본이전

단기적으로는 국내의 부족한 자본도입을 통한 경제활성화 그리고 이에 따른 유휴자본의 효과적인 활용 등이 가능하다. 그러나 장기적으로는 사업활성화에 따를 자본송금이나

원금회수 등의 부정적인 측면이 존재하게 된다.

(2) 기술이전

단기적으로는 피투자국이 필요로 하는 기술도입을 통한 기술개발비용과 시간의 절약, 그리고 경쟁력 향상 등에 기여할 수 있다. 그러나 장기적으로는 독자적인 기술개발능력이나 기술개발원천을 외국에 의존함으로써 기술자립이 떨어질 수 있다. 또한 다국적기업이 도입하는 기술수준이 과연 현지국에 적합한 기술수준인지를 정확하게 평가하는 것이 요구된다. 이러한 논지는 주로 개도국과 선진국의 기술이전 논쟁으로서 현지국수준에 적합한 기술수준을 받아들이는 것이 중요하기 때문이다.

(3) 경영자원의 이전

선진경영기법이나 기업가적 능력을 지닌 인재의 파견에 따르는 현지국 기업가들의 경영관리능력이나 전문기업가적 능력을 향상시킬 수 있다는 점에서 도움이 된다. 그러나 문제점으로는 피투자국의 우수한 인재를 다국적기업이 빼앗아 간다는 부정적인 인식과 현지인의 승진과 경력개발에 다국적기업이 적극적이지 못하다는 비판이 있다.

2) 무역수지효과

무역수지에 미치는 효과는 국내에서의 생산시설 가동에 따를 수출증대효과와 자본도입을 통한 국제수지의 흑자요인이 존재한다. 그러나 한편으로는 자본재 수입을 통한 것과 배당이나 수익금의 본사송환에 따른 국제수지적자요인도 있다.

3) 주권과 자주성에 미치는 효과

이는 주로 부정적인 영향이 강하게 나타난다. 이는 현지국에 진출하는 거대규모의 다국적기업들이 자사의 풍부한 자금력과 우수한 기술정보력 그리고 다국적기업 본사의 정치 · 경제적 힘의 논리로서 약소한 현지국과의 교섭력에서 앞서기 때문이다. 또한 다국적기업 모국의 경제적 · 힘의 논리를 통한 기업이익을 보호할 수 있는 요인들이 강하기 때문이다. 예를 들면, 칠레에서 강제수용의 위기에 직면했던 ITT는 미국정부로 하여금 칠레에 대한 경제적 압력을 요청하는 한편, 미국 중앙정보부의 협조하에 현지정권을 전복하고자 기도했던 적이 있다.

반면에 인질효과를 기대할 수도 있다. 다시 말하면 외국인투자의 증대는 투자 모국정부로 하여금 현지투자국의 안보를 중요시하도록 만드는 한 요인이 될 수도 있다는 것이다.

3. 다국적기업에 대한 유인과 규제

일반적으로 외국인투자를 받아들이는 현지국의 입장에서는 외국인직접투자에 대한 유인책과 규제책을 동시에 병행하여 실시하게 된다.

1) 유인정책

외국인투자 유인정책이란 외국인투자 도입을 통한 부족한 자본의 도입과 기술발전 등을 위하여 자국에 유치하고 또한 다국적기업 스스로 국가목적에 합치하는 활동을 하거나 혹은 하지 않도록 유도하기 위한 각종의 정책적 유인수단을 의미한다.

외국인투자를 유인하기 위한 현지국 정부의 유인정책수단은 다음과 같은 것들이 있다.

첫째, 조세상의 특혜를 부여하는 방법이다.

이 방법은 조세감면이나 조세유예(tax deferral)와 특별상각의 인정 등 조세와 관련된 회계처리상의 특혜 등을 포함한다.

둘째, 공공서비스 및 생산요소를 시장가격 이하로 공급하는 등의 보조금을 지급하는 방법이다. 이 방법은 공공부지, 도로 및 외국인투자에 필요한 공공시설을 무료 내지 시장가격 이하로 제공한다든지, 생산활동에 소요되는 원료나 부품의 수입에 대하여 관세를 감면해 주는 방법이 있다. 그리고 시가 이하의 이자율로 장기의 자금을 지원해 주는 등 국가마다 다양한 형태의 보조정책을 활용하는 것을 들 수 있다.

셋째, 현지국 내 투자환경의 불확실성을 감소시키는 방법으로 지원하는 것들이 있다. 현지국의 투자환경의 불확실성을 감소시키는 방법으로는, 예를 들어 외국인투자기업이 생산한 제품의 일부 또는 전체를 일정가격 이상으로 구매한다는 보장을 한다든가, 경쟁제품에 대한 수입제한 내지 고관세부과, 투자분쟁 시 국제법에 따른 독립적 기관에 의한 중재보상, 투자보장협정의 체결 등이 있다.

2) 투자규제조치

투자규제조치란 다국적기업의 자산소유를 제한한다거나 경영상의 의사결정을 제한하는 등의 기업경영활동을 강제하거나 제한하는 각종의 규제적 정책수단을 의미한다. 이와 같은 외국인투자의 규제조치는 크게 두 가지로 구분할 수 있다.

첫째, 투자 전의 조치로서 외국인투자기업의 진입과 관련하여 자산소유 자체를 규제하는 외국인투자에 대한 사전심사제도와 외국인투자의 업종을 제한하는 투자금지조치 등이 있다. 특히 일부 국가들은 자국의 경제적 목적이나 안보 등을 이유로 전략적으로 중요한 특정업종에 대하여는 외국인투자를 일체 금지하거나 혹은 외국인소유 지분을 엄격히 제한하는 조치를 실시하고 있다.

둘째, 외국인투자가 이루어진 후 투자기업의 구체적 경영활동과 관련된 운영상의 규제조치를 실시하기도 한다. 이와 같은 투자 후 사업활동을 규제하는 조치로서는 ① 부품국산화의무(local content requirement), 수출의무, 내국인 고용의무 등과 같이 기업의 생산 및 판매활동에 대한 규제조치가 있다. ② 국내금융시장에의 참여제한, 이자 및 배당이익의 송금제한 등 외국인기업의 자율적인 재무활동에 대한 규제조치 등이 있다.

4장 해외시장 진출유형

1절 진출형태선택에 영향을 미치는 변수

국제경영은 여러 가지 다양한 수단에 의해 이루어진다. 범지구적인 활동범위를 가지고 있는 다국적기업은 그들이 생산하고 있는 상품과 각종 해외활동 등 이용 가능한 모든 형태를 이용하고 있다. 해외경영의 유형들은 해외경영에 참여하는 여건과 국내외에 있는 자원에 따라 다르다. 수출, 해외직접투자, 그 밖의 여러 형태의 해외경영에 있어서 기업은 소유권을 차지하거나 다른 기업과 계약을 체결함으로써 그 기업이 가지고 있는 자원의 참여를 절감시킬 수도 있다.

이러한 여러 경영활동을 선택할 때 고려해야 할 주요 요인들에 대하여 논의하는 것이 유용하다. 예를 들면, 외국 자회사를 100% 소유하겠다는 계획은 모회사의 자회사에 대한 통제력은 증대시키지만, 동시에 정치적 위험에 대한 노출이 커지게 된다.

1. 법

포드(Ford) 같은 다국적기업의 경우 멕시코의 자동차시장을 전부 독점하고 싶지만 법률적으로 불가능하다. 해외경영의 선택과정에 영향을 미치는 법률적 수단에는 세율의 차이, 과실송금의 제한, 독점금지법, 국유화나 수용 가능성 등 여러 가지가 있다.

2. 가격

해외에서 판매하기 위한 제품을 생산하는 데 고정비용이 발생되는 상품인 경우, 경영규모가 적을 때는 국내에서 직접 생산하는 것보다는 국제적인 하청생산(subcontracting)을 하는 것이 비용이 적게 든다. 그리고 경영규모가 충분히 성장했을 때에는 해외용역을 주지 않고 직접 경영을 하는 것이 경비가 적게 들 수 있다. 따라서 기업은 주기적으로 그들의 경영활동을 대내적 혹은 대외적으로 할 것인가를 검토해야 한다.

3. 경험

대부분의 기업은 국제적인 발전단계의 초기단계에서는 해외경영에 기업의 경영자원을 많이 투입하거나 해외부문을 급속히 확장시킬 충분한 자원을 가지고 있지 않다. 결국 국제적인 활동의 제 성장단계를 통하여 변해 간다. 초기단계에서 기업은 그들의 부족한 경영자원을 보존하고 자원의 배분도 해외보다는 국내로 집중시킨다. 그리고 기업의 해외활동이 증가함에 따라 경영활동을 해외부문으로 전환시키게 된다.

4. 경쟁

기업이 가까운 장래에 다른 경쟁자가 모방하기 어려운 특별한 경영자원을 가지게 될 때, 그 기업은 효용을 높일 수 있는 경영활동의 형태를 선택하는 데 좋은 위치를 차지하게 된다. 이 경쟁력은 국제적인 확장전략으로 이어질 수 있으며, 다른 기업과 외부적인 협력과정을 발전시킴으로써(경영자원의 제약 때문에)만이 가능하다.

5. 위험

위험에는 여러 형태가 있다. 특히 자산과 수익에 영향을 미치는 정치 · 경제적 변화는 국제경영을 하는 기업가의 중요한 관심사이다. 위험을 분산시키는 방법 중의 하나는 여러 국가에서 경영활동을 하는 것인데, 이는 몰수, 외환통제, 지역적인 판매부진 등의 위험을 감소시켜 주게 된다.

6. 통제

기업이 해외로 진출하면 할수록 범지구적인 최적화에 영향을 미칠 계획에 대한 통제를 잃게 될 수 있다. 이것은 신제품개발, 질, 생산규모가 확장되는 것 등 모두를 포함하게 된다.

7. 자연자산

경영활동 중인 기업은 가능한 한 경쟁기업에 대한 우위요인이 있어야 된다. 그 우위요인은 해외판매에 응용할 수 있는 가능성이 있을 때와 그 우위요인을 국제적으로 이전시킬 수 있을 때에 필요하다.

판매자의 관점에서는 해외경영활동의 유형이란 자산이나 판매자 자신이 조정할 수 있는 유리한 점에 의해 선택된다. 일반적으로 자산이라는 것은 원료 · 자본 · 노동 등 생산요소를 뜻한다. 이것들은 서로 동질적이지 않기 때문에 그 질 · 비용 · 통제력 등을 어떻게 잘 활용할 수 있는가가 앞으로의 관심사이다. 자원을 최적화하기 위해서는 그것이 사용될 수 있는 활동의 여러 형태를 비교하는 것이 바람직하다.

2절 수출을 통한 진출형태

해외시장의 진출전략은 수출, 라이선스계약에 의한 현지제조, 직접투자라는 세 가지의 기본전략으로 나눌 수 있다. 어느 전략을 선택할 것인가는 자사의 경영전략에 의거, 상품, 지역 및 개별의 마케팅전략을 종합적으로 감안하여 결정한다.

해외에 대한 상품판매는 우선 자국 또는 제3국에서 제조한 상품을 외국에 수출하는 것으로부터 시작한다. 수출에는 외부로부터의 의뢰에 의한 간접수출과 자사의 시장확대를 목적으로 하는 직접수출이 있다.

1. 간접수출(indirect export)

1) 외국업자 경유

(1) 새로운 사업을 탐색하는 외국업자

기업들은 끊임없이 변화하고 다양화하는 국제시장의 소비자 기호변화에 신속하게 대응하여 적극적인 마케팅활동을 지속한다. 따라서 광범위한 국내외의 상품동향을 체크하여 어느 상품이 자사의 취급에 적합할 것인가의 새로운 상품탐색에 노력하고 있는 외국업자들을 볼 수 있다. 적절한 상품을 발견하면, 즉시 그 상품을 취급하는 기업에 연락을 하여 상대방의 수출거래 가능성을 타진한다.

(2) 외국업자로부터 비즈니스 조회를 받은 기업의 대응

외국으로부터 거래 조회를 받은 기업은 어떠한 반응을 나타낼 것인가? 우선 외국과의 거래 경험이 없는 경우에는 미지의 상대와의 상거래에 불만을 느끼기도 하고, 익숙하지 않는 수출업무를 두려워하여 거래를 거절한다. 또 국내거래에 바빠서 외국기업과의 거래까지 업무를 넓힐 여유가 없는 기업도 있다. 그러나 거절하는 기업만 있는 것은 아니다. 적극적으로 매매에 응하는 기업도 있다. 외국에서 주문이 들어오면 적극적으로 수출에 대응할 자세를 나타내 외국의 상대방 조사를 시작한다. 상대기업의 신용상황을 체크하고 상품을 수출하며 대금을 회수하면, 그 다음 상대국에서의 마케팅은 상대기업의 책임이다. 주문을 받은 상품을 수출하고 대금을 받으면 거래는 종료된다.

2) 국내상사 경유

외국에서가 아니라 국내의 무역상사로부터 직접수출 의뢰가 들어온다. 이 경우는 상사가 모든 수출업무를 대신해 주기 때문에 수출이라고는 하지만, 외국에 대한 지식과 수출업무 경험이 없어도 국내거래와 같이 외국과의 거래가 가능하다.

3) 수출상대방

유명한 회사처럼 가장하여 거래를 신청해 오는 기업이 있다. 그 가운데에는 마케팅을 모르는 브로커도 있다. 따라서 달콤한 이야기라고 해서 눈앞의 이익에 빠지지 말고, 거래선을 충분히 조사하고 또 수출되는 상품이 어떻게 마케팅되는가를 체크해야 한다. 경우에 따라서는 자사의 종업원을 현지에 파견하여 현지의 마케팅 실정을 체크하기도 하며, 또 거래선에 적극적으로 마케팅전략을 제언할 필요가 있다.

2. 직접수출(direct export)

1) 성장전략으로서의 수출

기업이 매출을 신장시키기 위한 전략으로서 외국의 시장을 확대하면 당연히 매출은 늘고 기업의 성장과 직결된다. 이 경우도 수출은 상사를 경유한다든지 자사가 직접 한다든지 둘 중의 하나가 된다.

2) 상사경유

외국에 상품을 적극적으로 수출하려고 하지만 외국에 대해서는 아무것도 모른다고 하는 제조업자에게 의지가 되는 것은 상사이다. 어디에 무엇을 수출하면 좋은가는 상사가 세계 각지에 진출하여 획득한 정보 네트워크에 의해 판명된다. 상사는 상품개발로부터 유통채널의 선택에 이르기까지의 모든 활동을 담당해 주기 때문에 제조업자는 제조에 전념하면 된다는 것이다.

그러나 수출량이 증가하면 자사가 직접 현지에서 스스로 외국시장의 실태를 파악해 놓는다든지 수입선과의 커뮤니케이션을 강화한다든지 하여 자사 사원의 외국출장이 증가되므로 최종적으로는 현지에 주재원을 파견하게 된다.

3) 자사수출

수출량이 더욱 증가하여 거래가 활발해지면 제조업자 가운데에는 상사를 거치지 않고, 자사 스스로 직접적으로 수출을 시도하는 기업이 나타난다. 자사가 직접수출할 경우에는 수출의 노하우가 필요하다.

시장조사에도 충분할 만큼 돈과 시간을 들여야 하며, 당연한 것이지만 리스크도 커진다. 그러나 직접수출을 하면 경험과 지식의 내부축적이 가능해지고 또 자사의 방침도 철저해진다. 또한 자사에 의한 수출활동은 사내에 외국사정에 정통한 인재의 육성과도 연결된다.

4) 수출을 성공시키는 요인

(1) 좋은 수입업자 선택

수입업자 선택을 잘못하면 불리한 거래조건이 이루어지기도 하며, 손해 보려 하지 않는 수입업자의 안정지향에 의해 거래가 생각대로 진행되지 않고, 수출이 신장되지 않는 경우가 있다.

좋은 업자를 선택하는 것과 만나는 것, 이것은 말하기 쉬워도 실제로는 매우 힘들다. 매매상의 거래조건이 엄격하여도 판매를 확실히 신장시켜 주는 업자도 있고, 또 거래조건도 좋고 트러블이 적은 업자라도 판매에 힘써주고 유력상품으로 키워 주는 업자도 있다.

(2) 수출업자의 노력

일반적으로 말해서 유통업자는 팔리는 상품은 확대판매하지만 팔리기 어려운 상품에는 그다지 노력을 하지 않는다. 따라서 수입업자에 유통을 일임하여도 수출업자는 직접 시장을 체크하여 자사상품이 시장에 어느 정도 적응하고 있는가, 소비자의 기호에 적합한가의 조사를 행할 필요가 있다. 상품력을 그대로 갖고 있는가에 대해서는 전적으로 수출업자의 책임이며, 팔리고 안 팔리고는 상품이 갖고 있는 상품력 그 자체이다.

시장에 있어서 상품력의 체크 다음으로 중요한 것은 상품에 대한 고객들의 태도와 상품이 소비자, 즉 고객에게 얼마만큼 충분히 이해되어 있는가, 또한 소매점에서 어떻게 전시되어 있는가의 체크도 필요하다.

이러한 일련의 체크는 수입업자에 의해 실시되는 것이 당연하지만, 좀처럼 자사가 만족스럽게 실시하지 못하는 것이 실태이다. 그러나 자사가 직접 실시하든지, 비용을 부담하여 수입업자에게 대행시키든지, 어찌되었든 불가결한 체크 포인트이다.

(3) 유력업자와 업무제휴

서로의 제휴에 의한 상과에 매력이 있다고 생각하는 경우에는 외국의 유력한 업자와 업무계약을 체결하여 상호 협력체제를 구축함으로써 상대기업이 장점으로 하는 시장에서의 마케팅은 상대에 일임하고, 그 대신 자사가 장점인 시장에서의 마케팅은 자사가 책임지는 마케팅 상호 교체를 실시한다.

최근에는 전술적 업무제휴(tactics alliances)라든가 또는 전략적 업무제휴(strategic alliances)라고 하여 기업 간의 협력협정(cooperative organizational arrangement)을 체결하려

는 움직임이 활발하다. 특히 경쟁상대로 여기는 대규모 다국적기업 간에 볼 수 있는 전략적 업무제휴는 단순한 업무상의 제휴로부터 공동출자사업의 전개에 이르기까지 광범위해지고 있다.

5) 자사수출과 현지판매회사의 설립

(1) 왜 판매회사인가

수출량이 증가하여 거래가 확대되면 수출업자에게 일임하였던 현지의 마케팅활동에 한계가 보이게 된다. 그 원인으로는 수입업자의 능력의 한계도 생각할 수 있지만 더욱 중요한 원인으로 수출업자의 마케팅에 관한 지식, 경험의 축적에 의한 수입업자의 불평불만을 들 수가 있다. 그 대책으로 자사가 직접 마케팅활동의 필요성을 강하게 인지해 판매회사를 설립하게 된다.

(2) 자사경영판매회사

① **사람과 자본** : 판매회사의 유지에는 코스트가 소요된다. 인건비, 시설비, 마케팅비, 운전자본금 등 모두를 자본금, 차입금과 현지의 매출수입에서 충당하지 않으면 안 된다. 판매가 상당히 호조이고 이익이 수반되지 않는 한, 처음에는 적자경영을 각오해야 한다. 따라서 자금부족에 어떻게 대처할 것인가가 중요과제가 된다. 인재의 고용문제도 용이하지 않다. 신설회사에 현지의 우수한 인재를 고용하는 것은 매우 어려운 문제이다. 따라서 처음에는 본국에서 인재를 보내어 현지에서 우수한 인재를 확보할 때까지의 연결역할을 한다. 당연한 것이지만 인건비 부담도 현지고용에 비하여 상대적으로 커진다.

② **현지경영의 노하우** : 자사에 의해 판매회사를 설립하여 운영하는 경우 인적자원, 자본의 문제와 더불어 또 다른 중요한 문제는 마케팅을 전개하는 데 합당한 실력을 소유하고 있는가 하는 점이다. 그것은 시간의 경과가 필요하다. 문제를 하나씩 해결해 가지 않으면 안 된다. 이를 위해서는 우선 뛰어난 노하우를 가진 우수한 인재를 고용하고 경영을 맡겨 경영 노하우를 흡수함과 동시에 자사의 인재육성을 도모할 필요가 있다.

(3) 기존 판매회사의 매수

신설회사 설립의 어려움을 회피하는 방책의 하나로 생각할 수 있는 것은 기존 판매회사의 매수(acquisition)이다. 금전으로 노하우와 시간을 사는 것이다. 문제는 얼마에 살 것인가, 매수 후의 경영을 어떻게 할 것인가이다. 얼마에 매수할 것인가는 그것에 합당한 가치가 있는가의 문제이며, 채산성의 문제이지만 자사에 의해 회사를 설립했을 경우와의 비교 포인트이다.

(4) 공동출자 판매회사의 설립

다른 하나의 해결책은 유력기업과 전략적 제휴(strategic alliances)를 하여 공동출자에 의해 판매회사를 설립하고 협력하여 마케팅을 하는 마케팅 파트너십계약(marketing partnership agreements)이다. 상대기업이 갖고 있는 강점과 자사의 노하우를 결합함으로써 100% 출자판매회사나 기존회사 매수에 의한 장점을 향유할 수 있지만 자사의 방침의 관철이라는 점에서는 제휴상대와의 이해조정문제가 남아 있고 자유로운 움직임이 구속받는 것을 유의해 둘 필요가 있다.

3절 계약방식에 의한 진출

1. 라이선스계약

1) 라이선스(license)의 정의

외국에서의 판매가 순조롭게 신장하여 그 매출수량이 어느 정도의 규모에 달하면 현지제조 가능성의 검토가 필요하다. 그러나 현지제조에는 제조설비가 필요하고 자신의 설비를 갖는 데에는 건설자금을 비롯하여 인건비, 상각비, 금리 등 제경비를 충당하기 위한 많은 자금이 필요하다. 자금조달의 문제는 자본출자 또는 차입금으로 해결 가능하다고 하여도 매니지먼트를 어떻게 할 것인가, 또 국가에 따라서는 법적 규제, 행정기관과의 교섭을 어떻게 할 것인가 등 여러 가지 문제가 발생하여 번거로운 문제가 증가한다.

여기에서 라이선스계약(license agreements)이 등장한다. 기업(라이선서)이 자사에 의한 본격적인 제조를 대신하는 방법으로서 일정기간을 정하여 외국기업(라이선시, licensee)과 라이선스계약을 맺어 제조기술의 지도와 이용에 관한 권리를 비롯하여 상표, 상호, 디자인의 사용, 경우에 따라서는 마케팅 노하우의 지도와 이용에 관한 권리를 제공하는 방법이다.

2) 라이선스의 장점

① 현지경영의 노하우를 갖고 있지 않아도 미경험의 외국시장에 잠입할 수 있다.
② 경영자원의 직접 투입이 적다.
③ 현지정보의 입수가 용이하다.
④ 무역장벽을 피할 수 있다.

3) 라이선스의 단점

① 자사의 경영 노하우의 기밀유지가 어렵다.
② 라이선시의 컨트롤이 어렵다.
③ 시장에 대한 접촉이 간접적이 된다.
④ 라이선시가 장래 경쟁상대가 될 가능성이 있다.
⑤ 라이선시의 자사 브랜드에 영향받을 위험이 있다.
⑥ 계약에 의해서는 계약종료 시에 트러블 발생의 위험이 있다.

4) 제조위탁 라이선스 계약

현지제조를 하기 위하여 현지기업과 제조위탁 라이선스계약(manufacturing license agreements)을 맺는다.

(1) 제조설비능력

① **기존설비에 여력이 있는 경우** : 현지기업에 제조설비의 여력이 있는 경우에는 필요한 설비의 보충을 하면 비교적 빠르게 제조에 참여할 수가 있다.

② **기존설비에 추가투자를 필요로 하는 경우** : 상대에 제조설비가 있어도 자사의 기준에 맞추기 위하여 설비의 보충을 필요로 하는 경우가 있다. 이것에는 새로운 추가투자가 필요하며 자금이 필요해진다. 상대기업이 자금이 빈약한 경우에는 상대에게 융

자를 한다든지 상대의 수입과 지출이 보상되도록 제조위탁료에 약간의 금전을 제공함으로써 도와줄 필요가 있다.

(2) 제조위탁 라이선스계약의 세 가지 타입

제조위탁 라이선스계약에는 다음과 같은 세 가지 타입이 있다.

① 제조에서 마케팅까지 모든 것을 맡긴다.

② 제조만을 맡긴다.

③ 원재료, 자재를 지급하고 제조가공만을 맡긴다.

(3) 본국 제조상품과 현지 제조상품

일반적으로 본국 제조상품과 비교하여 현지 제조상품은 품질 면에서 낮은 평가를 받아 부차적으로 보이기 십상이다. 가격 면에서도 현지 제조상품이 본국 제조상품보다 싸게 팔리며, 소위 본국의 것, 지역의 것이라는 구분방법이 있다. 따라서 그 경우에는 현지제조를 시작함과 동시에 본국에서의 수입을 일절 금지하고 현지 제조상품만으로 판매하는 경우 또 가전제품과 같이 코스트를 생각하여 국내제조를 중지하고 외국제조로 전환하는 경우가 증가하고 있다.

2. 프랜차이즈계약

1) 프랜차이즈계약과 프랜차이징

맥도날드, 켄터키 프라이드 치킨 등 글로벌하게 활약하고 있는 패스트푸드기업은 대부분이 프랜차이즈계약(franchise agreement)에 의거하여 경영되고 있다. 프랜차이즈라고 하는 개인 또는 기업에 대하여 일정의 지역, 기간을 한정하여 사업을 할 수 있는 권리를 대여한다. 따라서 프랜차이즈계약은 제조로부터 판매까지의 전체 활동을 포함한 포괄계약이라고 할 수 있다. 이러한 라이선스계약에 의한 활동이 프랜차이징(franchising)이다.

2) 프랜차이징의 특성

소비재의 마케팅에 있어서 가장 중요한 문제는 최종소비자에게 어떻게 접근할 것인가이다. 물론 자신이 모든 유통단계를 장악하여 제조부터 소매에 이르기까지 모든 사업전개를 하면 좋지만 대기업이라고 해도 이것은 거의 불가능에 가깝다. 여기에서 고안된 것이 프랜차이징이다. 사업의 소프트 측면을 확실히 알고 있고, 또한 설비투자도 하지 않고 자사 브랜드 상품을 강력하게 마케팅할 수 있기 때문에 대단히 유력한 시장진출전략이다. 프랜차이저(franchisor)는 경영관리에 대한 지도, 책임을 갖지만 실제로 점포를 경영하는 것은 프랜차이지(franchisee)이고 토지 및 건물설비의 자금도 프랜차이지가 부담한다. 자본은 있어도 경영의 노하우를 가지고 있지 않은 프랜차이지와 경영노하우를 가지고 있는 프랜차이저가 협력하여 조인트 경영을 하는 것이 프랜차이징이다.

4절 국제경영관리계약

1. 경영관리계약의 의의

매니지먼트계약(management contracts)에 관한 지식, 경험, 기술 등의 노하우를 가진 기업이 자금, 설비를 갖고 있는 기업과 매니지먼트계약을 체결하여 사업경영을 하는 계약이다. 비즈니스의 노하우를 갖고 있지 못한 자산가와 노하우를 갖고 있는 기업이 서로 협력하면서 사업을 추진하는 방법이다.

국제경영관리계약(management contracts)은 해외기업의 일상적인 운영을 관리할 수 있는 권리를 계약하는 것이다. 이 권리에는 새로운 자본투자, 장기부채의 기재, 배당정책, 기본적인 경영정책, 소유권 등에 대한 결정권한은 포함되지 않는다. 따라서 경영관리계약상의 경영통제는 진행 중인 사업운영에만 국한되는 것이다.

경영관리계약이 체결되는 경우는 ① 해외투자기업이 현지정부에 의해 수용되었을 때 현지경영자가 훈련될 때까지 계속 경영하도록 위탁하는 경우, ② 공장설비를 판매한 기업이 그 사업체를 위탁경영하게 되는 경우, ③ 운영이 어려울 때 방향전환을 위해서 해외기업에게 위탁경영하는 경우 등으로 나눌 수 있다.

2. 경영관리계약의 방법과 단점

일반적으로 국제경영관리계약만 별도로 체결되는 경우는 극히 드물며 대개 합작투자나 턴키프로젝트의 일환으로 사용된다. 이런 방법으로 자본투자가 되지 않은 해외기업을 통제하게 된다. 경영관리계약에 따른 수수료 수입은 합작투자의 경우 대단치 않지만 턴키프로젝트인 경우는 상당한 수입이 될 수 있다.

경영계약만 따로 놓고 보면 리스크가 낮은 해외시장 진입방법이지만 수입은 계약기간 동안으로 제한되고 해외시장에 영구적인 교두보를 확실하게 구축하지 못한다는 점에서 불만족스러운 진입전략이라 하겠다. 또 다른 단점으로는 협상 시 시간이 오래 걸리고 미래의 경영자를 양성하게 되며 숙련과정이 지연되면 나쁜 감정을 유발한다는 것이다. 결국 경영관리계약은 다른 계약과 더불어 사용될 때 유용한 전략이라 하겠다. 경영관리계약은 대개 3년에서 5년 사이로 체결된다.

3. 국제하청생산계약

1) 국제하청생산계약의 개념

국제하청생산계약이란 기업(주문기업)이 해외기업(하청기업)에게 생산에 필요한 원재료, 기술 등을 라이선싱 등의 방식으로 제공하고 주문명세대로 생산케 하여 공급을 받는 계약생산을 의미한다. 국제하청생산계약을 통해 제품을 생산하면 현지에 공장시설투자를 하지 않고 현지에서 생산을 하는 효과를 누릴 수 있다. 투자자본위험뿐만 아니라 노사분규와 같은 경영위험도 원천적으로 회피할 수 있는 탄력적인 생산방식이다. 공급받은 제품은 현지시장에 주문자상표를 부착하여 판매할 수도 있고 해외 제3시장에 수출할 수도 있다. 실제로 한국기업들이 1970~1980년대까지 다국적기업들의 하청생산파트너로 수출물량을 크게 확대할 수 있었다. 그러나 최근에는 오히려 한국기업들이 중국, 동남아지역으로 하청생산기지를 찾아 나서고 있다.

다국적기업 중 국제하청생산계약에 의존하는 대표적인 회사가 나이키(Nike)나 리복(Reebok)과 같은 기업들이다. 이 기업들은 한국, 중국, 인도네시아의 전용 하청생산기지 네트워크를 형성해 놓고 모든 주문제품에 대해 적당한 하청공장을 선택하여 여기에서 생산토록 한다. 이들 기업은 자체공장은 전혀 소유하지 않고 마케팅활동에만 전념하는 마케팅 전문회사이다.

국제하청생산방식의 문제는 제품의 품질유지를 위해서 해외생산기업들에 대해 적정한 생산관리와 경영지도가 반드시 뒷받침되어야 하고 이들 생산기업과 밀접한 관계가 유지되어야 한다. 본질적으로 이들 현지생산기업들은 독립적인 기업이므로 경영목표와 이해가 주문기업과 다를 수 있다. 따라서 많은 경우 중요한 제품생산은 주로 오랜 기간 상호 동반자관계를 유지해 온 현지생산기업을 통해 생산을 한다. 이들 장기적인 파트너 하청기업들에게는 우선적으로 주문량이 배정되고 신제품이나 신생산기법 등에 대한 지도와 지원을 하게 된다. 실제로 나이키(Nike)사의 경우 하청생산공장을 직원들이 일일이 정기적으로 방문하여 하청기업과의 유대관계를 유지하고 생산성 향상을 위한 각종 제안을 한다.

주문회사의 입장에서 국제하청생산방식의 이점은 무엇보다도 최소한의 자본과 경영자원을 투입하여 현지국의 저임금을 이용할 수 있다는 점이다. 아울러 경기변동에 따라 신속하게 생산량을 조절할 수 있는 이점이 있다. 동시에 경영자원을 마케팅이나 기술개발에 집중시킬 수 있다. 또한 투자위험이 높은 북한, 동구권 등 사회주의 국가에 시험적으로 진출하고자 할 때 적절히 사용될 수 있는 대안이다. 하청기업에도 많은 장점을 제공한다. 해외에 마케팅능력이 부족할 때 생산에 특화하여 해외시장에 수출을 확대시킬 수 있다. 특히 초기단계에서는 주문회사가 필요한 기술지도와 원재료를 공급해 주기 때문에 사업위험이 적다.

반면에 국제하청생산은 계약 상대방에게 의존해야 하는 구조적인 문제점이 있다. 따라서 일반적으로 많은 기업들이 핵심적인 제품의 생산은 자사 공장에서 하고 부가가치가 낮은 제품에 대해 하청생산을 하는 경우가 많다. 그러나 자동차나 전자산업의 경우처럼 많은 중간재나 부품생산을 하청업체에 구조적으로 의존해야 하는 경우 기업들은 독점적인 하청업체 네트워크를 개발 · 유지하고 있다. 대부분의 경우 주문자 입장에서 현지에 적합한 하청기업을 발굴하고 동반자관계로 발전시킬 때까지 많은 노력이 필요하다. 하청업체 입장에서도 해외시장이나 마케팅에 대한 통제력을 갖고 있지 못하기 때문에 해외수출성장에 한계가 있다. 다음은 하청생산방식 중에서 완제품을 생산하여 주문자의 브랜드를 부착하여 공급하는 소위 주문자상표부착(OEM)방식의 생산과 이와 비슷한 자체개발 주문생산(ODDM)방식을 살펴보자.

2) 주문자상표부착(OEM : Original Equipment Manufacturing)방식

하청업체가 생산한 제품은 주문자의 상표를 부착하는 경우와 하청기업의 고유상표를 부착해서 자체적으로 해외마케팅을 하는 두 가지 방법이 있는데 보통 하청생산에서는 주문자상표를 부착하여 주문자에게 납품하게 된다. 따라서 OEM방식의 생산은 신발, 의류, 가전제품들과 같이 브랜드가 필요한 완제품생산에 보통 이용된다. 마케팅에 관한 의사결정은 주문자가 하고 하청업자는 생산만 한다.

(1) OEM방식의 장점

① 고유상표와 같은 무형자산의 개발에 자원을 많이 투입하지 않고도 생산능력만으로도 해외시장에 진출할 수 있어서, 생산부문의 기술수준이 높고 생산성이 높은 중소기업들에게 적합하다.

② 생산부문에 집중할 수 있으며 생산기술의 학습이 급격하게 이루어져 향후 제품개발과 디자인, 마케팅, 유통분야로 역량을 확장할 수 있는 기본적인 능력을 축적할 수 있다.

(2) OEM방식의 단점

① OEM방식은 단가가 낮아 채산성에 한계가 있다. 생산기업 입장에서는 변동비 이상의 단가만 되어도 주문에 응해야 하는 경우가 적지 않다. 또한 타지역 경쟁업체를 활용하려는 바이어들의 생산단가의 인하 압력으로 마진이 낮다.

② 생산업체의 경우, OEM방식에만 오랜 기간 의존하다 보면 자체적으로 제품개발, 디자인, 마케팅, 유통 등의 능력을 개발하지 못한다. 급기야 OEM 바이어들이 공급선을 바꾸어 버리면 기존의 OEM방식업체는 급격한 쇠퇴를 맞게 된다.

③ OEM방식으로 인해 OEM 바이어와 해외시장에서 하청기업의 고유상표제품이 경쟁에서 어려움을 겪을 수도 있다.

3) 자체개발 주문생산(ODDM : Original Development & Design Manufacturing)방식

OEM으로 성장한 일부 기업들은 생산뿐만 아니라 제품개발력과 기술력, 디자인 능력 등도 갖춘 국제기업으로 성장하였다. 이들 기업들은 단순한 하청기업의 역할만 하는 것이 아니라 주문기업에게 오히려 신제품을 개발하여 역으로 제안하기도 한다.

주문기업들은 하청기업들에게 주문 시 제품명세에 대해 간단한 가이드라인만 제시하면 구체적인 제품과 디자인개발은 하청업체들이 자체적으로 수행하여 생산하는 경우이다. 오늘날 많은 한국의 의류봉제, 완구생산업체들이 여기에 해당된다. 특히 동대문 패션 의류업체들은 뛰어난 디자인능력으로 세계패션의 흐름에 맞는 의류를 신속히 개발하여 해외 바이어들에게 먼저 선보이기도 한다.

4. 턴키프로젝트

1) 턴키프로젝트의 의의

턴키프로젝트(turn-key project)는 생산설비를 건설하고 설비가 가동되어 생산이 개시될 수 있는 시점에서 소유권자에게 넘겨주는 계약형태이다. 때로는 경영자나 작업자의 훈련과 같은 서비스까지 제공하는 경우도 있는데 이를 턴키플러스(turn-key-plus)라고 한다. 턴키공사는 프로젝트에 설비공급을 하는 산업설비 제조업자가 맡게 되는데 대개 건설회사인 경우가 많다.

2) 턴키프로젝트계약

턴키베이스 공사계약의 수요자는 주로 정부인데, 이때 특정제품을 정부 후원하에 현지에서 생산하도록 요구하기도 한다. 턴키계약을 위한 협상은 매우 복잡하고 시간과 비용이 많이 들며 법적인 문제가 수반된다. 계약상에 명기해야 할 점은 프로젝트상의 공장과 설비 양측의 의무와 책임조항, 불가항력과 계약위반의 의미, 그에 따른 법적 결과, 논쟁의 해결절차 등이다. 턴키계약도 경영관리계약처럼 미래의 경쟁자를 양성하게 될 위험이 있는데, 여태까지는 해외기업의 소유를 허락지 않는 공산권이나 인도에서 행해졌고 현재는 주로 산유국에서 행해지고 있다. 물론 모든 턴키프로젝트가 경쟁자를 키우게 되는 것은 아닌데 비행장이나 항만시설에 대한 프로젝트가 그 예이다.

정부를 상대로 한 턴키프로젝트의 수주를 위해서는 기업의 이미지를 제고하기 위한 PR 활동뿐만 아니라 여러 가지가 필요한데 미국 상무부는 중요성의 순서로 다음의 네 가지 요인을 들고 있다.

① 가격

② 수출금융

③ 관리기술능력

④ 경험과 평판

턴키프로젝트는 대규모 사업인 경우가 많아서 소수의 대규모 기업이 시장을 점유하고 있다. 턴키공사계약은 특정자산이나 자원에 독점적 우위를 가지고 있는 기업이 있을 때는 여타 기업이 경쟁하기 힘들지만, 생산과정이 잘 알려지면서 경쟁자가 증가하고 있다. 최근에 미국의 기업이 고수준의 기술을 요하는 분야로 전환하고 한국과 같은 나라의 기업이 저노임의 강점을 살릴 수 있는 전통적인 프로젝트에서 경쟁력을 살려가고 있는 것이 그 예이다.

턴키프로젝트는 계약취소, 강압적인 제협상, 은행보증의 독단적인 청구 등의 정치적 위험을 수반하기도 하고, 장기간의 계약기간 중 정치적인 변화로 계약이 중단되거나 지불 중지되는 경우도 있다. 따라서 이러한 정치적 위험이 협상에 반영되도록 해야 하며 중재나 불가항력조항의 설정, 또 보험을 통해 위험을 회피하거나 컨소시엄을 형성하여 위험부담을 분산시킨다.

턴키공사계약에 따른 대금지불은 대개 공사의 진행에 따라 단계적으로 이루어지는데, 장기간의 계약기간 중 환율변화의 위험에 노출된다. 이 위험을 피하기 위하여 물가상승에 따라 계약액을 증가시키는 규정(escalation clause)과 원가가산법을 사용하기도 한다. 또한 외진 지역에서 수행되는 것이 보통이어서 대규모 주택건설과 인력파견이 필요한 경우가 많다. 그리고 불리한 지역 여건하에서 도로 · 항만시설과 같은 하부구조(infrastructure)의 설립이 필요하기도 한 것이다.

5절 해외직접투자방식에 의한 진출

외국에서 본격적인 사업전개가 시작되면 자사에서 직접 제조설비를 갖고 제조부터 판매에 이르는 모든 활동을 하게 되고 제조판매회사를 설립하게 된다. 그러나 기업에 따라서는 100% 출자로 전환한다. 또 현지의 기업을 M&A에 의해 자사의 산하에 두고 자사상품의 제조판매를 시작하는 기업도 있다. 또 최근에 자주 볼 수 있는 것은 대규모 다국적기업간의 전략적 업무제휴에 의거한 합작사업의 설립이다. 상호 이득을 감안하여 경쟁에 의한 적대관계를 피하고 서로 협력관계를 맺어 공존공영을 도모하는 것이 목적이다. 이 경우는 자사지배보다는 공동경영에 의한 시너지효과가 목적이기 때문에 합작하는 것에 의의가 있다.

1. 합작투자

1) 합작투자(joint venture)의 이유

현지에서의 위탁제조에 만족하지 않지만 다음에 설명하는 이유로 단독으로서 현지제조가 어려운 경우에는 합작상대를 찾아 합작사업을 개시한다.

① 경영자원(사람, 자본, 정보, 기술)의 관계에서 100% 출자에 의한 단독경영에 자신이 없는 경우

② 경쟁에 유력한 기업이 있어서 그와 경쟁하기보다는 오히려 손잡는 것이 이로운 방책이라고 판단되는 경우

③ 정부기관과 민영기업과의 사이에 밀접한 관계가 보이고 있어, 현지에 인맥이 없는 기업은 불리하다고 보이는 경우

④ 외국기업에 대한 법적 규제를 회피하는 경우

2) 합작투자의 장점

① 상대적으로 적은 자본과 경영자원으로 대규모 사업에 커다란 위험부담 없이 참여할 수 있다.

② 적절한 합작선의 물색을 통해 낯선 환경에 신속히 적응할 수도 있고, 정치적 위험도 줄일 수 있다.

③ 단독투자를 허용하지 않는 나라도 합작기업에 대해서는 각종 금융, 세제상의 혜택을 부여하고 있는 경우가 많다.

④ 현지파트너와의 합작기업은 현지기업으로 인식되므로 현지국민에게 좋은 인상을 심어줄 수 있고, 종업원의 사기앙양 등 노사관계 측면에서도 많은 이점이 있다.

⑤ 제3국 파트너와의 합작으로 현지국정부에 대한 협상력을 증대시킬 수 있다.

3) 합작투자의 단점

① 단독투자의 경우와는 달리 합작선과 이익을 나누어야 하는 등 서로 다른 국적을 가

진 합작선 간의 이해상충요인이 항상 존재한다.

② 경영지식과 기업문화의 차이로 의사결정이 지연될 수 있고 이로 인해 비용이 증대하고 신규사업기회를 잃어버릴 수도 있다.

4) 합작상대의 선정방법

자사가 적극적으로 상대에 합작을 신청하는 능동적 합작과 상대로부터 합병을 신청받는 수동적 합작이 있다.

(1) 자사가 적극적으로 상대에게 합작을 신청하는 능동적 합작투자

이 경우 더욱 주의하지 않으면 안 되는 것은 유력기업과의 합작인가, 마이너기업과의 합작인가의 문제이다. 유력기업과의 합작은 처음의 도입기는 원만하게 가더라도 훗날 문제점이 발생되기 쉽다. 또한 자사의 방침을 관철하는 데 난점이 많다. 또 마이너기업과 합작하면 처음에는 난점이 많지만, 도입기를 끝내면 자사의 경영방침을 수행하기가 수월해진다. 어느 것이 좋은가는 단언할 수 없다. 그러나 처음부터 전략적 지위에 서서 합작사업을 설립할 경우에는 시너지효과가 목적이기 때문에 메이저, 마이너의 문제보다도 합작사업의 성과를 고려하여 파트너를 선정하는 것이 좋다.

(2) 상대기업으로부터 합작을 신청받는 수동적 합작투자

① **마이너기업으로부터 신청받는 합작** : 자사에 자원이 어느 정도 있는 기업이라면 일부러 외국에서 파트너를 찾을 필요가 없다. 자력으로 사업을 수행하는 것이 효과적이다. 그러나 마이너기업의 경우에는 유력한 경쟁상대와 대항하기 위하여 외국에 합작상대를 찾는 경우가 있다. 이 경우 요구받는 기업으로서는 그다지 메리트가 없고, 상대에 이용되기만 하는 경우도 있다.

② **유력기업으로부터 요구받는 합작** : 우선 생각할 수 있는 것은 상대기업이 시장방위를 위하여 진출이 예상되는 외국기업을 자사의 진영 내에 끌어들이기 위한 전략적 합작사업이다. 상대의 힘을 충분히 판단한 뒤에 신청해 오는 것이기 때문에 받는 기업도 상대의 진의가 어디에 있는가를 신중히 체크해 두지 않으면 안 된다. 합작은 했지만 상대에 의해 그가 뜻하는 대로 조종될 위험이 있다. 유력기업이라도 자사와 전혀 관계가 없는 분야의 기업으로부터 합작사업을 신청받는 케이스가 있다.

이 경우는 상대가 경쟁기업이 아니기 때문에 합작하여도 밀고 당기는 걱정을 할 필요는 적다.

5) 합작상대와의 상호 신뢰

(1) 기본적인 마음의 준비

합작사업을 성공시키기 위해서는 상대와의 사이에 상호 신뢰관계가 없으면 안 된다. 아무리 마음에 맞는 상대라고 해도 100% 전액출자에 비교하면, 이해관계가 다를 수 있기 때문에 기업운영이 어려운 것이 사실이다. 가령 51%로 다수를 점하고 있어도 마이너의 주주를 무시할 수는 없다. 임원회의, 주주총회를 다수의 힘으로 밀어붙이는 일이 반복되면 합작사업으로서의 공존공영의 정신에서 이탈되어 버려 합작사업을 시작한 처음의 목적을 상실해 버린다.

따라서 합작사업을 원만히 전개해 가기 위해서는 'Give and Take'의 상호 양보정신이 필요하다. 바꾸어 말하면 'You are OK and I am OK'의 정신이다. 이 정신이 활용되지 않는 시기가 나타나면, 그것은 합작사업의 메리트가 상실되는 시기라고 생각해도 좋다.

(2) 기본적인 사고방식의 차이를 이해

상품의 품질, 신상품의 개발, 마케팅의 진행방법, 광고선전에 대한 사고방식에는 당연히 차이가 인정된다고 해도 기본적인 방침, 예를 들면 주주와의 관계, 배당방침, 인사에 대한 차이가 발생하면 커다란 문제가 된다.

또 기업은 누구의 것인가 하는 문제에 대해서도 일본기업과 외국기업과의 사이에는 커다란 차이를 볼 수 있다. 기업에 있어서 가장 중요한 것은 미국기업의 경우에는 주주인 데 반하여, 일본기업의 경우에는 주주보다 기업자체, 종업원이 중요하다. 따라서 배당방침에 있어서 이익은 우선 주주에게라는 사고방식이 강한 미국에서는 내부유보는 다음의 문제이고, 내부유보를 돈독하게 하고 체질의 강화를 기하는 일본기업과의 사이에는 커다란 차이가 보인다.

미국기업이 리스크가 높은 신상품, 신규사업에 소극적인 것 그리고 단기이익에 관심이 높은 것도 주주에 대한 배당을 안정시켜 놓는 배려에서 파생되는 것이다. 이와 같이 경영에 대한 기본적인 사고방식에 차이가 보이기 때문에 합작사업의 경우에는 상대를 이해하고 조화를 도모하기 위하여 상대와의 상호 신뢰관계의 유지에 최대한 노력해야 한다.

2. 단독투자

1) 단독투자(sole investment)의 의미

100% 출자에 의해 사업을 하고 자사의 방침에 의거하여 자유로운 행동이 가능하면 합작기업에서는 생각대로 되지 않았던 경영방침의 철저, 인사권의 장악, 배당정책의 자유재량, 경영 노하우, 기업비밀의 유지 등을 강력히 추진하는 것이 가능해진다.

2) 단독투자 시 주의사항

(1) 유능한 인재채용

합작사업이라면 합작상대에 상담이 가능하지만 단독진출인 경우는 그렇게 되지 않는다. 현지에서 합작 상대를 대신할 상담역을 찾지 않으면 안 된다. 계약관계, 관청관계, 고용관계 등을 담당하는 현지의 법률전문가, 회계 · 경리관계뿐만 아니라 세무관계에 이르기까지 일체의 수속, 서류의 작성을 해주는 회계인 · 경영 컨설턴트 · 금융기관 등 여러 사람들의 지원이 필요하다.

(2) 현지조사의 중요성

100% 출자로 단독진출을 하는 경우에는 다른 방법에 비하여 더욱 현지조사에 중점을 두지 않으면 안 된다. 특히 중요한 것은 최고경영자가 사업전개의 가능성을 판단하기 위하여 직접 현지를 시찰하여 직관적으로 몸으로 현지를 체득하는 것이다. 부하의 조사보고만으로 의사결정을 내리는 것은 불충분하다. 조사와 직관으로 결단을 내리면, 그 후 실행은 부하에게 일임한다. 부하가 더욱 면밀한 체크를 하게끔 하며, 그 경우에도 현지조사는 필수이다.

(3) 단독투자의 문제점

① **생산설비** : 토지의 수량, 기계의 발주, 공사의 의뢰, 원재료, 자재의 발주 등 모든 것을 자기 스스로 해야 한다.

② **인적자원** : 현지인에 있어서는 외국기업이므로 어떠한 회사인지 알 수가 없다. 따라서 처음에는 직원모집에 어려움이 있다. 우수한 인재를 모으려고 해도 알려지지 않은 회사에는 우수한 인재가 쉽게 모이지 않는다.

③ **자본** : 현지의 유력자, 유력기업이면 현지의 금융기관과 친밀하고 신용도 있다. 그러나 단독투자의 경우 그 점에서도 문제가 많다.

3. 기업의 M&A

1) M&A의 의미

M&A란 영어의 합병(merger)과 매수(acquisition)의 약어이다. 한 마디로 어느 기업이 갖는 자산 또는 영업권의 일부 또는 전부를 획득, 경영권을 취득하는 수단이다. 기업활동이라고 하면 기업가가 인적자원, 상품, 자본을 모아 기업을 운영 · 성장시키는 것이 순리인데, M&A가 시작된 후부터 자본(돈)만 출자하면 타인이 소유한 기업을 획득할 수가 있게 되었다.

2) M&A의 장점

매수 후의 경영문제, 매수자금의 문제 등 단점도 많지만, 외국에 진출하는 데 있어서 처음부터 시작하는 사업전개에 비교하여 매수와 동시에 사업을 경영할 수 있는 메리트가 있다. 물론 새로운 사업을 일으키는 데 있어서의 리스크도 피할 수 있다. 미지의 사업에 관한 경영 노하우도 매수할 수 있기 때문에 새로운 업종분야에 진출하는 다각화전략으로서도 유력한 방법이다. 자사가 갖는 개발력에 한계가 보였을 때 기업확대전략으로서의 돌파구를 여는 유력한 해결책이다.

3) M&A의 공인성

한국에서는 기업매수라고 하면 특히 기업의 탈취라고 하여 나쁜 이미지로 보였는데, 최근에는 글로벌한 사업전개를 하는 한국기업 가운데에도 외국에 진출함에 있어서 공장을 만들고 사람을 모집하여 사업을 시작하는 것보다도 자사가 필요로 하는 기업을 M&A에 의해 인수하는 기업이 증가하고 있다.

M&A에 대해서는 미국에서 일찍 보편적으로 알려지고, 그 방법이 법률에 의해 정해졌으며 세법, 증권거래법 등에 의해 규제 · 감독되고 있는데, 이에 따라 일반적인 사업활동의 하나로서 사회적 인지도도 높다. 한국에서는 그다지 친숙하지 않은 제도였는데 최근에는 증권거래법도 정비되어 미국 정도는 아니지만 사회적 · 법률적으로도 인지되기 시작했다.

최근 들어 특히 유명한 것은 미국을 중심으로 한 외국에 있어서의 M&A이다. 소니의 콜롬비아 영화사의 매수, 마쓰시다전기의 M&A의 매수 등 일본의 유력기업도 글로벌 전개를 위하여 M&A를 활발히 추진하고 있다.

4) M&A의 실무

(1) 경영전략으로서의 M&A

경영전략으로서 주식취득에 의한 M&A를 시도한다. 적극적으로 조사를 하여 자사의 목표에 합치하는 기업을 타깃으로 탐색을 한다. 충분히 검토된 계획에 의거하여 M&A전략이 전개된다.

주식매수금액, 진출분야 등 타깃이 설정되면 외국진출전략으로서의 M&A는 진출을 위한 시간을 대폭적으로 축소시키기 위한 유효한 수단이다. 현지에서의 사원모집, 공장 건설 등의 어려움을 금전으로 해결할 수 있다. 그러므로 그것에 상응하는 매수금액을 준비해 두지 않으면 안 된다.

결과적으로 어느 쪽이 유리한가는 단정하기 어렵지만, 매수시점에서 사업을 시작할 수 있는 장점이 있다. 적어도 매수시점에서 기업을 운영할 수 있다는 것은 신규사업을 처음부터 시작하는 것과 비교해 분명한 이점이 있다고 생각해도 좋다.

(2) 비공개기업의 M&A

주주가 단독으로 주식을 100% 소유하고 있는 경우 주주의 승낙에 의해 M&A가 성립한다. 그러나 주주가 복수인 경우에는 그 51% 이상을 소유한 주주로부터 51% 이상의 주식을 매입하지 못하면 경영권을 입수하지 못한다. 비공개기업의 경우에는 공개매입이 불가능하기 때문에 51% 이상을 취득하지 못하면 매수의 의미가 없다.

비공개기업의 경우에는 주식의 평가가 어렵다. 단지 주주와 직접 담판을 짓기 때문에 상대측의 사정은 충분히 조사할 수 있다. 문제는 순자산에 얼마만큼의 플러스알파를 더할 것인가이다.

(3) 공개기업의 M&A

공개기업의 경우에는 주주보호를 위하여 증권거래법에 의해 엄격한 수속이 요구되는 경우가 일반적이다. 따라서 법적 수속에 의해 매수가 행해진다.

주식이든 자산이든 매수를 하기 위해서는 상대기업의 임원회의에 접촉을 시도하는 것에 의해 매수활동이 시작된다. 상대기업의 임원회의가 그 신청을 받아들일 것인가 어떨 것인가가 최초의 문제점이다. 상대기업의 임원회의가 매수신청에 응한 경우 매입하려는 기업 측은 법률에 따라서 공개 매입수속에 들어간다. 상대기업의 주주총회의 승인을 얻어 주식을 매입한다. 매입하려는 기업 측이 상대기업의 주식 또는 자산을 취득하는 경우는 합병(acquisition)이라 하며, 상대기업을 흡수하는 경우는 매수(merger)라고 한다. 사려는 측과 팔려는 측이 합병하여 신기업이 되는 경우는 통합(consolidation)이라고 한다.

그러나 임원회의가 매수신청에 응하지 않는 경우도 있다. 이 경우 매수하려는 기업은 법률수속에 따라서 주주에게 직접 매입을 시도한다. 현금으로의 매입신청을 텐더 오퍼(tender offer)라고 하고, 유가증권(예를 들면, 자사의 주식)과 교환을 조건으로 하여 매입신청을 하는 것을 익스체인지 오퍼(exchange offer)라고 한다. 이때 상대기업은 방어태세에 들어가는데 경우에 따라서는 제3자인 구매자를 찾아 대항 텐더 오퍼(counter tender offer)를 제의한다. 시장에서는 경쟁에 의해 가격이 상승하는데 최고가격을 제출한 기업이 매수하게 된다.

처음부터 상대기업과 전혀 교섭하지 않고, 일방적으로 텐더 오퍼를 하는 경우도 있다. 이와 같은 케이스는 처음부터 임원회의에 접근을 시도하지만 받아 줄 가능성이 없는 경우에 자주 사용된다. 이런 경우는 적대적 텐더 오퍼(hostile tender offer) 또는 비우호적 테이크 오퍼(unfriendly take offer)라 한다.

(4) 매도기업의 임원과 특별한 계약을 체결

매도기업의 임원회의의 동의를 얻어 매수를 원만히 하기 위해서는 매도기업의 임원과 특별한 계약을 맺는 경우가 있다. 매수 후의 상대의 신분, 지위의 보존, 보수의 약속, 퇴직금의 대폭적인 증액 등에 관한 특별한 계약을 매니지먼트계약(management contracts), 고용계약(employment contracts) 안에 삽입시킨다.

(5) M&A 종료 후의 경영

M&A에 의해 취득한 회사의 경영진의 교체 여부가 문제가 된다. 특히 외국에 진출하여 기업을 매수하고 곧바로 경영진을 남겨 놓는 경우가 있다. 우호적으로 매수가 행해지는 경

우에는 원래의 경영진도 그대로 잔류시켜 일하도록 하지만, 비우호적인 매수를 한 경우에는 명확한 매니지먼트계약, 고용계약을 맺어 매수 후에도 원만하게 일하도록 해야 할 필요가 있다. 어찌되었든 M&A에 의한 기업매수는 외국으로 진출하는 방법으로서 유리한 전략의 하나이다.

M&A는 산업의 구조가 고도화되면 고도화될수록, 환경의 변화가 빨라지면 빨라질수록 효과적인 경영기법으로 자리 잡을 것이다. 우리나라나 일본의 경우처럼 기업주와 경영의 분리가 미국이나 유럽에 비해 상대적으로 약한 경우 그 진행 정도가 더딜 뿐이지 결국 M&A는 기업의 성장, 도태기업의 자연스런 퇴출, 기업의 국제경쟁력 제고를 위해서는 적극적으로 활용될 것이며 그 시장규모도 계속 성장할 것이다. 따라서 M&A시장의 성장과 변화는 계속 지켜 볼만한 충분한 가치가 있다.

5) M&A의 방법

M&A는 활동하고 있는 기업을 지탱하는 인재, 자산, 기술, 정보에 관한 모든 권리의무에 관한 지배권을 계승하여 기업활동에 관한 경영권을 장악하는 방법이다. 구체적으로는 주식의 매수와 교환 또는 자산의 매수에 의해 실행된다. 주식회사의 경우에는 발행 후 총 주식수의 51% 이상을 취득하면 경영권을 취득할 수 있다. 또 주식이 아니더라도 회사의 실체를 나타내고 영업권을 포함한 모든 자산을 취득하면 회사를 실질적으로 지배할 수 있다.

그러나 주식회사의 M&A의 경우에는 법률에 의한 복잡한 수속이 필요하다. 따라서 일반적으로 투자은행(미국 : Investment Bank, 영국 : Merchant Bank)을 이용한다. 투자은행은 M&A에 관하여 중개, 조언, 알선의 역할을 담당한다.

(1) 적대적 M&A의 방법

주식 공개 매수 (take over bid)	대상기업의 불특정 다수 주주를 상대로 장외에서 일정가격으로 권유에 대량매수하는 전략
곰의 포옹 (bear's hug)	대상기업의 경영진에게 주식가격을 갑작스레 제시하고 이에 응하지 않을 경우 공개 매수하겠다고 으름장을 놓는 것으로, 사전 경고 없이 매수자가 목표기업의 경영진에 편지를 보내 매수 제의를 하고 신속한 의사결정을 요구하려는 전략
새벽의 기습 (dawn raid)	대상기업의 주식을 상당량 매입해 놓고 기업인수 의사를 대상기업 경영자에게 전달하는 방법
시장 매집 (market sweep)	대상기업의 주식을 장내 시장인 주식시장을 통해 지속적으로 매수하는 전략
위임장 대결 (proxy fight)	다수의 주주로부터 주주총회에서의 의결권 행사 위임장을 확보하여 M&A를 추진하는 전략
파킹(parking)	우호적인 제3자를 통해 지분을 확보하게 한 뒤, 주주총회에서 기습적으로 표를 던져 경영권을 탈취하는 방법
턴어라운드 (turn around)	내재가치는 충분한데 경영능력이 부족해 주가가 떨어진 기업을 인수, 경영을 호전시킨 다음 비싼 값에 되파는 방법

(2) 적대적 M&A의 방어전략 : 경영권 방어전략

역공개 매수 (counter tender offer)	M&A에 나선 상대회사에 대해 역으로 M&A에 나서 맞공개 매수를 시도하는 전략
백기사 (white knight)	공격자에게 경영권을 넘기기 전에 호의적인 제3자를 찾아 좋은 조건으로 기업을 매각하는 방법
황금 낙하산 (golden parachute)	M&A로 경영진이 교체될 경우, 퇴직하는 경영진에게 많은 비용을 지급하게 함으로써 매수자의 매수 부담을 증가시키는 전략
왕관의 보석 (crown jewel)	적대적 M&A가 시도될 때 중요자산을 미리 팔아버려 자산가치를 떨어뜨리는 방법으로 M&A 의미를 희석시키는 것
독소조항 (poison pill)	• 대규모 신주 발행을 통해 M&A업체가 확보한 지분을 희석시킴으로써 인수를 막는 전략 • 적대적 M&A 위협을 받는 주주들이 이사회 결의만으로도 시기보다 싸게 신주를 살 수 있도록 한 장치
자본감소전략	자기주식을 매입 소각하여 매수 대상기업의 총발행주식 수를 감소시켜 지분율 확보를 어렵게 하는 전략
이사 임기 교차제	이사들의 임기 만료 시기를 분산시켜 기업을 인수하더라도 기업 지배력의 조기 확보를 어렵게 하는 전략
의결 정족수 특약	M&A 등 주요 사안에 대해 주총의결 요건을 강화하는 제도

6) M&A의 평가

(1) M&A의 효과

경영합리화	기업결합을 통하여 경영자뿐만 아니라 종업원의 사기를 높일 수 있으며, 기업경영의 비효율성으로 인하여 저평가된 기업을 인수하여 경영을 활성화할 수 있음
재무상의 시너지효과	기업결합을 통하여 기업규모가 커지고 파산위험이 감소하면 자본조달을 용이하게 할 수 있고, 자본비용도 감소시킬 수 있음
위험 분산효과	영업상 서로 관련이 없는 기업과의 결합을 통해 경영위험을 분산시킬 수 있음
규모와 범위의 경제적 효과	기업규모의 대형화로 각종 비용절감
진입장벽의 완화	매수기업의 상표인지도, 유통경로 등을 이용함으로써 진입장벽을 보다 쉽게 뛰어넘을 수 있음
경쟁사와의 마찰 회피	M&A로 신규사업 진출 시 해당 산업에 새로운 사업이 추가되는 것이 아니기 때문에 경쟁사와의 마찰을 피할 수 있음
대리인이론	주주의 입장에서 경영사의 지위를 위협하는 수단으로 M&A를 활용하여 비효율적 의사결정을 하지 못하도록 견제
조세절감	영업성적이 양호한 회사의 영업성적이 불량하여 결손금이 누적되고 있는 회사가 결합하면 법인소득세를 절감할 수 있음

(2) M&A의 시너지효과

M&A의 시너지효과의 원천은 다음과 같이 크게 네 가지 측면에서 살펴볼 수 있다.

① **수익증대에 의한 시너지효과** : 마케팅이득(marketing gains), 전략적 이득(strategic benefits), 시장 또는 독점적 지배력(market or monopoly power)

② **비용절감에 의한 시너지효과** : 규모의 경제(economies of scale), 수직적 통합의 경제(economies of vertical integration), 자원의 상호 보완(complementary resources), 비효율적인 경영의 제거(elimination of inefficient management)

③ **세금절감에 의한 시너지효과** : 영업손실(net operating losses)의 승계에 따른 법인세 절감효과, 공동보험효과로서의 부채수용능력의 향상(unused debt capacity), 잉여자금(surplus fund)의 이용 : 배당소득세율 > 자본이득세율

④ **자본비용의 감소에 의한 시너지효과** : 증권발행비용 측면에서 규모의 경제 발생

시너지효과는 다음과 같이 일반적으로 측정한다.

$$시너지 = PV(\mathrm{A+B}) - [PV(\mathrm{A}) + PV(\mathrm{B})]$$

$PV(\mathrm{A+B})$: 합병 후의 기업가치
$PV(\mathrm{A})$, $PV(\mathrm{B})$: 합병 전 A, B의 기업가치

나아가 시너지의 구체적인 효과는 다음과 같이 추가적으로 측정 가능하다.

$$시너지 = \sum_{t=1}^{n} \frac{\Delta CF_t}{(1+r)^t}$$

ΔCF_t : 합병으로 인한 t시점의 증분현금흐름
r : 증분현금흐름에 적합한 위험조정할인율

$$\Delta CF_t = \Delta R_t - \Delta C_t - \Delta T_t - (\Delta WC_t + \Delta CI_t)$$

ΔR_t : 합병으로 인한 t시점의 증분수익
ΔC_t : 합병으로 인한 t시점의 증분비용
ΔT_t : 합병으로 인한 t시점의 세금의 증분
ΔWC_t : 합병으로 인한 t시점의 순운전자본의 증분
ΔCI_t : 합병으로 인한 t시점의 자본적 지출의 증분

4. 국제기업의 전략적 제휴

1990년대로 들어서면서 정부의 국제화, 개방화 정책에 힘입어 우리나라 기업들의 사업 패턴도 과거와는 달리 전략화, 범세계화, 시스템화되고 있다. 이에 따라 국제경쟁력 확보와 경기침체 탈피를 위해서 또는 과중한 투자 및 위험 부담을 축소시키기 위한 전략적 제휴를 본격적으로 추구하고 있으며 주로 국제경쟁력 강화를 위하여 국내 · 외 사업활동 면에서의 협력을 목적으로 국내 대기업 간 제휴경향이 높아지고 국내 대기업과 외국 거대기업 간의 전략적 제휴도 반도체, 자동차 등 일부 산업의 중심으로 제한적이기는 하지만 점차 확산되고 있다.

▌표 4-1 ▌전략적 제휴

국제경영활동			정의
전략적 제휴	업무 제휴	기술제휴	기업 간에 기술의 공동개발과 상호 교환
		조달제휴	기업 간에 범세계적으로 원재료 및 생산부품을 공동조달하여 비용절감
		생산제휴	생산비절감을 위해 공동부품생산이나 생산품목 상호 조정 및 교환
		마케팅제휴	유통망 공유, 제품 공동기획, 공동브랜드 사용 등 수익증대를 위한 제반 공동노력
	지분 제휴	프로젝트 합작투자	둘 이상의 국제기업들이 특정 프로젝트(예 : 자원투자)를 위해 제휴계약 후 프로젝트사업을 끝낼 때까지 별도법인을 한시적으로 설립운영하는 것
		합작투자	둘 이상의 국제기업들이 별도법인을 설립하여 지속적으로 운영하는 것으로 해외진출 시 100% 해외직접투자와 같이 가장 빈번히 일어나는 협력의 형태
		지분참여	상대방의 지분을 서로 교환함으로써 여러 제휴사업이 보다 원활히 되도록 함
		M&A (지분 일부)	국제기업이 다른 기업의 주식을 취득하여 자회사로 두는 것

전략적 제휴가 최근에 대두되기 시작하고 전 세계적으로 유행하게 된 데는 그만한 이유가 있다. 우선 기업 외부적으로 보면 상대적으로 지구라는 시장이 협소해짐에 따라 세계적으로 동질화되고 있는 소비자들의 기호, 기술의 급격한 확산, 보호무역주의의 심화, 고정비용의 상승 등을 들 수 있다. 이외에 기업 내부적으로도 여러 요인이 산재해 있으며 이에 따라 단일기업으로서는 어느 단일기업도 세계 모든 지역의 모든 고객들을 만족시키는 제품 및 서비스를 독자적으로 공급할 수 없게 되자 서로의 보완적 자산을 결합하여 범세계적 경쟁을 전개하게 된 것이다.

1) 전략적 제휴의 개념

전략적 제휴(strategic alliances)의 엄밀한 의미는 경쟁관계에 있는 기업들 간에 특정사업 및 업무분야에 걸쳐 협력관계를 맺는 것을 뜻한다. 다시 말해 제휴기업 간의 상호 보완적인 제품 · 시설 · 기능 및 기술을 공유하고자 하는 목적을 띤 일련의 모험적 사업(venture)이다.

(1) 전략적 제휴의 속성

① **책임의 공유를 들 수 있다** : 제휴의 본원적 속성은 위험과 성과의 공유에 있다고 할 수 있다.

② **개별 구성원이 각자 아이덴티티를 가진다는 점이다** : 제휴선은 각자의 아이덴티티를 그대로 유지하면서 제휴에 참여하게 된다(한쪽의 아이덴티티가 소멸되는 M&A와는 다름).

③ **자원의 지속적 이전을 들 수 있다** : 제휴선들이 제휴 프로젝트에 자금 · 기술 · 인력 등의 자원을 지속적으로 투입해야 하는데, 제휴사업을 지속시키는 데 있어 어떠한 자원이 추가적으로 필요하며, 이들 자원을 어떻게 사용할 것이며, 자원이전의 비용을 어떻게 결정하고 분담할 것인가 등에 대한 제휴선 간의 합의가 이루어져야 한다.

④ **시너지효과 창출을 들 수 있다** : 제휴란 단기적 편익의 수단이 아니다. 대신 제휴는 제휴선 간 자원을 공유함으로써 보다 큰 가치를 창출하는 데 그 목표를 둔다. 즉, 규모의 경제, 범위의 경제, 학습의 경제효과를 누리고자 하는 데도 그 목적이 있는 것이다.

⑤ **제휴 프로젝트의 개별성을 들 수 있다** : 제휴의 독특성은 잘 정립된 실현 가능한 구체적인 목표에 있다. 즉, 어떤 단일제휴 프로젝트가 또 다른 하위 프로젝트로 분리되어서는 안 된다.

⑥ **연락기능의 강조를 들 수 있다** : 전략적 제휴에 있어서는 지분공유와 의사결정과정에서 일어날 수 있는 제휴선 간의 충돌을 방지하고 이를 원만히 다룰 수 있는 연락 및 조정기능이 무엇보다도 중요시된다.

(2) 최근 기업제휴의 특징(과거와 최근의 기업제휴 비교)

① 지분 참여 없이 제휴 당사자들이 경영상의 독립성을 최대한 유지하면서 다양한 업무분야에 걸쳐 단기적인 협력관계를 맺고 있다(과거 : 지분참여를 통한 장기적 계약에 의거).

② 선진경쟁업체(미국, 일본, 유럽)들 간에 전략적 제휴가 활발히 추진되고 있다(과거 : 선진국 기업과 개발도상국 기업 간).

③ 중소기업들도 제휴에 적극 참여한다(과거 : 대기업들 간에 제휴).

④ 단일제휴방식에서 탈피, 총체적 제휴 네트워크 구축에 힘쓰고 있다(생산, 연구개발, 마케팅 등 포괄적인 제휴관계를 맺는 추세).

(3) 전략적 제휴를 추구하는 이유 : 전략적 제휴의 확산배경

① 국경 없는 무한경쟁

- 어떠한 기업도 세계시장에서 경쟁하는 데 필요한 규모의 경제, 범위의 경제, 스피드의 경제를 동시에 확보할 수 없으며 자신이 갖지 못한 것을 가진 다른 기업과 협력하는 것이 불가피해졌음
- 전략적 제휴는 다른 기업의 힘을 빌려 자사의 경영능력을 확장시켜서 세계시장에서 경쟁할 수 있도록 하는 강력한 대안

② 고개발비용 및 기술의 융합

- 기술개발비용은 갈수록 증가하지만 제품수명은 짧아져 그만큼 개발기간의 단축이 필요하며 이는 보완적 기술력을 가진 타업체와 협력할 때 해결 가능
- 멀티미디어, 전기자동차 등의 예에서 보듯이 기술융합이 두드러지고 있어 이업종기업 간의 제휴를 통한 고도기술의 융합이 필요

③ 전 세계적인 잉여생산력

- 많은 업종에서 전 세계적인 공급과잉이 발생하여 기업들이 생산분담, 구조조정을 위한 협력을 해야만 생존할 수 있음
- 규모의 경제가 중요한 산업에서는 막대한 생산설비투자는 불가피함

2) 전략적 제휴의 형태

제휴참여기업의 목적 및 목표에 따라 제휴합작벤처, 지분참여 및 업무제휴를 들 수 있다. 이 방식들의 공통점은 기업 자신의 취약부분을 보완해 줄 수 있는 파트너를 찾아 제휴를 맺는다는 것이다(국내기업 간, 외국기업 간, 국내기업과 외국기업 간, 중소기업 간, 대기업 간, 중소기업과 대기업 간이냐에 따라 다양한 형태를 띤다).

(1) 제휴합작벤처

법률적으로 모기업으로부터 독립된 하나의 사업체로 제휴선들의 자본투자로 이루어진 대표적인 자본제휴의 형태가 제휴합작벤처이다. 이 경우 협력관계는 어느 한 업무분야에만 국한되거나 또는 연구개발, 생산, 마케팅, 유통 등 광범위한 범주에 걸쳐 형성된다.

(2) 업무제휴

어느 하나 또는 둘 이상의 업무분야(연구개발, 마케팅, 생산, 유통 등)에 걸쳐 협력관계를 맺는 것이다. 업무제휴에는 자본참여가 이루어지지 않는 것이 보편적이다.

① **기술제휴** : 신제품이나 신기술의 개발을 위해 둘 이상의 파트너가 협력관계를 맺는 것(동맹의 범주 : 연구개발에 국한, 신제품의 생산 · 판매 : 파트너 독자적으로 수행)으로 막대한 비용과 예상되는 위험을 공유한다. 효과적인 기술이전, 제품개발기간과 비용을 절감한다. 기업 간 필요한 기술을 서로 주고받는 것이 특징이며 특정제품의 수용과 사용을 확산, 과당경쟁을 지양해 외화낭비를 방지할 수 있고 산업경쟁력을 높일 수 있다.

② **생산제휴** : 생산제휴는 공동생산을 함으로써 규모의 경제를 이루어 생산비용의 절감을 꾀하기 위해 이용한다. 대량생산하기에는 자사의 생산시설로는 역부족일 경우, 기업 자신의 기술력만으로는 역부족일 경우 필요한 기술을 보유하고 있는 기업과 협력하여 공동생산을 꾀하기도 한다.

③ **제판(製版)동맹** : 제조업자와 판매업체가 제품을 자국이나 제3국에 상호 유통하기로 협정을 맺는 일종의 판매제휴이다.

④ **마케팅제휴** : 파트너 간 상대편의 제품을 자국이나 제3국에 상호 유통하기로 협정을 맺는 일종의 판매제휴이다.

⑤ **영업업무제휴** : 금융, 유통 등의 서비스분야에서 기업 간 제휴를 통해 정보중개 및 국제업무능력을 높이고 적시에 고객서비스를 제공할 수 있다.

(3) 컨소시엄

우주항공산업분야에 있어서는 차세대 전투기, 인공위성시스템 등을 개발 및 제조하기 위한 컨소시엄 결성이 종종 이루어지는데 프로젝트규모와 관련 정부기관의 요청이 컨소시엄을 구성하게 되는 주요 요인이다(개발비용에 따른 리스크 분산목적).

(4) 지분참여제휴

유망한 파트너의 지분 일부를 취득하는 것을 말한다.

(5) 복합제휴

① 마케팅 및 유통과 제품의 결합
② 기술 및 제품개발과 생산의 결합
③ 기술과 자본의 결합
④ 기술 및 판매제휴
⑤ 공동개발, 생산 및 판매제휴
⑥ 공동개발, 판매 및 자본제휴

(6) 중소기업의 제휴방안

중소기업들은 대개 자금력, 인적자원, 마케팅능력, 브랜드 이미지 등이 취약한 관계로 생존전략의 일환으로 같은 중소기업이나 또는 대기업과의 제휴를 통해 자신의 약점을 보완하는 방안을 고려하는 것이 일반적이다(공동브랜드 및 판매망, 해외동반진출).

6절 기술의 국제적 이전

1. 기술의 이전

1) 기술이전

기술을 넓은 의미로 정의할 때 기술의 이전은 어떤 환경으로부터 다른 환경으로 옮겨지는 제품 · 기계 · 생산과정, 사람의 기술 등과 같은 모든 전술한 기술이 구현된 것들의 이전으로 볼 수 있다. 이전 그 자체는 기술을 이전하는 측과 이전받는 측의 상호작용 없이는 효과적으로 이루어질 수 없다.

제품, 설계도, 노하우의 이동에는 반드시 인간의 이동이 수반되어야 한다. 예를 들면, 한 회사에서 발생한 기술정보를 다른 기관에서 사용하기 위해 채택할 경우 효과적인 기술이전은 관계 당사자들 사이의 활발한 상호작용을 통하여 이루어지며 그것은 기술정보의 보급 이상의 의미를 갖고 있다. 예를 들면, 어떤 기술이 새로운 환경에서 충분히 활용되려면 수입된 기계를 먼저 설치하고 가동시킬 때, 기타 무수히 많은 기술과 경영에 관한 세부문제를 처리할 때 얼굴을 맞대고 대화하는 것이 필요하다. 이러한 인간 대 인간의 접촉은 기업특유의 기술을 이전하는 데 특히 중요하다.

2) 기술혁신

기술혁신과 위에서 논의한 바 있는 그 혁신의 최종성과, 더 나은 제품과 더욱 효과적인 제조방법과 기술이전에 있어서의 인간활동의 중요성 등을 종합적으로 관련시켜 볼 때, 기술혁신이란 혁신을 활성화시켜 소기의 성과를 얻기 위해서 기술이 이전국으로부터 이전을 받는 곳으로의 인력(people), 계획(plans), 요소(parts), 즉 3ps의 이동이라고 볼 수 있을 것이다.

위에서 '인력'이란 과학자 · 기술자 · 관리자로 구성되고, '계획'이란 생산 · 관리 · 마케팅 방법과 기교, 예를 들면 기술편람 · 설계도 · 컴퓨터 등을 말하며, '요소'란 만질 수 있는 물건들, 예를 들면 당해 특정기술의 과학적 · 기술적인 생산 및 마케팅, 노하우를 구현하고 있는 시설물 · 기계 · 재료 등을 말한다. 일단 기술을 3p라는 말로 정의하면 그 의미에 대한 많은 모호성과 부정확성은 배제된다. 이에 대해 홀(Hall)과 존슨(Johnson)은 다음과 같이 논하고 있다.

"정확성이 중요하다. 왜냐하면 물건과 인력은 이동하지만 추상적 개념으로서 기술은 이동이 불가능하기 때문이다. 기술은 두 가지 기본형태로 이전된다. 한 가지 형태는 도면, 공구, 기계류의 제조방법에 관한 정보, 발명증명서와 특허권 등 물질적인 종목들로 이루어지고, 나머지 또 하나의 형태는 인간적 접촉이다. 간단히 말해 지식은 언제나 어떤 물건이나 사람에 의해 구현되며 그 형태는 이전과정과 그 비용을 결정하는 데 있어서 중요하다. 지식이 순전히 물질적 종목에 의해 구현되면 이전과정은 간단해진다. 그것이 사람의 전문적인 지식으로 구현되면 종종 기술원조계획의 형태로 인력의 이전이 필요하게 될 것이다." 한 조직체 내에서의 그 이전과정은 격식을 갖추지 않는 것이 될 것이다. 즉, 사람들은 그저 만나서 이야기하고 일하기만 하면 된다.

2. 기술의 국제적 이전

1) 이전경로

현재까지는 주로 일반적인 기술이전, 즉 한 경제 안에서의 기술혁신을 논하였다. 기술의 국제적 이전은 동일한 아이디어의 국제적 규모의 확산을 의미한다. 즉, 제품 · 제조방법과 같은 기술이 체화된 것들의 국경선을 넘어선 국가경제 간의 이동이다.

국제기업은 기술혁신과 기술이전이 밀접한 관련이 있다. 대부분의 산업에 대한 연구 · 개발은 대규모 국제기업에 의해 이루어진다. 더구나 고도기술을 보유한 미국의 기업은 낮은 연구 · 개발 집약적 기업들보다 비교적 높은 비율의 해외투자를 하고 있다. 이것은 연구 · 개발 집약적 기업들인 대부분의 국제기업들이 기술을 해외로 이전하는 중요한 존재라는 것을 말한다. 국제기업은 기술이전을 할 수 있는 몇 가지 경로를 가지고 있다.

① **수출** : 기계 및 설비와 같은 최종재 · 소비재 · 중간재 · 생산재에 의한 무역

② **라이선싱** : 특허권 판매, 프랜차이징 상표를 통해서 제조, 관리, 마케팅, 노하우 등을 전달하는 것

③ **직접투자** : 피기술이전국 내에 소유권을 완전 장악하거나 혹은 합작투자를 통해서 제조 및 생산하는 자회사를 설립하는 것

④ **과학자, 엔지니어, 기술자, 관리자의 교환 및 이용**

위에 열거한 네 가지 경로들은 완전하고 광범위한 것을 뜻하는 것이 아니고, 단지 중요하고 예증이 될 수 있는 이전경로에 대한 것을 전술하려고 한 것이다. 다른 이전경로들에는 관리계약, 턴키베이스 등이 있다. 그리고 이 이전경로들은 상호 배타적이 아니다.

국제기업에 의한 해외투자는 보통 자본과 기계 · 설비와 같은 생산재의 수출과 기술자 · 관리자의 외국 자회사로의 이동을 구성되고, 이에 따르는 청사진기법과 같은 소프트웨어의 이동을 포함하는 일괄이동(combined package)의 형태를 취한다. 그러므로 외국투자기업은 모든 기술이전의 제경로를 동시에 이용할 것이므로 기술이전의 제경로를 분명히 구분하기란 어려운 일일 것이다. 따라서 가장 포괄적인 기술이전의 형태인 직접투자는 물론, 생산재 또는 자본재의 무역과 기술인력, 관리인구의 이동을 수반하게 된다. 이와 유사하게 라이선싱은 기계 · 시설 등 라이선시(licensee)에의 판매와 이에 따르는 기술공여를 포함하게 된다.

파비트(Keith Pavitt)가 말한 바와 같이 혁신적인 기업들은 외국과 밀접한 조직망을 가지고 있다. 즉, 생산재의 판매는 기술지원 및 애프터서비스를 통해 지식의 이전이 포함되고, 라이선싱이나 해외투자를 통한 국가 간의 기술이전에는 과학자, 엔지니어들의 이동과 인적 교류 및 훈련이 항상 수반된다.

2) 기술이전의 형태

국경을 넘어가는 제품 · 계획 · 인력의 이동은 기업 내부의 기술이전이나 기업 간의 기술이전이 되기도 한다. 완전 혹은 다수 주식소유 자회사에 대한 국제기업의 기업 내 기술이전이 제품생산의 경우에는 더 중요하다. 그 이유로는 국제기업에 의한 직접투자에 이목이 집중되어 있기 때문이다. 기업 간의 기술이전은 보통 라이선싱이나 프랜차이징 또는 합작투자를 통해 이루어지는 거래들이다.

한 기업에 있어서의 기술이전의 의욕과 효율성은 그것이 기업 내적인 기술이전이냐 기업 간의 기술이전이냐에 따라 다르고, 또한 일반적인 방법의 기술이전이냐 혹은 회사고유의 기술이냐에 따라 달라질 것이다. 기업 고유의 기술(특수 노하우나 경험 같은)인 경우에 기업은 기업 내적인 면에 있어서 자회사에게 그러한 기법이나 인력을 이동해 주는 데 더욱 적극적이 된다. 이와 비슷하게 기업 내 거래에 있어서 고가의 일반적인 기술(어떤 산업에 특히 필요한 일반적인 교육기술과 지식)을 이전하는 데 있어서도 더욱 호의적이다. 보통 특허 · 설계 · 도면 기타 물질적인 형태로 나타나는 기술이 기업 내 기술이전에 있어서 다른 형태의 기술보다 더욱 의욕적으로 전환된다.

왜냐하면 그런 정보는 일반적으로 이용 가능하기 때문이다. 따라서 그런 기술의 이전도 라이선싱(licensing)이나 프랜차이징(franchising)과 같은 기업 간의 거래를 통해 이루어진다.

3. 기술이전의 이유

기술은 기업이 소유하는 가장 근본적이고도 중요한 요소들 중의 하나이므로 이전되는 기술에 대하여 비교우위를 가지고 있는 경우 여러 가지 이유에서 그 이전을 꺼리게 된다. 그 이유를 몇 가지 적어보면 다음과 같다.

① 과거와 달리 현재는 신기술의 개발에 막대한 자본과 인력이 투입되며, 이렇게 개발된 기술의 가치는 그 어느 전시대보다 크다.

② 기술을 다른 국가나 조직에 판매한다는 것은 곧 새로운 경쟁자를 등장시켜 결국에는 시장점유율의 감소, 기업성장률의 감소, 수익력의 감소를 초래할 수 있다.

③ 기술개발의 초기단계에서는 기술의 노하우를 개발한 기업만이 알고 있어 생산제품가격을 어느 정도 독점적으로 정할 수 있고 경쟁자가 없어 독점적 이점을 누릴 수 있다.

그러나 오늘날 기업들은 높은 연구 · 개발비용, 낮은 가격의 제품을 생산하는 기업들과의 경쟁, 생산설비의 제한, 독점금지법, 재정적 어려움, 해외무역장벽 등에 직면하고 있다. 이는 개별기업이 생존하기 위하여 그들이 가지고 있는 모든 자원을 이용하여 최대한의 이윤을 추구하여야 한다는 것을 가리킨다. 따라서 기업들은 그들의 자원 중의 하나인 기술에 대한 판매도 고려하여야 하며 그들의 기술에 대한 수익률도 향상시켜야 한다.

4. 기술도입 시 유의사항

1) 계약기술의 이전시기와 방법

계약기술의 이전시키는 선불금(initial payment)이 있는 경우 선불금 지급 이후 특정시점을 명기하는 것이 필요하다. 경상기술료(running royalty)만을 지불하는 경우에도 기술도입자의 제품생산 목표시기 등을 고려하여 최소한 언제까지는 이전하도록 규정하는 것이 바람직하다. 그리고 기술도입자의 요청이 있는 경우 또는 기술도입자가 기본자료를 제공하여야 계약기술이 이전된다는 등의 사전 필요조건이 있는 경우 그 타당성에 대한 검토도 필요하다.

계약기술의 이전방식에는 서면에 의한 경우, 국내기술자의 파견이나 외국기술자의 초청에 의한 경우 등이 있는데, 실정에 적합한 방법을 명기하여야 한다. 파견 · 초청 시에는 시기, 기간, 횟수, 인원, 자격, 내용 등이 분명히 기술되어 있어야 실현 가능성이 높으며 또 비용 부담 및 계산방법, 사용국어 등 제조건도 분명히 하여야 한다.

2) 실시권의 형태와 사용상의 제약

계약기술의 독점적 실시권이 부여되는 경우 계약기술을 국내에서 기술도입자만이 사용한다는 면이 있으나, 경쟁제품, 기술의 취급이 제한되거나 비독점적 실시권의 경우에 비해 실시료가 상당히 높을 수가 있으므로 제품의 시장성 · 기술수준 및 파급효과 등의 고려가 필요하다. 계약기술이 사용과 관련하여 기술제공자는 계약제품의 수출을 제한하거나 판매 창구 제한 또는 부품, 구입선의 제한 등 부당한 조건을 부과하는 경우가 있다. 이와 같은 기술도입자의 의무조항은 매우 불리한 조항이므로 기술도입자의 임의 · 선택조항으로 하여야 한다.

3) 상표사용

기술제공자의 상표를 사용하게 되면 기술제공자의 관심도가 높아져 적정한 기술의 도입이 용이하고, 국내외시장, 특히 수출시장의 개척 등 판매활동상 유리한 면이 많다. 그러나 계약만료 이후에는 당해 상표를 사용할 수 없게 되어 기술도입자가 계약기간 중 이룩한 시장개척의 효과가 반감되고 장기적 시장개척이 불리하게 되기 쉽다. 또한 상표 사용 시에 일반적으로 수반하는 품질검사, 상표사용방법 등의 제한규정이 악용되어 부당한 경영권 침해를 받거나 기술제공자의 상표선전의 이용수단이 되는 경우가 있으므로 유의하여야 한다. 그리고 상표가 등록되어 있는 지역, 상표사용이 제3자에게 독점적으로 허용되고 있는 지역 등에 대한 검토가 필요하며, 국내에서 미등록상태에 있는 경우 등록시킬 수 있다는 규정을 명시하여 두는 것이 좋다.

4) 개량기술

개량기술에 대한 명문규정을 둘 것인지의 판단은 계약기간 · 기술개발능력 · 기술진보속도, 추가되는 기술료 등을 고려하여 행해져야 하나, 항시 호혜평등의 입장에서 규정되어 개량기술의 소유권 · 사용료 등에 있어서 기술도입자에게 일방적으로 불리한 내용이 되지 않도록 하여야 한다.

5) 기술료

기술료는 크게 고정기술료(fixed royalty)와 경상기술료(running royalty)로 구분되며, 다시 선불금의 유무로 구분된다. 고정기술료는 기술의 대가를 일정금액으로 확정하는 것으로서 기술용역과 같이 경상기술료의 산출근거가 없거나 또는 기술제공자가 판매량에 관계없이 일정금액을 받음으로써 자신의 안정성을 높이려는 경우에 흔히 볼 수 있다. 이와 같은 고정기술료는 기술제공자의 연구 · 개발비의 회수와 수익의 안정성을 높여준다. 그러나 기술도입자는 생산활동 이전의 상태에서 장래의 불확실한 판매량에도 불구하고 일정금액을 지불하는 위험을 부담하게 된다.

따라서 기술도입자는 계약기간 중의 기대수익에 대한 정밀한 검토를 하여야 하며, 일시불보다는 분할불의 방법을 택함으로써 수익과 비용의 흐름을 어느 정도 일치시켜 위험을 분산시킬 수 있다. 경상기술료를 지불하는 경우에도 선불금이 있으면 수익의 발생 없이 비용만이 발생한다는 점에서 문제가 있으나, 보다 중요한 것은 이미 언급한 바와 같이 계약기간 중의 총체적인 자금순환(cash flow)을 고려하여 적정한 경상기술료의 규모를 결정해야 할 것이다. 경상기술료의 경우 최저기술료(minimum royalty)규정이 있을 수 있는데, 이는 시장 여건의 변화에 불구하고 일정금액의 지불이 의무화됨으로써 기술제공자의 위험부담은 감소되는 반면, 기술도입자에게는 불리한 조항이다. 따라서 대응수단으로 최고기술료(maximum royalty)를 규정하거나 최저기술료조건이 적용될 가능성에 따른 위험부담을 고려하여 위험-수익관계(risk-return trade-off)를 이용함으로써 경상료수준의 인하에 노력하여야 할 것이다.

기술료 지불과 관련된 일반적 유의사항으로는 대가지불방법, 지불통화(환차손의 방지) 등이 있으며, 경상기술료의 산출근거를 매출액으로 하는 경우 매출할인액, 환입품액(換入品額), 간접세, 포장비, 운송비, 보험료, 수수료 등을 제외한 순매출액 개념으로 하여야 한다.

6) 특허권 분쟁과 책임

특허권의 사용계약은 특허권에 대한 내용 · 유효성 · 존속기간 등에 대한 충분한 조사를 필수적으로 선행하여야 하나, 만일 제3자로부터 특허권 침해의 소(訴)가 제기되는 경우 방어책임, 비용부담, 배상금분배 등에 관한 규정을 명백히 해둘 필요가 있다. 도입자에게도 특허권에 대한 사전조사의 불충분이라는 귀책사유가 있으나, 대가가 지불된 기술의 도입으로 입은 기술도입자의 피해 또는 특허권의 내용을 기술제공자가 가장 잘 알고 있다는 면을 고려할 때 기술제공자가 구체적인 법적 수단을 취하고, 기술도입자는 이에 협조하도록 하는 것이 바람직하다.

7) 계약기간

계약은 양 당사자의 서명일, 정부의 인가일 또는 계약서상에 지정된 날로부터 효력이 발생할 수 있으므로 이에 대한 정확한 규정을 해야 한다. 또 계약만료 후에도 계약기간 중의 생산품에 대해서는 기술료를 지불하는 등 계약기간과 대가지불기간과의 차이가 있음을 유의해야 한다. 계약이 만료되면 계약기술의 사용이 금지 또는 제한되는 경우가 있는데, 대가를 지불하고 도입한 이상 법적으로 보호받는 공업소유권 이외의 기술은 당연히 사용할 수 있도록 하여야 한다. 기타 계약만료 이후에 경쟁기술의 취급이나 경쟁제품의 생산을 금지하는 부당한 조항이 있는지도 살펴보아야 한다.

표 4-2 ▌ 해외진출유형의 종합

유형	형태	장점	단점
수출 방식	수출	• 입지 및 경험상의 경제성 실현	• 높은 운송비 • 무역장벽 • 현지 마케팅 대리점 관리
계약 방식	라이선싱	• 연구개발비 부담 및 위험 회피	• 기술에 대한 통제력 상실 • 입지 및 경험상의 경제성 실현 불가능 • 범세계적인 전략적 조성 불가능
	프랜차이징	• 연구개발비 부담 및 위험 회피	• 품질에 대한 통제 불가능 • 범세계적인 전략적 조성 불가능
	관리계약	• 위험회피 • 전문 경영지식이나 경험 활용	• 경영의사결정에 참가 불가 • 일시적 수탁관리 • 수익이 수수료에 국한
	턴키 프로젝트	• 공정기술의 활용에 따른 수익 확보	• 경쟁기업 양성 • 장기적인 시장확보 불가능
직접 투자 방식	계약생산	• 투자 불필요 • 관세장벽 회피 • 낮은 생산비	• 품질관리 • 공급제한
	단독투자	• 기술보호 • 범세계적인 전략적 조성 가능 • 입지 및 경험상의 경제성 실현	• 높은 수준의 비용과 위험
	합작투자	• 현지파트너의 지식에 대한 접근 가능 • 연구개발비용 및 위험 분산 • 정치적으로 수용 가능	• 기술에 대한 통제력 상실 • 범세계적인 전략적 조성 불가능 • 입지 및 경험상의 경제성 실현 불가능

출처 : C. W. L. Hill, *International Business : Competing in the Global Marketplace* (Burr Ridge, Ill. : Irwin, 1994), p.410 일부 추가.

5장 해외직접투자

1절 해외직접투자의 동기와 유형

1. 해외직접투자의 동기와 결정요인

기업이 어떠한 동기하에서 해외에 직접투자를 하는가는 여러 가지 측면에서 분석이 가능하다. 그러나 그 궁극적인 동기는 무엇보다도 자기 기업이 독립적 · 배타적으로 보유하고 있는 여러 가지 경영자원을 해외현지에서 최대한 이익적으로 활용하여 이익을 극대화하기 위한 것이라고 할 수 있다.

여기에서 기업의 해외직접투자 동기를 보다 구체적으로 살펴보기 위해 해외직접투자 동기 중 통상 가장 중요하게 거론되는 시장관련 동기를 살펴보면, 기업들은 해외시장을 개척하고 확보하기 위해 해외에 직접투자를 하는 것으로 알려지고 있다. 해외시장의 개척 및 확보가 기업의 국제화와 범세계적인 성장에 관건이 된다고 할 때, 그 중요성은 재언의 여지가 없다고 하겠다.

그러나 해외직접투자는 해외시장 개척 및 확보의 동기에 의해서만 이루어지는 것이 아니라 그 외에도 관세 및 비관세와 같은 무역장벽 회피, 기존시장 보호, 현지국의 투자유인, 원자재 확보, 저임노동력 확보, 경영의 확대 등과 같은 수많은 동기가 작용하게 된다.[1] 그리고 이러한 해외직접투자 동기는 그 총체적인 목적에 따라서 다음과 같은 여러 가지 세부적인 동기로 분류할 수 있다.

① **전략적 동기** : 사업확대, 공동사업추진, 수직적 통합, 다각화

② **시장관련 동기** : 시장확보, 무역장벽 회피, 시장개척, 판매강화, 시장정보 수집

1) Group of Thirty, Foreign Direct Investment 1973-1983(New York : Group of Thirsty, 1984), pp.30-31.

③ **기술관련 동기** : 기술개발, 기술제공, 서비스제공, 기술획득, 기술정보 수집

④ **자원관련 동기** : 자원개발, 자원의 안정적 공급, 저렴한 원료 이용

⑤ **재무관련 동기** : 증권투자, 부동산 취득, 재무투자, 투자수익 취득

⑥ **경쟁력관련 동기** : 원가절감, 원료비절감, 인건비절감, 수송비절감, 규모의 경제 달성

⑦ **기타 동기** : 부품 및 플랜트 수출, 설비이전

한편, 우리나라 기업들은 임금상승 및 인력난 해결, 선진국의 수입규제 우회, 현지시장 및 주변시장 확보, 해외생산제품 역수입, 선진기술 및 경영기법 획득 등의 동기하에서 해외에 투자하는 것으로 분석되고 있다.[2] 이상에서 해외직접투자의 목적에 따른 해외투자의 동기를 살펴보았는데, 보다 더 구체적인 동기와 결정요인을 살펴보면 〈표 5-1〉과 같다.

2. 해외직접투자의 유형

1) 시장지향형 해외직접투자(market seeker)

시장지향형 해외직접투자는 기술, 마케팅, 경영기법 등과 같은 독점적 우위요소를 보유하고 있는 기업이 이러한 우위요소를 이용하여 현지시장에 공급하기 위해 해외에 투자하는 경우를 말한다. 이러한 형태의 해외직접투자는 수출을 통한 공급이 많은 비용을 유발시키거나 현지정부가 현지에서 제품을 생산할 수밖에 없을 정도로 높은 수준의 관세 및 비관세장벽을 구축하여 규제를 가하는 경우에 이용된다.

실제로 현지의 소비습관이나 기호, 제품특성, 서비스, 유통채널 등이 자기 나라와 전혀 다르고 수출시장이 일정 규모에 달하게 되면 현지에 직접투자를 하는 것이 효과적이다.

시장지향형 해외직접투자는 자사의 제품시장을 개척 · 유지 · 확대하기 위한 투자로서 기업의 여러 가지 해외진출형태 중 가장 전형적인 것이다. 이러한 형태의 해외직접투자는 반드시 제조업에만 국한되는 것이 아니라 소매업, 은행업, 보험, 여행 등과 같은 서비스산업에서도 쉽게 찾아볼 수 있다.

---

2) 한국무역협회, 기업의 해외투자전략 사례(서울, 한국무역협회, 1993).

표 5-1 해외직접투자의 동기

1. 피투자국의 시장요인	• 피투자국의 시장규모 • 피투자국의 시장성장률 • 직접투자가 다른 방식보다 현지시장을 훨씬 더 잘 서비스할 수 있는 경우 • 현지의 요구에 보다 효율적으로 부응하기 위해서 시장점유율 유지 및 확대 • 수입규제를 포함한 현지의 무역장벽 회피 • 피투자국을 수출기지로 활용하기 위함 • 시장을 방어하기 위함
2. 비용관련 요인	• 저렴한 노동력 • 숙련노동을 포함한 노동의 이용 가능성 • 보다 이익적인 사업경영 • 저렴한 투입비용 • 저렴한 운송비용 • 현지정부의 금융상의 유인책 • 낮은 인플레이션 • 기술에 대한 접근 • 낮은 세금
3. 수직적 통합	• 원료의 이용 가능성 • 보다 저렴한 재료 투입물 • 투입물의 안정적인 공급확보의 필요성
4. 투자여건	• 정치적 안정성 • 본국과의 문화적 유사성 • 경제하부구조의 설비 • 세금체계 • 일반적인 환경
5. 외부적 요청에 대한 대응	• 현지정부로부터의 요청 • 현지의 대리점, 유통업자, 라이선시로부터의 요청 • 고객으로부터의 요청 • 공급업자로부터의 요청 • 경쟁기업으로부터의 요청
6. 본국과 관련한 푸시 (push) 요인	• 불완전하게 이용되고 있는 여유자원 • 본국에서의 사업의 어려움 • 위험다변화 • 다른 방식에 의한 해외시장 공급의 어려움 • 자사의 우위요소를 해외에서 이용하고자 할 때 위협의 교환 • 본국에서 직면하고 있는 문제점에 대한 대비책

출처 : M. Z. Brooke and P. J. Buckley, *Handbook of International Trade* (London : Macmillan Publishers Ltd., 1988), p.205.

2) 천연자원지향형 해외직접투자(resources seeker)

천연자원지향형 해외직접투자는 기업이 토지, 광산, 석유 등과 같은 특정자원을 자국 내에서 확보할 수 없거나 또는 확보할 수 있다고 하더라도 비용이 너무 많이 소요되는 경우, 이러한 자원을 해외에서 확보하기 위해 투자하는 경우를 뜻한다. 국내에 부존되어 있지 않은 원료를 확보하여 식품을 생산하기 위해 그 식품의 원료가 부존되어 있는 열대지역에 투자하는 경우 그리고 광물이나 석유를 채굴하기 위해 광산이나 유전에 투자하는 경우가 여기에 해당된다.

천연자원지향형 해외직접투자는 광물에 대한 채굴, 가공, 판매, 등을 수직적으로 통합함으로써 시장을 통한 거래비용을 절약할 수 있으며, 또 수직적 통합에 있어서는 각 생산단계마다 시장지배력을 갖고 있을 뿐만 아니라 그 지배력이 다른 단계로도 파급되기 때문에 산업 전체의 과정화가 가능하다.

천연자원에 대한 해외직접투자는 오랜 투자기간과 대규모 투자자본이 필요하기 때문에 신규투자가 어렵고, 그 결과 이 분야에 대한 해외직접투자가는 몇몇 거대기업들이 과점적 경쟁형태를 띠고 있다.

3) 효율성 지향형 해외직접투자(efficiency seeker)

효율성 지향형 해외직접투자는 전 세계시장을 가장 효율적으로 공급할 수 있는 생산체계를 구축하기 위한 해외직접투자를 의미한다. 즉, 각 부품을 전 세계 여러 지역 중 가장 효율적으로 생산할 수 있는 지역에서 생산한 다음, 이것을 또 다른 지역에서 조립하고, 또 가장 효율적인 지역에 보관하고 유통시킴으로써 최소의 생산비와 유통비로 전 세계 모든 시장을 가장 효율적으로 공급하기 위한 해외직접투자이다.

4) 선진기술지향형 해외직접투자(knowledge seeker)

선진기술지향형 해외직접투자는 선진국의 기술이나 경영노하우를 습득하기 위해 선진국에 투자하는 경우로서 미국 실리콘 밸리 등에 대한 해외직접투자가 여기에 해당된다. 이러한 형태의 해외직접투자는 고급 기술인력이 위치하고 있는 지역에 현지법인을 설립하여 현지의 우수한 두뇌를 활용함으로써 선진기술에 보다 더 효율적으로 접근하기 위한 것이다.

2절 해외직접투자의 결정과정

1. 해외직접투자안의 심사과정[3)]

1) 제1단계 : 해외직접투자안의 심사 필요성 결정

해외직접투자안은 먼저 수출, 라이선싱 등과 같은 여타의 대안적인 해외진출방식에 대한 이용 가능성 여부를 분석한 다음 특정 해외직접투자안을 심사할 필요가 있는지의 여부를 결정한다.

2) 제2단계 : 투자대상국의 투자환경분석

제1단계에서 해외직접투자방식이 투자대상국에 적합한 진출방식이라고 결정되면, 그 다음은 투자대상국의 현재 및 미래의 투자환경을 면밀하게 분석한다.

3) 제3단계 : 해외직접투자안의 수익성분석

제2단계의 투자환경분석에서 투자대상국의 투자환경이 투자계획기간에 걸쳐 양호할 것으로 판단되면, 그 다음은 해외직접투자안의 수익성을 분석한다. 한편, 이 단계에서는 해외직접투자안이 위험을 고려한 다음에도 투자수익률을 달성할 수 있는 것인가를 다시 한 번 검토한다.

4) 제4단계 : 현지국정부와의 협상 및 투자결정

제3단계의 수익성분석에서 해외직접투자안이 목표수익률을 보장할 수 있을 것으로 판단되면 그 다음은 현지국과의 협상을 추진하고 협상이 순조롭게 진행되어 합의가 이루어지게 되면 최종적으로 해외직접투자를 결정하게 된다.

---

3) F. R. Root, *Entry Strategies for International Markers*, Revised and Expanded ed.(New York : Lexington Books, 1994), pp. 143-165.

2. 해외직접투자안의 심사 필요성 여부 결정

해외직접투자안에 대한 심사는 가장 먼저 해외투자안을 심사할 필요가 있는가를 결정하는 것이 첫 번째 체크포인트이다. 해외직접투자안은 먼저 수출, 라이선싱 등과 같은 여타의 대안적인 해외진출방식의 이용 가능성 여부를 분석한 다음, 특정 해외직접투자안을 심사할 필요가 있는지의 여부를 결정하는 것이 바람직하다.

만약 기업 내의 의사결정자들이 해외직접투자방식이 목표시장국 진출에 적합한 방법이라고 결론을 내리게 되면, 그 다음에는 해외직접투자의 유형, 즉 현지에 자회사를 신설(greenfield)하여 진출할 것인가 아니면 현지에 이미 설립되어 있는 기존의 기업을 매수(acquisition)하여 진출할 것인가를 결정해야 한다. 또 소유방식에 있어서도 단독투자(sole venture)로 진출할 것인가 아니면 합작투자(joint venture)로 진출할 것인가를 결정해야 한다.

3. 투자대상국의 투자환경분석

해외직접투자안을 심사할 필요가 있다고 판단되면, 그 다음은 그 회사 직접투자안을 투자대상국의 제반 환경에 기준하여 평가 · 분석해야 한다. 이때 투자대상국의 투자환경분석에는 해외직접투자안의 수익성 및 안정성에 영향을 미칠 수 있는 투자대상국의 정치적, 경제적, 사회문화적 환경이 모두 포함되어야 한다. 그리고 경영자들은 투자대상국의 투자환경분석과 관련하여 최소한 다음과 같은 세 가지의 질문을 제기해 보아야 한다.

첫째, 어떤 투자환경요인들이 제안된 투자안의 성공에 결정적인 영향을 미칠 것인가.

둘째, 이러한 주요 투자환경요인들의 현재상태는 어떠한가.

셋째, 이들 주요 투자환경요인들이 투자계획기간 동안에 어떻게 변화될 것인가 하는 것 등이다.

한편, 투자대상국의 투자환경분석에는 현재의 투자환경뿐만 아니라 미래의 투자환경의 변화까지도 포함되어야 한다. 그리고 미래의 투자환경분석에 있어서는 투자대상국의 정치적 환경을 가장 중요하게 고려해야 한다. 그것은 투자안이 현지국의 정치적 환경에 의해 직접 · 간접적으로 크게 영향을 받을 뿐만 아니라, 정치적 환경이 다른 투자환경요인들에게도 영향을 미칠 수 있기 때문이다. 경영자들이 투자환경을 분석할 때 평가해야 할 투자환경 체크리스트를 제시하면 다음의 〈표 5-2〉와 같다.

표 5-2 현지국시장의 환경분석을 위한 체크리스트

구분	항목	
1. 일반적인 정치적 안정성	① 과거의 정치행태 ② 정부의 유형 ③ 정부의 강점과 이데올로기 ④ 경쟁관계에 있는 야당의 강점과 이데올로기 ⑤ 정치적 · 사회적 · 윤리적 갈등	
2. 외국인투자에 대한 현지정부의 정책	① 외국인투자기업의 과거의 경험 ② 외국인투자에 대한 태도 ③ 외국인투자 조약 및 협정 ④ 외국인 소유권에 대한 제한 ⑤ 현지부품 사용요구 ⑥ 외국인 간부직원 채용에 대한 제한 ⑦ 기타 외국인투자에 대한 제한 ⑧ 외국인투자에 대한 유인책 ⑨ 투자진출에 대한 규정	
3. 여타 정부정책 및 법률적 요소	① 계약의 강제성 ③ 기업법 및 상법 ⑤ 조세 ⑦ 특허 및 상표권 보호 ⑨ 공무원의 정직성 및 효율성	② 법원의 공정성 ④ 노동법 ⑥ 수입관세 및 수입규제 ⑧ 독점금지법 및 제한적 상관습
4. 거시경제적 환경	① 경제에 대한 정부의 역할 ② 정부의 경제개발계획 ③ 국민총생산(GNP)의 규모 및 성장률 ④ 인구의 규모 및 증가율 ⑤ 1인당 국민소득의 규모 및 성장률 ⑥ 소득분배 ⑦ 공업, 농업, 서비스의 산업별 구성비 ⑧ 운송 및 통신시스템 ⑨ 인플레이션율 ⑩ 정부의 재정정책 및 통화정책 ⑪ 가격통제 ⑫ 현지자본의 가용성과 비용 ⑬ 노사관계 ⑭ 관세동맹 또는 자유무역지역 가입 여부	
5. 대외지불관계	① 국제수지 ③ 과실송금 규제	② 외환상태 및 외채 ④ 환율의 행태

4. 해외직접투자안에 대한 수익성분석

1) 수익성분석을 위한 체크리스트

투자대상국의 투자환경이 양호하다고 평가되고 또 투자대상국에 대한 해외직접투자가 장기적인 시장구축을 위해 타당하다고 판단되면 그 다음은 제안된 해외직접투자안이 투자위험을 고려한 투자수익률과 여타의 진출목표를 만족시킬 수 있는가를 평가하기 위해 그 투자안의 수익성을 분석해야 한다.

표 5-3 해외직접투자안의 수익성 평가를 위한 체크리스트

변수	항목
1. 시장변수	① 프로젝트의 제품계열에 대한 목표시장의 시장규모와 예상성장률 ② 경쟁상태 ③ 마케팅 및 유통하부구조 ④ 요구되는 마케팅 노력의 범위와 비용 ⑤ 프로젝트의 제품계열의 수출잠재력 ⑥ 이 프로젝트가 목표시장에 대한 본사의 수출을 대체할 가능성 ⑦ 목표시장에 대한 투자기업 완제품의 새로운 수출 가능성
2. 생산 및 공급 변수	① 생산시설에 소요되는 자본투자금액 ② 공장입지의 이용 가능성 및 비용 ③ 천연자원 및 에너지 그리고 기타 원자재의 이용 가능성 및 비용 ④ 본사로부터 수입된 투입요소의 이용 가능성 및 비율 ⑤ 다른 공급원으로부터 수입된 투입요소의 이용 가능성 및 비용 ⑥ 교통 및 항만 그리고 창고시설
3. 노동변수	① 현지국의 관리자 및 기술자 그리고 사무원의 이용 가능성 및 비용 ② 해외파견직원의 이용 가능성 및 비용 ③ 숙련노동자 및 반숙련노동자 그리고 미숙련노동자의 이용 가능성 및 비용 ④ 급여와 특별수당 ⑤ 노동생산성 ⑥ 훈련시설 및 프로그램 ⑦ 노사관계
4. 자본조달 변수	① 현지 장기투자 자본의 이용 가능성 및 비용 ② 현지 운전자본의 이용 가능성 및 비용 ③ 현지정부의 재정적 유인책의 이용 가능성 및 규모 ④ 본사가 투자해야 할 자본금액
5. 조세변수	① 조세의 유형과 세율 ② 감가상각비 ③ 조세혜택과 면제 ④ 조세관리 ⑤ 투자국과의 조세협정

해외직접투자안의 수익성을 평가하기 위해서는 투자기업이 해외직접투자안의 규모 및 수익과 비용을 결정짓는 모든 관련 변수들을 규명하고 측정할 필요가 있다. 해외직접투자안의 수익성을 평가하는 데 고려해야 할 주요 변수로는 앞의 〈표 5-3〉에서 볼 수 있는 바와 같이 시장변수, 생산 및 공급변수, 노동변수, 자본조달변수, 조세변수 등을 들 수 있다.

2) 해외직접투자안의 수익성분석

(1) 할인현금흐름분석

〈표 5-4〉는 해외투자 프로젝트의 관점에서 현지통화(local currency)를 기준으로 한 해외투자의 현금흐름을 분석한 것이다. 이 표는 총 투자기간 10년 중 5년간의 예상현금흐름을 보여주고 있으며, 최종가치는 5년째 말의 해외투자 프로젝트의 시장가치를 나타낸 것이다. 이 표에서 세금공제 후 기대되는 순현금유입은 10년 동안 그 프로젝트의 투자기간에 걸쳐 발생하게 되는 예상수익과 예상비용의 차이를 나타낸 것이다. 사업개시년도(0)에는 초기 자본투자로 인해 피투자국 통화(페소)표시의 현금이 과도하게 유출되어 있는 현상을 보이고 있다.

여기에서 필요수익률(기준할인율)은 국내투자에 대한 15%의 수익률이 투자계획기간 동안의 해외투자 프로젝트의 순현금유입을 할인하는 데 그대로 이용되었다. 현금흐름의 누적순현재가치는 5년째에 접어들면서부터 흑자로 나타나고 있는데, 이는 해외투자 프로젝트의 수익이 15%의 필요수익률을 상회하고 있음을 나타내는 것이다.[4] 해외투자 프로젝트의 최종가치를 포함하면 내부수익률(IRR : International Rate of Return)은 거의 38%에 근접함을 알 수 있다.[5]

---

4) 순현재가치의 공식은 다음과 같다.

$$NPV = \left[\frac{F1}{(1+d)} + \frac{F2}{(1+d)^2} + \cdots \frac{Fn}{(1+d)^n}\right] - I_0$$

여기에서 F는 순현금유입, I는 최초투자액, 그리고 d는 할인율을 나타낸다. 만일 순현재가치가 0이라면 수익률이 할인율(기준타자수익률)과 동일함을 의미한다.

5) 내부수익률은 순현금흐름의 현재가치와 최초투자액을 일치시키는 할인율을 나타낸다. 공식을 보면 다음과 같다.

$$IRR = \left[\frac{F1}{(1+r)} + \frac{F2}{(1+r)^2} + \cdots \frac{Fn}{(1+r)^n}\right] = I_0$$

여기에서 F는 순현금흐름을 I는 최초투자액을 그리고 r은 내부수익률을 나타낸다. 내부수익률은 시행착오의 과정을 거쳐 산정된다.

표 5-4 현지국 통화기준 해외투자 프로젝트의 현금흐름분석(단위 : 백만 페소)

구분	연도 말						최종 가치*
	0	1	2	3	4	5	
세금공제 후 순현금유입	(200)	25.0	50.0	100.0	100.0	100.0	335.2
15% 할인의 현재가치	1.0	0.870	0.756	0.658	0.572	0.497	0.497
세금공제 후 현금유입의 순현재가치	(200)	21.8	37.8	65.9	57.2	49.7	166.6
현금유입의 누적 순현재가치	(200)	(178.2)	(140.4)	(74.6)	(17.4)	(32.3)	198.9

* 15% 할인율을 기준으로 할 때 6년째부터 10년째 말까지의 100만 페소의 현재가치

경영자들은 현지국 통화로 표시된 현금흐름이 재산수용 및 운용상의 위험에 얼마나 민감한 반응을 보이는가를 파악하기 위해서, 현지국 통화표시의 현금흐름을 해외투자 프로젝트의 관점에서 분석해 볼 필요가 있다. 그러나 해외투자 프로젝트의 최종적인 수익성은 그 프로젝트가 투자기업 또는 본사에 기여하는 수익률로 평가되는데, 그것은 투자기법의 본국통화(달러)로 표시된 송금 가능한 현금흐름에 의해 결정된다. 투자기업의 입장에서의 현금흐름분석은 투자기업의 초기 현금지출(그 프로젝트에 대한 지분투자 및 자금대부) 그리고 자기 기업에게 유입되거나 또는 그 프로젝트부터 자유롭게 이용할 수 있는 본국통화표시 현금흐름에만 관심을 갖는다.

따라서 현금흐름분석에는 그 프로젝트에 대한 모기업의 초기투자 그리고 그것이 실제로 본국에 송금되었는지 또는 송금되지 않았는지 간에 모기업이 본국통화로 이용할 수 있는 모든 순현금유입(배당금, 이자, 로열티, 경영관리 및 기술수수료, 수출판매 이익 등)이 포함된다. 본국통화표시 현금흐름분석은 투자대상국으로부터의 과실송금에 대한 현지국 정부의 규제 그리고 현지국 통화를 본국통화로 환산하는 환율을 고려해야만 비로소 완결된다.

이러한 특성 때문에 본국통화표시 현금흐름분석은 송금위험을 고려해야 한다. 또한 과실송금에 대해 부과되는 피투자국 정부의 세금(withholding taxes)과 송금된 자금에 대한 투자국의 조세 등을 고려해야 한다. 이러한 점들을 고려한 다음 본국통화표시 현금흐름의

순현재가치를 모기업의 기준할인율로 할인하여 측정하여야 한다. 만약 순현재가치가 투자계획기간에 걸쳐 0이거나 또는 0보다 더 큰 경우 그 해외투자 프로젝트의 재무적 타당성은 양호한 것으로 판정된다.

(2) 정치적 위험을 고려한 현금흐름분석

해외투자 프로젝트의 예상순현금흐름분석에는 정치적 위험을 고려해야 한다. 현금흐름분석에 정치적 위험을 고려하는 방법에는 다음과 같은 두 가지가 있다.

첫째, 해외투자 프로젝트에 대해서 투자기업이 국내투자 시에 적용하는 기준수익률에 리스크 프리미엄(risk premium)을 추가하여, 해외투자 프로젝트의 순현재가치를 보다 더 높은 율로 산정하는 방법이다. 예컨대, 국내투자 시의 할인율이 15%라고 하면 해외투자 프로젝트에 대해서는 여기에 10%의 리스크 프리미엄을 추가형 25%의 할인율을 적용하는 방법이다.

둘째, 리스크 프리미엄을 정치적 위험이 발생할 것으로 예상되는 특정기간에만 적용하는 방법이다. 리스크 프리미엄의 적용은 몇 가지 문제점을 가지고 있지만 사용이 간편하다는 점 때문에 많이 이용되고 있다.

이상에서 해외투자 프로젝트의 수익성분석에 대해 살펴보았는데, 만약 해외투자 프로젝트가 자기 기업이 바라는 수익률이나 여타 진출목표를 충족하지 못할 것으로 판단되면 그 해외투자 프로젝트의 계획을 재조정하지 않을 수 없다.

해외투자 프로젝트의 계획을 재입안하는 경우에는 생산공장의 규모를 축소시키거나 또는 기술, 노동, 자본 등의 투입요소를 재구성하여 해외투자 프로젝트의 예상수익률을 높이거나 또는 원래의 단독투자계획을 합작투자로 변경하여 투자위험을 낮추는 등의 방안을 강구해야 한다.

5. 투자대상국 정부와의 협상 및 투자결정

해외투자 프로젝트의 수익성분석이 양호한 것으로 평가되면, 그 다음은 최종적으로 현지국정부와의 협상단계에 접어들게 된다. 그런데 오늘날 대부분의 국가들은 외국인투자법을 제정하여 외국인투자를 관리하고 있을 뿐 아니라, 외국인투자에 대한 피투자국 정부의 심사기준이 투자안에 따라서 크게 다르고 또 그 적용에 있어서도 대단히 신축적인 경우가 대부분이다.

따라서 현지에 진출하는 기업의 입장에서는 피투자국의 외국인투자법을 잘 이해하는 한편, 피투자국 정부의 외국인투자에 대한 심사기준과 평가방법을 파악하여 피투자국에 대한 협상력을 갖추는 것이 중요하다.

통상 피투자국 정부는 해외투자 프로젝트를 협상하는 과정에서 자국의 이익을 위해 제안된 해외투자 프로젝트의 내용을 여러 각도에서 면밀하게 심사하며, 필요한 경우에는 제안된 해외투자 프로젝트의 일부 내용을 재조정하도록 요구하기도 한다. 해외투자 프로젝트에 대한 투자기업과 피투자국 간의 이견은 계속적인 협상을 통해 좁혀지고, 협상이 쌍방간에 만족할 만한 수준에 이르면 최종적으로 피투자국에 대한 해외직접투자를 결정하게 된다.

3절 해외진출형태 및 경로의 선택

1. 해외진출형태의 선택

1) 단독투자(sole venture)

해외자회사에 대한 소유형태는 다국적기업의 경영전략이나 피투자국의 정책에 따라서 크게 달라지게 된다. 즉, 해외자회사는 하나의 독립된 경영단위라기보다는 다국적기업의 전체 시스템 중 경영전략의 일부만을 담당하는 데 지나지 않기 때문에 해외진출 시의 소유형태는 기업이 추구하고자 하는 경영전략에 따라서 달라질 수 있다.[6)]

해외자회사에 대한 소유형태는 크게 단독투자와 합작투자로 나눌 수 있다. 그중 단독투자는 의결권을 갖는 해외자회사 주식의 95% 이상을 단독으로 소유하는 형태로 해외에 진출하는 경우를 말한다. 그리고 합작투자는 2개 이상의 기업이 공동소유권을 갖고 해외사업을 추진하는 경우를 말한다. 일반적으로 단독투자는 기업이 강력한 독점적 우위를 소유하고 있거나 또는 제품이나 기술에 대해 본사의 강력한 통제가 필요한 경우 그리고 제품

6) J. M. Stopford and L. T. Wells, Jr., *Managing the Multinational Enterprise* (New York : Basic Books, 1972), p.108.

생산과정에서 모기업이 자회사에게 원자재를 공급한다든지 또는 그 반대의 관계가 성립하는 경우 등에 주로 선호된다.

이외에 단독투자가 선호되는 경우를 보다 구체적으로 살펴보면 다음과 같다.

① 청량음료나 화장품 등의 소비재 제품에서 쉽게 찾아볼 수 있는 바와 같이 차별화된 제품에 대해 전 세계적으로 동일한 마케팅기법이 사용되는 경우

② 성숙기 제품에서 찾아볼 수 있는 바와 같이 생산비를 절감하기 위해 범세계적인 시야에서 생산설비의 합리화와 집중화가 우선되는 경우

③ 국제적인 과점기업들이 원료나 자원을 생산하는 경우

④ IBM과 같은 신제품개발지향기업의 전략 등의 경우

한편, 기업이 꼭 단독투자방식에 의한 진출을 선호해서라기보다는 합작투자방식을 이용하여 진출하고자 해도, 다음과 같이 합작투자를 이용하여 진출할 수 없는 경우에는 단독투자방식을 이용할 수밖에 없다.

① 현지파트너가 능력이 없고 성실성이 결여된 경우

② 현지파트너의 주식이 제3자에게 양도될 것으로 우려되는 경우

③ 현지파트너와 모기업 간에 이해가 대립되는 경우

단독투자는 제품이나 기술에 대해 본사의 강력한 통제가 가능하고 자사의 경영방침을 독자적으로 운영할 수 있으며 기술이나 노하우의 누출을 방지할 수 있다는 장점이 있다.

2) 합작투자(joint venture)

합작투자는 2개국 이상의 기업(개인 또는 정부기관)이 특정기업체의 운영에 공동으로 참여하는 해외진출방식으로서, 여기에 참여하는 기업들은 합작기업의 운영에 대해 공동소유권을 갖는다. 여기에서 공동소유의 대상은 주식자본이나 채무뿐만 아니라 무형고정자산, 경영노하우, 기술노하우, 유형고정자산 등 어떤 것이라도 가능하다.

합작투자는 합작에 참여하는 기업들이 소유권과 기업의 경영을 분담하며, 자본 및 기술 등 상대방 기업이 소유하고 있는 강점을 이용하고 위험을 분담할 수 있다는 점에서 상호이익적인 해외투자방식이라고 할 수 있다.[7] 따라서 합작투자는 단독투자에 비해 자회사에 대한 통제보다는 현지파트너의 공헌이 꼭 필요한 경우에 주로 이용된다. 일반적으로 합

작투자가 선호되는 경우를 살펴보면 다음과 같다.

① 현지정부의 규제 때문에 단독투자방식에 의한 진출이 불가능한 경우
② 자기 기업이 필요로 하는 원료나 자원을 현지파트너가 소유하고 있거나 생산하고 있고, 그 원료나 자원을 입수하는 것이 현지진출의 전제조건이 되는 경우
③ 다각적인 제품라인을 가지고 있는 기업의 경우, 현지에서 제품라인별 판매채널을 독자적으로 창출해 가기보다는 기존 채널을 이용하는 것이 훨씬 더 이익적인 경우
④ 해외사업에 필요한 자본 및 경영능력 부족 등을 현지파트너와의 제휴를 통해 해결하고자 하는 경우

이상에서 살펴본 바와 같이 합작투자는 단독투자와 달리 본사와 자회사 간에 긴밀한 관계를 가질 수 없으며 일정한 간격을 두고 유지되는 것이 통례이다. 따라서 합작투자에 있어서 가장 중요한 문제는 성실하고 능력이 있는 현지파트너를 선택하는 데 있다고 할 수 있다.

2. 해외진출경로의 선택

1) 신설(greenfield)

기업이 신설과 매수 · 합병 중 어떤 방법을 통해 해외에 진출할 것이냐 하는 것은 이 두 가지 진출 경로에 따른 예상위험과 조정비용, 기업의 능력과 전략 그리고 현지국의 영향 등을 고려하여 결정하게 된다. 그중 신설방식에 의한 해외진출은 기업이 예전에 없던 생산시설을 현지에 새롭게 설립하여 진출하는 방식으로서 다음과 같은 이점이 있다.[8]

첫째, 진출기업 자신이 직접 해외시장 개입의 규모와 생산시설을 통제할 수 있기 때문에 비용이 훨씬 더 적게 소요된다.

둘째, 매수 · 합병의 경우와 같이 진출기업이 피매수기업의 문제점까지를 떠맡게 될 위험이 없다.

셋째, 가장 최신의 생산기술 및 경영기법을 활용할 수 있다.

---

7) K. J. Hladik, *International Joint Ventures* (Lexington, Mass. : Lexington books, 1985).

8) P. J. Buckley, The Theory of the Multinational Enterprise, Acta Universitatis Upsliensis, Studia Oeconomiae Negotiorum, Vol.26, Uppsala, Sweden, 1987, pp.44-45.

넷째, 생산활동, 고용, 경쟁을 증대시켜 주기 때문에 피투자국으로부터 환영을 받을 수 있다.

다섯째, 진출기업 자신이 직접 가장 저렴한 입지를 선택할 수 있다.

여섯째, 매수 · 합병을 이용하여 진출하고자 해도 대상기업을 찾을 수 없는 경우에 차선의 대안으로 이용될 수 있다.

2) 매수 · 합병(Merger & Acquisition : M&A)

매수 · 합병(M&A)은 둘 이상의 기업이 하나로 통합되어 단일기업이 되는 합병(Merger)과 어떤 한 기업이 다른 기업의 주식 또는 자산을 취득하여 경영권을 획득하는 매수(Acquisition)가 결합된 개념이다. M&A는 기업이 외부경영자원을 일시에 획득하여 신속하게 국제적 성장을 도모하고자 할 때 활용하는 가장 적극적인 해외투자방식의 하나이다.

M&A방식에 의한 해외진출은 다음과 같은 장점을 가지고 있다.

첫째, 신속한 해외시장 진출과 신속한 투자자본의 회수가 가능하다.

둘째, 현지의 계속기업을 매수함으로써 초기운영에 발생할 수 있는 문화적, 법률적, 관리적 문제를 피할 수 있다.

셋째, 현지기업의 기술 및 상표, 유통구조 그리고 경영기법을 일거에 획득할 수 있다.

넷째, 피투자국의 경쟁구조를 교란시키지 않을 뿐만 아니라 경쟁상의 보복을 피할 수 있다.

이외에도 M&A방식에 의한 해외진출은 신설이나 합작투자형태로 진출하는 경우에 직면할 수 있는 문제점을 상당부분 보완해 줄 수 있는 대체방안으로 받아들여지고 있다. 또 해외자회사의 운영에 대한 불확실성을 축소시켜 줄 뿐만 아니라 경쟁력 증대 및 다국적화 수단으로 활용될 수 있다. 이러한 유용성 때문에 국제화과정에서 조직능력에 한계가 있거나 또는 조속한 현지진출이 필요한 해외투자의 경우 국제 M&A방식을 이용한 해외진출이 증대되고 있다.

4절 합작투자

1. 합작투자의 세계적 추이

최근 전 세계적으로 합작투자(Joint Venture)방식에 의한 해외진출이 크게 증대되고 있다. 그 이유는 무엇보다도 개발도상국들이 외국기업의 단독투자에 의한 진출을 억제하는 대신 자국기업과의 합작투자를 통한 진출을 장려하고 있기 때문이다. 또 국제적으로 상호의존관계가 심화되고 각국의 시장이 지리적(무역자유화, 자유무역지역, 공동시장 등)으로 뿐만 아니라 산업별(인조섬유, 자동차, 전차 등)로 분할된 결과 경쟁이 심화되고 규모의 경제가 확대되고 있기 때문이다.[9]

또 합작투자는 전통적인 생산시설이나 장비가 고도로 전산화되고 자동화된 시스템 또는 대량생산능력을 가진 시설로 대체되는 경우, 단위당 생산비를 현격히 낮출 수 있기 때문에 그 이용이 더욱 두드러지게 되었다. 다른 한편으로는 그동안 제품의 수명주기가 크게 단축되고 내용 면에서의 우위가 강조되는가 하면 국내시장에서만 활동하던 기업들이 점차 국제화를 전개하였기 때문이기도 하다.

그 결과 최근에 이르러서는 아이비엠(IBM)이나 미쓰비시(Mitsubishi), 네슬레(Nestle) 그리고 제너럴모터스(General Moters) 등과 같은 전 세계적인 다국적기업들도 예전과 달리 완전소유방식에 의한 진출만을 고집하지 않고 합작투자방식을 이용한 해외진출을 적극적으로 추진하고 있다.

2. 합작투자의 유형

1) 다수소유형 합작투자

다수소유형 합작투자는 투자기업이 50% 이상 95% 미만의 지분(equity)을 소유하는 형태로 투자하는 경우이다. 다수소유형 합작투자는 투자기업이 합작기업의 운영과 의사결정권을 갖기 때문에 독점적 우위요소를 소유하고 있는 기업일수록 이러한 소유형태의 진출을

9) E. J. Kolde, *Environment of International Business* (Boston, Mass. : Kent Publishing Co., 1985), pp.357-358.

선호하게 된다. 다수소유형 합작투자는 그 실패율이 아주 낮은 것으로 알려지고 있다.

2) 동등소유형 합작투자

동등소유형 합작투자는 투자에 참여하는 기업 쌍방이 50 : 50의 지분으로 동등하게 투자하여 상호 동등한 권리와 의무를 부담하는 합작투자방식이다. 따라서 양 기업이 공동사업체의 제반 전략적 의사결정에 공동으로 참여하게 되는데, 이러한 소유형태의 합작투자는 기업운영 전반에 대해 쌍방 간의 협력이 잘 이루어지는 경우에만 성공 가능성이 높다.

동등소유형 합작투자는 민간기업의 경우에는 거의 찾아볼 수 없고, 개발도상국이 외국인에게 경영권을 양보하지 않으면서 국가경제에 필요한 산업을 외국자본을 이용하여 설립하고자 하는 경우에 채택되는 합작투자형태이다.

3) 소수소유형 합작투자

소수소유형 합작투자는 투자기업이 49% 이하의 지분을 소유하고 있는 형태로 해외에 투자하는 경우로서 합작기업에 대한 경영권을 갖지 못한다. 다만, 30% 미만의 지분을 소유하는 경우라도 합작기업에 다수의 파트너가 참여하는 경우에는 경영권을 확보할 수도 있다.

최근에는 개발도상국들이 자원민족주의나 국가경제발전의 견지에서 자국산업이나 기업에 대한 외국인 지배를 기피하는 경향이 있기 때문에 다수소유형 합작투자나 동등소유형 합작투자보다도 소수소유형 합작투자가 증대되고 있다. 소수소유형 합작투자의 경우에도 세제나 행정적인 면에서 현지기업과 동등하게 지원받을 수 있다.

이상에서 국제합작투자를 지분참여방식에 따라 분류하여 살펴보았는데, 어느 한 파트너가 합작기업의 운영과 전략적 의사결정을 주도하는 경우에는 합작기업의 성공 가능성이 높지만, 반대로 경영의사결정에 많은 파트너가 참여하는 경우에는 실패율이 높은 것으로 분석되고 있다.[10)]

10) J. P. Killing, *Strategies for Joint Venture Success* (New York : Praeger, 1983)

3. 합작투자의 이점과 불리점

1) 합작투자의 이점

(1) 투자기업 측면에서의 이점

합작투자는 투자기업의 측면에서 다음과 같은 이점을 가지고 있다.

① **현지정부의 압력에 효율적으로 대처할 수 있다** : 최근 개발도상국들은 자원민족주의나 경제적 종속에 대한 우려 등에 영향을 받아 완전소유자회사보다는 합작투자형태로 진출하는 외국인투자를 선호하고, 일부 개발도상국의 경우에는 제도적으로 합작투자방식에 의한 진출을 명문화하는 경우도 있다. 따라서 합작투자를 이용하게 되면 이러한 현지정부의 압력에 효율적으로 대처할 수 있다는 이점이 있다.

② **위험을 분산시킬 수 있다** : 투자기업은 합작투자를 통해 경영상의 위험과 환경변화에 따른 위험을 극소화할 수 있다. 즉, 합작기업은 현지에 정치적 · 경제적 불확실성이 존재하는 경우에도 현지기업으로 간주되기 때문에, 국유화(nationalization)와 같은 극단적인 위험을 피할 수 있으며 동시에 위험을 분산시킬 수 있다.

③ **현지의 시설과 자본 그리고 자원을 활용할 수 있다** : 현지기업과 합작을 하게 되면 현지의 법률, 관습, 관행 등에 대한 정보를 쉽게 수집할 수 있고, 현지의 기관이나 관료 등과의 접촉이 용이하며, 현지의 자본이나 천연자원, 기술, 노동력 그리고 마케팅시설 등을 보다 더 적극적으로 활용할 수 있다.

④ **외국기업이라는 이미지를 불식시킬 수 있다** : 완전소유자회사형태의 현지진출은 외국기업으로 취급되기 때문에 여러 가지 면에서 불리한 대우를 받을 가능성이 있으나, 합작투자의 경우에는 현지국의 경제발전에 공헌하고 있다는 이미지를 부각시킴으로써 현지정부에 대한 접근이 용이하며 관세 및 조세 그리고 수입쿼터 등과 같은 차별대우를 피할 수 있다.

⑤ **새로운 시장개척이 용이하고 비용을 절감할 수 있다** : 투자기업은 확고한 시장기반을 구축하고 현지파트너를 선택함으로써 현지파트너가 보유하고 있는 정보를 이용하여 새로운 시장을 용이하게 개척할 수 있고 동시에 시장확대가 가능하다. 또 생산입지를 해외로 이전함으로써 운송비, 노동비 등을 절감하고, 세제상의 혜택을 누릴 수 있어서 전체적인 자본 참가비용은 줄일 수 있다.

(2) 현지기업 측면에서의 이점

합작투자는 현지기업의 측면에서 보았을 때 다음과 같은 이점을 가지고 있다.

① **자기 기업에게 부족한 자본을 확충할 수 있다** : 합작투자를 받아들이는 현지기업은 자기 기업에게 부족한 자본을 끌어들임으로써 자본력을 강화할 수 있다. 또 외국자본을 이용함으로써 위험을 분산시키고, 외국자본이 아니면 이루어질 수 없는 불가능한 사업을 개시함으로써 사업기회를 포착할 수 있다.

② **기술적 노하우 및 경영기법을 습득할 수 있다** : 일반적으로 투자기업은 높은 수준의 기술적 노하우나 관리기법 등 자산적 지식을 가지고 투자를 하기 때문에, 이들 외국인투자기업으로부터 이러한 기술적 노하우나 관리기법 등을 습득할 수 있다. 동시에 투자기업의 유명상표나 특허권 등도 이용이 가능하다.

③ **기업의 신용을 증대시킬 수 있다** : 현지기업은 전 세계적인 유명 선진기업과의 합작투자를 통해 국제화를 추진할 수 있고, 또 국제적인 신용을 제고시킬 수 있다. 그리고 기업의 신용이 제고되면 자금조달력이 강화되고 제품판매 면에서도 좋은 결과를 기대할 수 있다.

④ **정부가 제공하는 국내의 각종 혜택을 누릴 수 있다** : 합작투자를 받아들이는 기업은 정부의 여러 가지 정책에 다른 제도적 · 행정적 혜택을 얻을 수 있다. 그 예로는 자본조달에 있어서의 편의, 차관에 대한 보증, 세제상의 혜택 등을 들 수 있다.

2) 합작투자의 불리점

(1) 투자기업 측면에서의 불리점

합작투자는 투자기업의 측면에서 보았을 때 다음과 같은 불리한 점을 가지고 있다.

① 계열기업에 대한 경영통제권이 상실되며 자사의 경영, 기술, 마케팅 및 기타의 능력을 이용하여 획득한 이익을 합작기업과 나누어 가지지 않으면 안 된다.

② 현지파트너 때문에 범세계적인 다국적 기업망 전체로서의 종합적인 계획의 수립과 운영 그리고 통제에 대한 탄력성이 제한받을 수 있다.

③ 마케팅계획 및 배당금 지급, 소득의 재투자, 제3국에 대한 수출, 원료와 부품의 조달원, 이전가격, 경영자 선임 및 보수 그리고 규모의 확장 등과 같은 핵심적인 경영관리상의 문제에 있어서 현지파트너와 충돌이 야기될 가능성이 있다.

(2) 현지기업 측면에서의 불리점

합작투자는 현지기업의 측면에서 보았을 때 다음과 같은 불리한 점을 가지고 있다.

① 투자기업이 현지국의 수출증대정책 등에 협조하지 않고, 현지에서 이용 가능한 원자재까지도 투자국으로부터 수입하도록 강요하는 경우 어려움에 처할 수 있다.

② 현지종업원을 충분하게 고용하지 않고, 현지인에 대한 교육훈련을 등한시하며 현지에서의 연구개발활동을 수행하지 않는 경우도 있다.

③ 현지국에 대해 기업의 사회적 책임을 다하지 못하는 경우도 있다.

4. 합작투자파트너의 선정

1) 합작파트너의 선택대안

(1) 현지국 기업과의 합작투자

현지국 기업을 합작파트너로 선택하면 생산시설이나 시장, 유통, 노사 그리고 관리적 측면에서 많은 도움을 받을 수 있다. 특히, 합작기업의 운영초기에 직면할 수 있는 여러 가지 어려움을 피할 수 있으며 위험이나 불확실성을 줄일 수 있다.

현지국 기업과의 합작투자의 예로는 한국기업이 인도에서 현지 인도기업과 합작투자를 하는 경우 그리고 한국기업이 필리핀에서 필리핀 부동산회사와 합작투자를 하는 경우 등을 들 수 있다. 또한 자기 기업이 수행하고 있는 사업과 전혀 무관한 사업을 운영하는 기업과의 합작투자도 가능하다. 즉, 금융기관이나 생명보험회사 등도 합작파트너의 대상이 될 수 있다.

(2) 현지 정부기업과의 합작투자

합작투자 파트너는 꼭 개인기업이어야 할 필요는 없으며 정부기업도 파트너가 될 수 있다. 오늘날 저개발국의 경우에는 경제성장을 위한 정책적 목적을 달성하기 위하여 현지국 정부가 합작투자에 직접 참여하기도 한다. 특히 현지국의 경제발전에 결정적인 역할을 하는 제조업분야의 합작투자에 직접 관여하는 것이 일반적이다. 이러한 형태의 합작투자는 칠레, 멕시코, 파키스탄, 레소토 등에서 찾아볼 수 있다.

(3) 제3국 기업과의 합작투자

제3국 기업과의 합작투자는 위험을 축소하는 데 높은 수준의 프리미엄을 지불하는 원재료산업 등에서 쉽게 찾아볼 수 있다. 그 예로는 한국기업이 미국기업과 합작으로 사우디아라비아의 석유탐사 프로젝트에 투자하는 경우 또는 한국기업과 일본기업이 합작하여 남아프리카의 연산(鉛山)광물 수출산업에 투자하는 경우 등을 들 수 있다.

제3국 기업과의 합작투자는 어느 한 파트너가 지분은 가지고 있으나 경험이 부족하다든지 또는 정치적인 이유 때문에 자기 기업이 단독으로 직접 개입할 수 없는 경우 등에 활용될 수 있는 방안이다.

2) 합작파트너 선정 시의 고려요인

합작투자에 있어서 가장 중요한 문제는 현지파트너의 선정문제이다. 투자기업은 합작파트너를 선정할 때 가장 먼저 자기 기업이 합작투자를 통해 현지시장에서 달성하고자 하는 목표가 무엇이고 추진하고자 하는 합작기업이 자사의 전체적인 해외진출전략에 부합할 것인가를 검토하고 나아가 현지파트너의 목적과 전략을 구체적으로 파악할 필요가 있다.

또 양 파트너 간에 구체적인 협상에 들어가기에 앞서 합작기업의 목적과 그 목적을 어떻게 달성할 것인가에 대한 충분한 의견교환이 이루어져야 한다. 그리고 합의된 주요 사안들은 법률적 구속력을 갖추기 위해서 문서화되어야 하지만, 양 파트너 간의 신뢰와 이해가 합작기업의 성공에 가장 중요한 관건이 된다는 점을 간과해서는 안 된다.

각 파트너는 상대 파트너가 소유하고 있는 기술과 자원을 획득하기 위해서 합작기업을 설립하기 때문에 다국적기업이 합작기업에 대해 얼마나 공헌할 것이냐 하는 것은 자사의 제반 능력과 현지파트너의 제반 능력뿐만 아니라 합작기업의 목적에 따라서 좌우된다. 통상 외국인투자기업은 기술 또는 제품을 가지고 합작기업에 공헌하고 현지국의 파트너는 현지국의 사업환경에 대한 지식과 마케팅 노하우를 가지고 합작기업에 공헌하게 된다. 합작기업이 피투자국의 승인을 필요로 하는 경우에는 외국인투자기업의 소유지분이 규제를 받을 수도 있다.

외국인투자기업은 소유지분 이외에도 인사, 생산, 재무, 마케팅, 일상적인 업무, 경영계획 등에 대해 현지파트너와 의견을 조정해야 한다. 합작기업의 경우 이익보고, 배당정책, 자본금의 증자, 양측에서 공급해야 할 부품, 원자재의 가격정책, 경영인사권 및 급여 등의 분야에서 의견이 충돌될 수 있다. 따라서 협상 시 이러한 사안들에 대한 명백한 합의가 필요하다. 협상은 합작기업의 법적 상태를 규정하고 나아가서 라이선싱, 기술자문, 경영관리협약 등에 대해 합의된 내용을 문서화함으로써 종결된다.

5절 해외직접투자가 투자국과 피투자국에 미치는 영향

1. 투자국에 미치는 영향

1) 긍정적인 영향

(1) 생산요소확보효과

해외직접투자는 본국에서는 확보가 불가능한 천연자원이나 값싼 노동력 등과 같은 생산요소를 확보하는 효과를 가지고 있다. 천연자원을 확보하기 위한 해외투자는 비옥한 토지나 광산 또는 석유자원을 좇아 농업이나 추출산업분야에 투자하는 경우를 의미하며, 노동력확보를 위한 투자는 부품생산이나 조립 등 특정 생산단계에서의 비용을 절감하기 위하여 저임숙련 노동력을 좇아 해외에 투자하는 경우를 의미한다.

(2) 시장확보효과

해외직접투자는 해외현지에 생산공장을 설립하여 제품을 생산 · 판매함으로써 현지시장을 확보하는 효과를 가지고 있다. 해외직접투자는 수출을 통해 현지시장을 공급하는 것이 많은 비용이 소요되거나 현지정부가 수출품에 대해 수입규제조치를 취하거나, 현지정부가 현지에서 제품을 생산하도록 여러 가지 규제를 가하는 경우, 현지에서 직접 제품을 생산하고 마케팅함으로써 안정적인 수출시장을 확보할 수 있다. 시장확보는 기업의 해외직접투자 동기 중 가장 대표적인 동기이다.

(3) 국제수지개선효과

해외직접투자는 시장확보에 따른 수출증대와 과실송금 등을 통해 투자국의 국제수지에 긍정적인 영향을 미치게 된다. 해외직접투자가 이루어지기 시작하는 초기단계에서는 자본유출이나 현지투자기업으로부터의 경쟁상품 수입 등으로 인해 단기적으로 국제수지가 약화되는 경향이 있으나, 장기적으로는 과실송금이 초기투자액을 상회함으로써 국제수지를 개선시키게 된다.

2) 부정적인 영향

(1) 산업공동화 초래

해외직접투자는 개별기업의 차원에서는 해외로부터 초과수익을 획득하게 되므로 경영의 합리화를 달성할 수 있으나 국민경제적 차원에서는 해외로부터의 수입증대와 국내 생산기반의 위축으로 산업공동화를 초래하게 될 가능성이 있다.

여기에서 산업공동화란 해외직접투자에 따른 생산라인의 해외이전과 국내투자환경의 약화에 따른 국내 제조업투자의 부진으로, 국내 생산능력이 저하되고, 무역수지가 약화되고, 실업이 증대되는 등 국내 경제성장이 전반적으로 약화되는 현상을 말한다.

(2) 국내투자 감소

해외직접투자는 기업이 자본을 가지고 피투자국에 진출하기 때문에 피투자국에게는 자본을 형성시켜 주는 효과가 있지만 투자국에게는 그만큼의 자본이 해외로 유출되기 때문에 가용한 자본을 축소시키는 효과가 있다. 그리고 본국생산의 일부가 해외생산으로 대체되기 때문에 해당 부분에 대한 국내 설비투자의 감소를 초래하게 된다.

(3) 고용축소

일반적으로 생산라인의 해외이전은 국내고용을 축소시킬 가능성이 높다. 즉, 자국의 수출시장이 다국적기업의 자회사에 의해 점유되기 때문에 국내 생산활동이 위축되고 그 결과 일자리가 줄어들게 된다. 또 해외직접투자로 인해 생산이 저임금국으로 이동됨으로써 국내공장이 폐쇄되거나 자회사들이 해외에서 저렴하게 생산한 제품을 본국에 역수출함으로써 본국의 생산이 감소되어 결과적으로 일자리가 줄어들게 된다.

2. 피투자국에게 미치는 영향

1) 긍정적인 영향

(1) 경영자원확보효과

외국인직접투자는 자본, 기술, 인력 등의 경영자원을 보유하고 있는 다국적기업에 의해 이루어지기 때문에 피투자국은 이러한 다국적기업의 투자를 받아들임으로써, 이들 기업의 외국인투자가 아니면 확보가 불가능한 경영자원을 확보할 수 있다.

그리고 외국인투자는 피투자국에게 장기자본을 이동시켜 주기 때문에 자본 측면에서 제약을 받고 있는 개발도상국의 국내투자를 보완해 줄 뿐만 아니라, 선진국의 고급기술인력과 선진기술 등의 경영자원을 피투자국에게 유입시켜 주는 작용을 하게 된다.

(2) 경제성장촉진효과

외국인직접투자를 통해 외국자본이 유입되어 국내투자가 증대되면 생산요소로서의 자본스톡(stock)이 증대되어 경제성장에 기여하게 되고, 외국기업의 기술과 경영관리기법 등이 도입되면 생산성이 향상된다. 또 특정산업에서 생산이 증대되면 생산된 제품의 판매를 위한 마케팅체제가 확립되는 등 전후방 연관효과를 거둘 수 있다. 그리고 외국기업의 노동수요와 교육 및 훈련을 통해 노동의 질이 향상되고 궁극적으로는 경제성장이 촉진되는 효과가 있다.

(3) 고용유발효과

피투자국은 외국인직접투자를 받아들임으로써 외국인 직접투자가 아니었더라면 성취할 수 없는 분야의 산업화를 이루게 됨에 따라 생산이 이루어지고 고용의 창출효과가 발생하게 된다. 다국적기업이 해외에서 고용하고 있는 인력이 수백만 명에 달하고 있다는 사실은 해외직접투자에 따른 고용창출효과를 뒷받침해 주는 것이라고 할 수 있다.

(4) 기술이전효과

외국인직접투자는 그 본질상 제조기술 및 관리적 · 조직적 기술과 함께 이루어지기 때문에 피투자국은 외국인직접투자를 통해 이러한 기술을 이전받을 수 있게 된다. 오늘날 대부분의 신기술은 기술자원 및 자본 그리고 위험부담능력을 가지고 있는 다국적기업을 통해 이루어지고 있으며, 연구개발에 대한 이들 기업의 투자는 막대한 규모에 달하고 있다. 실제로 기술이전의 약 80%가 다국적기업의 해외직접투자를 통해 이루어지고 있는 것으로 분석되고 있다.[11)]

(5) 국제수지개선효과

외국인직접투자는 피투자국에게 자본을 유입시켜 주기 때문에 단기적으로 피투자국의 자본수지에 긍정적인 영향을 미치게 된다. 이때 수출비용이 높고 원자재나 부품의 수입의 존도가 낮을수록 무역수지의 개선효과가 크다. 특히 제조업의 경우에는 피투자국에게 수입대체효과와 더불어 수출촉진효과를 가져다주기 때문에, 이러한 모든 파급효과를 고려하면 외국인직접투자는 총체적으로 피투자국의 국제수지를 개선시켜 주는 효과가 있다.

그러나 투자본국으로의 과실송금이 최초투자액을 상회하거나 계열기업 간의 거래에 이전가격(transfer pricing)이 이용되어 이익을 투자본국으로 집중시키게 되면 피투자국의 국제수지에 부정적인 영향을 미칠 수도 있다.

2) 부정적인 영향

(1) 경제적 종속

피투자국은 자국산업에 대한 외국인의 소유가 확대되는 경우, 외국기업에 의한 자국의 경제적 지배를 우려하게 된다. 1960년대의 미국 대기업들의 유럽진출은 유럽인들에게 경제적 종속에 대한 우려를 자아내게 하였다. 특히 경제적 종속에 대한 우려는 선진국보다는 개발도상국의 경우에 더욱 심각한 위협이 되는데, 경제력이 미약한 개발도상국의 경우 특정산업부문에 대한 과도한 외국인투자 집중은 경제적 종속을 우려하게 하며, 전략산업에 대한 개발도상국의 통제권이 위협을 받을 수도 있다.

(2) 국가주권 침해

피투자국은 주권을 가진 국가로서 자국의 주요 사안에 대해 자구권을 행사할 뿐만 아니라, 외부의 통제를 제한하거나 이를 단호히 거부할 수 있는 권리를 가지고 있다. 또 자국의

11) J. Delorme, “The Changing Legal framework for Technology Transfer : Some Implications”, in OECD, North South Technology Transfer : The Adjustment Ahead(Paris : OECD, 1982), p.90.

총생산증대, 국제수지 개선, 실업 축소, 인플레이션 축소, 수출증대 등의 목표를 달성하기 위하여 필요한 주권을 행사할 권리를 가지고 있다. 그런데 피투자국에 진출한 외국기업은 영업활동이나 납세 그리고 로열티의 본국송금 등에 있어서 현지국 정부의 주권에 정면으로 도전하기도 한다.

(3) 정치적 개입 및 사회문화적 지배

외국인직접투자는 정치적 · 사회문화적으로도 피투자국에게 중대한 영향을 미친다. 정치적 측면에서는 피투자국의 국내정치에 깊숙하게 관여하고 법률적인 측면에서는 자국의 법률 및 정책을 피투자국에 소재하고 있는 자국의 해외지사에까지 연장 · 적용함으로써 법의 영토외 적용문제를 야기시키기도 한다. 또 문화적인 측면에서는 자국의 가치관과 문화를 피투자국에게 전파하여 피투자국의 전통적 가치관을 파괴하는 경우마저 없지 않다.

6절 해외직접투자의 협상

1. 해외직접투자협상의 의의

협상(negotiation)이란 공동의 이익 교환이나 실천에서 이해충돌이 있을 경우 의견을 일치시킬 목적으로 자신의 의견을 분명하게 개진하는 과정이라고 정의하고 있다. 또한 코헨(H. Cohen)은 협상을 긴장이 가득한 상황 속에서 정보와 힘을 사용하여 어떤 바람직한 결과를 가져오는 것이라고 정의하고 있다.[12)]

이 두 정의를 종합해 보면 협상이란 다른 조직과의 상호작용에서 자기 조직의 목적을 달성하기 위해 또는 서로 다른 의견이 일치되도록 어떤 압력을 사용하는 과정이라고 정의할 수 있다.

이제 이것을 국제경영활동과 관련하여 살펴보면 국제경영협상(international business negotiation)이란 서로 다른 국적을 가진 이국기업 상호 간 또는 이국기업과 외국 정부 간에 국제경영활동과 관련된 공동의 문제를 해결하기 위해 서로 접촉하는 것을 의미한다.

12) H. Cohen, *You Can Negotiate Anything* (Toronto, A Bantam books, 1980).

국제경영에 있어서 협상은 해외직접투자, 합작투자, 라이선싱, 매수합병, 해외직접투자 철수 등의 국제사업활동과 관련하여 개인기업과 개인기업, 개인기업과 공기업, 개인기업과 정부 또는 정부와 정부 간에 이루어지게 된다.

그 한 예로서 해외직접투자에 대한 다국적기업과 피투자국 간의 협상을 들어보면, 피투자국에 진출하는 다국적기업은 가장 적은 비용과 가장 낮은 위험으로 자유로운 경영활동을 추진하여 기업의 궁극적인 목표인 이익을 극대화하고자 하고, 반면에 외국인투자기업을 받아들이는 피투자국은 가능한 한 최소한의 비용을 들여 자국의 수출증대나 경제발전 등 거시경제적인 목표를 달성하고자 한다. 이와 같이 양 당사자가 추구하는 목표가 서로 다르기 때문에 해외직접투자가 이루어지기 위해서는 다국적기업과 피투자국 정부가 해외직접투자와 관련된 여러 가지 조건에 대해 협상을 하고 이를 통해 일정한 합의에 도달하는 것이 필요하다. 이때 협상은 양 당사자 간의 자유와 제한, 수익과 비용 그리고 이익과 위험 간의 균형에 의해서 그 결과가 도출된다. 해외직접투자의 경우에서 볼 수 있는 바와 같은 이와 같은 국제경영협상은 어느 한 당사자만의 이익을 위한 것이 아니라 협상에 참여하는 양 당사자 모두가 합의를 통해 각자가 바라는 장기적인 목표를 획득하기 위한 것이다.

2. 다국적기업과 피투자국의 협상력

다국적기업과 피투자국은 동일한 해외직접투자 프로젝트에 대해 〈표 5-5〉에서 볼 수 있는 바와 같이 전혀 다른 목적과 협상력 그리고 전술을 가지고 있다.

먼저 해외직접투자의 목적과 관련하여 다국적기업은 제품판매, 현지 투입요소의 활용, 이익확보 그리고 선량한 기업시민 등과 같은 목적을 위해서 해외직접투자를 하고자 한다. 이에 비해 피투자국은 다국적기업을 통해 적정기술을 습득하고 보다 더 많은 이익을 확보하며 국민의 후생을 증진시키기 위해 외국인투자기업을 받아들이게 된다.

이와 같이 동일한 해외직접투자 프로젝트에 대해 양 당사자가 서로 다른 목적을 가지고 있기 때문에 해외직접투자가 이루어지기 위해서는 해외직접투자와 관련된 여러 가지 조건에 대해 양 당사자 간의 합의가 절대적으로 필요하게 된다. 이때 양 당사자 간의 합의는 통상 협상을 통해 이루어지는데, 협상의 결과는 양 당사자가 보유하고 있는 협상력에 의해서 좌우된다.

여기에서 다국적기업과 피투자국이 각기 상대방에 대해 가지고 있는 협상력을 살펴보

표 5-5 다국적기업과 피투자국 정부의 협상력

구분	다국적기업	피투자국
목적	• 제품판매 및 현지 투입요소 활용 • 이익확보 • 선량한 기업시민	• 적정기술 • 이익확보 • 자주권 행사 • 국민후생 증진(고용 등)
협상력	• 기술 • 마케팅 • 자본 • 시장접근 • 규모상의 기업특유의 우위	• 시장접근 • 천연자원 • 인적자원 • 대안적인 공급원 • 인접국과의 지역연대
전술	• 현지 소유권 • 현지기업 자극 • 고용 • 수출 및 기업 내 무역 • 사업활동의 입지와 조직의 복잡성 • 법률적 방어 • 본국 정부의 지원	• 개입 및 규제

출처 : A. M. Rugman, D. J. Lecraw and L. D. Booth, *International Business : Firm and Environment* (New York : McGraw-Hill, 1986), p.299.

면 먼저 다국적기업은 피투자국이 다른 방법을 통할 경우 훨씬 더 많은 비용을 지불해야만 획득할 수 있는 기술상의 우위, 마케팅상의 우위, 자본상의 우위, 시장접근상의 우위 그리고 규모상의 우위를 소유하고 있다. 그리고 피투자국은 자국 시장에 대한 접근 통제 및 자국의 천연자원 및 인적자원 등에 대한 접근 통제 그리고 대안적인 여타 공급원의 활용 및 인접국가와의 지역 연대 등과 같은 협상력을 가지고 있다.

다국적기업과 피투자국은 자신들이 가지고 있는 이와 같은 협상력을 배경으로 해외직접투자와 관련된 여러 가지 조건에 대해 서로 협상을 하게 된다. 그리고 각 당사자는 협상과정에서 자기의 협상력을 증대시키기 위해 여러 가지 전술을 활용하게 되는데, 다국적기업은 현지의 소유권과 고용, 수출촉진 등과 같은 전술을 이용하고 피투자국은 개입 및 규제와 같은 전술을 활용한다.

이와 같은 과정을 거쳐 양 당사자 간에 최종적인 합의에 이르면 그 결과로서 다국적기업은 피투자국에 해외직접투자를 하게 되고 피투자국은 외국인투자를 받아들이게 된다.

3. 다국적기업과 피투자국의 협상력 변화

다국적기업과 피투자국 정부가 합의하여 이루어진 해외직접투자 프로젝트는 투자가 이루어진 초기에는 아무런 문제가 없이 운영되지만, 시간이 흐르고 프로젝트의 수명주기가 후반으로 치닫게 되면 다국적기업의 협상력은 점차 약화되기 시작한다.

즉, 프로젝트의 초기에는 다국적기업이 기술인력, 관리적 노하우, 자본, 특허, 마케팅 노하우 등을 가지고 투자하기 때문에 다국적기업의 공헌도가 높은 평가를 받지만 시간이 지나면서 피투자국의 현지인들도 그 설비를 작동할 수 있게 되고 또 현지기업들도 다국적기업이 처음에 도입했던 기술을 습득함에 따라 다국적기업의 필요성은 점차 줄어들게 된다. 이렇게 되면 피투자국이 다국적기업을 매수하거나 또는 재산을 몰수하는 극단적인 경우도 발생할 수 있다.

그리고 피투자국이 그 투자프로젝트에서 자기 나라가 차지하는 지분이나 통제력 또는 수익이 다국적기업이 자기 나라에 공헌하고 있는 것과 비교하여 상대적으로 더 적다고 판단되면 그 프로젝트에 대해 재협상을 요구하게 된다. 이 경우 다국적기업은 오로지 새로운 기술, 관리 노하우, 마케팅 노하우 등과 같은 경영능력을 통해서만이 협상력을 강화하고 자기에게 유리한 재협상조건을 제시할 수 있으므로 프로젝트의 운영과정에서 이러한 경영능력을 지속적으로 도입시키는 것이 협상력을 강화할 수 있는 가장 효과적인 방안이다.

4. 협상기술

1) 협상 이전에 갖추어야 할 요건

(1) 협상전략(strategy)

협상전략은 당해 사업에 대한 장기적 종합계획이다. 즉, 기술, 경쟁, 수용 등에 대해 시장을 분석한 다음 사업을 평가하는 경영자원의 배분을 결정한다.

① **전략목표** : 어떤 전략목표가 가장 중요하고 어떻게 하면 그 목표를 가장 효과적으로 달성할 수 있는가를 결정한다.

② **결정사항** : 제품, 시장, 경쟁, 마케팅, 기술 등에 관한 자사의 경쟁력을 평가한다. 이러한 시장전략이 명확할수록 기본목표를 보다 더 정확하게 결정할 수 있다.

(2) 협상계획(planning)

협상력을 최대한으로 발휘하기 위해서 사람, 힘, 정보를 조직적으로 운영하기 위한 계획이 필요하다. 여기에 대한 구체적 내용은 다음과 같다.

① 협상팀, 지원팀을 조직하고 체제를 갖춘다. 구체적인 협상계획은 이 팀멤버가 추진한다.

② 협상의 장을 가정하고 몇 가지 가설을 세운다. 각 가설에 대해 협상전략을 준비하고 융통성을 가진 계획을 수립한다.

③ 가설 · 협상전략의 수정이 필요한 경우 유연성 있게 대응한다.

(3) 협상준비(preparation)

협상에 필요한 정보와 자료를 사전에 준비한다. 가장 중요한 것은 그 정보와 자료를 체계적으로 정리하는 것이다. 즉, 서류나 파일을 시스템화하여 필요한 정보를 정확하고 신속하게 사용할 수 있도록 해야 한다.

2) 협상 중에 갖추어야 할 요건

(1) 설득력(presentation)

협상에서는 상대방에게 자기의 주장을 이해시키는 것이 전제가 된다. 그러기 위해서는 상대방의 생각에 부합되는 의견을 제시하는 것이 불가피하다. 협상에 임해서는 유창하게 말할 필요는 없지만 모순이 없는 논리적인 설득력이 가장 결정적 수단이 된다.

(2) 신속한 의사결정(speed)

협상에 있어서 우유부단한 태도를 취하면 상대방으로부터 신뢰감을 잃게 된다. 그리고 꾸물거리는 태도는 의사결정력이 약한 것으로 평가된다. 이에 반해 민첩한 반응과 행동은 신뢰감을 높여 협상의 기선을 제압할 수 있게 해준다.

(3) 협상력(strength)

협상에 있어서 위협이 하나의 중요한 무기가 된다. 그러나 비즈니스협상에서는 위협이 양날의 칼과 같아서 위험이 되기도 한다. 즉, 그 사용법을 그르치게 되면 상대방에게 결정적인 불신감을 줄 수 있다. 따라서 위협을 감정적이 아니라 이성적으로 활용하는 것이 효과적이다. 위협의 기술을 어떻게 응용할 것인가 하는 것이 중요한 장기적인 전략이다.

(4) 인내력(patience)

인내력은 협상에 임하는 협상자에게 반드시 필요한 요건이다. 인내력을 가지고 있으면, 상대방의 공격이나 도발에도 잘 견디어 낼 수 있기 때문이다.

(5) 협상자의 인간성(image)

협상자의 인간성은 협상을 성공으로 이끄는 요체가 된다. 협상이란 사람 대 사람에 의해 이루어지기 때문에 협상자의 인간성이 협상의 진전에 중대한 영향을 미치게 된다.

7절 해외직접투자 철수

1. 해외직접투자 철수의 정의

해외직접투자 철수(foreign divestment)란 해외에서 국제경영활동을 수행하고 있는 다국적기업이 자사의 여러 가지 동기나 전략에 따라서 또는 보다 더 효율적인 목적을 달성하기 위하여 당해 해외사업을 다른 기업에게 매각하거나 청산하고 해외직접투자 재산을 본국으로 회수하거나 다른 지역으로 재배치하는 것을 의미한다.[13)]

우리나라의 경우에는 외자도입법에서 주식매각과 외국인투자의 인가취소를 해외직접투자 철수로 규정하고 있다. 여기에서 외국인투자의 인가취소에 따른 철수란 외국인투자를 인가한 후 일정기간 내에 출자의 목적물을 납입하지 않거나 또는 일정기간 내에 사업활동을 개시하지 않은 경우의 인가취소를 의미한다. 해외직접투자 철수는 1960~70년대에 선진국 기업 간의 경쟁이 격화되고 개발도상국의 자원민족주의가 고조되던 시기에 크게 증가하였으나 최근에는 크게 줄어들고 있다.

---

13) J. J. Boddewyn, *International Divestment : A Survey of Corporate Experience* (New York : Business International, 1976), p.5.

2. 해외직접투자 철수의 유형

1) 해외직접투자 철수의 형태

해외직접투자 철수의 유형에는 주식매각, 기업청산, 합병 그리고 국유화 등이 있다. 이 중 가장 일반적인 형태는 해외직접투자사업체의 주식매각과 기업청산이라고 할 수 있다. 주식매각은 기업을 현지에 새롭게 진출하는 기업에게 매각하는 것을 의미하며, 기업청산은 기업을 완전히 처분하는 것을 의미한다. 그리고 합병은 기업이 현지의 다른 기업과 합병되어 법률적으로 소멸하는 것을 의미하고, 국유화는 현지국 정부가 특정 경제활동을 정부 또는 자국민만이 할 수 있도록 외국인투자기업의 현지자산을 취득하여 국가의 소유로 집행하는 것을 의미한다. 국유화는 재산몰수, 재산수용, 강제매각 등의 형태로 나타난다.

2) 해외직접투자 철수의 유형

해외직접투자 철수의 유형에는 자발적인 철수와 비자발적인 철수가 있다. 자발적인 철수란 기업이 자기 스스로의 자발적인 의사에 따라 철수하는 경우로서 현지국 정부의 개입 등과 같은 외부적인 압력이나 강제성이 개재되지 않은 경우의 철수를 의미한다. 이러한 형태의 해외직접투자 철수는 기업 자체의 경영활동 실패나 현지국 투자여건의 악화 또는 기업자원의 합리화 추진 및 포트폴리오전략 등을 목적으로 이루어지며, 그중 특히 기업자원의 합리화와 포트폴리오전략에 따른 철수를 적극적인 철수(active divestment)라고 한다.

이에 반해 비자발적 철수는 해외투자기업의 자산이 투자기업의 본사 또는 해외자회사의 의사와는 상관없이 현지국 정부의 강제적인 조치에 의해 국유화되거나 수용되어 철수하는 경우로서 이런 경우의 철수를 강제적 철수(forced divestment)라고 한다.

3. 해외직접투자 철수의 원인

해외직접투자 철수의 요인은 기업 내부적인 요인과 기업 외부적인 요인으로 나누어 볼 수 있다. 먼저 기업 내부적인 요인으로는 경영정책상의 필요에 의하거나 기업외부의 사업환경에 적응할 수 있는 능력이 부족하거나 또는 능력을 가지고 있지 못한 경우 등을 들 수 있다. 경영정책상의 필요에 따른 해외직접투자 철수란 다음과 같은 경우를 의미한다.

① 범세계적인 생산 · 판매거점을 재편성하기 위하여 특정부문을 철수시키는 경우

② 현지법인이나 모기업의 실적 등 경영성과가 부진한 경우
③ 현지기업에 대한 경쟁적 우위가 소멸하는 경우
④ 자기 기업의 경쟁적 우위를 자신이 직접 이용하기보다는 외국기업에게 임대하거나 판매하는 것이 훨씬 더 이익적인 경우

한편, 기업 외부적인 요인으로는 정치나 경제 등 기업과 직접 관계가 없는 기업외적인 환경변화에 기인하는 요인으로서 여기에는 경제적 요인, 정책적 요인, 정치적 요인, 사회적 요인이 포함된다. 이때 경제적 요인으로는 제품에 대한 수요부진과 임금상승을 들 수 있고, 정책적 요인으로는 설비 및 원자재 · 부품의 수입제한, 외자정책의 변경 등을 들 수 있다. 그리고 정치 · 사회적 요인으로는 민족주의 및 반외자 감정의 고조, 정정불안, 사회불안 등을 들 수 있다.

4. 해외직접투자 철수전략

기업의 해외직접투자 철수는 이제 더 이상 기업이 해외에서 수행하다 실패한 사업을 처리하기 위한 대책으로 취급되어서는 안 된다. 그것은 기업의 해외직접투자 철수가 해외사업의 수익성 미확보라는 경제적인 이유 때문에만 발생하는 것이 아니라, 경영전략상 필요한 경우에는 전체적인 시스템의 차원에서 편재의 영업성과가 우수한 해외투자사업까지도 철수의 대상이 될 수 있기 때문이다. 최근 다국적기업들은 계획적 철수(planned divestment)를 기업의 해외직접투자전략에 포함시켜 하나의 전략으로까지 취급하고 있다. 그것은 계획적 철수의 중요성이 점차 증대되어 가고 있을 뿐 아니라, 그것이 다국적경영을 전제하고 있는 다국적기업의 전략으로 활용될 수도 있기 때문이다.

따라서 이제는 해외직접투자 철수를 해외사업 전개에 따른 하나의 전략으로 파악하고, 해외에 진출하는 초기단계에서 해외투자의 진출과 철수를 각기 개별적인 전략이 아닌 기업성장을 위한 하나의 전략으로 취급해야 한다. 즉 해외에 진출하고자 하는 기업은 어떤 특정 해외투자의 한계를 그 사업의 출발시점에서부터 파악할 수 있어야 하며, 그러한 의미에서 해외투자의 진출을 해외투자의 철수와 밀접한 관련하에서 파악해야 한다. 실제로 해외직접투자 철수는 해외투자의 진출전략과 관련하여 기존 해외사업체의 재배치 또는 재조직 등에 전략적으로 활용될 수 있다.

3부

국제경영환경

6장 ■ 기업의 글로벌화

7장 ■ 국제경제환경

8장 ■ 정치적 환경

9장 ■ 문화적 환경

6장 기업의 글로벌화

1절 글로벌화의 목적

1. 경쟁우위와 비교우위의 종합

기업활동의 글로벌화는 결국 다국적기업이 자신이 지니고 있는 '경쟁우위(competitive advantage)'요소와 피투자국이 지니고 있는 '비교우위(comparative advantage)'요소를 결합하는 전략적 선택의 결과로 나타난 것이라고 할 수 있다. 다국적기업은 기업활동을 글로벌화함으로써 경쟁우위를 확보하고자 하는데, 다국적기업이 기업활동의 글로벌화를 위해 투자지역을 선택하는 문제는 지역 간 비교우위에 의해서 결정되기 때문이다. 이론적으로 비교우위는 국가 간에 상대적인 생산요소비용의 차이에 의해서 결정되지만 현실적으로는 그 이외에도 다양한 요인들에 의해 결정된다고도 볼 수 있다.

반면 경쟁우위는 기업이 이러한 생산요소를 가장 '효율적'으로 상품화할 수 있는 능력의 차이에 의해서 결정된다. 여기서 문제는 이러한 비교우위와 경쟁우위가 고정되어 있는 것이 아니라 '불확실'하고 동태적으로 변화한다는 데에 있다.[1)]

2. 규모의 경제와 범위의 경제 실현

다국적기업은 투자대상국들의 '입지조건의 차이(national differences)'를 활용하고, 부가가치활동의 재배치를 통해서 '규모의 경제(scale economies)'와 '범위의 경제(scope

---

1) 이홍구, 외국인 직접투자와 투자정책(KDI, 1994), pp.98-129.

economies)' 등을 실현한다. 이는 자신이 소유하고 있는 경쟁우위를 공고히 하는 방법이 된다. 다국적기업이 이렇게 경쟁우위를 확대하는 것은 '효율제고', '기술혁신 및 전파', '위험분산', '고객만족' 등의 구체적인 '전략적 목표'를 달성하기 위함이다.

다국적기업의 활동은 높은 고정투자비용을 수반하기 때문에 다국적기업이 이를 극복하기 위해서는 국제적 단위의 규모의 경제와 범위의 경제를 실현하는 것이 필수적이다. 따라서 규모의 경제와 범위의 경제를 실현하는 것이 투자의 목적이다.

3. 불확실성의 재정과 시장지배

다국적기업이 영리추구를 최우선 과제로 삼는다는 점에서는 일반기업과 다르지 않다. 다국적기업도 이윤추구라는 '목표'를 달성하기 위해 일반 기업처럼 '시장여건'에 맞는 '투자수단(투쟁수단)'을 선택하고 조직내부의 '경영자산'을 효율적으로 '관리'하고자 노력한다.

그림 6-1 기업경영 및 경영학의 지도원리

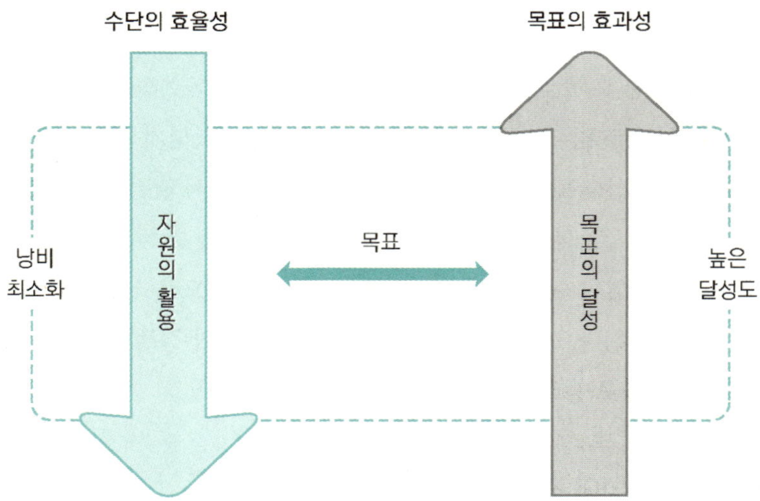

그러나 다국적기업은 경제활동의 본거지를 국경을 넘어선 여러 지역으로 확대한다. 따라서 조직 내부의 경영자산을 효율적으로 '관리'하고, 불확실성에 대비하여 '정보처리'를 신속히 하며, 환경변화에 잘 적응하기 위해서는 일반기업보다 '유연한 조직(operational flexibility)'을 유지해야 한다. 이러한 유연성은 기존의 기업자산에 대한 의존도에 반비례하고, 다국적기업이 '시장의 불확실성'을 재정(arbitrage)하는 능력과 '시장지배력(market power)'을 창출하는 능력에 비례한다.

어떤 면에서 다국적기업은 세계시장의 불확실성요인을 자신의 이익실현에 최대한 활용하면서, 세계시장의 점유율뿐만 아니라 실질적인 시장지배력을 제고하는 데에 기업활동의 초점을 맞춘다고 할 수 있다. 직접투자를 통해 국제생산비 격차를 활용하고, 새로운 시장진입을 통해 경쟁력 있는 공급자 네트워크(supplier capabilities)를 활용하면서 수요변화와 기술변화에 대한 대비와 위험분산을 도모하는 것이다.

2절 글로벌화의 개념

1. 글로벌화의 개념

기업의 글로벌화란 기업활동이 세계의 여러 나라로 확대되어 가는 과정을 의미하는 동시에 기업의 국제경쟁력을 향상시킴으로써 세계 일류수준으로 변화되어 가는 과정이라고 볼 수 있다.

그림 6-2 다국적기업의 글로벌화와 현지화 압력

출처 : 장세진, 글로벌 경영, 2020, 박영사

기업활동이 세계적으로 확대된다는 것은 여러 가지 의미를 내포하고 있다.

첫째, 기업활동의 지리적 범위(geographic scope)가 한 국가로부터 세계 여러 나라로 넓어진다는 것을 의미한다. 보통 국내시장으로부터 소수의 해외시장을 침투한 후 이를 발판으로 전 세계시장으로 확대하게 된다.

둘째, 세계에서 여러 가지 사업을 동시에 수행할 수 있을 정도로 사업범위(business scope)가 넓어진다는 것을 의미한다. 즉, 국제사업 다각화를 가리킨다.

셋째, 기업이 경영기능을 세계 어느 곳이든지 가장 효율적인 국가에서 수행할 수 있도록 기능범위(functional scope)가 넓어진다는 것을 의미한다. 예를 들어, 생산, 원자재 조달, 연구개발, 재무, 인사 등의 경영기능도 세계 여러 나라에서 수행하게 된다는 것이다.[2)]

넷째, 기업이 새로운 국가, 사업 및 기능활동에 참여하는 방식이 수출, 해외직접투자, 국제 제휴형태 등으로 다양해지는 것을 의미한다. 예를 들면, 기업이 국제활동에 참여할 때 자원투입 및 위험이 낮은 수출방식으로부터 점차 높은 해외직접투자방식으로 변화되어 가는 것이다.

이상의 네 가지 의미는 독립적이라기보다는 서로 영향을 미친다고 보는 것이 타당하다. 즉, 글로벌화의 초기단계에서 기업들은 국제화의 네 가지 측면을 개별적 차원에서 고려하게 된다. 그러나 점차 글로벌화가 진전되어 경험을 축적해 나감에 따라 기업은 네 가지 측면을 통합적으로 조정하게 된다.

기업의 활동이 세계적으로 확대되면 결국 기업변화를 가져온다. 기업 자체의 변화라는 측면에서 보면 기업의 글로벌화는 국내기업으로부터 수출기업, 해외투자기업, 다국적기업을 거쳐 세계기업(global corporation)으로 진화하는 과정을 가리킨다.

2. 글로벌화에 따른 기업의 변화

기업의 국제화에 다른 국제경영관리방식은 EPRG모형, 즉 본국지향형 기업, 현지지향형 기업, 지역지향형 기업, 세계지향형 기업으로 구분하여 살펴볼 수 있다.[3)]

1) 본국시장중심기업(Ethnocentric)

마케팅활동을 포함한 기업의 활동과 자원배분이 본국시장(home market)을 중심으로 이루어진다. 해외시장은 본국에서 생산한 제품의 수출시장으로서 의미를 갖는다, 조직은 수출부 혹은 제품별 국제사업부의 형태를 가지고, 본사에서 설정한 목표에 따라 세계적 통

2) B. Chakravarthy & H. Perlmutter, "Strategic Planning for a Global business", *Columbia Journal of world Business* (Summer 1985), pp.3-10.

3) D. A. Heenan and H. V. Perlmutter, *Multinational Organization Development* (Reading, Mass. : Addison-Wesley, 1979), pp.18-19.

합전략을 수립하고 판매지점 및 지사에 명령을 하달한다.

2) 현지시장중심기업(Polycentric)

기업의 활동과 자원배분이 해외의 현지시장(local market)을 중심으로 이루어진다. 기업의 해외직접투자에 의해 현지시장에 자회사가 설립되고, 현지시장은 상품의 생산지인 동시에 판매시장으로서의 중요한 의미를 갖게 된다. 본국 모기업의 조직은 일반적으로 지역별 사업부형태를 가지고, 현지시장에서 자율적으로 목표를 설정하고 그 시장환경에 적합한 전략을 수립하고 현지 자회사의 책임 아래 마케팅활동을 수행한다.

3) 지역시장중심기업(Regiocentric)

기업의 활동과 자원배분이 지역시장(regional market)을 중심으로 이루어진다. 해외자회사의 숫자가 늘어나면서 지역 내 자회사 간의 협력 필요성이 대두된다. 모기업은 다국적 기업으로서 소수의 지역본사를 통해 해외자회사를 관리한다. 지역본사는 그 지역 내 해외자회사들과 협의하여 경영목표를 설정하고 전략을 개발함으로써 현지시장에 적응하는 동시에 지역적 통합을 꾀한다.

4) 세계시장중심기업(Geocentric)

기업의 활동과 자원배분이 전 세계시장(global market)을 중심으로 이루어진다. 본국과 해외시장의 구별이 없이 세계적 관점에서 최적의 국가에 기업활동을 배치하고 또한 전사적 관점에서 전략을 수립하며 해외자회사들의 경영관리를 통합한다. 연구, 생산, 마케팅, 물류, 정보 등의 기업활동의 네트워크 조직구조를 통하여 전 세계적으로 연계된다. 이들 회사를 세계기업(global corporation)이라고 부른다.

이와 같이 기업활동이 세계적으로 증대되는 한편, 국내기업이 세계적으로 변화된다는 것은 필연적으로 생산관리, 마케팅관리, 재무관리, 인사관리, 회계 및 정보관리 등 경영관리 제분야의 국제적 확장, 다시 말하면 경영의 글로벌화를 가져온다. 경영의 글로벌화가 따르지 않는 기업의 글로벌화는 사상누각과 같다고 할 수 있다.

기업이 세계적으로 활동을 수행하기 위해서는 세계의 일류기업들과 견주어 우월하거나 대등한 위치에 있어야 한다. 다시 말하면 기업의 국제경쟁력이 있을 때 비로소 세계적 경쟁에서 살아남고 성장할 수 있게 된다.

표 6-1 EPRG모형하에서의 기업의 태도

기업의 태도	본국시장중심적 (ethnocentric)	해외시장중심적 (polycentric)	지역시장중심적 (regiocentric)	세계시장중심적 (geocentric)
1. 목표	수익성(생존)	공적 수용(합법성)	수익성 및 공적 수용	(생존 및 합법성)
2. 통계				
• 목표설정의 방향	• 상 ➜ 하	• 상 ➜ 하	• 지역과 자사회 간의 상호 타협	• 기업의 모든 수준에서 협상
• 커뮤니케이션	• 계층적(본사에서 많은 명령 하달)	• 거의 없음	• 지역 내에서 수직적 및 수평적 커뮤니케이션	• 지역 내에서 수직적 및 커뮤니케이션
• 자원의 분배	• 투자기회를 본사에서 결정	• 자회사 결정	• 본부로부터의 지침 아래 지역은 자율배분	• 범세계적 계획, 배분
3. 전략	범세계적 통합전략	국가별 반응전략	지역적 통합 및 국가별 반응전략	범세계적 통합 및 국가별 반응전략
4. 구조	계층적인 제품사업부	자치적인 국가단위를 가진 계층적인 지역사업부	매트릭스를 통한 결합된 제품 및 지역조직	네트워크조직
5. 문화	본국	현지국	지역	범세계적

출처 : Chakravarthy, B. and H. Perlmutter, "Strategic Planning for a Global Business", *Columbia Journal of World Business* (Summer 1985), pp.3-10.

따라서 기업주체의 관점에서 기업의 글로벌화란 어느 기업이 세계 일류기업의 수준으로 변화하고 국제경쟁력을 향상시켜 나가는 과정이라고 볼 수 있다. 기업의 글로벌화에 대한 학자들의 정의는 상호 유사하면서도 관점에 따라 다소의 차이를 보이고 있다.

요한슨과 비더스하임 폴(Johanson and Wiedersheim-Paul, 1975)은 기업의 글로벌화란 기업이 당면하는 일련의 점진적인 의사결정의 배열이라고 정의하고 이에 가장 장애가 되는 것은 지식자원이라고 하였다. 즉, 기업의 글로벌화과정을 국내시장에서 처음 활동하기 시작한 기업이 점진적인 의사결정과정을 통해 해외시장에 진출함으로써 성장 · 발전해 나가는 과정으로 정의하였다.

또한 요한슨과 발네(Johanson and Vahlne, 1977)는 해외시장에 대한 지식의 결여는 국제경영활동에 방해가 되기 때문에 변화하는 기업의 여건과 환경에 적응하기 위하여 기업이 학습과정을 통하여 해외시장의 지식을 획득하여 국제경영활동을 점진적으로 확대해 나가는 단계적 과정이라고 정의하였다. 그리고 개발도상국 기업의 글로벌화과정을 연구한 워

첼(Wortzel, 1981)은 기업의 글로벌화를 기업이 해외에서의 마케팅기능과 생산기능을 점차 내부화시켜 나가는 과정이라고 정의하였다.

이상의 견해를 종합하면 기업의 글로벌화란 기업이 목적달성을 위하여 보유하고 있는 각종 경영자원을 해외로 이전하여 해외시장을 내부화함으로써 진출국가 수를 증대시키고, 해외활동의 통제(control), 국제적 기업활동의 개입수준을 현지시장에 심화시키는 동시에 기업의 조직, 경영관리, 경영전략적 측면의 글로벌화를 추진하여 성장 · 발전해 나가는 점진적 · 단계적 과정이라고 정의할 수 있다.

3절 글로벌화과정

1. 국제기업의 글로벌화단계

기업의 글로벌화는 지난 10여 년 동안 기업활동이 국제적으로 확산되고 통합되는 추세의 확장이라고 말할 수 있다. 각종 통계자료에 의하면 점점 더 많은 기업들이 해외생산을 증가시키는 동시에 기업의 해외생산시설의 비중을 높이고 있다.

분명히 이러한 기업경영의 추세는 국제경영환경의 변화에 따른 대응인 동시에 이를 반영한 것이라고 할 수 있다. 이와 같은 기업활동의 유형을 분석하고 설명하는 연구가 지속되고 있으나 대체로 매우 단순한 행동모형으로 분석하고 있다. 국내기업에서 출발하여 수출, 해외생산, 다국적기업으로 발전해 나가는 안정되고 예측 가능한 선형패턴을 이룬다. 최근에 이 모형의 최종단계로서 국가적 동질성이 상당히 희박해지는 것을 의미하는 세계기업의 단계(final step of global)가 추가되었다. 글로벌화로 가는 단계가 어느 정도 선형적 패턴을 유지한다고 해도 현실적으로는 훨씬 복잡한 형태로 나타난다. 다이어몬드형으로서 해외로 나가는 기본적 의사결정과정을 보다 잘 이해하는 데 도움이 된다. 기업은 단순히 외국시장에 판매만 하는 것이 아니고 구매도 한다. 많은 기업들이 실제로 원자재투입측면을 세계로 나가는 판매 쪽의 의사결정 못지않게 중요하게 취급하고 있다.

글로벌화로 가는 역동성에 대해 계속 논의하겠지만 21세기의 글로벌화는 1950~60년대와는 매우 다르고 앞으로는 지금과 같은 형태의 글로벌화가 지속될 것이다. 초기에는 정책

변화와 거시경제조건, 특히 경제성장기에서는 진입장벽의 해소가 핵심적인 요인이었다. 기술이 전 세계로 확산됨에 따라 글로벌화도 더욱 촉진되어 다양한 형태의 글로벌화 추세가 나타났다. 아직도 거시경제와 정책요소가 개방과정에 있는 국가에 있어 글로벌화의 주요인이 되지만, 현재의 주요소는 어디까지나 기업의 전략과 행동이라고 할 수 있을 것이다.

기업 측에서 보면 글로벌화는 지역과 국경을 초월하는 변화와 경쟁 및 복합성이 날로 가속화되는 새로운 환경을 의미한다. 이러한 환경변화에 적응하기 위해서 기업은 그들이 가진 역량을 앞으로 새로운 도전에 대응하는 데 적극 활용할 분명한 전략이 필요하다. 나라에 따라, 사업유형에 따라 그리고 기업가에 따라 이러한 도전에 접근하는 방식이 다르지만, 만일 21세기에서도 국가와 산업, 기업이 계속 번영을 누리기를 바란다면 모두가 이 새로운 환경에 대응해야 하는 것은 분명한 사실이다.

2. 관리 측면의 글로벌화과정

관리적 측면의 글로벌화는 조직 · 경영관리 및 경영전략 등의 과정이 기업활동의 지리적 확대에 따라 점차 변화되어 가는 과정을 나타내는 것으로 로빈슨(Robinson)은 해외활동, 자원배분 정도, 소유국가, 경영관리의 특성을 기준으로 글로벌화과정을 〈표 6-2〉에서 구분하였다. 따라서 지금까지 살펴본 기업 글로벌화의 특징을 다음과 같이 정리할 수 있다.

첫째, 기업의 지식, 자원, 제품 등 각종 경영자원이 국경을 넘어 이어진다.

둘째, 국제시장에 대한 시장 내부화가 진행된다.

셋째, 진출대상 국가의 수가 증가된다.

표 6-2 관리적 측면의 글로벌화과정

단계	명칭	해외사업내용	해외사업의 비교	소유	경영관리
1	국가기업	상품수출 및 제휴	국내사업의 일환	본국	본국 모기업
2	국제기업	상품수출 및 현지생산 · 판매	상호 의존성과 독립성 공존	본국	본국 모기업
3	다국적기업	상품수출 및 현지생산 · 판매	국내 · 해외 동등화	다수국	본국 모기업
4	초국적기업	상품수출 및 현지생산 · 판매	국내 · 해외 동등화	다수국	다수국
5	초국가기업	상품수출 및 현지생산 · 판매	국내 · 해외 동등화	국제기업	국제기구

넷째, 수출 등으로 시작하여 라이선싱 · 직접투자 등의 방법을 통하여 시장 개입수준을 고도화시켜 나간다.

다섯째, 경영관리의 글로벌화가 추진된다.

4절 글로벌화 행동양식과 발전과정

1. 글로벌기업의 행동양식

1) 글로벌기업의 행동양식

글로벌기업의 행동양식은 매우 보편화될 것이다. 글로벌기업의 출현으로 현재 세계 각지에 흩어져 있는 자원들은 새로운 부가가치의 사슬구조로 편입될 것이다. 이러한 인적자원, 기술들이 하나의 사슬로 연결될 때 자본 본연의 잠재력이 발산될 것이다. 이는 세계 전체 소득과 부 그리고 구매력의 증가로 나타날 것이다. 글로벌기업의 존재는 결국 전 세계 경제의 고도성장으로 연결되는 것이다.

2) 글로벌기업의 핵심능력

글로벌기업의 주요 핵심능력을 다음과 같이 정리해 볼 수 있다.

① 부가가치의 창출기회를 모색하고 조기에 포착하여 이를 이용할 수 있는 능력
② 부가가치사슬구조의 각 부문에 있어서 최적의 공급능력을 확보하는 능력
③ 전 세계적으로 분산되어 있는 공급능력과 거래비용을 최소화하여 연결시키는 능력
④ 핵심능력을 선별해 내고 발전, 유지시키는 능력 – 핵심역량(core competence)으로 연결됨
⑤ 아웃소싱(outsourcing)뿐만 아니라 기업의 내부적인 공급능력을 평가하는 능력
⑥ 각 부문의 공급능력을 통합시키는 데 있어서 첨단정보기술을 이용하는 능력
⑦ 세계적 규모로 확대된 인적자원을 관리하고 의사소통할 수 있는 능력
⑧ 각 공급능력을 자동화하고, 모니터 · 조정 · 조화시켜 최적화작업을 반복할 수 있는 능력

⑨ 부가가치사슬구조의 각 부문을 통합하고 표준화할 수 있는 능력

최근에는 인터넷이나 정보시스템의 각종 프로토콜(protocol) 및 표준들도 글로벌기업의 통합능력을 확대시키고 있다.

2. 글로벌기업의 발전과정

기업의 글로벌화에 대한 관심이 높아지고 있다. 기업의 글로벌화란 2개국 이상의 주권영토에서 전개되는 경영활동인데 본국과 전혀 상이한 경영환경 여건하에서 경영활동이 전개된다는 데에 그 특징이 있다.

기업의 글로벌화란 기업활동이 국제적으로 발전하는 과정을 의미한다. 하나의 국내기업이 수입 또는 수출단계를 지나거나 또는 생략하고 순수한 의미에서 세계기업이 되기까지는 실제상으로 뚜렷하게 구별할 수 없으나 여러 단계를 거치는 것이 사실이다. 이러한 단계를 다음과 같이 세 가지로 대변할 수 있다.

① 수용국 현지의 수요를 충당하기 위하여 다수국에 생산시설을 건립하는 행위
② 세계시장의 수요를 충당하기 위하여 해외생산시설로부터의 수출행위
③ 기업의 모든 부문 영역에서의 국제지향

그러나 기업의 글로벌화가 진전되는 과정 내지 단계에 관해서는 여러 학자의 견해가 있으나 그 내용은 비교적 유사점이 있다. 몇몇 학자들의 주장과 공통적인 글로벌화의 단계에 대한 견해는 다음과 같이 정리할 수 있다.

1) 레이튼 모델

레이튼 교수는 기업이 글로벌화되어 가는 발전과정을 기업활동의 중심으로 다음과 같이 설명하고 있다.

① **제1단계** : 상품수출활동(merchandise export activities)
② **제2단계** : 기술수출활동(technique export activities)
③ **제3단계** : 해외사업활동(overseas business activities)
④ **제4단계** : 국제기업활동(international enterprise activities)

2) 자코비 모델

국제기업의 발전단계를 기업의 확장 · 발전단계로 보고 다음과 같이 구분하고 있다.

① **제1단계** : 제품의 수출입

② **제2단계** : 기술노하우 · 경영노하우의 수출입

③ **제3단계** : 자금의 수출입

④ **제4단계** : 경영인재 · 노동력의 수출입

⑤ **제5단계** : 이상의 사항을 패키지한 것 같은 의미의 플랜트 수출입

⑥ **제6단계** : 주재원 사무소, 영업소, 지점, 100% 소유의 자회사, 합병회사 등을 개설해서 하는 경영활동이고 그 다음 단계에서는 해외에 퍼져있는 경영활동의 거점을 하나로 통합하여 국내경영과 구별하여 관리한다.

3) 레다웨이 모델

이 모델은 경영경제적 관점에서 기업이 해외에 수출할 경우 다음과 같은 단계를 거친다고 한다.

① **제1단계** : 해외대리점들을 통하여 자국기업의 제품을 수출 또는 판매하는 단계

② **제2단계** : 판매조직망을 구축하는 단계

③ **제3단계** : 해외에서 해당 수출용 부품을 조립하는 단계

④ **제4단계** : 수입한 노하우를 기초로 생산하는 단계

⑤ **제5단계** : 자기개발의 노하우를 기초로 생산하는 단계

⑥ **제6단계** : 제1~5단계를 통합 · 결합하는 단계

이상의 몇몇 글로벌화단계에 대한 과정을 살펴보았다. 국제기업의 발전단계에 관해서는 학자에 따라 각 단계에 대한 정의가 다르기 때문에 전체적 입장에서 볼 때 다음과 같은 단계로 살펴볼 수 있다.

① **제1단계** : 수입

② **제2단계** : 간접수출

③ **제3단계** : 직접수출

④ **제4단계** : 기술적 · 관리적 노하우의 수출(국제 라이선싱, 국제기술제공, 국제관리계약)

⑤ **제5단계** : 해외마케팅 자회사를 통한 국제(현지국 및 제3국)마케팅

⑥ **제6단계** : 해외직접투자를 통한 해외 단순 생산활동을 전개하는 다국적기업
⑦ **제7단계** : 해외직접투자를 확대하여 통합된 다국적 생산마케팅을 하는 다국적기업
⑧ **제8단계** : 해외기지회사 및 해외운영회사 등을 거느린 다국적기업
⑨ **제9단계** : 범세계적 다국적기업 내지 범세계기업

3. 한국기업과 글로벌화

한국기업은 예외 없는 시장개방으로 세계적 기업들과 무한경쟁을 벌이는 시대가 되었다. 경쟁의 장이 글로벌화된 것은 한국기업에게 단순한 새로운 판매지역의 확대 이상을 의미한다. 한국기업이 본격적으로 해외에 진출함에 있어서 적자경영을 탈피하지 못해 상당수 기업이 철수하는 것으로 나타나고 있다. 기업의 해외진출을 성공시키기 위한 제1조건은 어떤 기업목표로 해외에 진출할 것인가 하는 경영비전을 분명하게 확립하는 것이다. 따라서 그 기본이념이나 기본방침을 기업 의사결정자들이 명확하게 해야 하고 기업 글로벌화의 목표는 다음과 같은 것이 있다.

첫째, 기업체의 생존은 물론 세계시장 진출 개입을 통하여 총이익과 투자수익을 증대한다.

둘째, 현지국 시장(host country market)과 인접국 시장(neighboring country market)의 개척을 통한 해외시장 기초를 구축한다.

셋째, 해외자원을 개발하여 본사 생산활동의 지원 또는 이와 더불어 본사국 시장(home country market) 및 제3국 시장(third country market)에 대한 판매를 증대한다.

넷째, 관세 및 비관세장벽 등이 증가함으로써 한국기업에 대한 수출규제 및 이에 따른 수출환경의 전반적인 약화에 대응한다.

다섯째, 해외직접투자를 통하여 해외시장국에 생산설비를 보유함으로써 경제장벽에 저촉됨이 없이 현지국 시장수요에 신속히 능률적으로 순응하고 이들 시설을 해외생산기지(overseas production bases)로 삼아 본사국 및 제3국 시장으로의 경제적인 수출, 국제마케팅 활동 등을 전개한다.

여섯째, 제품의 수명 및 이익주기(product life and profit cycle)로 보아 이익적 생산이 어려운 제품을 제3국에 연장수출한다.

5절 글로벌화 경영전략

1. 단일시장형 글로벌전략

기업글로벌화전략에는 단일시장형과 지역글로벌형이 있다. 단일시장형 글로벌전략은 글로벌화가 세계 단일시장(a single world market)을 창출한다는 인식에 근거한 것이다. 단일시장의 출현은 세계 무역장벽이 축소되고 세계적으로 소비패턴의 변화와 통신, 교통, 컴퓨터 등 급격한 기술혁신의 산물로서, 레빗(T. Levitt)이 최초로 이러한 견해를 피력하였다.

그에 따르면 두 가지 힘의 축, 즉 기술과 글로벌화가 이 세상을 변화시켜 나간다고 한다. 따라서 글로벌화는 기업으로 하여금 생산, 물류, 마케팅, 경영에 있어 막대한 '규모의 경제'를 누리도록 해주는, 세계적으로 표준화된 소비자시장의 출현을 의미한다는 것이다. 이런 유형의 세계기업은 상대적으로 낮은 비용으로 전 세계 또는 주요 지역을 마치 하나의 단일체로 간주하고 어느 곳에서나 동일한 제품을, 동일한 방법으로 판매하는 매우 일관된 경영관리를 하는 기업을 말한다. 한편 레빗은 소비자시장의 글로벌화를 강조했으나 생산요소시장의 글로벌화와 중간재 조달의 글로벌화도 역시 포함하고 있다.[4]

2. 단일시장형 세계기업

단일시장형 세계기업은 제품개발, 생산, 판매체제를 세계적으로 통합함으로써 이들의 활동을 극대화할 수 있다. 이들 기업은 생산시설을 전 세계로 확대하는바, 지역선정은 각 지역의 비교우위에 바탕을 두는데, 이를테면 노동집약적 생산시설은 노임 코스트가 낮은 나라를 선택하고, R&D센터는 과학기술인력이 풍부한 나라를 택하게 된다. 1차적 우선순위는 전 세계를 상대로 생산의 효율성을 추구하는 것이다. 생산은 표준화되어 재고수준의 극소화, 제조비용의 절감, 생산공정의 효율적 관리 등을 가능하게 한다.

한편으로 수요의 글로벌화(globalization of demand)는 제품에 대한 표준화된 세계시장을 창출함으로써 일일이 지역조건에 적응할 필요성을 줄일 수 있다고 한다. 정보통신, 컴

4) T. Levitt, "The Globalizations of Markets", *Harvard Business Review* (1983), pp.92-102.

퓨터기술의 발달로 본사에서 이 거대한 세계 단일체를 효율적으로 경영해 나갈 수 있게 된다(회사의 신경조직). 반면에 기술향상, 전 세계를 연결하는 저비용의 항공 및 해상교통망에 힘입어 생산단계별 · 유통단계별로 중간재와 최종재를 유기적으로 연결할 수 있게 되었다(회사의 동맥).

단일시장형의 세계기업은 생사표준화로 이룩한 규모의 경제의 중요성을 강조하고 기업 내 분업과 국제분업에 의존하고 있다. 이들 기업은 자유무역체제, 고도로 발달된 국제교통 · 통신망, 세계 소비시장 등의 존재를 전제로 하고 있다. 포드, IBM, GM과 엑슨모빌, 로얄더치쉘, 브리티시페트롤리엄(BP)과 같은 석유회사가 포드형의 접근방식을 취하고 있는데, 포드자동차의 거듭된 'World Car' 개발과 판매노력의 성공불발은 전형적으로 이러한 접근법의 좋은 예가 된다.

3. 지역글로벌화형 글로벌전략

또 다른 세계기업의 유형은 일본에서 나온 '지역글로벌화(glocalization)'형으로서 포드형과 접근방식을 완전히 달리한다.[5] 먼저 세계 단일시장의 개념을 거부하고 그 대신에 나라별 · 지역별로 시장이 현재만 서로 다를 뿐 아니라 앞으로도 계속 다를 것이라고 주장한다. 그러므로 이 유형의 옹호론자는 세계화경영을 위한 지역을 선정할 때 주요 시장이나 인근시장을 대단히 강조하게 된다. 사업장을 소비자와 가까이 있는 것을 중시하는데, 이는 시장의 수요나 소비자기호가 변하더라도 생산자가 이에 신속하게 대응할 수 있도록 항상 양방향으로의 정보의 흐름을 가능하게 하기 때문이다.[6] 다음으로 이 지역세계모형은 표준제품의 개념은 물론 세계 조달의 아이디어도 역시 배척한다. 대신에 생산자와 공급자 그리고 생산자와 소비자 간의 실질적인 인접성을 중시한다.

이 개념을 지지하는 것은 생산관리에 있어서 적기생산(JIT : Just in Time)의 접근방법이다. JIT생산은 생산과정에서 중간재 투입과 최종재의 흐름을 긴밀하게 조정하여 과잉재고가 생기지 않도록 하는 것이다. 그러나 JIT는 단순히 과잉재고의 비용만을 제거하는 것

---

5) W. Ruigrok and R. van Tulder, *The Logic of International Restructuring* (London : Routledge, 1995) ; 배양해, 경영환경변화에 대응하는 한국 철강산업의 세계화 전략, 한국과학기술원(2000), pp.5-15.

6) C. Oman, "Globalization and Regionalization : The Challenge for Developing Countries", OECD Development Center Studies(March 1994).

이 아니라, 기업이 자사제품을 시장수요에 더욱 밀접하게 연관시킬 수 있는 소량다품종을 촉진하고, 핵심시장에서 급변하는 시장여건의 변화에 기민하게 대응하는 신축성을 높일 뿐 아니라 개별시장의 요구에도 적응이 가능하게 한다.

그 과정에서 판매와 생산 사이에 긴장관계가 나타나게 된다. JIT시스템에서는 마케팅조직과 생산조직 간의 끊임없는 긴장관계를 해소하는 것이 중요하다. 마케팅조직은 이윤을 증대시키기 위해 제품의 다양화를 추구하는 반면에 생산조직은 이러한 다양화에 저항을 하게 되는데, 이는 공장의 복잡성문제가 발생하고 재고가 늘어나 비용이 상승하기 때문이다. JIT는 제품다양화에 따른 생산비용을 현저히 줄일 수 있어 결국 마케팅조직이 점차 낮은 비용으로 필요한 제품을 확보할 수 있게 된다.[7)]

지역글로벌화전략모형을 선호하는 또 다른 요인은 많은 기업에 있어서 단순노동비용이 총생산비용에서 차지하는 비율이 낮아지게 된 것이다. 이 결과 저임금을 찾아 지구촌 구석까지 나가던 이른바 생산공장의 재배치 혜택이 축소되었다. 단순임금의 절감이 수송과 통신비용의 증가를 상쇄하지 못하는 경우가 있다. 물론 기업들이 아직도 저임금지역을 찾아 나서고 있으나, 지역글로벌화전략의 접근방식에 입각하여 저비용지역을 선택한다는 점이 종전의 해외이전 패턴과 다르다. 예를 들어, 유럽에 소재한 기업은 세계 전 지역을 대상으로 하기보다 인근의 아일랜드나 남부유럽 또는 동부유럽, 북아프리카 등지로 진출을 시도한다는 것이다.

지역글로벌화는 또한 무역장벽이 높았던 시기에 이루어진 해외직접투자를 합리화하는 수단이기도 하다. 많은 다국적기업들이 이미 세계의 곳곳에 막대한 투자를 해놓은 상태이다. 이러한 투자는 주요 세계시장의 접근을 목적으로 관세장벽을 뛰어넘기 위해서 이루어진 것이다. 단순히 글로벌화된 기업(globalized corporation)은 이러한 생산공장에 대해 지역마케팅전략을 적용할 수 있다.

4. 지역글로벌화기업

지역글로벌화(glocalization)는 결코 지역화(regionalization)를 의미하는 것은 아니며,

---

7) G. W. Mechling, J. W. Pearce, and J. W. Busbin, "Exploiting AMT in small Manufacturing Firms for Global Competitiveness", *International Journal of Operations and Production Management*, vol.15, No.2(1995), pp.61-76.

'세계기업'은 '지역기업'으로 가서는 안 된다. 경영 전반에 걸쳐 글로벌화의 비전을 계속 유지하고 수많은 지역사업을 전체 글로벌화전략의 구도 안에서 관리하고 다만 지역적 도구의 이익을 최대한 활용할 뿐이다. 즉, 지역글로벌화기업은 각 공장, 자회사, 자원을 지역별로 경영하면서 또한 전체적으로 통합된 세계경영의 한 부분으로서 관리하지 않으면 안 된다. 세계경영을 성공적으로 하는 비결은 통합자원을 지역별 마케팅, 생산, 분배활동과 균형을 이루게 하는 데 있다.[8] 기업이 글로벌화를 추구하든지 지역글로벌화를 추구하든지 세계적으로 성공하려면 세계경제와 자신의 경영에 대한 글로벌화경영의 안목을 기르지 않으면 안 된다.

8) 장윤종, 세계화와 한국경제, 산업연구원(1994), pp.29-34.

7장 국제경제환경

글로벌 경제시스템은 제2차 세계대전 이후 세계화의 확산 속에서 제2차 세계대전 이후 형성된 국제시스템에 그 근거를 두고 있다고 할 수 있다. [그림 7-1]에서 보여주고 있는 체계는 현재에도 유효하게 작동하고 있는 국제경제시스템이라고 할 수 있다.

그림 7-1 국제경제기구와 국제경제체제 개관

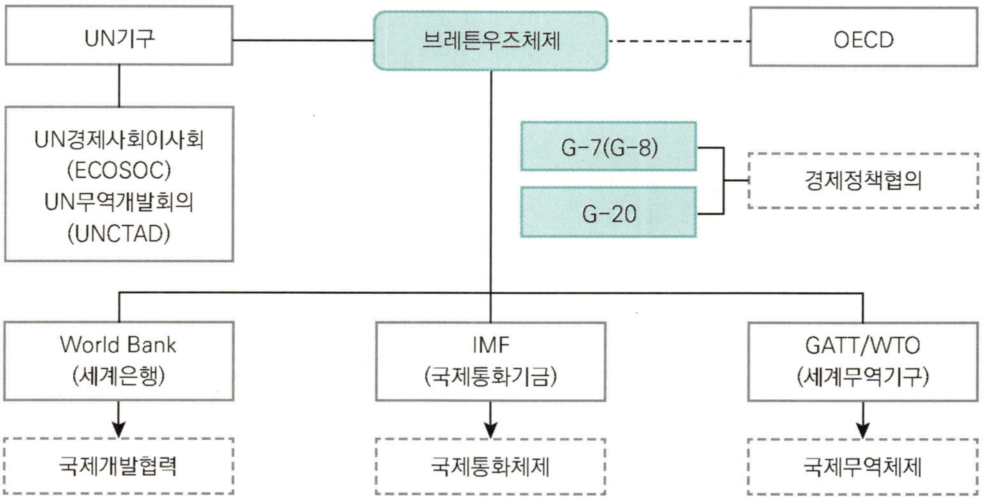

출처 : 강인수 외 공저, 국제통상론, 박영사, 2009. p.81

제2차 세계대전 승전국들을 중심으로 새로운 경제시스템을 구축하자는 논의가 브레튼우즈에서 이루어졌고 이때 금융분야, 특히 통화부분에서의 여러 문제점을 극복하고 협력을 강화하기 위한 IMF, 즉 국제통화기금이 출범하였다. 이는 미달러화를 기축통화로 하는 고정환율시스템에서 시작하여 특별인출권(SDR)의 확대 등을 겪으며 현재의 변동환율체제에서의 국제 통화협력을 모색하는 가장 중요한 기구이다. 이후 제2차 세계대전 이후의 공산주의의 확산을 막고 신생국가들의 경제성 발전과 성장을 도와주기 위한 국제부흥개발은행이라는 IBRD가 출범하고 이는 추후 확대 개편되어 세계은행 그룹으로 발전한다.

또한 무역적 관점에서는 GATT체제가 출범하고 이는 8번의 라운드(Round)협상을 거쳐 8번째 우루과이라운드의 타결로 WTO체제가 등장하여 현재에 이르고 있다. 그리고 브레튼우즈체제에서 정치적 · 경제적 연합인 UN이 하나의 축을 이루고 있으며 마샬플랜을 통한 유럽재건을 위한 슈망선언(Schuman Declaration)하에서 유럽재건과 경제협력을 목적으로 형성된 OEEC는 선진경제연합인 OECD로 발전하였고 가장 중요한 국제기구로서의 역할을 수행하고 있다. 아울러 선진 경제국가들의 협력체인 G7의 확대를 위해 나타난 G20 협력체제가 구성운영되고 있다.

이상이 현재의 국제경제시스템이라고 할 수 있다. 최근 기업의 무역거래에 영향을 미치는 세계경제환경의 변화를 살펴본다. 먼저 WTO의 성립과정과 WTO의 출범이 한국기업에 미치는 영향을 생각해 본다. 다음으로 UR타결 이후 선진국을 중심으로 제기되고 있는 새로운 통상협상, 예를 들면 환경라운드, 공개경쟁라운드 등 신라운드에 관해서 살펴본다. 끝으로 지역주의 추세가 어떻게 진전되고 있으며, 왜 지역경제통합이 이루어지고 있는가를 이해한다.

1절 GATT와 WTO

1. GATT

자유로운 국제무역은 무역에 참여하는 국가의 부를 증가시킴에도 불구하고 근대부터 무역에 대한 각국의 정책은 보호무역적인 성향을 띠어 왔다. 예를 들면, 제1차 세계대전 직후에 서유럽 등 모든 국가들은 자국의 산업을 보호하기 위해 경쟁적으로 수입품에 대한 보호무역 장벽을 높였고 그 결과 각 국가 간의 교역량이 감소하여 1930년대에는 전 세계적인 대공황을 맞게 되었다.

이러한 배경하에서 제2차 세계대전 이후에는 보다 자유로운 무역환경을 만들기 위해 국제적인 협정에 대한 논의가 시작되었다. 특히 제2차 세계대전의 피해를 입지 않은 미국은 자국의 상품에 대한 자유로운 해외수출을 위하여 국제무역질서 확립의 필요성을 절실하게 느끼고 미국이 중심이 되어 '관세와 무역에 관한 일반협정'(GATT : General Agreement on Tariffs and Trade)이 1947년에 체결되었다.

1) GATT의 기본원칙

GATT는 관세, 보조금, 수입할당이나 기타의 보호무역장벽을 완화 내지 철폐하고 무차별적인 국제무역체제를 확립하여 국제경제의 발전과 자유무역을 실시하기 위하여 설립된 다자간무역협정이다. GATT는 1947년 19개국으로 출발하여 1994년 12월 31일 128개 회원국을 가졌고 GATT의 기본원칙은 무역자유화와 최혜국대우, 내국민대우의 원칙이다.

무역자유화의 원칙이란 자유무역의 장애가 되는 요소인 관세의 인하와 수량제한의 철폐로 자유무역을 실현하는 것이다. 관세인하는 가입국 상호 간의 교섭에 의하여 관세율을 가능한 한 인하하고 모든 가맹국에게 무차별적으로 적용하여야 하며 가입국 간에는 관세상의 차별대우를 하지 않아야 한다. GATT는 국내산업의 보호를 목적으로 한 관세는 어느 정도 인정하고 있지만 수출 및 수입에 대한 수량제한에 대해서는 철폐하기로 하였다.

최혜국대우의 원칙이란 관세를 비롯하여 무역정책의 수단을 실시하는 데 있어서 회원국 간에 차별대우를 해서는 안 된다는 것이 최혜국대우의 원칙이다.

Tips ⊙⊙ 왜 '최혜'인가?

이 개념은 다소 모순이 있는 것처럼 들릴 수 있다. 특별한 대우를 연상시키는 것인데 WTO에서는 실제로 비차별, 즉 모든 이를 동등하게 대우한다는 것을 의미하기 때문이다. 하지만 사실이 그렇다. 각 회원국들은 다른 모든 회원국들을 '최혜'국으로서 동등하게 대우한다. 어떤 국가가 다른 한 국가에게 특혜를 줄 경우, 이와 동일한 '최선의' 대우를 다른 모든 WTO 회원국에게도 부여하여 모든 국가들이 '최혜'국이 될 수 있도록 하는 것이다. 최혜국(MFN : Most-Favoured Nation) 지위가 항상 동등한 대우를 의미했던 것은 아니다. 초기 양자 간 최혜국조약은 체약국들 간에만 특혜를 누리는 것이었기 때문에 이는 마치 배타적 클럽과 같았다. 그러나 GATT와 WTO에서 이와 같은 최혜국 클럽은 더 이상 배타적이지 않다. 최혜국대우원칙은 각 국가가 다른 1,402개 이상의 회원국들에 동등한 대우를 부여할 수 있도록 해준다. 그러나 예외는 있다.

출처 : 외교통상부, WTO 이해하기, 외교통상부 세계무역기구과

내국민대우의 원칙이란 수입품에 대하여 적용되는 내국세나 국내규제가 동종의 국산품에 대한 대우보다 불리하여서는 안 된다는 원칙으로 수입품과 국산품을 차별하지 말고 무차별하게 취급해야 한다는 원칙이다.

2) GATT의 다자간 무역협상

1947년부터 활동한 GATT는 점진적으로 회원국의 수출을 증가시켜 세계 각국에 만연해 있는 관세 및 비관세무역장벽을 낮추는 데 성공하였다. GATT는 이와 같은 무역장벽의 철폐를 위하여 여러 단계의 다자간협상을 실시하였다. 그 결과 1940년대에 GATT 회원국의 평균관세율이 40%에 달하였던 것이 1990년대에는 약 5%로 떨어진 것만 보아도 그 효과를 알 수 있다.

GATT의 관세인하교섭은 제1차 협상부터 제6차 GATT 다자간협상인 케네디라운드까지는 선진국들 간의 관세인하가 주요 내용이었고 제7차 협상인 도쿄라운드는 관세인하 이외에 비관세장벽의 완화에 대한 논의를 하였다. 그 결과 평균관세율이 하락하였고 비관세장벽이 현저하게 줄어들었다. 그러나 GATT협정과 도쿄라운드협정이 1980년대의 무역을 주도하였음에도 불구하고 GATT의 예외규정인 긴급수입제한조치를 이용한 개별적인 무역규제가 국가들마다 계속 되었다.

1980년대 들어 GATT가 가진 한계가 드러나고 미국을 비롯한 강대국이 GATT의 규율을 벗어나 반덤핑규제나 시장개방압력을 독자적으로 추진해 나감에 따라 GATT의 영향력을 한층 강화시키기 위한 새로운 국제무역시스템을 찾기 위한 움직임이 일기 시작하였다.

표 7-1 GATT의 다자간협상

연도	협상분야	참여국 수	장소/명칭	주요 내용
1947	관세	23	제네바	• 최초의 다자간 협상으로 당시 세계무역의 절반가량에 해당하는 45,000건의 관세양허 교환
1949	관세	13	앙시	• 1949~1951년 사이에 열린 두 차례의 다자간 협상으로 주로 신규가입 신청국의 GATT 가입(accession)을 용이하게 처리하기 위한 다자간협상의 성격을 띰 • 앙시(Annecy)라운드에서는 9개국이, 토케이(Torquay)라운드에서는 4개국이 추가로 GATT에 가입
1951	관세	38	토케이	
1956	관세	26	제네바	• GATT의 운영방식 개선 및 GATT 조문 재검토를 목표로 하여 추진 • "체약국단은 때때로 관세인하협상을 주최한다"는 계획을 처음으로 GATT 조문에 명시, GATT 제2부의 일부분 수정
1960 ~ 1961	관세	26	제네바 (딜론 라운드)*	• 유럽경제공동체(EC) 출범을 배경으로 이로 인한 무역차별 및 무역전환효과를 상쇄하기 위해 개최 - 미국과 EC 평균 10% 관세 인하
1964 ~ 1967	관세, 반덤핑	62	제네바 (케네디 라운드)	• 품목별 협상과 선형삭감방식(fromula approach)을 병행하여 진행, 선진국의 관세율을 평균적으로 35% 인하 - 반덤핑 및 관세평가에 대한 합의 도출
1973 ~ 1979	관세, 비관세, 기본협정	102	제네바 (도쿄 라운드)	• 선진국들은 대부분 30% 이상으로 관세율 인하 • 정부조달, 기술장벽, 보조금 및 상계관세, 관세평가, 수입허가, 반덤핑 등 6개 분야에 대한 협정(code) 제정 - 개도국 특별대우 제도화
1986 ~ 1994	관세, 비관세, 규범, 서비스, 지재권, 분쟁해결, 섬유, 농업, TO 창설 등	123	제네바 (우루과이 라운드)	• WTO 설립 - 항구적이고 강력한 국제무역기구의 설립 - 회원국의 국내법을 WTO규정에 합치시키도록 규정함 • 공산품 관세인하 및 바관세장벽 완화 • 농산물 및 섬유류 무역의 GATT 편입 • 기존 GATT규범의 강화 - 반덤핑, 보조금, 상계관세, 세이프가드 등 • 서비스무역에 관한 기본규범 설정 및 양허교섭 완료 • 지적재산권 보호 및 투자관련조치에 관한 규범 마련 • 통합분쟁해결절차 및 규칙(DSU) 합의

* 종전에는 무역협상라운드가 개최된 지역의 이름을 따서 라운드를 명명하였으나, 1960년대의 두 차례 라운드는 그 개최에 가장 크게 공헌한 사람의 이름을 따서 명명하였음. 딜론라운드는 아이젠하워 행정부 말기 국무성 차관(딜론라운드에서의 미국 측 수석대표)으로 있다가, 케네디 행정부의 초대 재무장관을 지낸 C. Douglas Dillon의 이름을, 케네디라운드는 John F. Kennedy 대통령의 이름을 딴 것임. 1960년대 이후 다자간 무역협상라운드는 주로 제네바를 중심으로 진행되어 오고 있음.

출처 : 외교통상부, WTO 개황, 2005, 외교통상부 통상교섭본부 다자간통상국 세계무역기구과, 2005.

2. UR

우루과이라운드(UR : Uruguay Round)는 GATT의 영향력을 회복하고 보다 체계적인 국제무역질서를 확립하기 위하여 1986년부터 1993년까지 진행된 GATT의 다자간무역협상으로 1994년 4월 모로코의 마라케쉬 각료회담을 끝으로 최종타결되어 1995년부터 효력이 발생하였다.

과거 GATT의 관세인하교섭이 공산품과 원자재에만 적용되었던 협정이었다면 UR은 서비스와 지적재산권문제까지 적용범위를 넓혔고 UR의 가장 큰 성과는 GATT가 자유무역을 위반한 국가에 대하여 별다른 제재를 가하지 못했던 것에 비하여 제재조치를 구체적으로 실행할 수 있는 세계무역기구(WTO)를 창설한 것이다.

1) UR협상의 배경

UR이 출범하게 된 배경은 GATT체제가 가지고 있는 내외부적인 요인에서 찾아볼 수 있다. 먼저 GATT체제 외부요인은 1980년대 들어서 제2차 오일쇼크로 인하여 세계경기가 침체하였고 유럽에서는 높은 실업률을 보였으며 개발도상국들은 과다한 외채와 인플레이션으로 경제가 침체되었고 선진국 간의 무역불균형이 심화되었다. 특히 미국의 재정 및 경상수지 적자 등으로 세계의 경제가 불균형 국면으로 빠져들면서 세계무역질서는 보호무역주의에 휩싸이게 되어 GATT체제를 크게 위협하였다.

GATT체제 내부요인으로는 GATT는 단순한 협정으로서 국제기구가 아니라는 데에서 오는 한계와 만장일치제에 따른 의사결정상의 제약과 사법권의 부재로 인한 분쟁해결능력의 부족으로 GATT체제의 기능이 약화되고 위상이 크게 흔들리게 되었다.

이에 따라 GATT의 재정비 필요성이 대두되었고 다자간 무역규범을 재정립하기 위한 협상이 논의되기 시작하였는데 UR은 1983년 5월 윌리엄스버그 경제정상회담에서 미국, 일본에 의해서 처음 문제가 제기되었다. 이후 미국, 일본, EC, 온건개발도상국(NIEs, ASEAN), 강경개발도상국(인도, 브라질, 아르헨티나 등) 순으로 세계 대부분의 국가가 동의하여 1986년 9월 20일 우루과이 푼타델에스테에서 개최된 GATT 각료회의를 통하여 협상의 개시가 선언됨으로써 정식으로 출범하게 되었다.

2) UR협상의 경과

1986년 우루과이에서 시작된 UR은 협상분야가 15개 분야로 광범위하고 협상에 참여하는 국가의 수가 117개국으로 사상최대이며 이로 인해 국가들 간 이해가 상충되고 협상분야 간에 상호 연관성이 높아서 분야별로 구분해 타결할 수 없는 등 시작부터 어려움을 가지고 있었다.

UR이 1986년 9월에 공식 출범한 이후 1988년 12월에 몬트리올각료회의에서 중간평가가 이루어졌고 관세에 대한 인하(가중평균관세의 1/3 이상 인하)에 합의하였으며 서비스분야에서는 국별 무역정책검토제도를 실시하도록 하는 등 상당한 진전이 이루어졌다.

이후 1989년 6월부터 1990년 6월까지 국가별 입장에 대한 제안을 하고 실질협상을 거쳐 1990년 7월 제네바 무역협상위원회(TNC)에서 일괄타결을 시도하였다. 그러나 많은 기술적인 문제를 포함한 국가별 입장의 대립(특히 미국 · EC 간 농산물 보조금 감축문제, 서비스시장 개방에 대한 문제)으로 합의해 실패해 당초의 타결 목표시한이었던 1990년 12월을 넘기게 되었다.

1991년 2월에 협상재개가 공식으로 선언된 이후 1991년 4월에는 15개의 협상분야가 7개로 통합조정되었고 12월에는 던켈 최종협정 초안이 제시되어 협상이 큰 진전을 보게 되었다. 그러나 미국과 EC와의 농산물분야 협상에서 보조금 감축 등에 대한 협상에서 프랑스의 강력한 반발과 여러 분야에서 각국 간의 의견의 차이를 좁히는 데 실패하여 제2차 목표시한으로 삼았던 미국 대통령의 신속처리권한의 시한인 1993년 2월을 넘겼다.

1993년 4월 미국 클린턴 대통령의 신속처리권한이 연장된 후 7월에 개최된 G7정상회담 및 4국(미국 · 일본 · EC · 캐나다) 통상장관회담을 계기로 협상이 재개되어 공산품분야의 관세인하가 합의되었고 9월부터는 농산물 · 관세인하 등 시장접근분야, 서비스 등 쟁점분야를 중심으로 본격적인 협상이 진행되었다. 11월부터는 최대의 난제였던 농산물분야에서 보조금 감축을 둘러싼 미국 · EC(특히 프랑스) 간의 협상, 쌀시장 개방을 둘러싼 미국 · 일본 간의 협상, 서비스시장 개방에 대한 선진국 · 개발도상국 간 양허협상, 세계무역기구(WTO) 창설에 대한 미국과 여타국과의 대립 등이 합의에 이르면서 12월 15일 최종타결선언이 이루어졌다. UR은 1986년 8월에 시작하여 1993년 12월 15일에 타결되어 공식출범 후 7년 3개월 만에 막을 내리게 되었다.

3) UR협상의 결과

역사상 가장 중요하고 포괄적인 다자간 무역협상이었던 UR협상의 타결은 자유무역을 향한 획기적인 진전을 의미한다. UR협상은 무역장벽을 대폭 완화하였을 뿐 아니라 자유무역환경을 보장하는 다자간 규범을 크게 강화함으로써 무역확대를 통한 세계경제 도약의 계기를 마련한 것으로 평가된다.

표 7-2 UR협정의 주요 내용

분야	주요 내용
공산품	• 공산품에 대한 관세율을 33% 인하한다. • 철강, 건설장비 등 일부 공산품에 대해서는 무관세화를 실시한다.
농산물*	• 예외 없는 관세화 : 모든 농산물의 교역에 관세 이외의 수입장벽은 인정하지 않는다. • 관세화 유예와 최소시장접근 : 관세화를 유예받는 기간(예 : 한국 – 10년)에도 국내소비량 중 일정량(예 : 한국 – 1995년 1%, 2004년 4%)을 의무적으로 수입해야 한다.
서비스	서비스교역의 다자간 규범인 일반협정을 제정한다.
반덤핑	• 선진수입국에 의한 자의적인 덤핑마진 산정의 여지를 축소한다. • 반덤핑관세는 원칙적으로 5년 내에 폐지한다.
보조금	• 수출에 직접적인 왜곡을 가져오는 금지보조금은 3년 내에 철폐한다. • 수입국에 심각한 피해가 생길 것으로 추정되는 상계가능보조금에 대해서는 수입국이 보복조치를 취할 수 있도록 허용한다. • 연구개발 및 지역개발을 위한 허용보조금은 3년마다 그 목록을 제시해야 한다.
긴급수입제한조치	긴급수입제한조치의 발동요건과 발동기간을 구체적으로 명시한다.
섬유	다자간 섬유협정에 의해 규제되어 온 섬유류를 10년에 걸쳐 단계적으로 GATT에 통합시킨다.
지적재산권	기존의 지적재산권 관련 국제협약을 바탕으로 내국민대우와 최혜국대우의 기본원칙을 밝히고 보호수준을 강화시킨다.
분쟁해결절차	국가 간의 모든 분쟁은 WTO 산하의 분쟁해결기구(DSB : Dispute Settlement Body)가 관장한다.

* UR협정 10년 만에 다시 타결된 쌀협상(2004년 12월 30일)결과, 우리나라는 관세화 유예기간을 10년 더 연장하면서 최소시장접근에 의한 쌀의 의무수입물량을 2014년까지 국내소비량의 7.96% 수준까지 늘리기로 합의하였다.

UR협상의 결과를 요약하여 보면 상품의 관세인하 및 무세화를 통해 기존의 관세장벽을 대폭 낮추었을 뿐만 아니라 회색조치 등 비관세장벽도 대폭 완화하였다. 그리고 각종 수량제한조치로 보호되어 왔던 농산물에 대해서도 일단 관세화를 통해 WTO체제 내로 통합함으로써 섬유류 무역자유화의 기반을 마련하였다. 각국의 보호무역수단으로 활용된 사례가 많았던 기존의 반덤핑 · 상계관세 · 긴급수입제한조치의 남용을 억제하도록 규정화하였고 과거 GATT에서의 분쟁해결절차에 많은 시일이 소요되고 그 절차가 비효율적이고 복잡하였던 것을 보다 효율적으로 신속하게 분쟁을 해결할 수 있는 절차를 도입함으로써 쌍무주의 또는 일방주의와 같은 자의적인 무역규제의 여지를 축소하였다.

최근 국제무역에서 비중이 커지고 있는 서비스무역분야에 대해 별도의 무역규범을 새로이 제정하고 이 분야의 시장개방계획을 작성하도록 함으로써 서비스무역이 확대되는 발판을 마련하였으며 무역관련 지적재산권에 관한 협정을 수립함으로써 무역관련 지적재산권에 대한 보호를 강화하였다.

마지막으로 UR협상의 주요 성과는 위에서 설명한 UR협상 결과가 원만히 이행되도록 GATT를 대체하는 항구적이고 강력한 세계무역기구(WTO)를 설립하였다는 것이다.

3. WTO

세계무역기구(WTO : World Trade Organization)는 UR의 합의에 따라 GATT의 규정을 보다 효과적으로 적용하는 역할을 맡게 된 국제기구로서 스위스의 제네바에 본부를 두고 있으며 GATT에 참여하는 국가의 무역정책을 감시하는 역할을 한다. 2005년 6월 현재 148개의 회원국을 가지고 있다.

1) WTO의 개요

WTO는 기존 GATT가 가지고 있는 한계를 극복하기 위해서 설립된 것으로 UR협상의 가장 중요한 성과 중의 하나이다. GATT는 당초 잠정적으로 채택되었으며(제29조 2항) 많은 예외규정을 두고 있어 국제협정으로서의 법적 구속력이 제한되었다. 즉, 사법권의 부재로 인해 회원국에 대한 실질적은 구속력이 없고 만장일치제라는 의사결정방식으로 인해 통상문제의 해결능력이 부족하였다. 그리고 GATT체제는 경제강대국의 불공정행위 및 자의적 행위를 효율적으로 규제하는 데 부적절하였다.

1986년 개시된 UR협상은 GATT체제의 제반 문제점을 해결하고자 GATT체제를 다자간 무역기구로 발전시키는 작업을 UR협상의 교섭과제 중의 하나로 채택하여 UR협상 참가국들이 수년간에 걸쳐 토의하였다. 수차례에 걸친 토의의 결과 1991년 12월 '던켈 초안'

에 다자간 무역기구(MTO) 설립 협정안이 포함되어 제시되었다.

미국은 자국의 통상분야에서의 주권 침해 가능성을 우려하여 MTO의 설립을 계속 반대하였으나 1993년 12월 초 EC와의 최종협상과정에서 MTO 설립에 합의하였고 1993년 12월 15일 최종무역협상위원회에서 미국의 제안으로 MTO의 명칭을 세계무역기구(WTO)로 변경하여 WTO가 탄생하게 되었다.

그림 7-2 WTO 협정의 구성

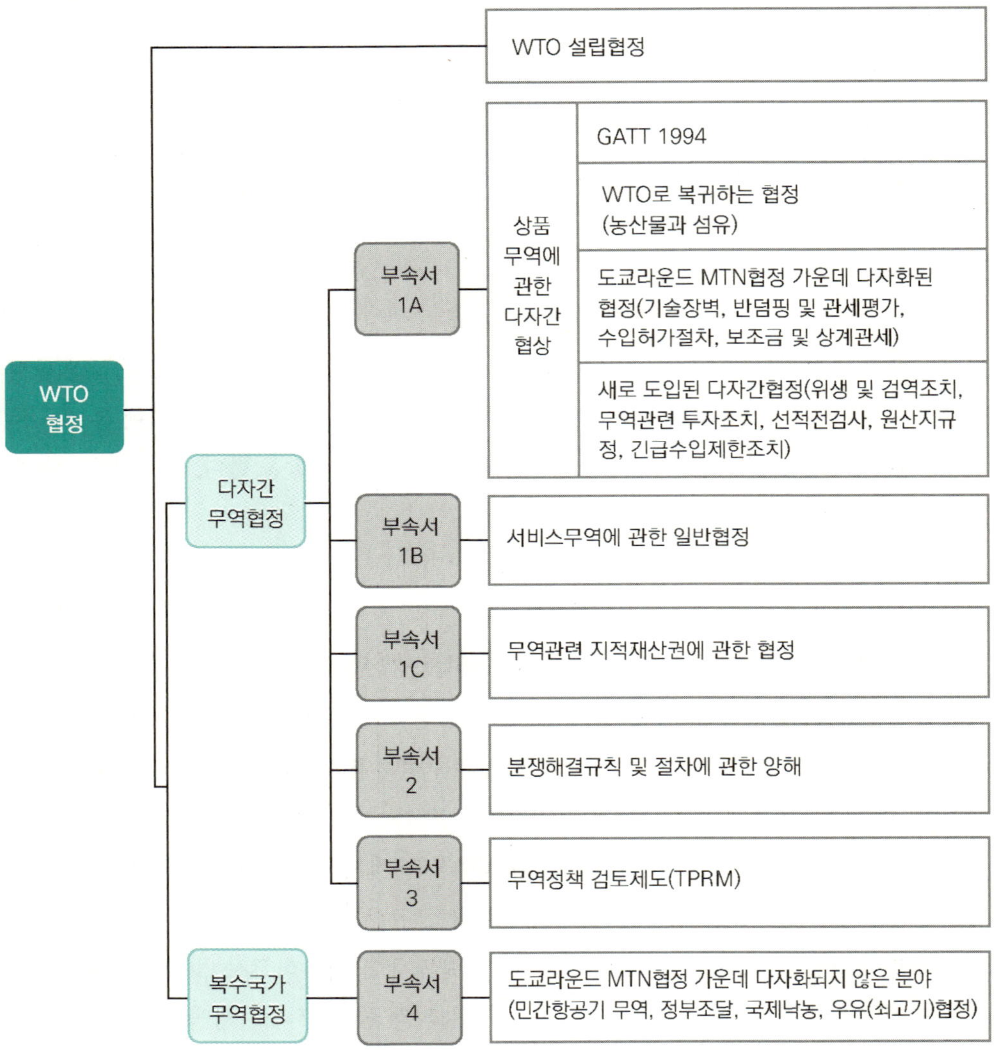

출처 : 외교통상부, WTO 개황, 2005, 외교통상부 통상교섭본부 다자간통상국 세계무역기구과, 2005.

WTO 설립협정은 UR협상에서 각 분야별로 타결된 UR 최종협정문이 근간을 이루고 있으며 국제무역질서를 기존 GATT체제에서 WTO체제로 전환시키는 데 핵심적 역할을 하게 되었다.

2) WTO의 목적과 기능

WTO체제의 가장 중요한 목표는 바람직하지 못한 부작용이 없는 범위 내에서 가능한 한 무역을 자유롭게 하자는 것이다.

표 7-3 WTO의 기본원칙과 주요 기능

WTO의 4대 기본원칙	• 무차별원칙 : 최혜국대우원칙, 내국민대우원칙 • 예측 가능하고 안정적인 시장접근의 보장 • 공정경쟁의 촉진 • 경제개발과 개혁의 장려
WTO의 주요 기능	• 다자간 복수국 간 무역협정의 이행과 관리 • 다자간 무역협상의 주도 • 회원국 간 무역분쟁의 해결 • 회원국 무역정책의 검토

WTO는 무역장벽을 제거하고 개인기업 및 정부가 세계무역규범이 무엇인지를 이해하고 무역과 관련하여 갑작스러운 정책변화가 없을 것이라는 확신을 그들에게 부여하는 것이다. 즉, WTO의 규범은 '투명'하고 예측 가능하다는 것을 말한다.

또 하나의 목표는 분쟁해결과 관련된 것이다. 교역관계는 상충적 이해관계를 가지기 때문에 WTO체제 내에서 협상된 약속 및 협정은 해석을 필요로 하는 경우가 많은데 국가 간의 의견차이를 해결하는 가장 조화로운 방법은 합의된 법적 기초에 근거한 중립적 절차에 의존하는 것이다. 분쟁해결절차가 WTO협정에 설정된 목적도 여기에 있다.

그러므로 WTO는 WTO협정과 다자간 무역협정의 수행 · 관리 · 운영을 맡고 그 목적을 촉진시키며 복수국 간 무역협정의 수행 · 관리 및 운영을 위한 틀을 제공한다. 그리고 WTO협정에 관련된 추가적인 무역협정체결을 위한 협상을 비롯하여 회원국들 간의 다자간 무역관계에 관한 협상을 위한 토론장 및 각료회의의 결정에 따른 협상결과의 이행을 취한 틀을 제공하는 기능을 가지고 있다.

또한 WTO는 '분쟁해결규칙 및 절차에 대한 양해각서'와 '무역정책검토제도(TPRM :

Trade Policy Review Mechanism)'를 실행하고 국제적인 정책결정을 하는 데 있어 조화와 통일을 위해 IMF, IBRD 및 국제기구와 협력을 강화하는 기능을 가지고 있다.

그림 7-3 WTO조직의 구조

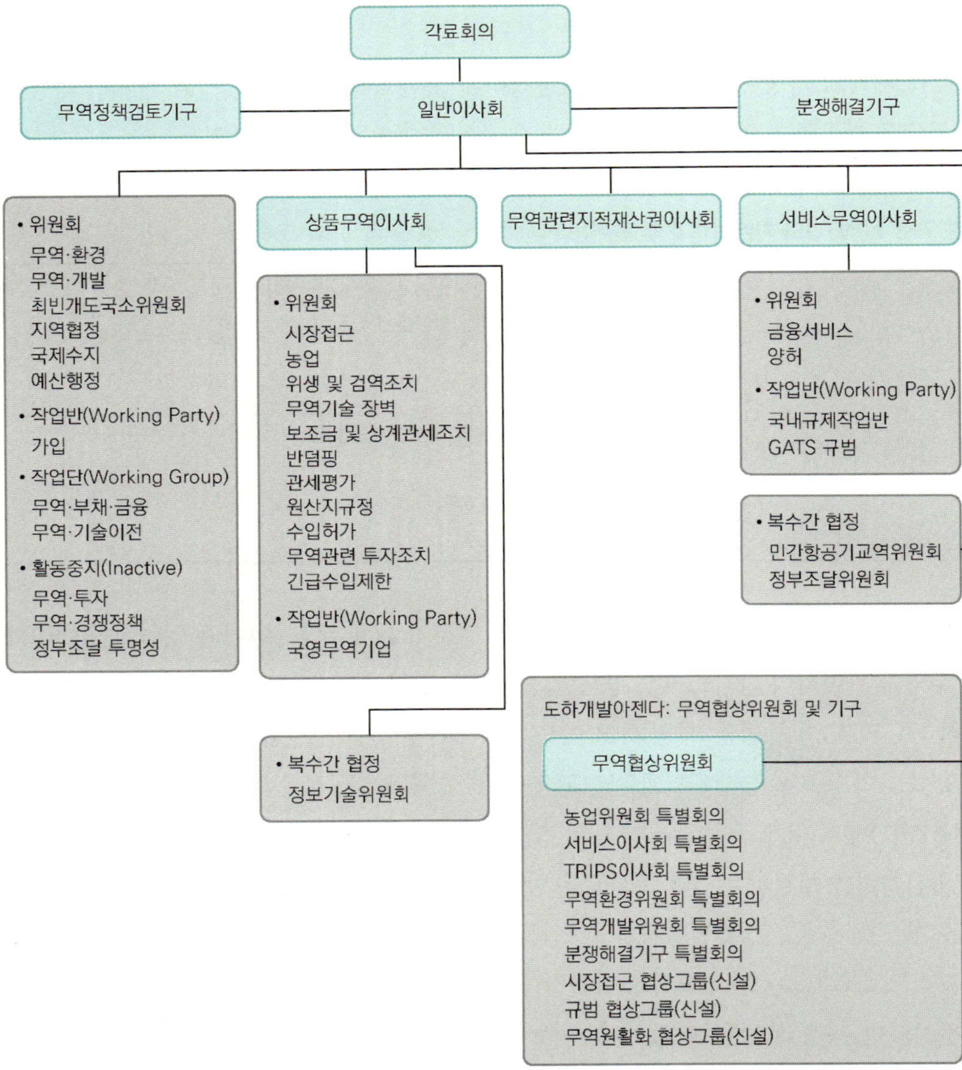

출처 : 외교통상부, WTO 이해하기, 외교통상부 세계무역기구과, 2007.

3) WTO의 평가

WTO는 그동안 GATT체제하에서 행해졌던 자유무역질서를 보다 강화하고 기존의 GATT 및 UR에서 합의된 사항을 관장하는 매우 강력한 다자간 국제무역기구이다.

WTO는 정식적인 국제기구로서 산하에 각료회의, 총회, 3개의 무역이사회, 3개의 위원회, 사무국 등 많은 하위기구를 두고 있으며 특히 법적 구속력과 감시기능을 갖는 분쟁해결기구와 무역정책검토기구를 두고 있다. 분쟁해결기구는 모든 무역관련 분쟁을 통합 관장하고 준사법적인 기능을 가지고 있으며 무역정책검토기구는 각국의 무역정책을 주기적으로 검토하여 정책의 투명성을 높이고 분쟁을 사전에 예방하여 다자간 무역체제의 효율성을 높이게 된다.

WTO가 기존의 GATT와 다른 점은 분쟁해결기구를 설치하여 준사법적인 기능을 가졌다는 것과 단순한 협정이 아니라 정식의 국제기구로서 다수의 실무적인 하위기구를 두어 지속적으로 일관성을 가지고 국제무역에 대한 모든 규범을 관장할 수 있다는 것이다. 그리고 의사결정방식이 GATT의 만장일치제가 아니라 다수결원칙(사안에 따라 2/3 또는 3/4, 다수결 등)이 도입되어 신속한 의사결정이 가능하다는 것이다.

표 7-4 GATT와 WTO 비교

구분	GATT	WTO
공식출범 연도	1948년	1995년
성격	일반협정	국제기구
규제품목	주로 공산품	공산품, 농산물, 서비스, 지적재산권 등
무역장벽의 완화	• 관세인하 • 비관세장벽 철폐에 대한 규범 정립	• 관세인하 및 일부 공산품에 대한 관세 철폐 • 비관세장벽 철폐에 대한 시한 명시
무역규범의 설정	• 반덤핑조치에 대한 불분명한 규제 • 보조금에 대한 불분명한 정의	• 반덤핑조치에 대한 구체적인 요건 명시 • 보조금에 대한 명확한 정의
분쟁해결절차	양국 간 분야별 쌍무협정	분쟁해결기구의 설치 · 운영
의사결정방식	전원일치제	다양한 다수결제

4. DDA

1) DDA의 배경

WTO는 1995년 1월 출범 직후부터 많은 과제를 내포한 상태에서 출범함으로써 출범 직후부터 많은 어려움에 직면하였다. 서비스 무역, 무역관련 지적재산권 및 여전히 높은 수준의 관세율을 보여주는 농산물분야 등에서 미해결 과제들이 산적해 있었다. 아울러 무역관련 투자, 경쟁정책, 반덤핑규율 등의 다양한 이슈는 물론 무역과 환경, 무역과 노동, 무역과 개발 등 다양한 무역관련 연계이슈들도 새롭게 등장하였다.

이에 WTO는 기존의 기설정 의제(BIA)[1]와 새로운 아젠다들에 대한 새로운 라운드협상을 출범시키기 위하여 1999년 12월에 미국 시애틀에서 WTO 제3차 각료회의를 개최하였다. 그러나 이는 반(反) 세계화 운동가들의 거센 시위로 무산되어 WTO에 대한 우려의 목소리가 증폭되었다.[2] 이러한 분위기하에서 2001년 11월 카타르의 도하에서 개최된 제4차 WTO 각료회의에서 새로운 다자간 무역협상의 개최가 결정되었는데 이를 도하라운드(Doha Round) 또는 도하개발 아젠다(DDA : Doha Development Agenda)라고 한다.

DDA는 농업과 비농산물, 서비스, 지식재산권 등 다양한 분야의 무역자유화뿐만 아니라 개도국의 경제개발 지원에도 초점을 두었다.[3] 2001년 협상이 출범될 당시에는 2005년 이전에 일괄타결방식[4]으로 협상을 종료할 계획이었으나, 농산물에 대한 주요 수출입국가 간의 대립, 공산품시장 개방에 대한 선진국과 개도국 간의 대립 등 복잡한 이해관계가 뒤얽혀 협상은 그 시작부터 별다른 성과를 내지 못하였다.[5]

2) DDA 주요 쟁점사항

DDA의 주요 쟁점사항들을 살펴보면 우선 농업보조금의 축소 및 폐지 그리고 농산물

---

1) UR 당시 완전히 타결되지 않은 상태에서 WTO 수립 후 새로운 라운드협상에서 추가적인 협상을 하고자 한 분야들을 BIA(Built in Agenda)라고 칭한다.

2) Bernard Hoekman M. and Michel M. Kostecki(2009), *The Political Economy of the World Trading System: The WTO and Beyond*, Oxford: Oxford University Press, pp.138-140.

3) '개발'이란 명칭을 붙인 것 역시 기존의 라운드들과는 달리 개도국의 관심분야인 개발에 초점을 두기 위한 의미를 내포하고 있다.

4) 일괄타결방식 : 최종적으로 모든 분야에 대해 동시에 합의를 추구하는 방식("Nothing is agreed, until everything is agreed")을 말한다.

5) Hoekman and Kostecki(2009), pp.140-142.

관세 철폐가 가장 큰 쟁점이다.

또한 비농산물 시장접근(NAMA : Non-Agricultural Market Access)은 선진국과 개도국 간의 가장 첨예한 쟁점사항이었다. 주요 선진국들은 공산품, 광물 등 비농산물의 시장접근 확대를 요구한 반면, 개도국은 우루과이라운드에서 이미 충분한 개방이 이루어졌으므로 추가 개방은 어렵다는 입장을 취하였다.

서비스분야에 있어서도 선진국은 금융, 통신, 에너지, 유통업 등의 수출확대를 원한 반면, 개도국은 관광, 의료, 자연인의 이동(movement of natural persons) 등의 분야에서 개방의 확대를 원하였다. 그 밖에도 반덤핑 및 상계관세규약의 강화, 수산보조금 축소, 지리적 표시제(geographical indication), 무역과 환경 연계, 분쟁해결절차에 대한 개정 및 전자상거래 활성화 등의 이슈가 쟁점이 되었다.

표 7-5 DDA 협상 주요 내용

분야	주요 내용
서비스시장 개방	회원국들은 2002년 6월 30일까지 시장개방 양허안을 제출한다.
무역과 경쟁정책	2003년 제5차 WTO 각료회의에서 무역과 경쟁부문에 대한 협상개시 여부를 결정한다.
반덤핑조치 남발규제	• 반덤핑조치 남발에 따른 무역왜곡관행을 시정하는 데 노력한다. • 국내보조금을 대폭 감축한다.
농산물시장 개방	• 농산물시장을 대폭 개방한다. • 국내보조금을 대폭 감축한다.
공산품에 대한 관세인하	관세를 인하하고 비관세장벽을 철폐한다.
지적재산권 보호	지적재산권 보호대상품목을 확대한다.
정부조달시장의 투명성	투명성확보를 위한 다자간협상을 개시한다.
수산보조금의 감축	수산보조금의 감축 또는 폐지를 위한 다자간협상을 개시한다.

3) DDA협상 진행과정

그간의 협상과정을 살펴보면 다음과 같다. 2003년 2월 주요 회원국들은 농업부문 무역자유화 초안을 마련해 도쿄에서 비공식 각료회의를 갖고 협상을 진행했지만 결국 합의안 도출에 실패했다. 그해 9월 10~14일 멕시코 칸쿤(Cancun)에서 열린 제5차 각료회의에서도 개도국과 선진국 간의 갈등으로 DDA 세부원칙의 기본골격에 대한 합의안 도출에 실패했다.

이듬해인 2004년 3월 농산물 무역자유화협상이 재개되었고, 같은 해 7월 WTO 일반이사회가 DDA 세부원칙 기본골격 합의안을 채택했다. 2004년 8월 자유화 세부원칙의 윤곽을 결정하는 기본골격합의(Framework Agreement)가 타결되면서 협상이 활기를 되찾았다. 이때 소위 '싱가포르 이슈'라고 불리던 투자, 경쟁정책, 정부조달투명성, 무역원활화 4개 이슈에 대한 개도국들의 반발을 수용하여, 무역원활화를 제외한 나머지 이슈에 대해서는 논의를 중단하기로 결정했고, 무역원활화만을 정식 협상의제로 다루기로 합의하였다. 이를 바탕으로 2005년 12월 DDA협상 종료시한을 앞두고 홍콩에서 제6차 WTO 각료회의가 개최되어 다시 한 번 진전을 위한 노력이 시도되었지만, 자유화 세부원칙의 타결에는 이르지 못하였다.

2007년부터 더욱 가속화된 DDA협상은 농업, NAMA 및 규범 의장들이 각각 자유화 세부원칙(modalities)의 초안을 제출하고 이를 개정하면서 조금씩 진전을 이루어 나갔다. 2008년 7월 제네바 WTO 사무국에서 30개 주요 회원국 각료회의가 개시되었다. 이때 개최된 소규모 각료회의에서는 미국과 유럽연합은 NAMA와 서비스분야에서 개도국의 추가개방을 관철하고, 중국, 인도, 브라질 등 거대신흥국들은 농업분야에서 양허를 확보하는 방식으로 선진국과 개도국 간 타협이 이루어질 가능성도 거론되었지만, 결국 합의도출에 실패했다. 선진국과 개도국 간의 이해관계 불일치도 컸지만, 농업보조금을 둘러싼 미국과 유럽연합 간의 갈등도 매우 심각했기 때문이다.[6)]

2009년 12월 제네바에서 개최된 제7차 WTO 각료회의에서는 2010년 DDA 협상타결을 목표로 1/4분기 중 DDA협상 현황을 점검하기로 합의하였으나, 뚜렷한 진전이 없는 상황이 지속되자, 회원국들은 2011년 5월 APEC 통상장관회의 및 OECD 각료회의 계기에 조기수확이 가능한 '소규모 패키지'의 구성을 위한 협의를 추진하기 시작했다. 같은 해 12월 회원국들은 제8차 각료회의에서 이러한 새로운 협상방식 도입 의지를 재차 확인하고, 차기 각료회의에서 가시적인 성과를 도출하는 것을 목표로 협의한 결과, 2013년 12월 발리에서 개최된 제9차 각료회의에서 DDA협상 의제 중 무역원활화(trade facilitation), 농업 일부(TRQ 관리방식 개선 등), 개도국 · 최빈개도국 우대(관련 조항 이행 개선 및 모니터링 메커니즘 설치) 등 3개 분야에 대한 합의(발리 패키지) 등 조기수확(early harvest)방식에

6) Hoeknman and Kostecki(2009), pp.142-146.

따른 신속한 협상을 통해 합의를 도출했다.[7] 우리나라는 특히 무역원활화분야에서 싱글 윈도우(single window, 통관단일창구) 등 핵심적인 조항을 제안하여 협상타결에 기여하였다. 무역원활화협정은 2017년 2월 발효되었으며, 이들 합의를 일컫는 '발리 패키지(Bali Package)'는 WTO 출범 이후 거의 20년 만의 첫 합의문이라는 의의를 가진다.

2015년 12월 케냐의 나이로비(Nairobi)에서 개최된 제10차 각료회의에서 농업분야 3개(수출경쟁, 특별긴급관세, 식량안보 목적 공급비축), 면화, 최빈개도국(LOC) 우대관련 2개 합의가 이루어짐에 따라 발리 패키지에 이어 나이로비 패키지 도출에 성공하였으나, 상대적으로 수월한 이슈에 대한 조기수확이 교착상태에 빠진 다른 이슈의 협상에 큰 자극제가 되리라는 당초의 기대와는 달리 도하라운드는 결국 공식적으로 사망선고를 받고 말았다.

2017년 12월 10~13일 아르헨티나의 부에노스아이레스(Buenos Aires)에서 개최된 제 11차 각료회의에서는 미국의 반대로 공동선언문조차 내지 못했다. 포괄적인 다자무역협상보다 상대적으로 의견대립이 적은 분야와 전자상거래와 같은 새로운 분야에서 제한적인 협상 노력을 기울였을 뿐이다.[8]

4) DDA협상의 전망

코로나사태로 인한 국가들 간의 제한적 이동과 미국과 중국 간의 무역분쟁이 더 큰 무역전쟁으로 비화될 수도 있는 일촉즉발의 상황에서 WTO는 과연 새로운 다자간 무역협상의 물꼬를 트고 회원국 간의 갈등을 봉합할 수 있을 것인가? 그리고 164개 회원국 간의 이해관계가 복잡하게 얽혀 있는 상황에서 새로운 다자간 무역라운드 출범에 대한 낙관론보다는 비관론이 지배적인 것이 사실이다.

미국과 유럽연합의 관계는 그 어느 때보다 소원하고, 중국은 WTO에서 '방 안의 코끼리(elephant in the room)', 즉 누구나 알고 있지만 감히 어느 누구도 말을 꺼내지 못하는 거대하고 무거운 주제가 되었다. 아울러 최빈개도국 지위를 고집하는 인도는 선진국과 개도국 간의 갈등을 봉합하기보다는 오히려 악화시키고 있다. 이런 상황에서 새로운 다자간 무역협상라운드를 출범시키기 위해 괜한 에너지를 소모하는 것보다, 이해관계를 같이하는 '복수국 간' 협정에 초점을 맞춰야 한다는 주장이 설득력을 얻고 있다.[9]

---

7) WTO(2018), Ministerial Conferences, http://www.wto.org/english/thewto_e/minist_e/minist_e.htm.

8) WTO(2018)

9) The Economist(2018), A Plan to save the WTO, July 19.

현재 최혜국대우방식의 복수국 간 환경상품협상(EGA : Environmental Goods Arreement)과 참여국 간 FTA방식의 복수국 간 서비스협정(TISA : Trade is Services Agreement) 등 참여를 희망하는 회원국들만이 참여하는 협상이 별도로 진행 중에 있다. 과연 이들 협상이 도쿄라운드의 복수국 간 규약과 같이 다자간 무역협상에 새로운 돌파구를 마련할지는 좀 더 지켜볼 일이다.

2절 경제통합과 세계경제의 블록화

1. 경제통합의 정의 및 형태

1) 정의 및 확산배경

경제통합(economic integration)이란 각 나라 사이에 존재하는 부분적인 경제관계를 통일하여 하나의 경제권을 형성하는 것을 의미한다. 즉, 그동안 분리운영되어 오던 개별국가의 경제가 서로의 경제적 국경과 차별을 철폐하고 큰 경제블록 또는 공동체로 통합된다는 것을 의미한다. 특히 GATT/WTO에 의한 무역자유화가 추진되고 각국의 관세장벽이 낮아짐에 따라 오늘날의 지역별 경제통합은 무역장벽의 제거와 같은 시장적 요인뿐만 아니라 이에 더하여 다자주의의 기능을 보완하거나 자국의 국제적 위상을 높이고자 하는 정치적 · 경제적 동기에 의해 선호되고 있으며, 이러한 경제통합은 1990년대 이후 급속하게 확산되고 있다.

1990년대 이후 지역무역협정으로 대변되는 지역적 경제통합이 확산하게 된 주요 이유를 구체적으로 살펴보면 다음과 같다.

첫째, 시장확대를 통한 경제적 효율성 추구를 들 수 있는데, 무역장벽 제거와 상호 간 국내시장 개방으로 인한 시장의 확대는 무역증대를 가져오고 이는 다시금 역내 기업 간 경쟁을 격화시키며 이러한 경쟁을 통하여 생산의 효율성 개선, 기술혁신 촉진 또한 대량생산과 규모의 경제효과로 관련 지역 자원배분의 효율성 제고를 가져오기 때문이다. 둘째, 개방과 보호의 절충수단으로서의 동기를 들 수 있는데, 오늘날 세계화로 국민경제는 세계적 규모의 경쟁에 노출, 다른 한편으론 국민경제 내(內) 외국과의 경쟁에 위협을 느끼고 있는 산

그림 7-4 | 연도별 지역무역협정의 체결 추이(1948~2016)

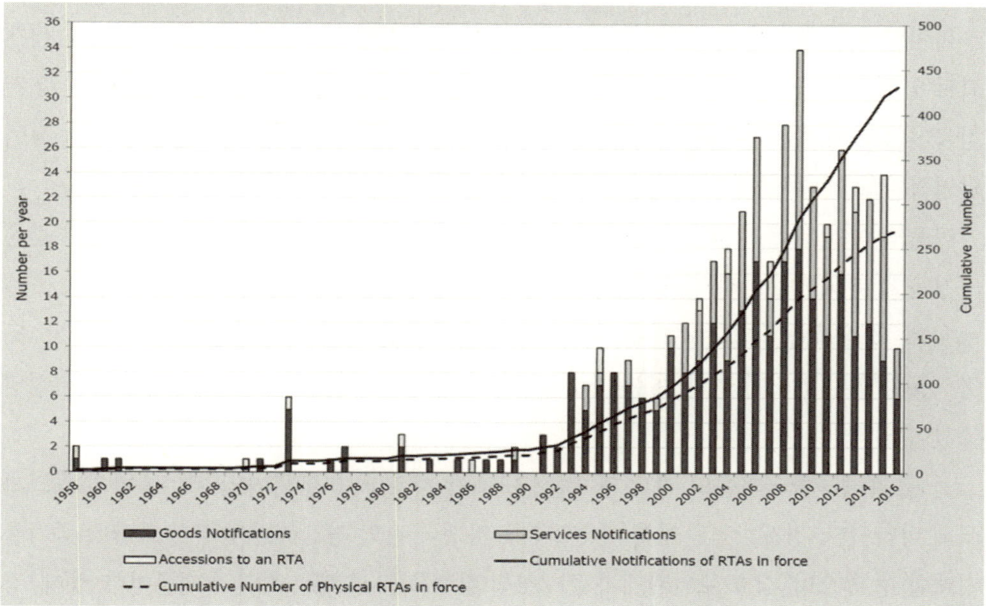

출처 : WTO(www.wto.org/trade topics/Regional Trade Agreements)

업이나 노동조합으로부터 국익우선의 보호정책을 요구받고 있는 현실이다. 그러나 보호주의 수용에는 한계가 있으며, 국제분업 기초도 훼손시킬 위험이 있다. 이러한 대외적 개방과 대내적 보호의 상반된 정책목표를 조정하기 위한 절충수단으로 각국은 경제통합을 선택하고 있다. 이러한 측면에서 볼 때 경제통합은 범세계적 규모의 국제경쟁과 이에 필요한 산업구조조정을 확보하기 위한 과도기적 조치로 볼 수 있다.

셋째, 다자주의의 한계점 보완 측면에서 경제통합의 결성 동기를 파악할 수 있다. 실제 GATT/WTO가 추구하는 세계 전체의 자유무역은 이상적 모델로 현실적으로 달성하기 어려운 모델이라고 할 수 있다. 실제로 WTO체제하에서 모든 회원국이 각종 무역장벽을 철폐하기까지는 상당한 시간과 노력이 소요되므로 일단 합의하기 쉬운 나라들끼리 지역적으로 경제통합을 이루자는 데 있다. 그 후 경제통합체끼리 다시 통합을 이루면 WTO체제에 의존할 때보다 훨씬 빠른 속도로 자유무역을 실현할 수 있기 때문이다.

넷째, 대외신인도 제고 및 대외교섭력 강화를 들 수 있다. 경제통합은 개별국가가 협상능력을 공동체규모로 확대하고 집단화할 수 있으므로 대외교섭력을 강화할 수 있으며 개별회원국은 공동체가 추구하는 무역자유화, 국제환경보호와 같은 국제협력질서를 존중하게 되므로 국제사회에서 신뢰도를 높일 수 있다.

마지막으로 세계경제의 주체는 국가가 아닌 개개 기업이라고 할 수 있다. 기업의 세계화로 인해 탄생한 다국적 또는 초국적기업들은 전 세계적인 무역자유화보다는 자신의 거점국가의 관세인하나 무역장벽 철폐를 위한 자유무역협정에 더 많은 관심을 보이는 것이 당연하다고 할 수 있다.

아울러 이와 같은 경제적 통합체의 목적을 달성하기 위해서는 일반적으로 다음과 같은 조건을 갖춘 국가들끼리 경제통합을 이룩하는 것이 바람직하다 할 수 있다.

첫째, 경제통합에 참석하려는 개별국가들의 경제정책이 공동체단위의 정책으로 조정 · 통합될 수 있어야 한다. 이는 다수국가들의 경제적 효율성을 제고시키는 데 기본적인 조건이 된다.

둘째, 경제통합국가들의 경우 경제발전단계가 서로 비슷한 국가일수록 통합의 효과가 크게 나타난다. 경제발전단계가 비슷할수록 가맹국 간의 경쟁촉진에 따를 효율성 증가를 기대할 수 있으며, 상호 보완관계가 존재하면 할수록 그 효과는 커지기 때문이다. 셋째, 경제통합을 높이기 위해서는 재화와 서비스, 생산요소 및 정보가 용이하게 교류될 수 있는 지리적 근접성, 문화적 동질성 등의 요인들이 필요하다.

2) 경제통합의 형태

발라사(B. Balassa)에 의하면 경제통합은 다음과 같은 형태들이 있으며, 대체로 순서대로 통합의 정도는 진전된다.

(1) 자유무역지대(free trade area)

가맹국 간의 교역에 부과되는 모든 장벽(관세 및 모든 비관세조치)은 철폐하되 비가맹국 간에 대해서 각국 간의 독자적인 무역정책의 실시가 가능한 경제통합의 형태이다. 다음의 관세동맹과는 달리 역외국에 대해서는 상이한 관세율을 적용하기에 저관세국으로 수입된 제3국 상품이 고관세부과국으로 간접수입이 될 단점이 존재한다. 대표적인 예로는 1960년에 창설된 EFTA(European Free Trade Area)와 호주 및 뉴질랜드 자유무역협정 등을 들 수 있다.

(2) 관세동맹(customs union)

가맹국 사이의 무역에 대해서는 자유무역지역과 마찬가지로 관세 및 기타 무역장벽을 제거 · 철폐하여 자유무역을 실시하면서 비가맹국 간에 대해서도 공동의 무역정책들(예를 들면, 공동관세율 부과)을 실시하는 형태를 말한다. 관세동맹의 예로는 베네룩스 관세동맹(벨기에, 네덜란드, 룩셈부르크의 3국으로 구성)과 적도 아프리카 관세동맹 등이 해당된다.

표 7-6 지역경제통합의 유형

유형	특징				
자유무역지대	회원국 간 관세 · 비관세 장벽철폐				
관세동맹	회원국 간 관세 · 비관세 장벽철폐	비회원국에 대해 역외공동 관세부과			
공동시장	회원국 간 관세 · 비관세 장벽철폐	비회원국에 대해 역외공동 관세부과	생산요소의 자유이동 허용		
경제동맹	회원국 간 관세 · 비관세 장벽철폐	비회원국에 대해 역외공동 관세부과	생산요소의 자유이동 허용	경제정책의 조정	
완전경제통합	회원국 간 관세 · 비관세 장벽철폐	비회원국에 대해 역외공동 관세부과	생산요소의 자유이동 허용	경제정책의 조정	경제정책의 통일

(3) 공동시장(common market)

관세동맹에서 더 발전된 형태로서 각 가맹국 사이에 노동과 자본 등의 자유로운 이동을 허용하는 경제통합형태를 나타낸다. 공동시장의 궁극적 목표는 각 가맹국의 상품 및 생산요소의 자유로운 이동을 통하여 국내시장과 동일한 거래형태를 보장하는 것이라 할 수 있다. 현재의 유럽공동체가 여기에 해당된다.

(4) 경제동맹(economic union)

공동시장형태에서 더욱 발전시킨 단계로서 각 가맹국 간의 금융 및 재정정책을 조화시키거나 단일화시키는 형태를 말한다. 각 가맹국 간의 상호 협조와 유대관계를 통해서 재정, 금융, 통상, 노동 등의 정책에 있어서 조정을 함으로써 공동보조를 취하는 경우라 할 수 있다. EU가 이 단계까지 도달하려 노력하고 있으나 개별국가의 경제주권의 포기를 통한 정책 및 경제통합을 실시하고 있지 않기에 아직까지는 공동시장의 형태에 불과하다고 할 수 있다.

(5) 완전경제통합(complete economic integration)

경제통합형태 중 최후의 단계로서 전 세계를 동일시장으로 간주하는 형태이다. 제반 경제정책에서 공동보조를 취하는 데 그치지 않고 금융, 재정, 사회정책에서의 일괄된 정책을 추구하는 초국가적 기관설립을 목표로 한다. 이런 상태에서는 경제면 뿐만 아니라 사회·정치적 통합까지도 추구하는 형태라 할 수 있다.

2. 경제통합의 효과

경제통합을 통한 후생효과를 규명한 이론으로는 바이너(J. Viner)의 관세동맹이론과 동태적 효과를 분석한 대시장이론을 들 수 있다.

1) 바이너의 관세동맹이론

바이너는 관세동맹 형성 시 발생할 수 있는 경제적 효과를 크게 무역창출효과와 무역전환효과로 구분하여 설명하고 있다.

(1) 무역창출효과(trade creation effect)

무역창출효과란 관세동맹을 형성하면 관세동맹국 중 가장 생산비가 저렴한 국가로 생산이 대치됨으로써 무역량이 증대되는 효과를 말한다. 이러한 무역창출은 그동안 관세가 부과되던 수입물품이 관세 없이 수입됨으로써 발생되는 효과로 수입가격의 하락에 따른 수입물량의 증가효과를 나타낸다.

(2) 무역전환효과(trade diversion effect)

관세동맹의 형성결과 비가맹국 중의 최적생산국으로부터 수입하던 제품이 차별관세의 부과로 인하여 관세동맹국 중의 최적생산국으로 수입선이 바뀌는 현상을 나타낸다. 이는 관세동맹으로 인한 차별관세의 부과가 가장 효율적으로 생산하는 역외국가에서 동맹국 내의 생산비가 싼 나라로 대치되는 현상을 말한다. 이러한 무역대체의 결과 세계경제 전체적으로는 생산상의 왜곡효과가 발생될 수 있으며, 수입국의 입장에서는 비가맹국에 대한 관세부과의 재정수입분을 포기하게 하는 결과를 가져온다.

2) 대시장이론

앞에서 살펴본 바이너의 관세동맹이론이 관세동맹으로 인한 가맹국의 정태적 효과를 강조하였다면 대시장이론은 주로 경제통합에 따른 시장규모의 확대나 경쟁의 변화를 통한 동태적 효과를 강조하는 이론이다. 경제통합을 통한 각 가맹국의 동태적 이익은 크게 시장의 확대에 따른 규모의 경제와 경쟁의 강화에 따른 이익으로 구분할 수 있다.

(1) 규모의 경제효과

국내시장이 협소한 경우 대규모의 공장을 설립하는 데는 한계가 있을 수 있으나 관세동맹으로 시장이 확대되면 대규모의 공장설립을 통하여 규모의 경제효과를 달성할 수 있게 된다.

(2) 경쟁강화의 효과

시장통합의 결과 각 가맹국 내부의 기업끼리 경쟁이 강화된다. 경쟁의 강화는 결국 생존을 위한 새로운 제품의 생산과 기술개발 노력을 증가시킬 것이며, 이로 인한 후생증대효과를 가져오게 된다.

(3) 경제효율성 증대

경제통합은 자본과 노동의 자유로운 이동을 보장하게 됨으로써 역내국들의 경제 측면에서 효율적인 자본이용과 경제적 성장을 이룩하게 해준다.

표 7-7 지역경제통합의 효과

<table>
<tr><th colspan="2">내용</th><th colspan="2">효과(가입국)</th></tr>
<tr><td rowspan="3">무역 및 입지효과</td><td>무역창출효과</td><td>관세인하로 가입국 간 무역이 새로 발생</td><td>무역 발생으로 소비자잉여가 증가하고 국가 전체로도 후생증가</td></tr>
<tr><td>무역전환효과</td><td>관세인하로 효율성이 가장 높은 국가에서 역내국으로 수입이 전환</td><td>비효율적 국가로부터 수입 전환되어 후생감소</td></tr>
<tr><td>생산설비 재배치</td><td>역내의 기업들이 기존 생산설비를 재배치</td><td>비교우위가 있는 역내국의 입지증가, 일부 국가산업 이탈</td></tr>
<tr><td rowspan="3">시장효과</td><td>규모효과</td><td>무역장벽 제거로 시장이 확대되면 기업은 규모의 경제 발생</td><td>시장확대로 수출기업의 생산이 증가하고 비용하락</td></tr>
<tr><td>경쟁효과</td><td>경쟁압력의 증가로 기업의 효율 및 생산성 향상, 규제완화, 구조개혁으로 산업구조 고도화</td><td>수입개장으로 수입 대체 기업들은 경쟁압력에 직면</td></tr>
<tr><td>투자유치효과</td><td>제3국 기업들의 투자</td><td>역내 시장지향의 제3국 기업투자가 증가</td></tr>
<tr><td rowspan="3">정치적 효과</td><td>안전보장효과</td><td>비회원국에 대항한 안전보장</td><td>안전보장 강화</td></tr>
<tr><td>협상력효과</td><td>소수 국가가 통합으로 협상력 증가</td><td>협상력 증가</td></tr>
<tr><td>개혁효과</td><td>개혁의 조류를 이용하는 정치적 목적</td><td>국내 기득권 세력에 대한 개혁 · 개발 목적 달성</td></tr>
</table>

3. 경제블록화의 현황

1) EU(European Union, 유럽연합)

(1) 유럽연합의 발전단계

유럽연합(구 EC)은 1957년 3월 로마조약에 의해 창설된 경제통합체로 지금까지 가장 성공을 거둔 것으로 평가되고 있다. 로마조약 이래로 약 36년 동안 지속되어 온 유럽연합의 심화과정은 크게 3단계로 대별할 수 있다. 제1단계는 역내관세장벽을 철폐하는 공동시장(common market)단계이며, 제2단계는 비관세장벽까지 철폐하여 역내 재화, 서비스, 노동, 자본의 이동을 자유화하는 단일시장단계, 제3단계는 마스트리히트조약으로 상징되는 유럽연합단계이다. 그리고 4단계는 리스본조약으로 불리는 '유럽연합 개정조약(EU reform treaty)'을 통한 구체화과정이다. 그러나 현재 주요국의 재정문제와 이민자 수용문제 및 영국의 EU 탈퇴와 관련한 브렉시트로 인한 많은 문제점들이 도출되고 있다.

(2) 유럽연합의 확대를 가져온 주요 협약

유럽연합의 첫 번째 확장은1973년 6월에 그동안 EFTA 회원국이었던 영국, 아일랜드, 덴마크가 EC에 가입하면서부터라 할 수 있다. 그동안 EFTA의 주도적 역할을 해오던 영국의 탈퇴는 EC의 위상을 높이는 데 커다란 역할을 하였던 것이다. 이후 유럽지역 국가들의 단일유럽을 위한 구체적인 노력은 마침내 1985년 6월에 유럽단일법을 향한 노정에서 시작되었다. 이후 1986년 2월에 EC법을 설정한 다음 최종적으로 유럽단일법(Single European Act)을 제정하고, 1987년 7월 1일부터 효력이 발생되었다. 유럽단일법의 내용은 크게 다음의 세 가지로 구분할 수 있다.

① 재화의 자유이동을 위한 방안으로서 국경통제의 완화와 공공구매시장의 개방 그리고 역내 제품의 표준화를 실시함과 동시에 부가세대상 및 세율조정을 꾀한다는 것이다. ② 자본의 자유화를 위한 방편으로 은행단일면허제도와 유럽통화제도의 활성화를 추진하였다. ③ 용역의 자유이동을 위한 근로자의 자유이동성과 서비스공동시장의 구축 등을 제시하고 있다.

유럽단일법의 실행 이후 본격화된 유럽통합은 1992년 5월 2일 EC 12개국과 EFTA 7개국이 포르투갈에서 3억8천만 인구의 서유럽을 세계무역의 45%에 달하는 가장 큰 단일시장이 될 유럽경제지역을 만드는 조약에 서명(스위스 불참 결정)함으로써 단일유럽의 출범은 가시화되었다. 그리고 마침내 1993년 11월 마스트리히트조약(덴마크만이 비준 거부)의 체결은 진정한 유럽연합으로 나아가기 위한 시작이 된 것이라 할 수 있다.

유럽통합의 발전단계에 있어서 또 하나 중요한 것이 통화동맹이라 할 수 있다. 유럽통화동맹은 회원국 간의 환율변동폭을 줄일 것과 통화정책을 서로 조정한다는 것이며, 유럽중앙은행의 출범과 더불어 단일통화를 사용함으로써 경제적 의미에서 완전한 통합을 이루기 위한 것이라 할 수 있다. 유럽연합에서 사용될 단일통화는 유로로 명칭하였다. 유로의 활용은 1998년 5월 2~3일 브뤼셀에서 열린 유럽연합 특별회담에서 11개 참가국을 확정지었다. 유로의 활용은 1999년부터 시작되었고 2002년 6월경부터는 참여국 모두의 단일통화로 지폐 및 주화를 발행하여 사용하고 있다. 그리고 2005년 프랑스와 네덜란드의 국민투표에서 부결되어 무산된 유럽 헌법조약을 대체하는 리스본조약이 2009년 12월 1일에 발효되었다. 리스본조약의 정식 명칭은 '유럽연합 개정조약(EU Reform Treaty)'이다. 유럽연합 27개 회원국 정상들이 2007년 10월 포르투갈의 수도 리스본에서 열린 정상회담에서 최종 합의한 뒤 같은 해 12월 공식 서명하여 보통 리스본조약이라 부른다. 조약의 내용은 유럽연합의 내부통합을 공고히 다지고 정치공동체로 나아가기 위한 일종의 '미니 헌법' 성격을 띤다. 먼저 유럽연합 회원국이 번갈아 맡던 순회의장국제도 대신 임기 2년 6개월에 한 차례 연임할 수 있는 유럽연합 대통령직(상임의장)을 신설하고, 외무장관에 해당하는 임기 5년의 외교정책 대표직도 신설하였다. 이로써 진정한 형태의 경제통합체로 발전하였고 세계 최대의 경제권으로서 그 위상도 한층 높아졌다. 아울러 2013년 7월 1일 크로아티아의 EU 가입으로 회원국 수가 28개국으로 늘어났으며 현재 터키, 아이슬란드, 세르비아 등이 가입 희망국으로 협상이 진행 중에 있으며 영국은 이와 반대로 브렉시트(EU탈퇴 협상)로 EU에서 탈퇴하였다. 이로써 현재 회원국 수는 27개국이다.

표 7-8 EU의 발전과정과 주요 협정

	1952	1958	1967	1973	1981	1986	1993	1995	2004	2007	2009	2013
공동체	ECSC (석탄철강)	EEC (관세동맹)	EC(역내시장)				EU(단일통화유로)					
	파리조약	로마조약	브뤼셀조약				마스트리히트조약				리스본조약	
가입국	독일, 프랑스, 이탈리아, 네덜란드, 벨기에, 룩셈부르크			영국, 아일랜드, 덴마크	그리스	스페인, 포르투갈		스웨덴, 핀란드, 오스트리아	폴란드, 체코, 슬로바키아, 헝가리, 슬로베니아, 에스토니아, 라트비아, 사이프러스, 몰타, 리투아니아	불가리아, 루마니아		크로아티아
누적 가입국 수 (개국)	6			9	10	12		15	25	27		28

2) NAFTA(North America Free Trade Agreement)

NAFTA는 미국과 캐나다, 멕시코 간의 관세 및 비관세장벽의 철폐, 투자, 금융 등의 서비스부문과 지적소유권보호 및 환경문제를 포괄하는 자유무역협정이다. 기존에 존재하는 미국과 캐나다와의 자유무역협정을 멕시코를 포함한 북미경제협의체로 확대시킨 것이라 할 수 있으며, 1994년 1월 1일부터 발효되었다.

NAFTA의 타결은 북미시장의 확대로 인한 새로운 경제권을 형성함으로써 유럽연합과 아시아지역에 대응할 수 있는 공동체를 체결하였다는 정치적 의미도 포함하고 있다. NAFTA 체결로 인한 각국별 시사점을 찾아보면 다음과 같다.

먼저 미국은 자국의 비교우위요소인 자본과 기술을 캐나다의 풍부한 자원과 멕시코의 노동력과 결합하여 세계시장에서 경쟁력을 강화하는 계기로 삼았다. 또한 EU 및 일본과 동아시아 경제권에 대한 대응책으로서 NAFTA를 활용할 수 있다는 정치적 힘을 배양하였다는 의미도 커다란 우위요인이다.

멕시코는 자국의 강력한 수출시장이며, 많은 양을 수입하는 절대적인 경제관계를 맺고 있는 미국과의 관계 강화를 통해 안정적이고 대규모적인 미국이라는 수출시장을 확보하였다는 데서 그 의의를 찾고 있으며, NAFTA 체결의 가장 큰 수혜국이라는 평가를 받고 있다. 그리고 미국시장에 진입하려는 국가들의 투자급증으로 인한 경제활성화를 유도할 수 있다는 부수적인 역할도 누리고 있다.

마지막으로 캐나다의 경우는 NAFTA 체결의 의미는 그다지 크지 않으며 단지 기존의 미국과 캐나다 간 자유무역협정체제를 유지한다는 데 의미를 두고 있다.

NAFTA는 협정 발효 이후에 그 효과가 회원국 각각에게 다양하게 나타나고 있다. 특히 1995년 외환위기를 극복한 멕시코가 가장 큰 수혜국으로 꼽히지만 세 나라 모두 교역증대와 고용증가를 경험하여 일단은 성공적인 경제통합이라고 평가되었으나 미국의 서브프라임 모기지론사태와 글로벌 금융위기 등으로 미국산업의 위기가 있은 후 미국의 보호무역주의적 입장이 강화되고 이를 배경으로 등장한 미국 트럼프 행정부 출범 이후 재개정이 추진 중이다.

3) APEC(Asia Pacific Economic Cooperation)

아시아 · 태평양경제협의체(APEC)는 경제통합체가 아닌 정부 간의 경제협력협의체이다. 경제협력체의 추진배경은 1970년대 이후 세계경제에서 아시아경제가 차지하는 비중이 크게 확대되고, 아 · 태지역의 역내 의존도가 증가함에 따라 역내 경제협력의 필요성이 자연스럽게 증가된 때문이다. 또한 우루과이라운드의 타결 지연에 따른 세계경제의 급속한 블록화에 대한 하나의 대응책으로서의 역할도 중요시되었기 때문이다.

APEC이 출범한 것은 1989년도로 아 · 태지역 역내 경제협력과 자유무역을 증진하기 위한 정부차원의 각료회의를 개최하면서부터라 할 것이다. 이후 1991년 APEC의 목적이 배타적 경제블록을 형성하는 것이 아니며 역외국가에 대해서도 자유무역을 허용하는 개방적 지역주의(open regionalism)를 천명함으로써 다른 지역주의와의 차별성을 명시하였다. 출발 초기에는 역내국 간 정보 및 의견교환과 역내 자유무역을 증진하기 위한 정부 간 협의체로 출범하였으나 1994년 APEC을 상설기구화함으로써 공식적인 국제협력기구로 발전하였다.

4. 우리나라의 FTA 추진 현황

2020년 7월 기준으로 총 16건의 FTA가 현재 발효 중이다. 우리나라의 첫 번째 FTA는 1999년 협상을 개시하여 2003년 타결되어 2004년 4월 발효된 칠레와의 FTA이다. 아태지역 경제통합 움직임에 대비해야 하는 우리나라로서는 그 시발점으로 1998년 11월 5일 대외경제조정위원회에서 자유무역협정(FTA) 체결을 추진하기로 하고, 첫 대상국으로 칠레를 선정하였다. 1998년 11월 APEC 정상회담을 계기로 양국 정상이 FTA 추진에 합의한 후 6차례의 협상을 거쳐 2002년 10월 25일 협상타결을 발표하였다. 이 후 2004년 2월 16일 국회 본회의를 거쳐 2004년 4월 1일 발효된 우리나라 최초의 FTA이다. 이는 중남미시장 진출의 교두보와 칠레가 보유하고 있는 광물 및 수산 자원의 측면에서 중요한 의미가 있는 FTA라고 할 수 있다.

이후 2006년 싱가포르와의 FTA가 발효되었는데 싱가포르와의 FTA의 의의를 구체적으로 살펴보면 다음과 같다. 첫째, 싱가포르가 동아시아의 무역중심지이자 세계적인 물류 · 금융 및 비즈니스의 중심지로서 다국적기업의 유망 투자대상지역임을 감안하면 국제적 비즈니스 거점과의 전략적 연계로 경쟁력 강화 측면에서 의의가 있다. 둘째, 동북아와 동남아 허브를 연결하는 FTA로 우리 기업의 동남아 진출 기반 강화에 의의가 있다. 셋째, 최근 FTA 논의가 가장 활발한 동아시아에서 우리나라가 체결하는 첫 번째 FTA이다. 넷째, 협정 자체가 포괄적인 FTA로 양국 간 무역 · 투자 확대 및 원활화 측면에서 그 의미는 크다고 할 수 있다. 마지막으로 개성공단 등 북한 경제특구에서 생산된 제품이 우리나라를 거쳐 싱가포르로 수입될 경우 한국산과 마찬가지로 원산지 물품으로 인정되어 한국-싱가포르 FTA상의 특혜관세를 누리게 되었다.

이후 다자간 FTA로서 EFTA 4개국[10]과의 FTA 및 ASEAN 10개국[11]과의 FTA가 체결되었다. 특히 EFTA는 서유럽 국가 중 EU에 참가하지 않은 국가들로서 인구규모는 작지만 세계 최고수준의 1인당 국민소득을 자랑하는 전형적인 강소국들의 자유무역연합체이다. 이러한 EFTA와 한국 간의 FTA는 2004년 12월 1일 양측 간 통상장관회의에서 정부 간 협상을 공식적으로 선언하였다. 이후 2005년 7월 서울에서 개최된 제4차 협상을 끝으로 협상이 실질적으로 타결되었고, 2006년 7월 1일부로 한국-EFTA FTA는 발효되었다.

그리고 동남아시아지역의 경제적 · 사회적 기반을 강화하기 위해 1967년 창설된 동남아시아 국가연합인 ASEAN(Association of South-East Asian Nations)과의 FTA는 상품무역, 서비스 및 투자협정이 순차적으로 발효된 우리나라가 맺은 최초의 거대경제권과의 FTA라고 할 수 있다. 2005년 12월 13일 한-ASEAN 정상회의에서 한국과 ASEAN 10개 회원국 정상들은 '대한민국과 동남아시아국가연합 회원국 정부 간의 포괄적 경제협력에 관한 기본 협정' 및 '분쟁해결제도에 관한 협정'에 서명하였다. 2006년 4월 캄보디아 프놈펜에서 열린 제11차 한-ASEAN FTA협상에서 상품양허안과 원산지규정을 포함하는 한-ASEAN FTA 상품무역협정에 대한 협상이 타결되었으며 2006년 8월 24일 말레이시아 쿠알라룸푸르에서 열린 한국-ASEAN 경제장관회의에서 포괄적 경제협력에 관한 기본협정하의 상품무역에 관한 협정에 대한 공식 서명을 완료하였다. 아울러 서비스협정의 경우는 2007년 11월 21일 서명되었고, 2009년 5월 발효되었으며, 투자협정의 경우 2009년 발효되었다.

그리고 신흥 거대경제권과의 첫 번째 FTA로 인도와의 CEPA[12]가 발효되었으며, 페루와의 FTA가 체결되었고 2015년 12월 EU 28개국과의 FTA가 체결되었다.[13] 이는 거대 선진경제권과 체결한 우리나라 최초의 FTA로 그 의미가 매우 큰 FTA이다. 특히 한-EU

10) EFTA 4개국 : 스위스, 노르웨이, 아이슬란드, 리히텐슈타인

11) ASEAN 10개국 : 브루나이, 캄보디아, 인도네시아, 라오스, 말레이시아, 미얀마, 필리핀, 싱가포르, 베트남, 태국

12) 포괄적경제동반자협정(CEPA : Comprehensive Economic Partnership Agreement) : 상품교역, 서비스교역 외에도 투자, 인력이동, 경제협력 등 경제관계 전반을 포괄하는 내용을 담고 있으며 명칭은 다르나 사실상 자유무역협정(FTA)과 같은 성격을 갖는다. 인도는 기체결한 양자협정에서도 FTA 외에 다른 용어를 사용한 바 있다. 이러한 예로 인도-싱가포르 CECA(Comprehensive Economic Cooperation Agreement) 등이 있으며, 무역수지 만성 적자 국가인 인도는 내용상의 차이가 없음에도 불구하고 FTA라는 용어를 기피하는 것으로 알려졌다. 한-인도 CEPA 등의 예와 같이 한국이 검토 중인 사실상의 FTA 성격의 양자협정에도 한-러시아 BEPA(Bilateral Economic Partnership), 한-MERCOSUR TA(Trade Agreement)와 같이 FTA라는 명칭을 사용하지 않은 예가 있다.

13) 당시에는 28개국과의 FTA였으나 현시점에서(2020년 7월 기준) 영국의 EU 탈퇴로 현재 27개국과의 FTA라고 할 수 있다.

FTA는 세계 최대규모의 단일경제권과 맺는 FTA로 향후 우리나라 경제성장을 위한 전략적 기반을 마련하였다는 데 그 의미를 부여할 수 있다.

이후 2006년 협상을 개시하여 2012년 3월 세계최대의 경제권인 미국과의 FTA가 체결되었다. 이는 우리 경제에 있어서 중요한 의미를 가지며 우리나라가 체결한 FTA 중 가장 많은 논란과 경제적 영향을 가져다준 FTA이다. 특히 한-미 FTA는 소득증대와 소비자후생 증가를 통해 우리 경제 전체의 후생을 증대하는 효과를 가져올 것으로 보인다. 이를 구체적으로 살펴보면 다음과 같다. 첫째, 한-미 FTA는 교역증진 및 자원배분 효율화, 국내투자 확대 그리고 경제 전반의 생산성 향상 등을 통해 소득증대에 기여하며, 특히 우리의 대응에 따라 큰 폭의 파급효과가 기대된다. 둘째, 기업 및 가계 등 소비자의 입장에서 물가안정과 소비의 선택폭 확대, 서비스 질의 향상 등으로 소비자후생을 증가시키는 효과도 기대할 수 있다. 아울러 미국과의 FTA는 미국 측의 적극적 요구가 수용되어 2018년 개정협상이 시작되어 2019년 1월 개정의정서가 타결되었다. 이후 터키와 2013년 기본협정 및 상품무역분야, 2018년 서비스 및 투자협정이 발효되었고, 자원부국인 호주와 2014년 12월, 캐나다와 2015년 1월 FTA가 발효되었다.

그리고 2015년 12월 우리나라 제1의 교역 상대국인 중국과의 FTA가 발효되었다. 중국과의 FTA는 많은 문제점을 내포하고 있으며 개방수준도 낮은 추가적인 재개정협상이 필요하다.

이외에도 2015년 뉴질랜드, 베트남, 2016년 콜롬비아와의 FTA가 발효되었으며 2019년 중미 5개국[14]과의 FTA가 부분 발효되었다.

그리고 아직 발효는 안 되었지만 브렉시트 이후의 한-영 통상관계를 고려하여 영국과의 FTA가 서명되었고, 이스라엘과의 FTA, 인도네시아와의 CEPA가 타결되었다. 나아가 많은 국가들과의 FTA 및 업그레이드 협상이 현재 진행 중에 있다. 우리나라가 체결 및 발효한 FTA를 정리하여 보면 〈표 7-9〉와 같다.

14) 파나마, 코스타리카, 온두라스, 엘살바도르, 니카라과

표 7-9 우리나라 FTA 발효 현황(2020년 7월 기준)

구분	상대국	추진 현황			의의
		개시	서명	발효	
발효(16건)	칠레	1999.12	2003.02	2004.04	최초의 FTA 중남미시장 교두보
	싱가포르	2004.01	2005.08	2006.03	ASEAN시장 교두보
	EFTA[1]	2005.01	2005.12	2006.09	유럽시장 교두보
	ASEAN[2]	2005.02	2006.08 (상품무역협정)	2007.06 (상품무역협정)	거대경제권과 체결한 최초의 FTA
			2007.11 (서비스협정)	2009.05 (서비스협정)	
			2009.06 (투자협정)	2009.09 (투자협정)	
	인도	2006.03	2009.08	2010.01	BRICs국가, 거대시장
	EU[3]	2007.05	2010.10.06	2011.07.01(잠정) 2015.12.13(전체) ★2011.07.01 이래 만 4년 5개월 간 잠정적용	거대 선진경제권
	페루	2009.03	2011.03.21	2011.08.01	자원부국 중남미 진출 교두보
	미국	2006.06	2007.06	2012.03.15	세계 최대경제권(GDP기준)
		2018.01 (개정협상)	2018.09.24 (개정협상)	2019.01.01 (개정의정서)	
	터키	2010.04	2012.08.01 (기본협정 · 상품무역협정)	2013.05.01 (기본협정 · 상품무역협정)	유럽 · 중앙아시아 진출 교두보
			2015.02.26 (서비스투자협정)	2018.08.01 (서비스투자협정)	
	호주	2009.05	2014.04.08	2014.12.12	자원부국, 오세아니아 주요 시장
	캐나다	2005.07	2014.09.23	2015.01.01	북미 선진시장
	중국	2012.05	2015.06.01	2015.12.20	우리의 제1위 교역대상국
	뉴질랜드	2009.06	2015.03.23	2015.12.20	오세아니아 주요 시장
	베트남	2012.08	2015.05.05	2015.12.20	우리의 제5위 투자대상국 (2019년 기준)
	콜롬비아	2009.12	2013.02.21	2016.07.15	자원부국, 중남미 신흥시장
	중미 5개국[4]	2015.06	2018.02.21	2019.10.01 부분발효 ★(2010.1)니카라과, 온두라스 (2011.1)코스타리카, (2020.1.1)엘살바도르	중미 신시장 창출

주 : 1) EFTA(유럽자유무역연합)(4개국) : 스위스, 노르웨이, 아이슬란드, 리히텐슈타인
2) ASEAN(10개국) : 브루나이, 캄보디아, 인도네시아, 라오스, 말레이시아, 미얀마, 필리핀, 싱가포르, 베트남, 태국
3) EU(27개국) : 오스트리아, 벨기에, 체코, 사이프러스, 덴마크, 에스토니아, 핀란드, 프랑스, 독일, 그리스, 헝가리, 아일랜드, 이탈리아, 라트비아, 리투아니아, 룩셈부르크, 몰타, 네덜란드, 폴란드, 포르투갈, 슬로바키아, 슬로베니아, 스페인, 스웨덴, 불가리아, 루마니아, 크로아티아
4) 중미(5개국) : 파나마, 코스타리카, 온두라스, 엘살바도르, 니카라과

구분	상대국	추진 현황	의의
서명	영국	2016.12 한 · 영 무역작업반★ 발족 ★브렉시트 이후 한 · 영 통상관계 정립을 위한 논의의 장 2017.02~2019.05 총 7차례 한 · 영 FTA 무역작업반 개최 2019.08.22 한 · 영 FTA 정식 서명	브렉시트 이후 한영 통상관계 지속
타결	이스라엘	2016.05 협상개시 2016.06~2018.03 총 6차례 공식협상 개최 2019.08.21 한 · 이스라엘 FTA 타결공동선언	창업국가 성장모델
	인도네시아 CEPA	2019.02.19 협상재개 선언 2012.07~2019.10 총 10차례 협상 개최 2019.11.25 협상타결선언	동남아시장 진출 확대 기여
협상 진행	한중일	2012.11.20 협상개시 선언 2013.03~2019.11 6차례 공식협상 개최 2014.11~2016.04 5차례 실무협상 개최	동북아 경제통합 기반 마련
	RCEP[5)]	2012.11.20 협상개시 선언 2013.05~2020.07 31차례 공식협상 개최 2019.11.04 15개국 협정문 타결	동아시아 경제통합 기여
	MERCOSUR[6)]	2018.15 협상개시 공식선언 2018.09~2020.02 5차례 공식협상 개최 ★회원국 자격 정지상태인 베네수엘라 제외, 4개국과 진행	남미 최대시장
	필리핀	2019.06 협상개시 2019.06~2020.01 5차례 협상 개최	동남아시장 진출 확대 기여
	러시아	2019.06 한 · 러시아 서비스 · 투자 FTA 협상개시 선언 2019.06~2020.07 5차례 협상 개최	신북방 정책추진, 거대신흥시장
	말레이시아	2019.06 협상개시 선언 2019.07~2019.09 3차례 협상 개최	동남아시장 진출 확대 기여
	캄보디아	2020.07 협상개시 선언 2020.07 1차례 공식협상 개최	동남아시장 진출 확대 기여
	한 · 아세안 추가 자유화	2010.10~2019.02 17차례 이행위원회 개최	교역확대, 통상환경 변화 반영
	한 · 인도 CEPA 업그레이드	216.10~2019.06 8차례 개선협상 개최	주력 수출품목양허 · 원산지기준 개선
	한 · 칠레 FTA 업그레이드	2018.11~2019.10 3차례 개선협상 개최	통상환경 변화 반영
	한 · 중 FTA 서비스 · 투자 후속협상	2018.03.~2020.05 7차례 서비스 · 투자 후속협상 개최	우리의 제1위 서비스수출국
	한 · 에콰도르 SECA	2015.08 협상개시 선언 2016.01~2016.11 5차례 협상 개최	자원부국, 중남미시장 진출 교두보
재개, 개시, 여건 조성	PA	2018.05 국회보고 2019.09 PA ToR협의개시	중남미 신흥시장
	EAEU	2016.10~2017.04 3차례 한 · EAEU 정부 간 협의회 개최 2017.09 한 · 러 정상회담 계기, FTA협의를 위한 공동 실무 작업반 설치 합의 (★EAEU : 러시아, 카자흐스탄, 벨라루스, 아르메니아, 키르기즈스탄)	신북방정책 교두보 확보

5) RCEP(역내포괄적경제동반자협정)(한국 제외 15개국) : 한국, 아세안 10개국, 중국, 일본, 인도, 호주, 뉴질랜드

6) MERCOSUR(남미공동시장)(4개국) : 아르헨티나, 브라질, 파라과이, 우루과이

8장 정치적 환경

1절 정치적 위험의 개요

1. 정치적 위험의 역사

제2차 세계대전 이후 IMF와 GATT의 양대 체제를 바탕으로 한 자유무역주의와 국제주의는 국제경제의 발전에 크게 기여하였다. 그러나 1960년대 말에 들어와서는 미국의 국제수지적자 누증을 주요인으로 하는 세계경제질서의 동요 속에서 자원민족주의의 대두와 제3세계의 태동 등 여러 가지 국제경제의 혼란상이 나타나기 시작하였다.

미국이 세계경제의 헤게모니를 상실하기 시작한 지난 20여 년간 국제기업들은 정치적 위험에 대해 관심을 기울이지 않을 수 없게 되었다. 1970년대에 들어와서 석유파동에 의해 촉발된 자원민족주의 등 국제기업환경이 불확실해지고 점차로 혼란스러워지게 됨에 따라 정치적 위험에 대한 관심이 고조되었으며, 특히 국제기업의 선두역할을 담당해 왔던 미국계 다국적기업과 국제금융기관들은 정치위험분석의 중요성을 인식하지 않을 수 없게 되었다.

정치적 위험에 대한 기업들의 관심이 높아진 원인은 여러 가지 측면에서 파악할 수 있다. 그러나 가장 근본적인 것은 제2차 세계대전 이후 기업의 급속한 국제화추진이라고 볼 수 있다. 기업의 국제경영활동이 확대됨에 따라 정치위험상황도 보다 복잡해지고 보다 중요해지는 반면에 좀 더 새로운 위험상황이 기업에게 다가온 것이다. 또한 기업의 국제활동이 가속화됨에 따라 현지국에서의 반감이 확대되어 소위 민족주의가 팽배해진 것도 한 원인이 될 수 있다. 식민통치에서 해방된 신생독립국의 수가 늘어나면서 민족주의의 감정이 팽배하였는데 이는 바로 식민시대의 감정의 결과이기도 하지만, 보다 근본적이고 중요한 원인은 바로 국제정치경제가 종속관계에서 상호 의존관계로 변화했다는 데서 찾을 수 있다. 이렇게 국제 간 상호 의존관계의 심화는 기업 외부환경의 불확실성과 복잡성을 가중시키는 결과를 초래하였다. 1973~74년 기간 중 석유수출국기구(OPEC)의 수출금지조치와 수출가격 인상조치는 민족주의와 신생독립국 상호 간의 의존관계라는 두 가지 관점에서의 상징적인 본보기이다.

민족주의의 강화는 거시경제적 충격 이외에도 여러 가지의 형태로 국제기업에 타격을 가하였다. 외국인기업에 대한 강제철수나 재산의 수용조치도 증가하였다. 미국기업의 경우 1940년대 말부터 1969년까지 강제철수조치를 당한 기업의 숫자는 매년 평균 3개 업체에 불과하였으나 1970년대 초 · 중반에는 4배 이상으로 증가하였다

국제기업의 외부환경은 점차 복잡해지고 불확실해질 뿐만 아니라 기업에 직접적으로 불리한 영향력을 행사하게 된 것이다. 더욱이 국제기업의 본국 정부는 자국의 기업에 대하여 해외시장에서의 안전성을 보장할 수도, 현지국의 규제조치나 탄압을 막아줄 수도 없는 입장이 되었다.

물론 1970년대 초반 이전까지 미국의 군사적 우위는 전 세계를 장악하여 세계 어느 곳이라도 자국과 자국기업의 이익을 위하여 파병을 할 수 있었다. 따라서 현지국들은 미국기업의 재산을 수용하는 경우, 미국의 파병이나 군사적 압력을 고려하지 않을 수 없었으며, 특히 OPEC도 초기에 석유수출금지조치를 행하면서 미국의 페르시아만 봉쇄조치를 고려하지 않을 수 없었던 것이다. 그러나 이란혁명을 필두로 표면화된 민족주의는 전 세계의 국제기업에게 심각한 타격을 입혔고, 이후 국제적으로 정치적 위험을 크게 증가시키는 요인이 되었다.

2. 정치적 위험과 기업경영

미래에 무슨 일이 일어날지를 정확히 예측한다는 것은 거의 불가능한 일이다. 그러나 기업경영자는 예측 및 전략적 계획의 수립을 통하여 미래의 불확실성을 줄여나가야 한다. 즉, 경영자는 사고나 사건의 발생 가능성을 검토하고 그러한 일이 일어났을 경우에 기업에 미치는 영향을 미리 예상함으로써 기업의 활동에 큰 영향을 미치지 않도록 능동적으로 대처해야 한다.

대개 국제경영을 행하는 기업의 입장에서 의사결정을 할 경우에 본국이나 현지국 모두

정치적 또는 정책적 조치에 의해 깊은 영향을 입는다. 예를 들어, 우리 정부가 에너지절약 정책의 일환으로 자동차의 연비문제에 대하여 강력한 규제조치를 시행한다거나 외국 정부에서 환경오염규제를 위해 배기가스 정화장치의 부착조치를 시행하는 경우 자동차 제조기업은 본국과 현지국 모두로부터 영향을 받게 되는 것이다.

정치적 위험이란 개념은 국제경영에 있어서 오래 전부터 인식되어 왔지만 아직도 그 정의나 평가, 예측방법 등에 있어서 이론상 커다란 발전을 보지 못하고 있다. 그러나 정치적 위험을 정의함에 있어서 가장 중요한 세 가지의 요건은 ① 기업환경의 급격한 변화가 발생하고 ② 이러한 변화가 예측 불가능하며 ③ 이러한 변화가 바로 정치적인 변화로부터 발생한다는 것이다. 여기서 기업환경이 급격하게 변화한다거나 예측 불가능하다는 말의 의미는 기업이 전혀 대응하기 힘들다는 의미이다. 다시 말해 정치적 변화가 점진적으로 변화해 간다면, 혹은 정부가 정책을 미리 예고하고 나서 시행한다면 기업은 이에 대응할 수 있고 또한 이러한 것은 일반적인 환경으로 간주하게 되는 것이며 정치적 위험으로는 볼 수 없다.

한편 정치적 변화라는 의미는 비정상적인 정치활동이나 상태가 지속되는 정치적 불안정과는 다른 개념으로서 기업의 경영활동에 실질적인 영향력을 행사하는 변화라는 의미이다. 그러니까 단순히 한 나라의 정치가 불안정하다든지 정치적 변화가 일어난다고 해서 반드시 위험의 대상이 되는 것은 아니고, 기업 또는 특정산업에 관련되어 수익성이나 영업활동에 영향을 미쳐야 한다는 점이다.

그렇다면 과연 정치적 변화는 어떻게 초래되는가? 특정국이 외국기업의 과실송금을 억제할 때 그 조치는 단순히 국제수지의 개선을 위한 경제적인 동기에서 나왔을 수도 있고 또는 외국인 투자에 대한 이념적 반대에서 나온 정치적인 변화일 수도 있다. 사실 세상의 현상은 여러 요인들이 얽혀 있기 때문에 하나의 현상을 놓고 한마디로 정치적이다 또는 경제적이다라고 말하기 어려운 경우가 많다.

그러나 일반적으로 볼 때 정치와 경제는 그 동기에 있어서 분명한 차이가 있으며, 따라서 기업에 미치는 영향을 분석하는 데 있어서 이 둘을 구분하는 것이 유용하다. 여기서 정치란 사회 전체적인 권력관계와 관련된 사건 및 그 행사과정으로 정의할 수 있다. 예를 들어, 어떤 나라에서 전국적인 노동조합이 특정정권에 항의하기 위해 파업을 하는 경우에(1978년의 니카라과, 1980년의 폴란드) 이는 정치적 행위라고 보겠으나, 단순히 임금인상이나 작업조건에 대한 항의인 경우에는 경제적 행위라고 보아야 할 것이다. 종합해 보면 예측하기 힘든 사회 전체적인 권력관계의 변화가 기업경영에 영향을 미칠 것처럼 보일 때 정치적 위험이 있다고 하겠다.

한편 정치적 위험과 유사한 개념으로 국가위험(country risk)이라는 용어가 상호 교환적으로 사용되기도 하는데 이들 개념들은 분명하게 다른 의미로 사용된다. 실제로 국가위험이라는 것은 국제은행들이 주로 사용하는 보다 제한된 의미의 용어로 사용되는 반면, 정치적 위험은 국제경영활동과 관련된 모든 분야에서 폭넓게 사용되고 있다.

흔히 국가위험은 일국 내에서 경제, 정치 및 사회적 요인들로 인하여 대출자들이 차입자에게 적시에 적당한 방법으로 대출원리금을 상환받을 수 없게 되는 상황이 발생할 가능성이라고 정의된다. 한편 정치적 위험은 기업이 행하는 사업과 관련된 제품, 시장 혹은 기술적인 위험 이외의 요인에 의해 발생하는 비상업적 사건으로부터 야기되는 상황을 말하기도 하는 것이다.

표 8-1 정치적 위험과 국가위험의 비교

구분	정치적 위험(political risk)	국가위험(country risk)
위험노출대상	해외직접투자기업	국제은행, 대출자(간접투자)
위험노출자산	물적 자원, 인적자원, 자본 및 기술 등 모든 해외투자재원	정부나 민간에 대한 대출자본
위험노출기간 위험의 유형	• 대개 무기한(투자기간 중) • 수용 및 몰수, 국유화 • 외환통제, 테러, 납치 • 고용규제, 현지부품의무 • 사용 강요, 조세차별, • 입찰제한 등	• 중단기(대출약정기간 중) • 채무상환불능(default) • 상환동결(blocked funds) • 채무재조정(rescheduling) • 상환조건변경(restructuring)
위험의 크기	사건의 종류에 따라	사건의 종류에 따라
위험방지수단	• 해외투자보험(미국 : OPIC) • 국제적 사업의 다각화, 위험에 적응	• 수출입은행에 부보(미국) • 국제적인 대출의 다각화, 여신한도설정

출처 : Robert Gross and John Stack, "Non-Economic Risk Evaluation in Multinational Banks", *Working Paper*, No.285, University of Michigan, January 1982, pp.5-7.

〈표 8-1〉에서 보는 바와 같이 대개 정치적 위험은 해외투자를 행하는 기업의 입장에서 해외에 투자한 자본, 기술 및 인적 · 물적 자원이 현지국의 국유화, 외환통제, 조세차별 등에 의하여 입게 될지도 모르는 잠재적인 손실을 의미한다.

3. 정치적 위험의 유형

세계의 시장환경은 본래의 특성상 항상 불확실하고 변동이 심하다. 이러한 불확실성과 변동성이 기업에게 문제를 야기할 것인가 하는 문제는 산업의 특성에 따라 그리고 기업이나 사업의 특성에 따라 또한 경영자의 태도에 따라 달라질 수 있다. 그러나 기업이 정치적 위험이나 정치적 위험이 초래할지도 모르는 손실을 피할 수 있는 확고하고 적극적인 의사결정능력을 보유함으로써 이러한 환경을 자신에게 오히려 유리하게 만들어 갈 수 있다. 이러한 경험들을 반영하여, 최근의 정치위험의 실증적 분석연구에서나 정치적 위험을 정의함에 있어서 새로이 나타나는 경향은 정치적 사건이 기업의 이익에 실질적으로 영향력을 미치는가에 주안점을 두고 있다.

정치적 위험은 그것이 국제 전체에 영향을 미치느냐 아니면 특정산업이나 기업 또는 프로젝트에만 영향을 미치느냐에 따라서 거시적 위험과 미시적 위험으로 나눌 수 있다.

표 8-2 정치적 위험의 제요인

구분	거시적 정치위험		미시적 정치위험	
	사회적 요인	정부관련 요인	사회적 요인	정부관련 요인
국가 내부	• 혁명, 쿠데타 • 내전, 인종갈등 • 인종 · 종교 소요 • 폭동 · 테러, 파업 • 보이콧, 노조의 전면 파업	• 국유화, 몰수 • 송금제한 • 집권자에 대한 저항 • 급진적 정권이양 • 고물가, 고금리 • 관료주의	• 선택적인 테러 • 선택적인 파업 • 선택적인 저항 • 기업에 대한 국가적 보이콧	• 선택적 국유화 • 선택적 토착화 • 합작투자압력 • 차별적 조세정책 • 현지부품사용법 • 계약의 일방파기 • 자국기업지원 • 가격통제
국가 외부	• 국가 간 게릴라전 • 국제테러 • 세계적 대중의견 • 철수압력	• 핵전쟁 일반전쟁 • 국경분쟁 • 동맹의 파기 • 수출금지조치 • 높은 외채상환율 • 국제경제불안	• 국제적 행동집단 • 외국 MNE 간 경쟁 • 선택적 국제테러 • 기업에 대한 국제적 보이콧	• 본국과 현지국의 외교적 긴장 • 쌍무적 무역협정 • 다자간 무역협정 • 수출입 규제조치 • 외국 정부의 간섭

출처 : Jeffrey D. Simon, "Political Risk Assessment : Past Trends and Future Prospects", *Columbia Journal of World Business*, Fall 1982, p.67.

거시적 정치위험이란 국제기업 전체에 영향을 미치는 정치적 변화를 가리킨다. 거시적 위험의 영향은 매우 강력하며 직접적이고 전면적이나 그렇게 자주 발생하는 것은 아니다. 또한 거시적 위험은 돌발적이고 단발적이며 개별적인 국제기업으로서는 거의 통제할 수 없는 성격의 위험이다.

가장 직접적이면서도 전면적인 거시적 위험의 예는 1959~60년도에 쿠바의 카스트로가 모든 사유재산을 국유화한 데서 찾아볼 수 있다. 이처럼 정치적 이념의 전환으로 인해서 외국인 투자재산을 몰수한 예는 알제리, 미얀마, 칠레, 이집트, 가나, 인도네시아, 우간다, 리비아 등에서도 있었다.

또한 1970년에 중국의 주은래가 일본에 대해서 소위 주사원칙을 발표하면서 한국이나 대만에 투자했거나 신용을 공여한 기업과는 거래를 하지 않겠다고 발표한 경우이다. 이 경우에 한국에 투자한 일본기업은 중국과 거래를 하기 위해서는 제3국인이 한국으로부터 철수하지 않으면 안 되는 미묘한 위치에 빠지게 되었다. 이와 비슷한 경우는 중동의 아랍국가들이 이스라엘에 지사를 가진 외국기업과는 거래를 하지 않겠다고 선언한 데에서도 찾아볼 수 있다. 거시적 위험은 주로 제2차 세계대전 직후 동구와 중공 등의 사회주의국가에서 동 · 서 냉전의 심화에 따라 발생하였으나 1970년대 이후에는 자원민족주의의 대두와 함께 중동지역이나 아프리카, 중남미국가에서 종종 일어나고 있다.

한편 미시적 정치위험은 거시적 위험보다는 덜 극적이지만 어느 면에서는 오히려 더 널리 그리고 자주 국제기업에 영향을 준다. 거시적 정치위험이 거의 모든 기업에 영향을 미치는 데 반하여 미시적 위험은 소수의 특정기업에게만 영향을 미친다. 미시적 위험은 외국정부가 정치적인 이유로 특정산업이나 기업 또는 프로젝트에 제한적인 정책을 취할 때 발생하고 특정기업이나 특정산업만이 받게 되는 위험이며, 기업의 성격 또는 전략에 따라서 어느 정도 통제 및 조절할 수 있는 성질의 위험이다.

정치적 위험을 위험요인의 발생원천에 따라 분류하면, 법률이나 정부 등 정부와 관련되어 초래된 정치적 위험과 법률이나 정부 이외의 사회적 요인에 의해 초래된 정치적 위험으로 분류하기도 한다. 정치적 위험의 원천이 법률이나 정부 이외의 사회적 요인에 의해 발생한다는 것은 테러, 사보타주, 군사 쿠데타 혹은 혁명과 같이 정상적인 국가구조나 기존의 국가권력구조 이외의 원천에서 발생하는 위험이라는 의미이다.

법률이나 정부로부터 발생하는 위험은 지속적인 정치적 과정의 직접적인 산물로서 선거에 의해서 새로운 정부를 구성한다거나 정상적인 국회활동을 통해서 무역, 노동, 합작투자, 보조금, 기술, 통화량, 기타 개발정책에 관한 입법행위를 하는 것을 의미하는 것이다. 예를 들어, 이란에서 굿리치(BFGoodrich)타이어사는 극동과 유럽에서 최대규모의 타이어 공장을 설립하기로 계약을 하고 건설에 착수하였다. 물론 계약 당시에 정부는 무역과 투자에 대한 보호조치를 약속하였다. 그러나 중도에 현지 정부에서 24시간 3교대 작업을 하지 못하게 하고 오로지 일일 8시간 근무제를 도입하는 입법조치를 행함으로써 굿리치타이어사는 생산계획에 차질을 빚어 큰 어려움에 직면한 경우도 있었다.

또한 정치적 위험은 가시도(degree of visibility)와 폭력의 정도에 따라서도 유형화가 가능하다. 규제조치라는 항목의 위험은 가시도도 낮고 현지국 정부에 의한 위협의 정도가 낮은 것으로 보통은 정치적 위험으로까지 분류되지 않을 수도 있는 위험유형이다. 그러나 이러한 위험의 유형도 기업의 경영활동에 상당한 영향력을 행사할 수 있기 때문에 이를 주의 깊게 관측하여야 하며, 이에 속하는 위험으로서는 조세상의 차별, 정부의 조달에 대한 차별조치, 과도한 행정상의 관료주의적 절차 등이 있다.

또한 정부의 규제조치보다 약간 강도가 높은 위험으로는 경영의 현지화를 들 수 있다. 경영의 현지화(indigenization or domestication)란 현지의 기업경영에 현지인의 비율을 높이도록 요구하는 현지 정부의 정책을 의미한다.

보다 높은 강도의 위험으로서 자본의 현지화(indigenization of capital)란 국제기업의 소유지분을 현지국민에게 양도하도록 압력을 가하는 것으로서 폭력의 정도에 따라 ① 설득에 의한 현지화 ② 외국인투자규정의 변경 등 현지 법률규정에 의한 현지화 ③ 점진적 국유화로 나뉘며, 가장 강도가 높은 위험으로는 자산의 손실(loss of assets)을 초래하는 송금제한, 국유화, 몰수 및 기업해체가 있다.

4. 정치적 위험의 원천과 영향력

국제기업에 정치적 위험을 발생시키는 요인, 다시 말해 정치적 위험의 원천은 무엇이며 이러한 정치적 위험이 어떠한 집단으로부터 발생하는가 그리고 이러한 정치적 위험이 국제기업에게 어떠한 영향을 가져다주는지가 〈표 8-3〉에 요약되어 있다.

정치적 위험의 원천은 다음의 여섯 가지이다.

표 8-3 정치적 위험의 원천과 영향력

원천	원천이 되는 집단	국제경영에 미치는 영향
• 상반되는 정치이념 • 사회적 불안과 무질서 • 현지기업인 또는 외국기업인의 이해관계 • 정치적 독립과 주권선언 • 전쟁 또는 내란 • 새로운 외교관계 형성	• 집권 정부와 행정부서 • 의회 내의 세력집단 • 의회 밖의 세력집단 • 일반 대중집단(학생, 노동자, 소수민족 등) • 외국 정부 또는 국가 간의 연합기관 · 단체 • 전쟁 상대국이나 내란을 지원하는 외국 정부	• 재산몰수 -재산수용 • 운용상의 문제(고용정책, 소유정책, 시장점유율, 제품특성 등) • 이전자유의 제한(배당금, 이자, 상품, 인력 등) • 계약의 일방적 파기 • 차별정책(조세, 하천 등) • 재산 또는 인명피해

출처 : S. H. Robock, K. Simmonds and J. Zwick, *International Business and Multinational Enterprise*, Homewood, Ⅲ : Richard D. Irwin, 1977, p.291.

첫째, 현지국가가 지니는 상반된 정치이념이다. 여기서 상반된 정치이념이라는 것은 민족주의, 사회주의, 공산주의 등을 의미하고 있다.

둘째, 사회적 불안과 무질서이다. 사회적 불안과 무질서는 정치적 불안정을 초래하기도 하지만 근로자들의 근로의욕을 저하시키고 사회 전반에 걸쳐 보신주의를 만연하게 한다.

셋째, 현지기업인과 외국기업인들이 특정사업분야에 깊은 이해관계가 있을 경우 뇌물이나 기타의 스캔들을 폭로시킴으로써 정치적 공세를 펼 수도 있다. 예를 들어, 1980년대 초반 이후 미국에서는 컬러 TV의 국내생산이 전면 중단되었음에도 불구하고 1980년대 중반 한국산 컬러 TV에 대한 덤핑제소가 계속되었던 것은 일본계 및 대만계 전자제품 수출업체들의 로비에 의한 것으로 알려져 있다.

넷째, 정치적 독립과 주권선언이다. 오늘날에는 식민지국가로 남아있는 나라가 극히 적지만 대개 식민지국가가 정치적으로 독립을 하는 경우에는 국민적 반감과 피해의식 때문에 종주국에 대한 적대적 행위를 취하는 경우가 많다.

다섯째, 전쟁이나 내란, 테러의 발생 위험이 있다.

여섯째, 새로운 외교관계 형성이 정치적 위험의 원천으로 작용할 수 있다. 1960년대 중반 수카르노 대통령의 집권 아래서 공산권국가와 새로운 외교관계를 수립한 인도네시아는 그로부터 상당기간 국제기업에 대해서 매우 제한적인 규제정책을 취했는데, 그것은 이념적 변화에도 기인하거니와 동구권국가로부터의 새로운 자금 및 기술원이 생김으로써 서방 측 기업에 의존하지 않아도 된다는 심리적 이유도 있었을 것으로 보인다.

한편 정치적 위험의 원천이 되는 집단에는 ① 집권 정부와 행정부서 ② 의회 내의 세력집단으로서 특히 반대집단 ③ 의회 밖의 세력집단, 주로 반정부단체 ④ 조직화되지 않은 일반대중(학생, 노동자, 소수민족 등) ⑤ 자국에 영향력을 행사할 수 있는 외국 정부나 UN, EC 등 국제기구나 단체 ⑥ 전쟁 상대국과 내란 또는 반군세력을 지원하는 외국 정부 등이 있다.

정치적 위험으로 인하여 국제기업이 현지의 경영활동에 영향을 받게 되는데, 그 대표적인 유형은 다음의 일곱 가지로 나누어 볼 수 있다.

첫째, 재산의 몰수이다. 몰수라는 것은 현지국이 외국인의 투자자산을 국유화하면서 아무런 보상을 행하지 않는 것을 말한다. 이러한 정치적 위험은 현지 정부의 정치체계가 변하는 경우에 주로 발생한다. 예를 들어, 공산화가 된다거나 혹은 민족주의가 대두되는 경우에는 몰수조치가 발생하는 경향이 높다.

둘째, 재산의 수용이다. 수용은 대개 명목상의 보상을 해주고 국가가 특정자산의 소유권을 강제로 징수하여 처분하는 행위이다.

셋째, 운영상의 규제조치를 들 수 있다. 운영상의 규제조치에는 외국인기업에 대한 시장점유율, 소유권비율, 제품의 특성, 고용정책 등에 관하여 규칙을 정해 놓고 이를 준수하도록 요구하는 것이다.

넷째, 이전자유에 대한 제한이다. 국제기업은 본질적으로 자본, 인력, 기술, 원료 등 중간 투입물과 함께 완성재인 상품을 내부적으로 이전하는 기업 내부거래를 수행하고 있는데 이는 기업이 내부거래를 통해서 추가적인 이윤을 추구할 수 있기 때문이다. 결국 현지국에서는 이러한 추가적인 이윤을 봉쇄하는 수단으로써 이를 제한할 수도 있다.

다섯째, 계약의 일방적 파기나 변경을 들 수 있다. 계약의 일방적 파기 또는 변경이란 정부가 민간기업들 간에 사적으로 맺어진 계약에 개입하여 이를 규제하는 조치를 말한다. 대개 정부의 정책목적을 위해 집중육성산업의 보호 또는 불요불급한 사업의 억제 등을 위해 시행되기도 하지만, 합작투자의 경우 현지국 파트너기업의 협상력을 강화시켜 주는 수단으로 작용할 수도 있다.

여섯째, 현지국의 차별정책으로서 현지 정부가 조세상의 차별과세를 한다거나 대형프로젝트에 하청업체로서만 참여시킨다거나 혹은 강제적으로 정부공사를 수주하도록 강요하는 것을 의미한다.

마지막으로는 재산 또는 인명상의 피해로서 주로 폭동이나 내란, 전쟁으로 인한 피해를 말한다. 예를 들어, 1992년 미국 LA에서 발생한 흑인폭동의 주요 희생자는 한국 사람과 기업들로서 다른 국가나 일반 미국인에 비하여 엄청난 피해를 입은 바 있다.

2절 정치적 위험의 측정과 분석방법

체계적으로 정치적 위험을 분석 · 평가하고자 하는 시도는 1972년의 이란사태로 걸프사(Gulf oil)가 막대한 손실을 본 후부터이다. 그만큼 이란혁명은 국제기업에게 가장 비극적인 정치적 사건의 하나로 기억되고 있다. 이란혁명이 비극적인 결과를 초래하였다는 의미는 국제기업의 손실이 컸다는 점뿐만 아니라 거의 모든 기업들이 전혀 예측하지 못하였다는 데 있다. 이와 같은 사건을 계기로 정치적 위험을 평가하기 위한 모델의 개선작업이 추진되어 왔다.

정치적 위험분석은 미래에 발생 가능한 정치적 변화를 예측하고 그 변화가 경영활동에 미치는 영향을 분석하는 것이기 때문에 주관적인 요소가 많이 작용하며, 정보의 가용성, 분석의 신뢰성 및 효용성 등의 측면에서 많은 문제점을 제기할 수 있기 때문에 아직은 발전단계에 있다고 할 수 있다.

표 8-4 정치적 위험 분석방법의 제분류

구분	정성적 분석방법	정량적 분석방법
이론적 분석 (theoretical)	• 정형적 서술방식(structured qualitative)	• 계량경제적 방식(econometric quantitative) - PSSI model - ecological model - PRINCE model
비이론적 분석 (nontheoretical)	• 자유서술방식(unstructured qualitative) • 체크리스트방식(checklist) • 현지방문조사법(grand tours) • 고문제도(old hands) • 델파이분석 · 전문가견해(delphi · expert generated opinion)	• 동전 던지기(coin-flips)

출처 : Charles R. Kennedy, Jr., *Political Management-International Lending and Investing under Environmental Uncertainty*, New York : Quorum Books, 1987, p.9.

〈표 8-4〉에서 보는 바와 같이 정치적 위험을 측정하기 위한 방법은 정성적(qualitative), 정량적(quantitative), 이론적(theoretical), 비이론적(non-theoretical)의 네 가지 기준에 따라 분류된다.

1. 정성적 · 이론적 분석방법

정형적 서술방식이란 정치적 위험을 평가하기 위하여 전문가나 전문기관에 의뢰하여 정치적 위험에 관련성이 높을 것으로 선험적으로 알고 있는 몇 가지의 상호 관련변수들로 구성된 개념적인 모형을 구축하고 이러한 모형을 근거로 하는 예측방법이다. 즉, 정치적 위험요인들에 대하여 서술적 방식으로 위험을 평가하되 규격화되고 체계적으로 평가하는 것이다.

2. 정성적 · 비이론적 분석방법

정성적 · 비이론적 분석방법이란 이론적 근거를 지니지 않으면서 또한 서술적인 방식으로 정치적 위험을 평가하는 방법을 말한다. 여기에는 자유서술방식, 체크리스트방식, 현지방문조사법, 고문제도, 델파이분석 및 전문가견해 등이 있다.

1) 자유서술방식

자유서술방식이란 전문가의 주관적 판단에 의존하는 방법으로서 전혀 이론에 근거를 두지 않고 보고서의 양식도 일정한 형태나 체계를 갖추지 않은 예측방법이다. 평가대상국의 정치, 경제, 사회적 특성에 따라 평가요소를 달리 선정하고 이를 분석함으로써 평가대상국의 정치적 위험도를 평가한다. 이 방식은 각 국가마다 서로 다른 특성과 각국이 당면하는 중요문제에 초점을 맞출 수 있다. 또한 계량화하기 힘든 요인들을 감안할 수 있는 반면, 국가별로 평가요소가 상이하여 객관성이 떨어지므로 국가 간 비교와 국가별 등급산정이 어렵고 예측능력도 부족하다는 단점이 있다.

2) 체크리스트방식

체크리스트방식도 전문가의 주관적 판단에 의해 정치적 위험에 영향을 주는 변수를 추출하고 이들에 대한 상태를 기술함으로써 자의적으로 정치적 위험을 평가하는 것이다. BERI나 BI 등에서 행하는 델파이분석에서의 지표가 바로 여기서 말하는 체크리스트가 된다. 결국 체크리스트방식이란 표준화된 공통적인 지표를 작성하여 국가별로 점수를 부과하고 각 지표별로 가중치를 두어서 종합적인 가중평균점수를 산출한 후 이 점수를 국가별로 비교함으로써 정치적 위험의 정도를 평가하는 방법이다. 이 방식은 국제비교가 용이하고 평가 시에 주관성이 다소 배제되며 계량화할 수 없는 요소도 고려할 수 있고 예측력도 상당한 수준에 이른다는 장점이 있으나 공통지표의 선정이나 가중치를 부여함에 있어서 자의성이 개입될 소지가 높다.

3) 현지방문조사법

현지방문조사법이란 직접 현지국을 방문하여 현지의 정치, 경제, 사회 등의 환경을 조사하는 방법이다. 주로 현지기업인과의 면담이나 정치적으로 영향력이 있는 인사와의 접촉을 통해서 정보와 의견을 수집함으로써 현장감 있는 정확한 정보를 취득할 수 있으며, 최고경영자가 직접 방문조사하는 경우 보고에 의한 방법보다 의사전달이 훨씬 효과적이라는 장점이 있다. 그러나 단점으로는 정보수집이 체계적이지 못하다는 것이다. 여기서 나오는 정보는 방문하는 사람에 따라 그리고 방문하는 시점에 따라 달라질 수 있으며, 개인의 통찰력과 예지에 의존하기 때문에 상당히 주관적인 조사결과를 보이게 된다는 것이다. 또한 방문 시 현지정보에 과다 노출되어 실제적으로는 필요한 정보를 제대로 추출해 내지 못하는 경우도 있다.

4) 고문제도

고문제도란 정치적 위험을 평가하기 위하여 관계전문가의 전문지식을 이용하는 방법이다. 이 방법은 전문가의 의견을 이용함으로써 시간을 절약할 수 있으며, 또한 전문가의 높은 예측력과 함께 거시적인 흐름이나 패턴을 파악할 수 있는 장점이 있다. 그러나 고문제도를 이용하는 경우 정보의 노출로 손실을 입을 수도 있으며 전문가의 의견이 상당한 권위를 갖기 때문에 명백한 반박자료가 없는 경우 이를 수용해야 함으로써 사업이 실패할 가능성도 있다.

5) 델파이분석 및 전문가견해

델파이분석은 고문제도와 유사하게 전문가들의 의견을 수렴하여 종합 · 평가하는 방법이다. 이 방법은 정보나 의사결정을 다른 사람에게 의뢰하여 내리는 방법으로서 반복적인 설문조사에 의해 의견을 조사한다.

전문가견해방법이란 말 그대로 정치적 위험에 영향을 주는 정치, 경제, 사회문제 등에 관하여 각각의 전문가들에게 의뢰하여 각 변수에 대하여 점수를 부여하도록 함으로써 종합적으로 정치적 위험을 평가하는 방법이다. 이 방법으로는 기업환경 위험지수(BERI : Business Environment Risk Index), Business International사의 BI지수, 니케이 기업지수(NBI : Nikkei's Business Index) 등을 들 수 있다.

〈표 8-5〉에서 보는 바와 같이 BERI에서는 정치적 위험과 관련이 있다고 생각되는 15개의 변수를 사용하고 각각의 변수에 대해서 일정한 가중치를 두고 있다. 가중치의 총합은 25이며 각각의 변수에 대하여 4번의 조사를 시행하여 100점을 만점으로 하고 있다. 여기서 100점에 가까울수록 정치적 위험이 적은 국가임을 나타내는 것이다. 결국 BERI는 전문가

표 8-5 BERI의 변수와 가중치

변수	가중치
정치적 안정성	3.0
외국인투자환경	1.5
국유화정책	1.5
통화공급	1.5
국제수지	1.5
관료의 업무태만	1.0
경제성장률	2.5
통화의 교환성	2.5
계약의 실행성	1.5
임금비용과 생산성	2.0
직업훈련 및 교육	0.5
통신 및 운송	1.0
현지국의 경영능력	1.0
단기차입능력	2.0
장기자본축적	2.0
합계	25.0

출처 : F. T. Haner, "Business Environment Risk Index, Appendix B", *BERI Ltd. System for Selected Countries*, August 1981, p.9.

의 견해를 정형화한 체크리스트형태의 모형이라고 말할 수 있다.

3. 정량적 · 이론적 분석방법

정치적 위험에 대한 정량적 · 이론적 분석방법은 계량경제적 방법을 의미하며 일반적으로 모델이라고 불리는 분석도구를 이용하는 것이다.

계량경제적 방법은 정치적 위험을 측정함에 있어 계량모형을 설정하고, 설정된 모형에 수량화할 수 있는 각종 통계를 투입하여 그 분석결과로 정치적 위험을 평가하는 방법으로 최근에 들어서 급속히 발전하는 계량경제적 모형을 이용하여 평가대상국의 정치 · 경제적 위험도 등을 측정하는 데 널리 사용되고 있다.

계량경제적 방법의 장점은 주관적 요인에 의해 좌우되지 않고 객관적인 결과를 도출할 수 있다는 것이다. 그러나 모형설정에 사용되는 각종 변수의 선정이 어렵고 모형을 지나치게 단순화하여 그 분석결과가 현실과 괴리되는 경우도 발생할 수 있다. 또한 정치적 위험에 상당한 영향을 미치지만 단순히 계량화하기 곤란하다는 이유로 분석에서의 특정변수를 제거하게 되는 문제점도 발생할 수 있다. 그리고 후진국의 경우에는 통계자료의 신빙성이 없는 경우가 대부분이고, 모델의 가정 자체가 과거의 자료를 통해서 미래의 영향력을 평가함으로써 발생하는 문제점도 있을 수 있다.

4. 통합적 분석방법

앞서 분류한 세 가지의 정치적 위험분석방법을 사용하는 경우 두 가지의 오류를 범할 수 있다. 첫째는 위험을 과소평가한 결과 정치적 변화로 인해 손해를 보는 오류이고, 둘째는 정치적 위험을 과대평가한 결과 사업기회를 놓치게 되는 경우이다. 특히 계량적 방법의 경우 특정국가의 정치적 위험이 높다고 해서 반드시 그 지역을 사업대상에서 제외하여야 하는가 하는 문제가 있다. 그러므로 정치적 위험을 분석하는 경우에는 객관적인 방법과 주관적인 방법이 동시에 사용되어야 하며, 그 분석범위에 있어서도 거시적인 위험과 미시적 위험을 동시에 살펴보는 통합적인 방법을 사용하여야 할 것이다. 한 가지의 방법에 의존할 경우 각 방법이 지니는 단점으로 인하여 발생하는 문제를 회피할 수 없으므로 여러 가지의 방법을 보완적으로 사용하는 것이 바람직하다.

최근에 들어서 종합적인 정치위험평가를 위한 방법으로 통합적 위험분석방법을 많이 사용하는데 구체적으로는 시나리오분석법을 들 수 있다. 여러 가지의 사건과 추세가 상호 연관성을 맺고 변수들 서로가 영향을 주고받는 복잡한 환경하이거나 혹은 불확실한 상황하에서 개별국가의 정치적 위험 정도와 추세를 파악하기란 어려운 일이다. 시나리오분석법은 융통성 있는 의사결정을 위하여 인과관계를 설명하는 일련의 가상적 사건을 가정하고 이에 대한 상황전개를 함으로써 사건의 복잡성과 불확실성에 대처하는 기법이다.

시나리오분석법의 장점은 객관적 자료를 근거로 전문가들의 추론에 의해 작성된 몇 개의 시나리오를 최고경영자들이 주관적 판단으로 택할 수 있으며, 거시적 변수와 미시적 변수를 모두 고려할 수 있다는 점이다.

일반적으로 시나리오분석법에 의한 정치적 위험을 평가하기 위해서는 다섯 가지 단계를 거치게 된다.

첫째, 시나리오의 결정변수를 파악하고 선정하는 것으로 사건의 전개에 가장 중요한 영향을 줄 것으로 예상되는 변수를 파악해야 한다. 이때 변수들은 모든 외국기업에 영향을 주는 거시적 변수와 특정기업이나 투자결정에 관련된 미시적 변수를 포함하여야 한다.

둘째, 시나리오의 개발단계이다. 주요 변수 중에서 선정된 몇 개의 변수를 적절하게 조절함으로써 몇 가지의 시나리오를 작성할 수 있다. 시나리오는 여러 가지의 경우를 고려하여 많이 만들어 볼 수도 있겠으나 실질적인 관리적 측면에서 세 가지의 경우로 한정하는 경우가 많으며 대개 낙관적, 비관적, 절충적 혹은 현재상황의 지속시나리오로 구성되는 경우가 많다.

셋째, 개발된 시나리오를 근거로 하여 각 상황을 감안하여 기업의 전략을 개발한다.

넷째, 각각의 전략대안을 평가하기 위해 각 시나리오별로 발생확률을 예측한다. 이 경우 전문가에 의뢰하여 평가할 수도 있으나 기본적으로는 주요 결정변수를 평가함으로써 각 시나리오의 확률을 예측할 수 있다.

그리고 마지막 단계로서 자신들이 예상되는 시나리오와는 다른 시나리오가 전개될 경우 예상되는 결과를 분석해 보는 것이다. 다시 말해, 낙관적 시나리오를 가정하고 전략을 수립하고 시행하였지만 실제로는 비관적 시나리오가 전개되는 경우 기업이 입게 되는 손실을 분석해 봄으로써 각 전략대안에 수반되는 위험의 정도를 예상해 볼 수 있다.

3절 정치적 위험의 관리

1. 정치적 위험관리의 기초

1) 정치적 위험관리의 기본방향

기업이 이질적인 환경하에서 경영활동을 수행함에 있어 정치적 위험은 기업의 영업활동이나 이익에 직접, 간접으로 영향을 주게 되는 것으로 국제경영활동을 수행하는 기업은 항상 진출대상국의 불확실한 정치환경에 능동적으로 대처하여야 한다. 그러기 위해서는 정치적 위험을 분석할 방법을 확인하고 전략적으로 정치적 위험을 극소화할 방도를 모색하여야 한다. 불확실한 정치환경으로부터 발생할지도 모르는 위험을 극소화하기 위한 위험관리수단은 ① 회피 ② 제거 ③ 다각화 ④ 이전 ⑤ 보유 및 보존의 다섯 가지 카테고리로 분류될 수 있다.

첫째, 회피란 손실발생의 가능성이 있는 재산, 사람, 활동을 피함으로써 손실발생의 불확실성을 제거하는 방법으로 위험관리자가 특정국가 내에서 손실의 가능성이 너무 높다고 판정하는 경우 투자를 행하지 않거나 국제은행이 국가별로 대출최고한도를 설정하고 이를 넘어서는 대출은 하지 않는 것과 같은 방법을 의미한다. 주로 위험관리수단 중 가장 단순한 것으로서 불확실성을 감소시킨다는 점에서는 가장 탁월한 위험관리방법일 수 있으나 새로운 사업기회를 잃게 될 가능성이 높다고 볼 수 있다. 그러나 위험의 회피는 위험을 수반하는 활동으로부터의 도피이고 이익을 포기하는 행동으로서 다른 종류의 위험을 떠맡게 될 수 있다는 문제점들도 있다.

둘째, 제거란 적극적 입장에서 위험을 예방하고 경감시키려는 수단으로서 위험의 방지, 분산, 결합 및 제한의 수단을 동원하게 된다. 우선 먼저 위험의 방지, 위험 또는 손해의 규모를 축소화시키기 위한 수단을 강구하는 것을 말한다. 예를 들어, 화재위험을 대비하여 소화기를 비치하거나 소방교육을 시키는 행위를 말한다. 위험의 분산이란 공장이나 사업소를 지역적으로 분산시키거나 고객을 다변화함으로써 위험의 동시발생을 제거하는 행위이다. 위험의 결합이란 다수의 기업이 동일한 위험에 대해 상호협정을 체결하여 그 위험을 제거하려는 행위로서 가격협정, 거래협정, 기술협정, 생산제한 및 경쟁제한 등을 들 수 있다. 위험의 제한이란 위험의 분산이 특정 소수기업 간에 인정되는 방편임에 반하여 이는 불특정다수의 거래선과 고객에 대해서 기업이 부담하는 위험의 한계를 설정하는 것이다. 대개는 예약과 거래의 표준화에 의해 기업의 잠재력을 한정하거나 억제하려는 방법이다.

셋째, 다각화란 생산시설 등의 분산으로 손실의 규모를 감소시키기 위한 방법이다. 즉, 세계적으로 공장을 분산 · 배치하거나 생산을 다양화함으로써 사업의 계속성을 유지하려는 전략이다. 국제기업의 경우 다양한 위험에 대한 보완장치로서 최저생산비용의 국가에서만 생산하는 것은 아니다. 예를 들어, IBM은 호환계획(interchange plan)을 사용하는데, 이는 어느 특정국가에서의 생산의존도가 지나치게 커지는 경우 급작스러운 몰수 등의 위험을 줄이고자 산하에 World Trade Corporation이라는 자회사를 두어 몇몇 국가에 똑같은 부품을 분산하여 제조하도록 하고 있다.

넷째, 위험의 이전이란 현지의 투자기업과 합작이나 자본참여를 통해 투자위험을 다른 사람에게 전가시키거나, 현지에서 최고책임자 혹은 이사진 및 중역의 자리에 현지의 이해관계가 높은 현지인을 고용함으로써 손실발생의 불확실성 자체를 제3자에게 넘기는 방법이다. 위험이전의 가장 전형적인 형태는 보험이지만 이와 유사한 것으로 보증, 공제, 기금을 들 수 있다.

마지막 수단으로는 보유 및 보존을 들 수 있다. 국제적인 경영활동을 수행하는 기업들은 모든 정치적 위험을 피하거나 다각화하거나 또는 위험을 감소시키고, 부보하고, 이전하며, 제거할 수 있는 것은 아니다. 따라서 해외투자기업은 필연적이든 선택적이든 어느 정도의 정치적 위험을 인정하고 보유해야만 한다. 기업의 경우 위험을 보유함에 있어서는 ① 위험에 대한 무지 때문에 결과적으로 보유하는 소극적 보유 ② 위험을 충분히 확인하면서도 이를 보유하는 적극적 보유가 있다. 흔히 적극적인 보유의 경우에도 미리 어떠한 대책을 수립한 후 위험을 보유하는 경우와 아무런 대책을 강구하지 않는 경우가 있는데 후자의 경우를 대개 협의의 보유라고 보고 있다. 적극적인 보유대책으로는 일반적으로 손실준비금의 설정과 자가보험을 이용하고 있다.

2) 정치적 위험의 관리체계

국제기업은 정치적 위험을 분석하고 이를 관리하기 위하여 정치 · 경제적 분석을 위한 개념적 틀을 개발하여야 한다. 이러한 개념적 틀은 국제경영자에게 정치분석보다 체계적이고 합리적으로 행할 수 있도록 도와준다. 특정국가에 대하여 이러한 개념적 틀을 통한 분석은 그 국가의 상대적 위험도를 추정할 수 있도록 도와준다.

즉, 국가들의 정치 · 경제적 상태를 파악하기 위해 여러 가지의 변수를 살펴보고 변수들의 상호관계를 분석해야 한다. 예를 들어, 석유파동과 같은 대외적 충격과 이에 대한 관리 및 적응, 정치불안정과 같은 대내적 충격과 이에 대한 관리 및 적응, 국가의 전략과 목적이 국가의 상황과 일치하는지의 여부와 특정정책이 특정집단에 미치는 영향, 국내적으로 전략목표와 이를 달성하기 위한 정책의 일치성 여부 등에 대하여 각국의 상황을 주도면밀하게 분석하여야 한다.

3) 정치적 위험의 예측

국제경영활동을 확대해 가는 경우, 경제적인 분석과 예측에 못지않게 정치적인 분석과 예측을 위한 전담부서가 필요하다. 정치적인 예측을 행하기 위해서는 다음의 네 가지 기초적인 과정을 거치게 된다.

첫째, 현재 권력을 장악하고 있는 정부의 형태를 이해하는 것이 필요하다. 특히 집권당의 정치행동양상이나 정치도덕성 등을 파악함으로써 정치적 위험의 발생 가능성을 예견해 볼 수도 있을 것이다. 즉, 정부의 교체, 정치지도자의 교체나 정당의 이합집산 등 정치적 변화와 함께 정부와 정당의 세력관계와 정치철학 등을 파악하여야 한다.

둘째, 국제기업이 특정지역에서 제공하는 제품이나 영업활동 면에서 겪게 될지도 모르는 정치적 위험을 추정해 본다. 이때 정치적 위험은 거시적 · 미시적 정치위험에 입각하여 각각 추정하여야 한다. 기업이 제공하는 제품이나 영업활동이 특정국가 내에서 정치적 위험의 표적이 되느냐는 그때그때의 상황에 따라서 다르다.

셋째, 잠재적으로 정치적 위험을 초래할 것으로 생각되는 정치적 위험의 원천을 결정하여야 한다. 만약 이러한 정치적 위험이 재산몰수나 재산수용인 경우 이것이 현지국이 공산화되었기 때문인가, 아니면 내셔널리즘이 대두되었기 때문인가? 만약 운용상의 규제라면 그 원인이 현지국의 경제적 사정 때문인가, 아니면 정치적 사건 때문인가 등에 대하여 명확히 원천을 파악하여야 한다.

넷째, 앞의 세 가지 과정에서 분석된 결과를 바탕으로, 향후의 정치적 위험의 발생 가능성을 추정하는 것이다. 물론 여기서 위험의 발생 가능성을 추정하는 것은 상당한 오차와 불확실성을 내포하기 마련이다. 그러나 시간이 경과하면서 예측기법이 개선되고 이에 따라 오차와 불확실성의 정도도 적어지게 된다.

2. 정치적 위험의 관리전략

국제기업은 기업의 규모나 기업이 제공하는 제품 및 산업특성 그리고 기술특성에 따라 현지국에 막강한 정치적 영향력을 행사하기도 하며 또한 현지국의 정치적 관계의 변화에 따라 영향을 받기도 한다. 그러나 우리 기업의 관점에서 국제화를 수행함에 있어서는 현지국의 정치적 환경변화에 대하여 적절히 대응하지 않으면 안 된다.

먼저 국제화를 시행하기에 앞서 현지국에서 잠재적으로 발생하는 정치적 위험을 확인하여야 한다. 이때 정치적 위험이 존재한다면 이러한 정치적 위험이 기업에게 직 · 간접적으로 미치는 영향력을 파악하고 이러한 영향력이 기업의 활동에 어느 정도 치명적인가를 분석한다. 만약 정치적 위험이 치명적이라면 이러한 사업계획은 철회되어야 하며 그렇지 않다면 정치적 위험을 극소화하기 위한 방안을 강구해야만 한다.

여러 가지의 대응방안들은 각각 장단점과 또한 비용을 초래하기 때문에 비용 · 편익분석을 통해 자사의 입장에서 가장 유리한 위험극소화방안과 기업전략을 채택하여야 한다. 이렇게 채택된 위험관리방안에 의해서도 잔여위험이 기업에게 치명적이라면 사업은 종료되어야 하며 그렇지 않다면 사업계획을 시행할 수 있을 것이다.

국제화를 추진하면서 기업이 정치적 위험에 대응하기 위한 전략은 〈표 8-6〉에서 볼 수 있듯이 투자 전의 관리전략, 투자 후의 관리전략 그리고 위험발생 이후의 관리전략으로 분류될 수 있다.

1) 투자 전의 관리전략

정치적 위험을 관리하는 가장 바람직한 전략은 투자를 행하기 이전에 진출대상국의 정치적 위험 정도를 평가하는 것이다. 부정확한 분석과 사전정보의 미흡상태로 현지국에 진출하였다가 전혀 예기치 않은 사건이 발상한다거나, 투자여건의 변화로 인하여 진퇴양난의 입장에 빠지는 경우, 기업은 막대한 시설과 자금의 손실을 입을 수 있기 때문이다. 기업이 투자를 행하기 이전에 행할 수 있는 관리전략으로는 기업 내부적 관리전략과 외부적 관리전략으로 다시 분류할 수 있다.

(1) 기업 내부적 관리전략

기업은 국제화를 추진하기에 앞서 현지국의 정치적 위험을 정확히 판단한 후에 투자 여

표 8-6 정치적 위험의 관리전략

<table>
<tr><th>구분</th><th colspan="2">대응전략</th></tr>
<tr><td rowspan="2">1. 투자 전의 대응전략</td><td>내부적 대응전략</td><td>• 진출포기
• 현지소유지분의 최소화
- 현지차입
- 현지지분참여(합작투자)
- 경영관리계약 또는 기술지원계약 등 비지분참여</td></tr>
<tr><td>외부적 대응전략</td><td>• 정부 및 민간보험 가입
• 현지 정부의 투자보증
• 정부 간 협정</td></tr>
<tr><td rowspan="2">2. 투자 후의 대응전략</td><td>내부적 대응전략</td><td>• 선량한 기업시민이미지 부각
• 현지기술발전에 공헌
• 현지관련산업의 육성</td></tr>
<tr><td>외부적 대응전략</td><td>• 정부 및 민간보험 가입
• 현지 정부의 투자보증
• 정부 간 협정</td></tr>
<tr><td>3. 위험발생 후의 대응전략</td><td colspan="2">• 경쟁(지배)
• 회피(무시)
• 협동(통합)
• 순응(회유)
• 타협(공유)</td></tr>
</table>

부를 결정하여야 한다. 물론 투자 여부는 기본적으로 투자를 행하는 데 따르는 비용과 현지국의 정치적 위험을 감안한 기대수익률의 비교분석에 따라 결정되어야 한다.

만약 투자인의 기대수익률이 비용에 훨씬 못 미치거나 혹은 위험수준이 현저하게 높거나 기업에 치명적인 경우에는 이러한 투자안은 기각되고 결국 진출을 포기해야 하는 입장에 놓이게 될 것이다.

그러나 위험수준이 적절하거나 통제 가능한 수준이고 또한 기대수익률도 높게 나타난다면 현지에 투자를 행하되 만약 발생할지도 모르는 정치적 위험을 대비하여 현지지분을 최소화하든지 혹은 국제적인 통합전략을 구사함으로써 불의의 사태에 대비하는 지혜를 지녀야 한다.

현지지분을 최소화하기 위한 구체적인 전략으로서는 첫째, 현지차입의 확대를 들 수 있다. 현지차입은 정치적 위험에 노출되는 기업의 투자규모를 축소시키는 것뿐만 아니라, 투자 모기업이 조달해야 하는 투자자금의 부담을 덜어주게 된다. 또한 현지자회사의 성패에 이해관계를 가지는 현지인들과의 관계로 인하여 몰수나 수용 등 정치적 위험을 회피할 수 있다. 둘째, 현지국민의 자본참여를 유도하거나 현지에서 합작투자의 형태로 진출하는 것이다. 현지국민의 자본참여를 유도하는 것은 현지차입과 같이 현지사회와의 연관성을 높여주며 합작투자의 경우 현지국 기업이라는 인식과 함께 현지기업이 지니는 명성과 판매경로 및 현지정보를 이용할 수 있는 장점이 있으나 경영통제권과 기술노출의 문제가 발생할 수 있다. 셋째, 경영관리계약이나 기술지원계약과 같이 현지국에 전혀 지분에 대한 투자는 하지 않는 방법이다.

한편 국제적인 통합전략이라는 것은 기업이 전 세계적으로 사업단위를 분배하여 이들을 유기적으로 조직관리하는 전략을 의미한다. 이 경우 특정국에 존재하는 개별기업은 전 세계적 차원에서 수직적 · 수평적 계열화의 일부분에 지나지 않기 때문에 현지국의 정치적 위험에 대응할 수 있는 것이다. 예를 들어, 과거 산유국들이 유정을 국유화하는 조치를 시행하였음에도 불구하고 결국은 석유산업의 메이저그룹에 굴복할 수밖에 없었던 것은 메이저그룹이 정유시설과 제품판매경로를 완전히 장악하고 있어서 이들을 통하지 않고는 석유를 판매할 수 없었기 때문이다. 또한 국제적 통합전략의 일환으로서 경쟁기업이나 현지국의 기업과 상호 보완적 입장에서 협력계약을 하거나 카르텔 등의 협조체제를 갖춤으로써 정치적 위험의 취약성을 감소시킬 수도 있다.

(2) 기업 외부적 관리전략

기업 외부적 관리전략이란 기업이 정치적 위험을 회피하기 위하여 이를 보험기관이나 본국 정부 혹은 현지국 정부 등 외부기관에 이전시키는 방법을 의미한다.

자사의 정치적 위험의 일부를 타사에 이전시키는 대표적인 방법은 보험이다. 점차 해외영업활동이 빈번해지고 그 범위도 넓어짐에 따라 각국은 자국기업이 해외에서 국유화, 전쟁 및 내란 그리고 송금제한 등 정치적 위험에 노출됨에 따라 이를 보호하기 위하여 여러 가지의 보험제도를 이용하고 있으며, 일반 민간보험사에서도 정치적 위험을 보상하기 위한 다양한 금융상품이 개발되고 있다.

현지국에 진출하는 기업이 현지국의 경제에 대한 막대한 영향력을 행사하는 경우이거나 현지국이 외국인 투자를 적극적으로 유치하고자 하는 경우에는 현지국 정부가 외국인 투자에 대한 보증을 행하여 줄 수도 있다. 우리나라가 중국, 러시아와 정상적인 국교를 수립하기 이전에도 한국기업들은 현지국에 진출할 수 있었던 것은 바로 현지국의 투자보증이 있었기 때문이다.

한편 투자를 행하고자 하는 기업이 본국 정부를 동원하여 현지국 정부와의 협정을 체결하도록 요청함으로써 정치적 위험을 극복할 수도 있다. 즉, 정부 간에는 해외투자를 보호하기 위해 최혜국(MFN : Most Favored Nation)대우의 보장, 국유화 및 수용의 금지, 전쟁, 폭동 등 긴급사태로 인한 손실의 보상, 자유로운 투자원금 및 과실의 송금보장, 투자분쟁의 발생 시 해결절차 등을 주요 내용으로 하는 투자보장협정을 체결하거나, 국가 간 조세처리의 단순화와 해외투자기업의 조세부담 경감을 위한 이중과세방지협정을 맺고 있다. 따라서 본국과 상대국 간에 이러한 협정이 체결되어 있는지의 여부와 그 내용을 사전에 파악하는 것이 중요하다. 현지 한국과 투자보장협정을 체결하고 있는 국가는 미국, 독일, 스위스, 네덜란드, 벨기에, 튀니지, 영국, 프랑스, 스리랑카, 세네갈, 헝가리, 덴마크, 방글라데시, 말레이시아, 룩셈부르크 등 15개국이며, 이중과세방지협정을 체결한 국가는 일본, 미국, 독일, 영국 등 32개국이다.

2) 투자 후의 관리전략

기업이 현지국에 자원을 투입할수록 기업의 위험은 커지게 된다. 투자 전의 여러 가지 관리전략에도 불구하고 현지에서 시간이 경과할수록 국제기업의 기술상의 우위는 기술의 확산으로 인하여 퇴색을 하게 되고 또한 현지의 사업단위를 축소하거나 철수하고자 하여도 철수장벽의 존재로 인하여 국제기업의 교섭력은 낮아지게 마련이다. 물론 신기술을 지속적으로 제공하고, 기술수준이 높거나, 현지기업과의 경쟁이 그다지 심하지 않다거나 하는 경우에는 정치적 위험이 상승하지 않겠지만 일반적인 경우에는 시간이 경과되고 자원투입이 많아질수록 교섭력은 약해지고, 정치적 위험은 더욱 확대된다.

투자 이후에 발생하는 정치적 위험을 관리하는 방법도 기업 내부적 · 기업 외부적 관리전략으로 분류할 수 있다.

(1) 기업 내부적 관리전략

우선 첫째로 기업이 현지국에서 선량한 기업시민(good corporate citizen)이라는 이미지를 심어주는 것이다. 즉, 진출국가에서의 원만한 지역사회관계를 유지함으로써 거시적 정치위험을 피할 수는 없다 하더라도 미시적 정치위험은 피할 수 있는 것이다.

둘째, 국제기업이 제공하는 기술이 현지국의 기술향상에 공헌하도록 하는 것이다. 노동, 자본, 토지에 이어 제4의 생산요소로 부각된 기술은 그 어떠한 생산요소보다도 중요하기 때문에 특히 개발도상국에서는 기술입국, 기술자립 등을 목표로 기술개발에 박차를 가하고 있다. 따라서 국제기업의 입장에서는 자신의 핵심기술이 노출되지 않는 범위 내에서 현지국이 필요로 하는 기술을 이전해 줌으로써 정치적 위험을 회피할 수도 있다.

셋째, 현지국에서 관련산업을 육성시키는 것이다. 예를 들어, 중간재나 원자재 등 현지에서 조달 가능한 것들을 현지에서 조달함으로써 현지구매비율을 높이고 이를 통해 현지생산의 수직적 계열화가 이루어지도록 한다. 관련산업의 육성은 일견 현지국 내에서 일관된 생산체제를 형성하는 관계로 국유화의 가능성을 높이는 것처럼 보일 수 있다. 그러나 최근에 우리 기업들과 같이 단순조립형 투자에 대하여 현지부품조달비율을 높이도록 요구하는 국가들이 늘어나고 있는 추세임을 감안한 경우 바람직한 전략이 될 수 있는 것이다. 물론 이 경우에도 핵심부품의 생산입지는 본국이나 기타의 국가로 정하는 것이 바람직하다.

(2) 기업 외부적 관리전략

투자 이후에 발생하는 정치적 위험에 대한 관리전략은 투자 이전의 관리전략과 마찬가지로 정부나 민간보험에 부보를 하거나, 현지국 정부로부터의 투자보증과 본국 정부를 통한 정부 간 협정의 체결 등을 들 수 있다.

3) 위험발생 이후의 관리전략

국제기업이 국제경영활동을 하면서 정치적 위험에 의하여 실제로 피해가 발생하는 경우나 가능성이 아주 높은 경우에는 과연 어떠한 관리전략을 구사할 것인가가 문제로 대두된다. 이에 대하여 글래드윈(T. Gladwin)과 월터(I. Walter)는 갈등관리모형을 제시하고 있다.

이들이 제시하는 갈등관리모형은 국제기업이 독단성(assertiveness)과 협조성(cooperativeness)이라는 두 가지 차원에서 과연 어느 위치에 존재하는가를 분류하고 각각의 경우 어떠한 갈등관리방식을 택할 것인가를 설명하고 있다.

독단성이란 자신의 이익을 보호하기 위해서나 혹은 위험을 접하는 경우에 이에 대한 기업의 의사결정과 행동의 단호한 정도를 의미한다. 위로 올라갈수록 국제기업의 갈등관리방식은 매우 독단적이어서 의사결정이나 행동양식이 능동적이고, 강력하고, 박력 있고, 공격적인 반면, 아래로 내려갈수록 기업은 비독단적으로 수동적이고, 무력하고, 활발하지도 못하며 비공격적이다. 다시 말해 갈등이 초래한 요인이 어떻게 해결되는가 하는 결과에 따른 기대치와 갈등에 대처하는 기업의 상대적 힘이 크고 기업의 행동양식이 독단적일수록 위쪽으로 분류되는 것이다.

한편 협조성은 횡축에 나타나 있으며 이는 상대기업 또는 정부와의 관계에서 발생하는 갈등을 관리함에 있어서 상대편과 공동으로 문제를 해결하려고 하는 정도를 의미한다. 오른쪽으로 가면 갈수록 기업의 문제해결방식은 협조적으로 우호적이고, 신뢰성이 높으며 사근사근한 태도를 유지하는 반면, 비협조적인 기업은 갈등상대에 대하여 적대적이고 불신하며 완고한 태도를 유지하는 것이다.

독단성과 협조성을 기준으로 각 기업의 갈등관리방식을 분류하면 다섯 가지로 구분된다.

(1) 경쟁

이 유형의 갈등관리방식을 선택하는 기업은 지배를 목적으로 독단적이고 비협조적인 의사결정과 행동양식을 취하여 문제에 대하여 정면돌파의 전략을 취하는 것이 일반적이다.

이러한 전략은 대개 기업의 입장에서 갈등을 초래한 요인을 잘 해결하는 경우 그 결과에 따른 기대치가 크거나 갈등에 대처하는 기업의 상대적 힘이 크고 기업의 행동양식이 독단적일 때 채택되는데, 상대국과의 이해관계가 상반되고, 적대적 관계이며, 양 당사자들이 서로 비협조적인 경우에 효력을 발휘할 수 있다.

(2) 회피

이러한 유형의 방식은 앞의 경쟁에서와 달리 갈등해소에 의해서 얻게 되는 이익이 적고 또한 기업의 힘도 약하여 기업이 독단적인 행동을 취할 수 없는 상황으로서 갈등의 당사자들이 서로 비협조적인 경우에 유효한 갈등관리방식이다. 즉, 회피전략은 상대방을 무시함으로써 정면대결을 피하는 전략이다.

(3) 협동

협동에 의한 갈등관리방식이란 경쟁에서와 같이 기업이 상대적 힘과 독단성은 강하지만 갈등의 당사자들 간의 상호관계가 우호적이고 또한 공통의 이해관계를 갖는 경우에 갈등의 당사자들이 힘을 통합하여 공동으로 문제를 해결하고자 하는 바람직한 방법이다.

(4) 순응

순응전략이란 갈등을 초래하는 요인이 기업의 차원에서 그다지 중요한 것이 아니며 기업의 갈등관리능력도 낮으며, 상대국과의 기존관계와 이해관계가 서로 일치하는 경우, 기업이 상대국에게 양보를 하며 상대국에게 양보를 대가로 관계의 개선이나 회유를 유도하기 위한 전략이다.

(5) 타협

타협은 갈등의 결과가 서로에게 손실을 가져다줄 수 있거나 최소한 이득은 발생하지 않는다고 서로 느끼는 경우에는 갈등의 당사자들이 서로 양보를 통하여 손실이나 이익을 분담하여 공유하는 전략이다.

위에서 언급한 갈등관리모형은 산업 및 조직심리학의 갈등이론을 정치위험의 관리에 접목을 시도하였다는 데 큰 의의가 있다. 또한 본국, 현지국 혹은 초국가적 정부에 의해 부과되는 어떠한 정치적 위험의 관리에도 적용될 수 있을 뿐 아니라, 특히 기업특성변수로서 경영자의 의식이나 태도 등에 따라서 정치적 위험의 관리방법을 달리 설명하는 전혀 새로운 시각을 제시하고 있다. 결국 이 모형에서 기본적으로 밑바탕에 내재한 사고방식은 기업에게 위험을 초래하는 것이 기업과 현지정부 사이의 갈등 그 자체라기보다는 이러한 갈등을 어떻게 관리하느냐가 관건이라는 것이다.

그러나 이 모형은 변수들의 개념이 모호하고 실제 모델 적용을 위한 조작화에 많은 문제점을 안고 있기도 하다.

9장 문화적 환경

1절 이문화환경과 국제경영

흔히 경영학을 연구하는 학자들은 대개 문화적 환경이라는 것은 경영조직에 이질적이고 외부적인 것이라고 판단하고 있는 반면 기업의 풍토라는 것은 기업 내에 존재하는 것이기 때문에 서로 다른 것으로 보고 있다. 따라서 기업의 풍토나 분위기는 문화적 환경과는 전혀 이질적이고 관계가 없는 것으로 간주하고 있다. 다시 말해 이질적인 문화환경에 대한 이해와 관심이 부족하기 때문에 단순히 국내경영활동방식이나 기법을 그대로 국제경영에 적용시키면 된다고 보는 경향이 있는 것이다. 심지어는 국제경영학 자체가 단순히 경영학에서 국제라는 하나의 변수만을 첨가하면 되는 것으로 비하하는 경우도 있다. 그러나 이러한 견해는 단연코 무지의 소치라고 볼 수밖에 없다.

문화적 환경과 기업 내 환경과의 관계는 지속적인 사회화교육을 통해 관계가 형성될 수 있는 것이고 또한 형성되어야만 하는 관계인 것이다. 그럼에도 불구하고 국제경영활동을 폭넓게 수행하는 기업들조차도 이질적인 문화환경을 종합적으로 다루는 전담부서를 두는 경우가 드물다.

그렇다면 이질적인 문화환경을 다룬다는 것은 무엇을 의미하는가? 애들러(N. Adler)는 이질적 문화환경을 다룬다는 것은 세계의 다른 문화나 국가에 존재하는 기업조직 내의 구성원들의 행태를 연구한다는 것이다. 결국 이는 국경이나 문화환경을 넘어선 조직행위에 대한 설명에 초점을 맞추고 있으며, 특히 서로 국적이 다른 종업원들이 동일한 조직체 내에서 그리고 동일한 작업조건에서 어떻게 서로 반응하고 상대할 것인가를 연구하는 것이라고 정의하고 있다.

결국 이질적인 문화환경이 의미하는 것은 사람들이 서로 다른 사회화교육을 받았을 경우에 발생하는 의사사통상의 불일치문제라고 말할 수 있다. 즉, 그러한 이질적인 문화환경은 국가가 다르기 때문에 발생할 수도 있는 문제이기도 하지만 동일한 국가 내, 동일한 문화권 내에서도 나타날 수 있는 문제이다. 따라서 이질적인 문화환경은 국내경영에서는 물론 국제경영에 있어서도 특히 깊은 관심과 배려로 연구해야 할 영역이다.

국제경영활동과 관련된 문화적 환경은 각종 요소로 복잡하게 구성되어 있다. 한 사회의 문화는 그것을 구성하는 많은 요소들이 무작위로 또는 각기 독립적으로 존재하는 것이 아니라 상호 긴밀한 관계를 유지하면서 하나의 전체(whole) 또는 체계(system)를 이루고 있다.

이와 같이 복잡다양하게 구성되어 있는 문화요소들은 기업활동에 지대한 영향을 미치는 것으로 국제경영활동을 수행하기 위해서는 외국의 이질적인 문화환경 특성을 파악하고 그에 적합한 조직행위, 전략, 조직구조 및 기술 등을 개발해야 한다.

국제경영과 관련된 문화적 환경요소들은 언어, 종교, 가치관 및 태도, 법률, 정치, 기술 및 물질문명, 사회조직 등으로 구분할 수 있다.

1. 언어

세계에는 대략 3,000개의 서로 다른 언어가 있다고 보고되고 있다. 어느 학자들은 방언을 합치면 약 10,000개의 서로 다른 문화가 존재한다고 할 수도 있다. 그러나 이러한 수치는 전 세계의 국가 수가 200개 미만임을 감안한다면 동일한 국가 내에 여러 가지의 언어가 존재한다는 것이 되며, 특히 인도와 같은 나라의 경우에는 약 3,000개의 방언이 존재한다고 한다. 따라서 이와 같은 언어의 다양성이 국제경영활동을 제한하는 요인으로 작용할 수 있다.

국제기업에 있어서 의사소통의 문제는 대단히 복잡하다. 해외에 파견된 경영자는 현지의 경영자와, 그리고 본사는 종업원, 원료공급자, 유통업자, 소비자 그리고 현지의 정부관료 등과 커뮤니케이션을 해야 하며, 또한 자회사는 본사와 수시로 커뮤니케이션을 해야만 한다. 즉, 언어적 차이로 인해 발생하는 여러 가지 의사소통상의 문제는 국제기업의 활동에 많은 혼란과 장애요인으로 작용한다.

우리나라의 자전거수출업체가 회사명칭을 영어로 표기함에 있어서의 실수로 상당한 손실을 본 경우가 있다. 우리나라의 중견 수출업체였던 대영자전거는 영어표기를 'DAI YONG'으로 하였으나 발음상 'DIE YOUNG'(젊어서 사람을 죽게 만드는 자전거)이 되었던 것이다. 또 다른 예는 포드자동차를 들 수 있다. 포드자동차는 제3세계용으로 내놓은 트럭의 이름을 '피에라'라고 하였다. 그런데 그 말은 스페인어로 추하고 늙은 여자라는 의미였기 때문에 큰 어려움을 겪었다.

2. 종교

기업은 국제화를 진행함에 있어 반드시 현지국의 환경을 미리 평가해야 하며, 또한 이질적 환경이 초래할지도 모르는 사태에 대비하여야 한다. 특히 종교적 환경과 관련하여 경영자가 평가해야 하는 문제는 크게 다음의 세 가지로 요약할 수 있다. 첫째, 종교가 경제성장에 미치는 영향은 바로 기업성장에 미치는 영향과 같다. 따라서 종교가 가져올 악영향을 미리 제거할 방법을 연구하여야 한다. 둘째, 국가마다 갖는 종교의 이질성 정도를 파악하고, 종교적 인물이나 종교단체가 사회 및 정치적 변화를 초래하는 정도를 고려해야 한다. 다시 말해 현지국에서 정치적 위험을 분석하는 일환으로 종교의 영향력을 파악해야 한다. 셋째, 국제기업은 국내에서와 마찬가지로 외국에서도 기업활동에 영향을 미치는 종교적 신념에 대해서 자세한 정보를 입수하여야 한다. 예를 들어, 종교적 행사로 인하여 생산계획이 차질을 가져올 수도 있다.

국제경영활동을 수행하기 위해서 해외에 파견되는 경영자는 현지의 종교적 관행과 신념이 가져올지도 모르는 영향력에 대해 교육을 받아야 하며 또한 자신이 이를 통제할 수 있도록 노력을 하여야 한다. 종교적 관행이나 신념이 기업에 영향을 미치는 것은 다음과 같은 것이 있다.

1) 종교적 행사

대개의 종교는 종교적으로 신성시하는 기념일이 있다. 이러한 기념행사는 종교마다 다르다. 예를 들어, 기독교국가인 이탈리아는 같은 종교국인 미국보다 종교적 경축일이 훨씬 많다. 구소련에서는 단지 6일을, 스리랑카에서는 불교, 기독교, 힌두교, 이슬람교의 경축일을 모두 포함하여 27일을 종교휴일로 하고 있다.

종교적 행사는 생산에도 영향을 미칠 뿐만 아니라 소비형태에도 영향을 미친다. 예를 들면, 동일 직장 내에서 여러 종파와 근로자가 근무를 한다면 작업계획에 차질을 빚을 수 있다. 이슬람교의 라마단 금식기간 중에는 생산성이 급격히 떨어지지만, 반면에 소비는 엄청나게 늘어남으로써 긍정적 효과와 부정적 효과가 동시에 발생하기도 한다. 기독교국가에서는 크리스마스 시즌은 연중 판매가 최고조에 달하는 시기이기도 하다.

2) 소비형태를 결정하는 종교상의 믿음

종교상의 특정신념은 소비의 패턴에 영향을 미친다. 예를 들어, 힌두교에서 소, 이슬람교와 유대교에서는 돼지를 각각 먹지 못하도록 규정하고 있다. 제2차 세계대전 중 일본군이 캘커타로 진격하자 지금의 방글라데시지역으로부터 인도로 피난민이 흘러넘쳤다. 인도 내에서 식량부족사태가 발생하자 연합군은 긴급구조선으로 식량을 급파하였다. 그런데 식량부족사태는 해결되지 않고 구호식량은 남아도는 기현상이 발생하였다. 그 이유를 알아보니 그 당시의 보급식량은 깡통소고기와 쌀이었던 것이었다. 종교적인 이유로 소고기를 먹지 않는 지역이 인도에는 많이 있고 또한 북부인도에서는 종교적 믿음으로 쌀보다는 밀을 주식으로 하기도 한다. 이러한 이유로 국제마케팅 담당자들은 이미 우리가 알고 있는 금지상품 이외에도 사용이 배제될 가능성이 있는 것들에 대한 사전 예측력과 통찰력을 발휘해야만 한다.

3. 교육

교육이라 함은 인간을 사회화하는 중요한 요인 중의 하나라고 볼 수 있다. 여기서 사회화란 문화를 습득하고 배우는 것을 의미한다. 그러므로 교육은 인간이 사회적으로 정상적이고, 올바르고, 효과적이고, 능률적으로 행동하도록 가르치는 것이다.

기업이 행하는 생산자교육이나 소비자교육도 결국은 인간의 행동을 계획적으로 변화시킨다는 대전제하에서 시행되어야 한다. 예를 들어, 기업이 광고를 하는 것은 자사제품의 우월성을 소비자에게 인지시키고 실제 구매하도록 교육하는 것이다. 또한 생산공장에서의 교육은 단순한 생산기술에 국한될 수도 있겠으나, 제품생산을 통한 성취감 또는 자긍심을 심어주는 등 종업원의 사고방식과 정신적 변화를 유도함으로써 생산성을 증대시키는 교육도 있을 수 있다.

4. 가치관 및 태도

가치관이란 것은 이성적으로 특정행위를 우선적으로 행해야 한다는 믿음이다. 이러한 가치관은 인간의 사회화과정(교육이나 종교)을 통하여 학습된 것이다. 가치관의 차이는 국제기업이 현지의 기업이나 정부와의 접촉을 할 때 혼란을 초래함으로써 적절한 의사소통을 방해하는 요인이 된다. 기업의 활동에 영향을 미치는 가치관으로서는 시간에 대한 태도, 일에 대한 태도 및 성취욕구, 부에 대한 태도, 변화의 수용성 등이 있다.

시간에 대한 태도가 경영활동에 영향을 미친다는 예는 다음과 같다. 만약 수입을 하기로 계약을 체결하고 물품을 조기 선적하라고 요구한 경우 그 빠른 정도는 국가마다 다를 수 있다. 또 다른 예로 모두가 협동작업을 해야 하는 생산공정에서 몇몇 종업원들이 출근시간을 어겼을 경우 생산 자체가 중단될 수도 있다.

경제계획에 대해 국민이 거는 기대와 지도자가 거는 기대가 다른 것과 마찬가지로 해외에 진출하는 기업의 경영자와 현지의 종업원이 생각하는 일의 성취도가 다르다. 따라서 국제경영자는 그들이 진출하려는 국가의 국민들이 지니는 일에 대한 태도나 성취감을 미리 파악하고 이에 따라 경영활동을 계획하여야 한다.

변화에 대한 태도 역시 경제적 성과에 영향을 미치는 중요한 변수이다. 왜냐하면 새로운 제품이나 새로운 방법을 수용한다는 것은 변화를 의미하며 이러한 변화는 인간의 태도에 우선순위가 바뀌었다는 것을 의미하는 것이다. 변화에 대한 태도 역시 사회마다 문화마다 다르다. 극단적인 경우 이슬람교에서는 모든 변화와 개혁은 악의 산물이라고 말하며, 또 다른 극단으로는 변화를 진보의 산물로 평가하기도 하다. 미국의 경우 광고에 NEW 'IMPROVED'라는 문구를 될 수 있으면 크게 확대하는 것은 이것이 바로 진보된 제품임을 나타내기 위함이다.

각 사회나 문화마다 변화에 대한 태도가 다르기도 하지만 동일 문화 및 사회에서도 다를 수 있다. 우리나라의 예를 들어보자. 된장이나 고추장을 선전함에 있어서 주로 등장하는 문구는 전통의 맛, 재래식 등이다. 그러나 맞벌이 부부를 위한 아침 대용식 선전에 등장하는 문구는 새로운 아침영양, 간편한 아침식사이다.

이와 같이 변화에 대한 태도가 사회마다 다르고 동일 사회 내에서도 차이가 발생하기 때문에 새로운 혁신이나 변화를 소개한다는 것은 무척이나 힘든 일이다. 특히 변화를 수용하지 않으려는 집단에 대해서는 더욱 힘들다. 따라서 혁신제품을 현지에 소개하려는 기업의 경우에는 다음과 같은 사항들을 염두에 두어야 한다.

첫째, 변화의 장애요인을 확인해야 한다. 관습, 가치관 그리고 행동규범 중 어떠한 요인이 변화를 수용하지 못하게 하는지를 확인해야 한다.

둘째, 변화의 수용을 저해하는 문화적 요인 가운데 수정 가능하고 적용 가능한 요인을 찾아야 한다. 관습, 가치관, 행동규범 중 기업이 변화시킬 수 있는 요인을 찾아내야 한다.

셋째, 새로운 제품이나 혁신이 현지국문화의 관점에서 실험되고 평가되어야 한다. 대개의 경영자들은 새로운 제품이나 생산공정, 생각들이 다른 나라에서도 그대로 받아들여질 것으로 생각하는 경향이 많다. 그러나 지금까지 논의해 온 것처럼 각국이 서로 다른 문화적 환경을 갖기 때문에 신제품이 현지국에서 거부될 수도 있다.

넷째, 현지에서 신제품이나 혁신의 효율성이 증명될 때에는 채택이 빠르게 진행된다. 예를 들어, 소규모 농토를 가진 가난한 농부는 새로운 비료나 종묘의 실험에 거부감을 나타나게 된다. 왜냐하면 잘못될 경우 전체 농작물이 못쓰게 되어 파산하게 될지도 모르기 때문이다. 그러나 대규모의 농토를 소유한 사람은 일부 농토에 대해 실험을 해보고 성공하는 경우 다음 해에 이를 채택하게 된다.

다섯째, 사회 · 정치적 변화보다 기술적인 변화는 보다 빠르고 쉽게 채택될 수도 있다. 다시 말해 자동차, 라디오, 코카콜라 등은 쉽게 수용되고 채택될 수 있으나 민주정치관행, 교육제도 등은 쉽게 모방될 수 없다. 그러나 제품 또는 기술적인 변화가 사회적 · 정치적 영향력을 행사할 수 있음을 국제경영자는 결코 간과해서는 안 된다.

마지막으로 현지의 문화적 요인이나 가치관하에서 신제품이나 혁신이 채택될 수 있게 하는 것이 무엇인가를 발견해 낸다. 이는 현지의 문화와 크게 부딪치지 않고 신제품이나 혁신을 전파할 수 있는 경로를 확보하기 위해서이다.

5. 기술 및 물질문명

교통통신이 발달하지 않았던 19세기 이전에는 동인도회사와 같이 식민통치에 의한 기업이 국제화가 가능할 뿐이었다. 그러나 20세기에 들어와서 항공기, 전화, 팩시밀리 등의 등장으로 원격지 간의 조정통제가 가능해짐에 따라 기업의 국제적 개입과 진출이 활발해질 수 있었다. 이 경우 교통통신기술의 발달은 과거에는 생각지도 못했던 국제생산이라는 목표를 달성할 수 있게 할 뿐만 아니라 이제는 국제화라는 가치관을 기업에 인식시키고 이를 선호하도록 만들었다.

그러나 역으로 사회적으로 좋고, 적절하고, 바람직하고 중요한 것이 무엇이라는 것을 규정하는 일련의 우선순위와 가치체계로 인하여 사회가 사용하는 기술이 결정되기도 한다. 예를 들어, 미국에서 개발된 것으로 생산라인에서의 무결함운동이 일본에 처음 도입될 때 그다지 큰 관심을 얻지 못했다. 그 이유는 일본경영자와 근로자의 기존 시각에서 보면 종업원은 인간이지 기계나 로봇이 아니라는 가치관 때문이었다.

6. 사회제도와 정치체계

국제경영을 하다 보면 어떤 기업이라도 현지국의 사회 · 정치환경과 관련을 맺지 않을 수 없다. 외국의 고객은 그들만의 사회조직과 정치체계에 동화되어 있고 이러한 현지특유의 사회조직이나 정치체계는 기업이 시장을 세분화하거나 특정목표시장을 선정하기 위해 반드시 분석해야 한다. 다시 말해 국제경영을 행하기에 앞서 경영자는 문화적 차이를 인식함으로써 현지인과 큰 마찰 없이 경영활동을 수행할 수 있다.

경영자가 국제경영을 확대할 때마다 되풀이되는 딜레마는 어느 정도 현지의 경영관습을 따르고 어느 정도 자신의 경영방침을 고수할 것인가 하는 것이다. 현지국가의 관습을 완전히 무시하거나 전혀 개의치 않는다면 자신의 의사결정으로 인하여 전혀 생각지도 않았던 일들이 생겨날 수도 있고 이러한 결과로 현지국의 분노나 반감을 촉발시킬 수도 있다. 해외로 진출하는 경영자는 거시적인 측면으로서 정치적 위험과 같은 문제에 봉착하기도 하지만 현지국에서의 대인관계라든가 커뮤니케이션과 같은 아주 미세한 부분까지도 신경을 곤두세워야 한다.

외국의 문화나 이질적인 사회조직 하에서 외국인의 행동을 보면 일견 터무니없는 것으로 보일 수도 있다. 그러나 외국인의 입장에서 이러한 행동들은 당연한 것이며 상식적인 일이다. 즉, 모든 인간사회는 해결해야 할 문제, 예를 들어 의식주의 해결방법, 권력이나 부의 분배 등에 있어서 그 사회 나름대로 독특한 해결방식을 갖고 있다.

2절 문화적 환경의 분석방법

각국 간의 문화적 차이가 실질적으로 국제기업에 영향력을 행사하기 때문에 국제기업의 입장에서는 기업의 성과와 직접적인 영향을 미칠 수 있는 여러 가지의 문화적 변수를 추출하고 또한 이의 영향력을 평가하는 기법을 마련하여야 한다. 국가 간의 문화적 차이를 평가하는 방법은 여러 가지가 있을 수 있으나 비교경영학의 관점에서는 부분접근방법과 종합접근방법으로 분류해 볼 수 있다.

여기서 부분접근방법이라는 것은 기업의 의사결정에 중요하게 영향을 미칠 것으로 생각되는 특정한 문화적 측면에 연구를 한정시키는 연구방법론을 의미한다.

문화의 부분접근방법에서 중요하게 고려하는 몇 가지의 문화적 요소에 대해 살펴보면 다음과 같은 것들이 있다. 일과 성취에 대한 태도, 시간과 미래에 대한 태도, 의사결정패턴, 권력과 권한에 대한 태도, 반대의사의 표시방법, 가족제도 및 사회구조 등이 그것이다. 이들을 간략하게 살펴보면 다음과 같은 측면에서 기업의 국제경영에 영향을 미침을 알 수 있다.

첫째, 일과 성취에 대한 태도는 기업의 경영성과와 생산효율성을 결정하는 주요 요소로 이에 대한 태도는 개인의 삶에 대한 기본적인 태도, 즉 사람들이 가치 있고 어렵다고 생각하는 일을 해내기 위해 자신을 바치는 것을 의미한다.

둘째, 시간과 미래에 대한 태도도 경영성과와 생산효율성에 영향을 미친다. 시간과 미래에 대한 태도가 윤회적(recycling)인가 아니면 그냥 흘러가는(horizontal) 것인가에 따라서 장기적인 계획수립을 통한 경영과정이 효과를 발휘할 수도 있고 한편으로는 단기적으로 상황에 부응하는 경영과정이 효과를 발휘할 수도 있다.

셋째, 의사결정은 기업이 부딪히는 여러 가지 난관을 극복하는 중요한 과정이다. 대부분의 현대기업경영에서의 의사결정은 객관적인 사실들의 분석에 근거를 두고 이루어지는 것을 선호하며 실무를 담당하는 하부의 관리자들로부터 최고경영자로 이어지는 소위 하위상달형(bottom-up) 의사결정이 미국식 경영의 주류를 형성하기도 한다. 한편 전통적인 가부장적 사고방식이 팽배한 사회에서는 최고경영자의 개인적 판단이 의사결정의 주요 요인이 되는 경우가 많다. 이러한 경우는 소위 상위하달형(top-down) 의사결정이라 일컬으며 의사결정과정의 시간과 자원을 절약할 수 있는 유리한 점이 있기도 하지만 대부분의 의사결정의 객관성이나 신뢰성을 기대하기가 힘들다.

넷째, 권력과 권한에 대한 태도를 들 수 있다. 의사결정과정에서 하부관리자들도 참여하는 민주적인 경영체제하에서는 중앙통제적이며 독재적인 권력의 행사는 바람직하지 않다. 민주적인 경영체제가 되었든 혹은 중앙통제적 경영체제가 되었든 어떠한 형태의 권력 자체가 효율적인가 하는 문제를 일률적으로 말할 수는 없다. 문제는 서로 다른 권력체계를 갖는 국가에 진출하였을 경우 현지기업의 권한을 어느 정도로 분권화하고 집중화하느냐 하는 것으로 집약된다.

다섯째, 반대의사의 표현방법이다. 반대의사의 우회적 표시 혹은 솔직성은 기업의 인사관리나 협상의 측면에서 중요한 요인이 된다. 대개 유교문화권이나 아시아의 국가에서는 상대방의 체면에 손상을 입히지 않도록 거절의 의사표시로 우회적인 표현을 하는 경우가 많다. 예를 들어, "한번 고려해 보겠습니다. 혹은 예 그렇군요"하는 표현이 부정적인 표현으로 사용되는 경우가 있다. 이러한 경우가 만약 미국인과 한국인이 서로 상담하는 중이거나, 미국인 사장과 한국인 종업원 혹은 반대로 한국인 사장과 미국인 종업원과의 노사협상 중이라면 협상이 결렬되거나 서로 간에 속았다는 생각을 할 수도 있다.

여섯째, 가족제도의 국가 간 차이도 국제경영에서 중요하게 고려되어야 하는 요인이다. 대가족제도의 국가에서는 가족 간의 유대강화와 함께 경영상의 세습제 또는 친족주의가 성행하게 되며 기업의 경영목표도 바로 가족의 이익에 직결되는 것이다. 가족제도는 경영상의 패턴에도 영향을 미치지만 소비자의 구매행태에도 영향을 줄 수 있다.

일곱째, 사회구조를 들 수 있다. 흔히 사회구조는 신분의 결정이나 신분상의 차별조치, 신분별 교육제도 등을 포함하는 포괄적인 개념으로 정의되고 있다. 대개 전통적인 문화를 유지하는 경우에는 사회계급이 존재하며 경직된 사회구조를 띠는 것이 일반적이다. 특히 특정직업에 대한 특정계급의 진출금지와 같은 사회규범의 존재는 기업경영의 효율성을 저해하는 요인으로 작용할 수 있다.

이 밖에도 기업이 해외에서 경영활동을 수행하면서 고려해야 할 문화적 요인은 수도 없이 많다. 따라서 이렇게 많은 문화적 차이를 개별적으로 파악하고 대응하는 데에는 한계가 있기 때문에 여러 가지의 문화적 요인들을 종합적으로 파악하고자 하는 노력이 나타나게 된 것이다. 다시 말해 종합적 접근방법은 문화들 간의 서로 다른 수많은 요인들을 고려해 볼 때 부분접근방법이 초래하는 시간 및 비용상의 부담을 덜기 위한 것으로 볼 수 있다. 종합접근방법으로서는 홉스테드(G. Hofstede)의 모형과 홀(E. T. Hall)의 모형, 그리고 클러크혼(F. R. Kluckhohn)과 스트로드백(F. L. Strodtbeck)의 모형이 있다.

3절 문화의 종합적 평가모형

1. 홉스테드모형

홉스테드는 인간이 세계를 인식하고 해석하는 방법 중에서 특히 기업의 경영과 관련된 종업원의 태도와 행위가 각국의 문화차이에서 발생함을 밝히고자 50개국과 3개의 지역[1]을 대상으로 조사를 한 결과 각국의 종업원과 경영자 사이에 나타나는 중요한 차이점을 개인주의, 권력 간격, 불확실성의 회피, 남성다움이라는 네 가지의 차원으로 설명하고 있다.

1) 개인주의

개인주의란 가족이나 종족, 국가집단에 대한 의무의 수용 정도와 이에 대한 개인적인 자유의 요구 정도를 의미한다. 개인주의는 집단주의에 대응되는 개념으로 인간이 자신과 직계가족들에게만 관심을 가지는 사회조직구조를 의미한다.

반면, 집단주의는 자기가 속한 집단과 그 이외의 집단을 엄격히 구분하는 사회조직구조를 말한다. 집단주의사회에서는 내부집단, 예를 들어서 친척, 정치정당, 개인조직 등에 대해 절대적인 신뢰와 충성을 하며 이러한 대가로 집단으로부터의 보호와 보살핌을 받게 된다.

국제경영에서 개인주의나 집단주의로 국가들을 분류한 것은 기업의 조직관리에 시사하는 바가 크기 때문이다. 만약 집단주의국가에서는 개인의 조직에 대한 참여와 조직에서 결정된 의사결정에 대한 신뢰성이 높은 반면, 개인주의국가에서는 개인의 의사를 존중하여야 하므로 분권화된 기업조직과 의사결정과정을 채택하여야 한다.

---

1) 3개의 지역은 아랍지역, 동부아프리카 및 서부아프리카로 아랍지역 국가는 이집트, 레바논, 리비아, 쿠웨이트, 이라크, 사우디아라비아, 아랍에미리트공화국이며 동부아프리카는 케냐, 에티오피아, 잠비아, 서부아프리카지역은 나이지리아, 가나, 시에라리온이다.

표 9-1 **개인주의와 집단주의가 경영조직에 미치는 영향**

개인주의성향이 낮은 국가	개인주의성향이 높은 국가
• 개인의 조직에 대한 참여는 당연하다. • 종업원들은 조직이 자신을 가족처럼 다루어 주기를 기대한다. • 조직은 구성원의 복지에 커다란 영향을 받는다. • 종업원들은 조직이 자신의 이익을 수호해 주리라 믿는다. • 기업의 정책과 관행은 충성심과 의무감을 바탕으로 한다. • 승진은 내부자로서 상급자부터 한다. (지역주의 : localism) • 경영자는 항상 새로운 아이디어를 추구할 필요는 없다. • 기업의 정책과 관행은 상황에 따라 변화한다. (특별주의 : particularism)	• 개인의 조직에 대한 참여는 계산에 의해서 행한다. • 종업원들은 조직이 요람에서 무덤까지 자신을 돌보리라 기대하지 않는다. • 조직은 구성원의 복지에 어느 정도 영향력을 행사하기는 한다. • 종업원들은 자신 스스로가 자신의 이익을 수호해야 한다고 믿는다. • 기업의 정책과 관행은 개인의 창의력을 발휘할 수 있어야 한다. • 승진은 내부나 외부를 막론하고 능력위주이다. (세계주의 : cosmopolitanism) • 경영자는 계속적으로 현대적인 경영아이디어를 창안하도록 노력해야 한다. • 기업의 정책과 관행은 어느 경우라도 변함없다. (보편주의 : universalism)

2) 권력 간격(권력거리)

권력 간격이라는 것은 사회 내에서 부와 권력이 불평등하게 배분되어 있다거나 혹은 편중되어 있는 경우 이를 어느 정도로 수용하는가 하는 것을 의미한다. 좀 더 자세히 설명한다면 권력 간격이라는 것은 권력의 중앙집권화 정도 또는 독재정치의 정도와 관련이 되어 있다. 권력 간격은 사회를 구성하는 모든 구성원들의 머릿속에 내재되어 있는 독재나 전제의 수용 정도를 반영하는 것이다.

국가마다 권력 간격을 확실히 구분하기는 곤란하지만 권력 간격이 큰 국가에서는 중앙통제가 강하고, 조직의 구조는 뾰족한 피라미드형을 이룰 것이다. 또한 직급 간의 임금격차가 크고 생산직보다는 사무관리직이 대접을 받게 된다.

이러한 권력 간격은 문화적으로 결정되는 것이며 가족이나 학교 그리고 기타 교육기관이나 단체로부터의 사회화교육에 의해서 고착화되는 것이 일반적이다. 홉스테드의 연구에 따르면 교육수준이 낮고 낮은 지위의 직업을 지니는 사람들은 큰 권력 간격을 갖고, 반대로 높은 교육수준과 높은 지위의 직업을 지니는 사람들은 작은 권력 간격을 갖는 것으로 나타났다.

또한 홉스테드는 여러 국가를 표본으로 한 조사연구에서 권력 간격을 설명하는 요인으로 지리적 위치가 약 43%의 설명요인이며, 지리적 위치와 인구요인을 결합하면 51%, 지리적 위치, 인구크기, 부를 합하면 58%의 설명력을 지닌다고 밝혔다. 홉스테드는 이에 대하여 지리적 위치가 권력관계에 영향을 미치는 이유는 생존조건의 차이 때문이라고 밝힌 바 있다. 즉, 추운 극지방에서는 온대나 열대지방과는 달리 식량을 구하기 위해서 보다 높은 수준의 기술이 필요하다. 이러한 경우에는 족장이나 추장을 중심으로 하는 권력 간격의 큰 사회구조가 형성되며 따라서 남성주의의 사회가 형성되는 것이라고 설명하고 있다.

국제경영에서 권력 간격에 대해서 관심을 두는 이유는 투자기업이 지니는 권력 간격과 현지국민들이 생각하는 권력 간격 간의 괴리로 인하여 생산성이나 직무의 만족도가 다르게 나타날 수 있기 때문이다.

3) 불확실성의 회피

인간이 생활을 해가면서 불확실하고 애매모호한 상황을 접하게 되고 이러한 불확실성 때문에 위협을 받게 되는 경우가 많다. 따라서 이러한 불확실성을 어떻게 인지하며 과연 불확실성에 의해 초래되는 위험을 어떠한 방법으로 해결하려고 하는가 하는 정도가 불확실성의 회피라는 개념이다.

결국 인간은 불확실한 미래에 대한 걱정을 덜기 위하여 기술이나 건축물, 법률이나 규칙, 종교 등에 의존하게 된다고 홉스테드는 밝히고 있다. 불확실성의 회피경향이 강한 국가에서는 미래에 대한 불확실성을 제거하고자 여러 가지 상황을 대비하여 법률을 제정하고, 지진 등 천재지변에 견딜 수 있는 건축물 등에 의존하게 된다. 그러나 불확실성의 회피성향이 낮은 국가에서는 상사분쟁의 발생에 대한 해결에 대해서도 될 수 있는 한 규범이나 관습을 적용하려 하며, 또한 지진이나 폭풍 등의 천재지변에 견딜 수 있는 건축물을 짓기보다는 오히려 새로이 짓기 편한 허술한 건축물을 짓게 되는 것이다.

국제경영의 관점에서 불확실성의 회피성향이 강한 국가로 진출하는 경우에는 모든 계약을 서면계약으로 하며 분쟁의 발생 등에 대해서도 미리 서면약정을 해두는 것이 필요하다. 조직의 관리나 경영자의 의사결정 등에 대하여도 이를 감안하여야 한다.

표 9-2 불확실성의 회피

약한 불확실성의 회피	강한 불확실성의 회피
• 개인 업무분담을 명확히 하지 않는다. • 명분화된 규칙이 적다. • 전문가의 수가 적다. • 경영조직이 여러 가지의 다양한 형태를 띤다. • 경영자는 전략에 몰두한다. • 경영자는 인간적이고 경영스타일이 융통성을 갖는다. • 조직개편이 적다. • 종업원들이 적극적인 편이다. • 직무만족도가 낮다. • 의례적인 행동이 적다.	• 개인의 업무영역을 정확히 밝힌다. • 대개 명분화된 규칙이 있다. • 전문가의 수가 많다. • 경영조직은 가능한 한 한가지의 유형을 띤다.(표준화) • 경영자가 세부사항까지 간여한다. • 경영자는 과업중심적이며 경영스타일이 초지일관하여야 한다. • 조직개편이 적다. • 종업원들은 적극성이 결여되어 있다. • 직무만족도가 높다. • 의례적인 행동이 많다.

4) 남성다움

남성다움이란 특정사회에서의 지배적인 가치관이 어느 정도로 남성다움을 중요시하는가를 나타내고 있는 것이다. 즉, 남녀성별 간의 역할을 구분하고 돈을 벌어들이고 처자를 부양하는 등 남성적 가치의 중요성이나 우월성을 강조하는 정도를 의미하는 것이다. 따라서 남성다운 사회라는 의미는 남녀 간의 역할이 분명히 규정하며, 남자들이 사회생활을 통해 돈을 벌어들이고 처자를 부양하는 사회라는 것이다. 경영의 관점에서 남성다움의 갖는 의의는 소득, 업무에 대한 인식과 업무의 완수, 도전적인 사고방식 등과 관련이 있다. 남성다운 사회 · 문화구조하에서는 상사에게 인정받는다든가 진급, 도전과 같은 기회를 추구하는 직무기회가 주어져야 하는 반면, 여성다운 사회 · 문화구조하에서는 협조나 좋은 작업환경 등을 강조하게 된다.

홉스테드는 지리적 위치가 남성다움과 관련이 있다고 주장하기도 하였다. 즉, 적도 근처의 국가들은 남성다운 사회이며 극지방으로 갈수록 여성다운 사회라는 것이다. 이러한 설명은 남부지방은 소득수준이 낮은 국가로 남성답고 북부지방은 소득이 높으므로 여성다운 국가라는 설명으로 비약할 수 있다.

홉스테드는 앞서 설명한 개인주의, 권력 간격, 불확실성의 회피 및 남성다움이라는 네 가지의 다른 차원을 이용하여 세계 50개 국가를 몇 개의 국가군으로 분류하였다. 즉, 개인주의 대 집단주의, 약한 권력 간격 대 강한 권력 간격, 약한 불확실성 회피 대 강한 불확실성 회피 그리고 남성다움 대 여성다움을 기준으로 국가를 분류하여 집단화하였다.

표 9-3 남성다움과 경영조직의 관련성

여성다움(feminine)	남성다움(masculine)
① 몇몇 남녀들은 출세를 하고자 하지만 다른 사람들은 원하지 않는다. ② 조직이 개인의 사생활을 침해해서는 안 된다. ③ 전문직으로 보수를 많이 받는 여성들이 많다. ④ 전문여성들의 경우라도 특히 독단적이지는 않다. ⑤ 직무스트레스가 적다 ⑥ 생산과정상 마찰이 적다 ⑦ 그룹의 통합을 위해서 직무재편성을 이용하는 경우가 많다.	① 젊은 남성만이 출세를 원하며 이들은 결코 실패는 생각하지 않는다. ② 조직의 목적을 위해서 개인의 사생활을 침범할 수 있다. ③ 전문적으로 보수를 많이 받는 여성이 극히 적다. ④ 전문여성들로서 독단적이고 기고만장한 사람들이 많다. ⑤ 직무스트레스가 많다. ⑥ 생산과정상 마찰이 잦고 크다 ⑦ 개인적인 업적이나 성과달성을 하도록 직무를 재편성하는 경우가 많다.

2. 홀의 모형

홀은 문화적 차이를 구분 짓는 개념으로 배경(context)이라는 용어를 사용하고 있다. 여기서 배경이라는 것은 인간이 의사소통을 행함에 있어서 자신의 정보나 의사를 전달하기 위해 사용하는 메시지가 내포하는 여러 가지 의미를 포함한다.

홀은 문화적 차이를 구분함에 있어서 고배경문화(high-context culture)와 저배경문화(low-context culture)로 분류하고 있는데 이들 두 집단 간의 차이점은 한마디로 말하면 커뮤니케이션과정이 다르다는 것이다. 즉, 저배경문화의 경우에는 의사소통을 행함에 있어서 모든 의사나 정보를 언어, 몸짓, 표정 등의 메시지를 통하여 전달한다. 그러므로 저배경문화의 의사소통은 언어에 의존하며 전달되는 대부분의 정보는 문서나 언어의 형태로 전달되며 언어로 표현한 그 이상의 의미를 갖지 않는다. 따라서 저배경문화의 경우에서는 메시지를 통하여 전달되는 정보의 양이 한정될 수밖에 없다.

그러나 고배경문화에서는 메시지를 통하여 전달하고자 하는 정보 이외에도 다른 정보들이 의사전달자의 사회관계, 경력, 가치관, 유머감각, 상황 등과 같은 의사소통과정상의 배경에 담겨 있는 것이다. 고배경문화와 저배경문화의 구체적인 차이는 〈표 9-4〉와 같이 요약할 수 있다.

표 9-4 고배경문화와 저배경문화의 비교

요소 및 차원	고배경문화	저배경문화
법, 변호사	덜 중요하다.	아주 중요하다.
개인의 말	개인에 대한 보증이다.	서면으로 남기는 경우만 신뢰한다.
공간	같이 공유한다.	개인의 공간은 서로 침해하지 않는다.
시간	인생의 모든 일은 시간이 해결해 준다. (polychronic)	시간은 돈이며, 매사는 하나씩 매듭짓는다. (monochronic)
협상	시간이 걸리며, 협상과정을 통해 서로를 이해한다.	신속하게 해결되며, 협상 자체의 목적 이외의 목적은 없다.
책임소재	조직의 최고책임자	업무담당자 또는 최하급자
경쟁입찰	빈번하지 않다.	아주 흔하다.

출처 : W. J. Keegan, *Multinational Marketing Management* (Englewood Cliffs, NJ : Prentice-Hall, Inc, 1984), p.110.

한편 고배경문화와 저배경문화에 있어서 각자 사용하는 메시지가 갖는 의미와 이를 전달하는 데는 고배경문화에서는 의미전달을 위하여 언어의 사용을 자제하며, 반대로 저배경문화에서는 언어를 많이 사용하고 있음을 알 수 있다. 고배경문화로는 인도네시아, 사우디아라비아, 이집트, 일본, 한국 등을 들 수 있으며, 저배경문화로는 미국, 캐나다, 독일, 스칸디나이바, 중간수준의 문화로는 중국과 몽고를 들 수 있다.

3. 클러크혼과 스트로드벡의 모형

클러크혼과 스트로드벡은 문화의 이질성을 분별하기 위하여 문화지향성(cultural orientation) 또는 가치지향성(value orientation)이라는 관점에서 인간이 갖는 여섯 가지의 기본명제에 대한 질문을 제시하고 이 질문에 대한 답변의 방향을 기준으로 문화를 양분하고 있다. 여기에서 여섯 가지의 기본명제는 ① 인간의 본성 ② 인간과 자연과의 관계 ③ 인간관계 ④ 인간의 행동양식 ⑤ 시간관념 ⑥ 공간관념으로 구성되어 있다.

1) 인간의 본성

미국인들이나 서구인들은 인간의 본성은 선과 악이 혼재하는 것으로 생각하였다. 따라서 혼재하는 선과 악은 교육과 훈련을 통해 어느 극단으로 변화시킬 수 있다고 보았다. 이러한 사고체계하에서 미국기업들은 종업원들이 스스로의 능력을 개발하고 맡은 바 소임을 완수할 수 있도록 학습기회를 제공하고 잘 짜인 훈련계획을 실행한다.

그러나 이에 반하여 대비적 또는 동양적 문화지향성하에서는 인간의 본성은 본래 선과 악의 양극단에 존재하는 것으로 절대로 변화하지 않는 것이라고 확신한다. 이러한 확신이 존재하는 한 교육훈련을 통한 인간성의 개조보다는 초기부터 선하고 직무에 적합한 사람을 선발하는 것을 중요시한다. 한국적인 관점에서 최근 몇몇 기업에서는 직원을 채용하는데 있어서 관상가 또는 역술가의 조언을 반영하는 것도 이렇게 인간본성에 대한 변화의 가능성이 없거나 적다고 보기 때문으로도 볼 수 있다.

2) 인간과 자연의 관계

서양인들은 대개 인간을 지배할 수 있는 존재로 생각하는 경향이 있다. 이러한 사고방식은 인간이 자연을 변화시키는 여러 가지의 행위, 예를 들어 운하나 도로를 만들어 생활을 편리하게 하거나 댐이나 방파제 항만을 축조함으로써 자연재해를 예방하려는 노력으로 나타난다. 즉, 인간과 자연을 대립적 관계로 보아 인간이 자연을 극복하지 않으면 인간의 생활이 개선될 수 없다는 사고체계를 갖고 있는 것이다.

그러나 동양적 사고방식은 이와는 다르다. 다시 말해 인간과 자연은 조화를 이루는 존재로서 양자의 조화로운 결합만이 큰 하나를 형성하는 것으로 간주한다. 즉, 인간과 자연은 대립의 관계가 아니고 조화로운 관계라는 것이다. 한편 이러한 사고에서 더욱 극단으로 나아가면 인간은 자연에 복종하여야 하는 미물에 지나지 않으므로 자연을 숭배하고 순종하여야 한다는 사고도 존재한다. 이러한 사고는 앞서 1절의 종교 편에서 언급한 바대로 토템숭배 혹은 자연숭배적 종교를 탄생시키게 된다.

자연에 대한 신념과 태도의 변화는 기업경영자에게도 같은 형태의 신념과 태도를 심어주게 된다. 만약 경영자가 서양적 사고방식을 가지고 있다면 여러 가지 기업을 둘러싼 외부환경에 대하여 공격적이고 적극적인 전략을 통해 이를 극복해 나가는 노력을 행하게 되고 동양적 사고방식을 가지게 되면 방어적 수동적인 전략을 택하게 되는 것이다.

표 9-5 문화지향성이 기업경영에 주는 시사점

항목	미국식 문화지향성(서양)	대비적 문화지향성(동양)
인간의 본성	• 인간본성은 선과 악이 혼재함 • 인간의 본성은 변화함 - 교육과 훈련을 통해서 인간의 본성을 바꿀 수 있음	• 인간은 본래 선하거나 악함 • 인간본성은 불변임 - 교육훈련으로는 인간성이 변하지 않으므로 초기에 적절한 사람을 선발함
인간과 자연의 관계	• 인간은 자연을 지배함 - 인간의 편리함을 위해 댐, 대로, 항만 등 자연조건을 변화시킴	• 인간과 자연은 조화를 이룸 - 자연을 유지보전하면서 인간의 욕구를 충족시킴
인간 관계	• 개인주의적임 - 개인이 의사결정의 주체 - 전문경영제의 도입 - 능력위주의 직원선발	• 집단주의적임 - 집단이 의사결정의 주체 - 족벌 및 친족위주 경영체 - 친족위주의 직원선발
인간 행동 양식	• 동적(dynamic) - 종업원은 자기만족과 목표달성을 위해 업무를 수행	• 정적(static) - 종업원들은 단지 자신에게 주어진 일만을 수행함
시간 관념	• 미래중심적 • 단기적 기업정책 추구 - 정책목표는 10, 20년 장기계획으로 하지만 실제로는 단기적 목표달성을 위한 기업정책의 확신과 탄력성을 강조함 - 단기적 인사정책	• 과거중심적 • 장기적 기업정책 추구 - 과거에 수행하였던 기업정책을 근거로 미래의 계획을 수립하며, 기업정책의 변화를 원하지 않음 - 장기적 인사정책
공간 관념	• 사적 독점 - 경영자는 보통 중요한 회의를 밀폐된 장소를 이용함. 직원들 간에도 칸막이 등을 이용하여 독점적 장소 제공	• 공적 공유 - 경영자는 보통 개방적인 장소에서 공개적인 회의 개최, 직원들 간에도 칸막이가 없이 서로 노출되어 있음

출처 : N. J. Adler, *Women s Androgynous Managers : A Conceptualization of the Potential for American Women in International Management* (Pergamon Press, Ltd., 1984).

3) 인간관계

흔히 미국인을 비롯한 서양인들은 개인주의적이라고 말한다. 개인주의라는 말은 의사결정의 주체가 바로 자신이며 자신의 이익과 복지의 증진을 위해 자신의 능력을 사용한다는 의미로 파악될 수 있다. 따라서 개인주의적 성향을 지니는 사람은 집단이나 공동체생활에 대한 적응력이 낮으며 유동적이다. 여기서 유동적이라는 의미는 지리적으로 이주를 한다는 의미 이외에도 직장이나 소속단체로부터의 가입 및 탈퇴를 의미하기도 한다.

개인주의사회에서 기업을 운영하기 위해서는 종업원의 채용에서 조직의 구성에 이르기까지 구성원들이 갖는 개인주의성향을 반영하여야만 한다. 즉, 종업원을 채용하는 경우에는 개인의 능력과 업무의 전문성을 고려하여 최적자를 선발하며 그로 하여금 업무의 범위 내에서는 자율적인 권한을 부여하여야 한다. 또한 종업원이 담당하는 업무의 영역과 책임의 한계를 기술한 직무표 등을 통해서 개개인이 조직 내에서 차지하는 위치를 분명히 하여야 한다.

반면 집단주의의 경우에는 의사결정의 주체가 본인이 소속된 집단으로서 집단의 이익과 복지의 증진이 최우선과제가 된다. 따라서 집단주의사회에서 기업은 인사관리의 측면에서 자신이 소속된 집단, 예를 들어서 학연, 지연, 혈연 등을 중심으로 인사채용이 이루어지며 또한 경영체제도 족벌위주 또는 친족위주의 경영제도를 채택한다.

개인주의와 집단주의성향은 기업 내의 의사결정에 대하여 조직의 다른 구성원들의 동의를 구하는 방식을 통해 의사결정이 이루어진다. 그러나 일본과 같이 집단주의적 기업조직 내에서는 다수의 조직구성원이 의사결정에 참여하여 집단적 의사결정을 내리게 된다. 집단적 의사결정이란 개인적 의사결정에 앞서 조직의 구성원들의 동의를 앞세워서 이들의 동의를 바탕으로 개인적 의사결정을 내리는 형태를 말한다. 이러한 의사결정방식은 개인주의적 방식보다 조직의 모든 구성원들의 이해와 동의를 필요로 하기 때문에 많은 시간을 필요로 하며 조직구성원의 모든 욕구를 반영해야 하기 때문에 경직된 것일 수 있다. 그러나 일단 의사결정이 이루어지면 모든 조직구성원들이 그 내용에 대하여 알고 있기 때문에 의사결정내용은 즉시 실행에 옮길 수 있다.

4) 인간의 행동양식

앞서 살펴본 인간의 본성, 인간과 자연의 관계 및 인간관계에서 유추할 수 있는 사실은 미국식 또는 서구식 문화지향성을 보이는 경우에는 인간의 행동은 동적이고 적극적으로 나타나게 된다는 것이다. 종업원들은 자신의 민족과 목표의 달성을 위해 맡은 바 업무에 전력하게 되며 경영자들은 승진, 임금인상, 보너스 및 기타 부가급여를 통해서 종업원의 사기를 북돋움으로써 경영의 효율성이 증진될 수 있다.

그러나 대비적 문화지향성의 경우에는 인간의 행동양식을 정적으로 보아 종업원들은 오로지 자신에게 주어진 일만을 수동적으로 수행하는 것이라고 믿는다. 따라서 경영자의 입장에서도 승진, 임금인상 등의 여러 가지 인센티브들이 효력을 발휘하지 않기 때문에 오히려 업무를 보다 과중하게 부과하고 지속적으로 관리감독하는 방법이 효율적일 수 있다.

5) 시간관념

미국식 문화지향성의 관점에서 시제의 중요성은 미래에 있다. 그러나 동양적 문화에서는 전통을 중요시하고 있는데 바로 전통이라는 의미는 과거로부터 축적된 것이기 때문에 과거중심적이라고 말할 수 있다. 흔히 미국식 경영을 행하는 기업의 경우에 기업의 정책적 목표는 장기적으로 10년 혹은 20년 계획의 달성에 두지만 실제로는 아주 짧은 기간, 예를 들어 한 달, 두 달 혹은 분기와 같은 단기적 목표의 달성을 통해서 장기적 정책목표를 향해 나아가는 기업정책을 추구하고 있다. 따라서 기업의 인사정책도 목표의 달성을 위한 단기적인 채용을 하기 때문에 종업원이 목표를 달성하지 못하면 이를 해고하거나 승진에서 누락시키며 목표를 달성하는 경우에는 업적 또는 성과에 해당하는 만큼의 급여를 더 주는 성과급여제도를 사용하게 된다.

그러나 대비적 문화지향성에서는 기업의 정책적 목표가 장기적으로 설정되지만 이를 달성하기 위해서는 과거의 기업정책의 성공 · 실패 여부를 감안하여 기존의 기업정책이 크게 변화되지 않는 범위 내에서 수정과 보완과정을 반복하게 된다. 이러한 기업의 경우에는 일본의 예에서 보는 바와 같이 종업원의 종신고용제와 연공서열급여제도를 사용한다.

6) 공간관념

물리적인 공간을 인간들이 공유하는가 아니면 각기 독점하는 독점영역을 인정하는가 하는 문제에 대하여도 서양식 사고방식과 동양식 사고방식에서 차이가 날 수 있다. 예를 들어, 대출을 받기 위해서 한국계 은행과 미국계 은행을 방문할 경우 특이한 사실은 한국계 은행은 대출을 담당하는 모든 직원들이 공개된 장소에서 서로 얼굴을 마주보고 근무하는 반면, 미국계 은행에서는 모두 개인마다 칸막이로 나누어져 있고 심지어 마주 대하고 있는 책상 사이마저도 칸막이를 설치하는 경우를 종종 목격하게 된다. 이러한 현상은 바로 앞서의 개인주의적인 인간관계 속성에 따른 것으로 공간에 대한 가치체계의 차이를 반영한다.

결국 공간적인 분할을 추구하여 사적인 독점영역을 확보하려는 서구식 기업에서는 회의를 개최하게 되는 경우 별도의 밀폐된 공간에서 회의에 필요한 사람만이 참가하여 회의를 진행하게 된다. 반면 공간을 공적으로 공유하는 문화권에서는 공개적인 장소, 대개는 별도의 회의실이 아니고 사무실 자체 내에서 모든 직원들이 참가하여 회의를 진행한다.

4절 문화적 환경의 관리

앞서 살펴본 바와 같이 각국의 문화환경의 차이는 기업이 국제화를 수행하는 데에 상당한 영향을 미친다. 예를 들어, 의식주에 관한 관습의 차이는 독특한 소비패턴과 구매행동을 초래하고, 종교와 교육에 의한 사회화과정에 따라 가치체계가 달라지며 이러한 서로 다른 가치체계는 조직의 구성이나 관리의 측면에 보다 많은 관심과 적응화 노력을 필요로 한다.

따라서 기업이 국제경영활동을 원활히 수행하기 위해서는 진출하고자 하는 대상국가의 문화와 자국문화의 비교분석이 선행되어야 한다. 그러나 문제는 이질적인 문화를 서로 비교 · 분석하는 과정에서 문화적인 편견문제가 필연적으로 뒤따른다는 것이다. 다시 말해 사람들은 자신의 문화환경을 기준으로 타문화를 평가하게 되며 이러한 과정상에서 자신도 모르는 사이에 편견이 자리 잡는다.

이와 같은 문화적 편견을 제거하기 위해서는 본국과 현지국의 문화에 대하여 잘 알고 있는 제3자로 하여금 문화의 차이를 분석하도록 하거나 기업 내부에 이를 전담하는 조직을 별도로 두어 보다 객관적인 문화의 비교분석을 시행하여야 한다. 결국 이러한 객관적인 방법을 동원하는 목적은 바로 문화의 비교연구결과의 타당성을 높이기 위한 것이다.

기업이 행하고자 하는 국제화전략이 효율적으로 달성되기 위해서는 무엇보다도 먼저 객관적이고 타당성이 높은 연구방법을 통하여 국가 간의 문화차이를 비교 · 분석하고 그 연구결과에 따라 기업의 실질적인 국제화활동과 국제화전략을 조정해 나가야 한다. 기업이 문화적 환경분석에 근거하여 적응해야 하는 기업전략 및 기업활동영역은 크게 마케팅의 적응, 경영자의 적응, 기업조직 및 제도의 적응으로 분류할 수 있다.

1. 마케팅의 적응

기업이 국제화를 추진하는 경우 현지국의 언어, 종료, 정치, 경제, 법률, 기술 등 제반 환경요인의 이질성은 기업으로 하여금 마케팅믹스를 현지의 문화에 맞추어 적응하지 않으면 안 되게 한다. 앞에서 본 많은 예에서와 마찬가지로 현지문화에 적응하지 않을 경우, 기업의 현지 경영성과는 기대하기 힘들며 잘못하는 경우에는 본사의 존폐에까지 영향을 준다.

2. 경영자의 적응

기업이 국제화를 추진하면 할수록 기업의 규모, 지식, 경험은 지속적으로 축적이 된다. 이러한 요인들은 미래의 국제화를 추진하는 데 내부적인 힘의 원천으로 작용하고 또한 현재의 국제화전략을 무리 없이 완수하도록 만들 수 있다. 그러나 이러한 내부적인 요인의 존재에도 불구하고 경영자의 사고가 국제화 이전의 구태의연한 수준에 머물러 있다면 결코 국제화는 가속화될 수 없다.

따라서 국제화가 진행될수록 기업경영자의 태도나 의사결정과정이 차크라바티(B. Chakravathy)와 펄무터(H. Perlmutter)가 말하는 소위 EPRG모형에 따라 본국시장중심, 해외시장중심, 지역시장중심, 세계시장중심으로 점차 변화해 가야 한다.

3. 기업조직 및 제도의 적응

기업의 국제화가 진행될수록 자체적인 조직의 확대와 제도적인 보완이 필요한 것은 말할 것도 없고, 이에 더하여 현지국의 문화적 환경에 맞추어 기업조직이나 인사관리제도 등을 시행하여야 한다.

본국시장중심적 국제기업은 주로 본국시장의 수요를 충당하기 위한 목적으로 기업활동을 수행하기 때문에 해외에서의 기업활동은 기업의 부차적인 사업활동에 지나지 않는다. 따라서 모든 경영통제권과 의사결정이 모기업에서 이루어진다. 한편 해외시장중심적 국제기업은 현지자회사에 대한 간섭을 거의 배체하여 독자적인 경영목표와 계획하에 경영활동을 수행할 수 있도록 하고 있다.

지역시장중심적 국제기업은 주로 현지국의 주변에 위치한 방대한 시장을 장악할 목적으로 국제기업활동을 수행하기 때문에 지역사업본부의 역할과 권한이 강력해지고 각각의 자회사는 지역사업본부의 통제하에 경영활동을 수행하게 된다.

또한 세계시장중심적 국제기업은 모기업이나 자회사가 어디에 위치하는가에 관계없이 세계적인 시장을 목표로 최적의 자원조달과 생산활동을 수행하게 된다. 이렇게 국제기업의 활동영역이 확대되면서 기업의 조직적 목표, 통제, 전략, 구조 및 문화도 변화과정을 겪어야만 하는 것이다.

4부

국제경영관리

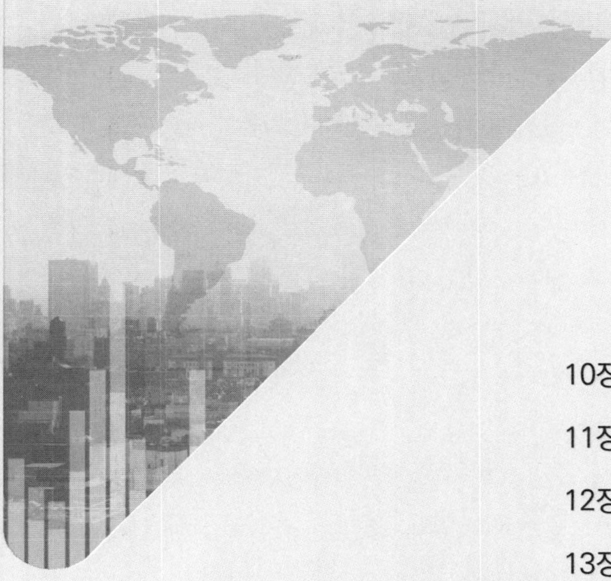

10장 ■ 국제마케팅관리

11장 ■ 국제인사관리

12장 ■ 국제생산관리

13장 ■ 국제재무관리

14장 ■ 국제조직관리

Going International Business

10장 국제마케팅관리

국제마케팅기능에는 ① 잠재 및 기존고객의 파악(마케팅조사) ② 이들의 필요를 충족시키기 위한 제품 및 서비스디자인 ③ 가격 및 판촉활동 ④ 유통경로의 선정 및 조정 ⑤ 사후관리적 측면에서의 애프터서비스 등이 포함된다.

이러한 제기능은 일반적으로 마케팅에서 이야기하는 제품(Product), 가격(Price), 촉진(Promotion), 유통(Place)의 소위 4P로 요약될 수 있는데, 단지 국제마케팅의 경우 복수의 국가를 상대로 전개되기 때문에 4P의 영역과 역할이 더욱더 확대되고, 복잡해진다는 차이점을 들 수 있다. 이를테면 국제마케팅에서는 기업의 재무기능이 매우 중대한 역할을 담당하게 되는데, 그 이유는 신용 및 대부가 국내마케팅에 비해 훨씬 더 어렵고 그 절차가 복잡하기 때문이다.

그림 10-1 글로벌 마케팅의 구조

1절 해외시장세분화

해외시장세분화는 국가 간(between nations) 그리고 개별국가 내(with in nation)에 있어서 소비자의 이질성에 대응하려는 전략을 말한다. 즉, 개별국가 또는 다수의 국가로 구성된 해외시장 중 그 어느 것을 고려하든 간에 소비자들은 현저한 이질성을 나타내므로 이러한 이질집단을 구분하여 각 집단의 특성에 맞는 상이한 제품과 서비스를 제공하려는 것이다.

1. 세분화의 기준

시장세분화의 일반적 기준은 〈표 10-1〉에 나타나 있는 것과 같다. 이 중에서 국경 및 지역적 특성을 중심으로 구분하는 지리적 요인에 의한 세분화가 자연히 가장 기초적인 세분화기준이 된다. 그 외에도 인구통계학적 및 사회경제학적 요인이 세분화의 기준으로 많이 사용되고 있다. 이를테면 코닥의 경우 우선 지역별로 각 세분시장을 구분하여 놓고, 다시 세분시장별로 소득, 가족구성 등의 자료를 수집하여 표적시장을 설정하고 있다. 라이프스타일, 구매빈도, 상표충성도, 태도 등은 해외시장을 대상으로 하는 세분화의 경우 1차적 자료의 수집이 어려운 관계로 널리 활용되지는 않고 있다.

표 10-1 시장세분화의 기준

구분	세부내역
지리적 기준	지역, 인구밀도, 기후 등
인구동태적 기준	성별, 소득, 나이, 직업, 종교, 교육수준 등
심리형태별 기준	라이프스타일, 개성 등
구매행동적 기준	구매동기, 구매행동단계, 상표충성도, 소비자가 추구하는 편익 등

시장세분화는 이러한 세분화기준에 의하여 수행되지만 궁극적으로는 상품특성에 따라서 결정되어야 하며, 또한 실제로 적용되기 위해서는 다음의 조건을 충족시키지 않으면 안 된다.

첫째, 각 세시장은 '측정 가능한(measurable)'것이라야 한다. 다시 말하자면 각 시장의 규모와 구매력을 측정하여야 하는데, 일반적으로는 국내통계자료 및 UN자료를 통해서 특정국가에서 일정한 소득수준 이상의 가족 수를 찾아내는 소득탄력성 평가방법이 주로 사용되고 있다.

둘째, '접근 가능한(accessible)' 세분시장이어야 한다. 즉, 세분화기준에 의해 분류된 표적시장에 대해 의사소통 및 물적 유통이 가능하여야 한다. 이 경우 특정국가의 하부구조가 문제가 되는데, 인도와 같은 나라에서는 표적시장을 정확하게 파악했다 하더라도 물적 유통구조상 쉽게 접근할 수 없는 어려움이 있다.

셋째, 세분시장의 '규모가 커야(substantial)' 한다. 세분화를 하면 할수록 표준화의 이점, 규모의 경제, 경험곡선효과 등 경제성이 약해지므로 규모가 작은 세분시장을 표적시장으로 삼는 것은 의미가 없다. 따라서 경제성이 있는 규모의 그룹으로 분류하는 것이 매우 중요하다. 그러나 최근에 와서 소위 유연생산시스템(FMS)의 등장으로 단기간 내에도 규모의 경제효과를 누릴 수 있게 되어 그다지 규모가 크지 않은 시장이라도 충분히 매력적인 표적시장의 역할을 할 수 있게 되었다.

아울러 추가적인 요건들을 표로 정리하여 보면 다음과 같다.

표 10-2 시장세분화의 요건

요건	내용
측정 가능성	세분시장의 규모와 구매력 등 측정 가능
접근 가능성	세분시장에 접근하여 활동할 수 있는 정도
실체성	세분시장의 규모가 수익을 내기에 충분
유효타당성	세분시장의 분류기준이 타당하여야 함
신뢰성	일정기간 일관성 있는 특징을 지녀야 함
차별적 반응	각각의 세분시장은 마케팅믹스에 대하여 서로 다른 반응을 나타내야 함
실행 가능성	세분시장 공략을 위한 마케팅믹스의 개발 가능성

2. 표적시장선정

현지국에서 세분시장의 분류가 결정되면, 이에 따른 전략은 한두 군데의 세분시장만을 대상으로 할 것이냐 또는 전체시장을 목표로 삼을 것이냐에 따라 차별화전략과 집중전략으로 구분된다. 이 두 가지 전략 중 어떤 것을 택할 것인가 하는 문제는 서로 장 · 단점이 있어서 한마디로 지적하기는 어렵다. 가장 일반적인 의사결정방안으로는 수익비용분석을 들 수 있는데, 이 경우 기업특유우위를 고려하여 계산하는 것이 중요하다. 특정기업의 상품특성이 모든 국가나 모든 세분시장에 똑같이 어필하지는 않는다. 이를테면 스웨덴의 자동차 볼보(Volvo)는 안전성 면에서는 타의 추종을 불허할 정도로 미국시장에서 큰 인기를 누리고 있는데, 일본시장에서는 안전성 자체가 별로 중요시되지 않기 때문에 그다지 좋은 평판을 못 받고 있다. 경우에 따라서는 특정 세분시장이 상당히 매력적임에도 불구하고 막상 시장진입을 위해서는 생산 및 마케팅상 일대 개혁을 요하므로 기업 입장에서는 쉽게 표적시장으로 삼을 수 없다.

국제경쟁하에서는 집중전략이 보다 더 효율적인 대안이 되는 경우가 많다. 특히 일본기업들은 표적시장에서 기존경쟁사들이 손대지 않고 있는 틈새(niche)를 발견하여 초기에는 집중전략으로 공략하고, 점차 차별화시켜 나가는 전략을 주로 사용하고 있다. 미국의 자동차메이커들이 대형승용차에만 치중하고 있는 틈을 타서, 1960년대 초반에 일본기업들은 미국과 캐나다에 소형차를 집중적으로 수출하였고, 미국기업들이 이를 경계하기 시

표 10-3 표적시장 진출전략

구분	내용	장점	단점
비차별적 마케팅	• 세분시장의 차이를 무시하고 하나의 제품을 가지고 전체 시장에 접근하는 것 • 수요의 동질성이 높은 제품에 대해 최대 다수의 구매자를 만족시킬 수 있는 제품과 마케팅믹스를 개발하는 것 • 제품의 도입기에 적합	생산 표준화, 원가절감	개별화 어려움
차별적 마케팅	• 모든 세분시장에 서로 다른 제품을 가지고 접근하는 것 • 자원과 능력이 매우 많은 대기업에 적합 • 제품의 특성이 차이가 나거나 시장이 이질적인 경우, 경쟁업자가 적극적으로 차별화전략을 사용하는 경우, 제품이 쇠퇴기에 접어든 경우에 유리	총매출액 증대, 차별화로 소비자의 만족 증대	마케팅믹스의 개발비용, 판관비 등의 증대
집중적 마케팅	• 하나 또는 소수의 적은 시장부문에만 진출하고자 하는 전략 • 기업의 자원이나 능력이 한정되어 있을 때 하나의 세분시장만을 공략하여 강력한 지위를 확보할 수 있는 전략 • 단일제품으로 전체 시장을 공략하는 비차별화 마케팅전략과는 구분됨	전문화에 의한 강력한 입지확보 가능성	상대적 높은 위험

작하자 일본의 자동차메이커들은 자사의 상품라인을 대형 및 호화자동차로 확장하였다. 이러한 세분시장진출전략 유형을 정리하여 보면 다음과 같다.

2절 해외제품포지셔닝

표적시장이 결정되면 마케팅믹스를 수립하기 전에 자사제품이 경쟁사와는 다른 공유의 특징이 있다는 점을 고객의 마음속에 심어주어야 하는데 이를 제품포지셔닝이라 한다. 이러한 포지셔닝전략의 수행과정을 보면 다음과 같다.

그림 10-2 포지셔닝전략의 수행과정

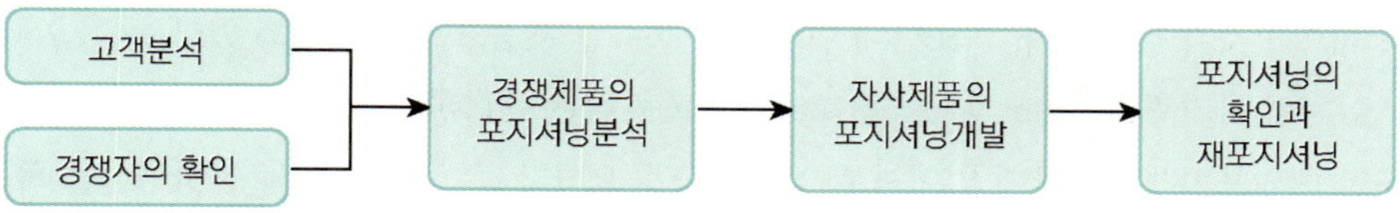

이와 같은 전략 수행과정 속에서 효과적인 제품포지셔닝을 위해서는 세분시장 내에서의 고객의 구매기준을 찾아내어 이와 일치하게끔 하여야 하는데 해외시장을 대상으로 하는 제품포지셔닝은 일반적인 국내포지셔닝과는 다른 몇 가지 특징이 있다.

1. 해외포지셔닝과 원산지효과

해외포지셔닝(foreign positioning)의 절차를 보면 그 기본적인 사고는 제품마다 여러 다른 속성(attribute)이 있고 이러한 여러 속성이 사용자나 소비자에게 여러 가지 편익을 제공해 준다는 사실에서 출발하고 있다. 이때 각 특성에 대한 고객의 평가치에 따라 각 제품을 인지공간이라 불리는 도표상에 표시해 놓은 것을 인지도(perceptual map)라 한다. 물론 각각의 제품은 각자 다른 위치에 점으로 표시되는데 그 위치가 근접할수록 비슷한 특성을 가진 경쟁사가 되며, 반대로 거리가 멀리 떨어져 있을수록 직접적인 경쟁대상에서 제외됨을 뜻한다.

해외포지셔닝과 국내포지셔닝의 가장 근본적인 차이점으로는 원산지효과(country of origin effect)를 들 수 있다. 원산지효과란 고객이 특정국가의 제품에 대해서 갖고 있는 편견을 가리키며, 편견은 유리하게도 작용하고 불리하게도 작용한다. 국내의 외제선호도는 국산에 대하여 불리한 원산지효과이다. 해외포지셔닝의 경우 마케팅캠페인의 초점을 원산지에 맞출 것인가(예 : 'From the Land of Morning Calm') 또는 본사의 상표를 중심으로 할 것인가(예 : 'Built by Hyundai')의 두 가지 중에서 선택하여야 한다.

특정상품이 해외시장에 진출을 하면 그 상품의 원산지에 대한 선입관 때문에 여러 가지 문제에 직면하는 경우를 흔히 찾아볼 수 있다. 이를테면 일본의 소비자들은 거의 모든 상품에 있어서 자국상품을 선호하는 것으로 나타나 있는데, 다만 화장품과 여성복의 경우에는 유럽 또는 미국상표가 인기가 있다. 또한 일반적으로 특수강철부문에서는 스웨덴, 화학제품 및 자동차에서는 독일이, 그리고 미국은 컴퓨터 부문에서 우위를 갖는다. 그러나 원산지효과는 시간이 지남에 따라서 달라지게 된다. 일본제의 경우에는 1960년대에는 싸구려의 이미지가 강했으나, 1980년대 이후에는 우수한 제품으로 인식되고 있다.

이처럼 국가편견(country stereotype)이라고 불리는 특정국가에 대한 선입관에 대한 적응이 해외포지셔닝전략에 있어서 무엇보다도 중요하다. 특히 해외에서 현지생산을 하는 경우 원산지와 현지생산 중 어느 쪽을 더 강조하느냐에 따라 긍정적 또는 부정적인 효과를 얻을 수 있다. 일반적으로 미국시장에서 한국이나 대만상품에 대해서는 싸구려 제품이라는 좋지 못한 이미지를 가지고 있는데, 이를테면 한국산 또는 대만산 나이키 신발을 미국시장에서 판매하는 경우 이러한 원산지를 광고(또는 상품)에서 빼야 할 필요가 생긴다.

2. 표준화 대 차별화(현지적응)

국제마케팅전략을 수립하는 데 고려해야 할 중요한 과제로서 표준화와 차별화의 선택문제가 있다. 해외포지셔닝의 경우 국내포지셔닝에 비해 해외시장의 특정욕구에 맞추어 상품의 현지적응을 실시할 필요와 표준화의 이점을 살리는 방안의 둘 사이에 조화를 이루는 것이 매우 중요하다. 일반적인 표준화의 이점으로는 규모의 경제, 경험효과, 이로 인한 비용, 한 가지 기발한 아이디어를 최대한으로 활용할 수 있는 점, 범세계적으로 동일한 마케팅전략 고수 등을 들 수 있으며 이러한 표준화전략의 대표적인 성공사례로는 코카콜라를 들 수 있다. 이에 대해 현지적응을 위한 차별화를 강조하는 쪽에서는 각 지역에 따른 고객욕구의 차이를 주장한다.

이러한 지구적 전략(global strategy)은 소비자의 기호와 선호가 세계적으로 동질화되었을 때 가능한데, 최근 들어 통신(특히 위성통신 생중계)의 급속한 발전에 힘입어 이러한 가정이 보다 현실적인 것으로 받아들여지게 되었다. 그러나 이러한 세계적 제품이라 하더라도 각 나라에서 동일한 시장을 겨냥하고 있는 것만은 아니다.

아무리 표준화된 제품이라고 하더라도 특정국가시장의 수요자특성을 무시할 수는 없다. 예를 들어, 국내에서 판매되는 코카콜라 등의 청량음료는 국내소비자기호에 맞추어서 당도나 탄산도를 조정해서 제품을 만든다. 결국 국제마케팅의 핵심은 현지의 사정에 맞게 제품을 변화시키면서도 동시에 표준화할 수 있는 부분은 표준화해서 규모의 경제를 살리는 데 있다.

3. 해외포지셔닝관리

마케팅관리자는 해외포지셔닝에 관해서 다음의 두 가지 질문에 대한 명백한 답을 내려야 한다. 첫째는 자국상품에 대한 선입관이 어느 정도 뿌리 깊은 것인가, 또한 이러한 고정관념에 대한 보다 자세한 조사를 할 필요가 있는가 하는 문제이다. 둘째는 이러한 선입관이 사실적인 인지에 기인하는 것인가 또는 감정적 부분에 치우치는 것인가 하는 문제이다. 문제가 되는 것은 인지도상에서 자사제품이 실제와는 다르게 위치되어 있는 경우로 비교광고 등의 방법을 통해 잘못된 인지를 바꾸어 놓지 않으면 안 된다. 그러나 대부분의 경우 인지의 변화란 매우 서서히 일어나며, 그 효과 역시 어떠한 판촉수단의 결과보다는 실제 사용경험을 토대로 나타나는 것이 보통이어서 판촉수단은 변화에 대한 보조역할을 담당할 뿐이다. 만약 선입견이 감정적 평가에 근거하는 것이라면 전략을 바꾸어 라이선싱이나 합작투자를 통해서 이를 해결하도록 해야 한다. 즉, 이러한 방법을 통해서 원산지의 직접적인 명시를 회피하는 것이다.

이러한 질문에 대해 해답을 구하려는 경우의 관리자의 목적은 주어진 환경에 가장 알맞은 제품포지셔닝전략을 실시하는 것이다. 즉, 성공적인 제품포지셔닝은 분명한 표적시장을 찾아내서 국내 및 해외경쟁자의 직접적 경쟁을 최소화하면서 기업특유우위에 기반을 둔 제품을 판매하는 것이다. 이러한 원칙을 무시하는 경우 단기적으로는 이익을 얻을 수 있을지 모르나 결국에 가서는 고객으로부터 외면당하게 된다. 영국의 자동차메이커들이 미국시장에서 고전을 면치 못하고 있는 이유가 바로 여기에 있다.

3절 제품전략

제품결정은 마케팅믹스 중 가장 복잡한 의사결정으로, 여기에는 디자인, 표준화, 현지시장에의 적응, 관련제품라인의 개발, 그리고 수명주기를 통한 제품관리 등 일련의 활동이 포함된다.

기본적인 제품수명주기를 통한 마케팅의 전 과정을 정리하여 보면 다음과 같다.

1. 제품수명주기관리

제품수명주기이론은 이미 오래전부터 마케팅 문헌에 기록되어 왔다. 제품에도 생명이 있어서 시장에 소개된 후에 급성장기를 맞게 되고, 그 후 성장이 둔화되는 성숙기를 거쳐 수요가 감소하는 쇠퇴기를 지나 결국에는 시장에서 사라진다는 개념이다. 이러한 제품수명주기이론을 국제시장에 확대시켜 보면 특정 국가에서는 이미 성숙기에 도달한 제품이 다른 나라에서는 아직 도입기에 있을 수도 있다.

이러한 차별화된 제품디자인을 위해서는 다양한 마케팅정보가 요구된다. 우선 자사제품이 제품수명주기(PLC)상의 어느 곳에 위치하고 있는지를 정확하게 파악하지 않으면 안 된다. 여기에서의 실수는 시장진입에 대한 막대한 손실을 초래하게 된다. 일본 굴지의 화장품회사인 '시세이도'는 미국시장 진입에 있어서 기존의 메이커에 대한 고객들의 충성심을 약화시키는 데 드는 엄청난 판촉비용을 과소평가하였기 때문에 결국에는 도중하차할 수밖에 없었다.

둘째로 제품이 아니라 개별상표의 PLC상의 위치를 분석해야 한다. 일본의 가전업체가 북미시장에 뛰어든 시점에서는 컬러 TV라는 제품자체는 이미 성숙기에 접어들었지만 소니(SONY)라는 일본상표는 거의 알려지지 않고 있었다. 따라서 당시 소니의 마케팅전략은 대대적인 제품광고를 통해 상표인지도를 높이고, 품질의 우수성을 강조하는 데 역점을 두었다. 그러나 소니가 '워크맨'을 만들어 냈을 때는 비록 제품 자체는 새로운 것이었으나

그림 10-3 제품수명주기 전략 개관

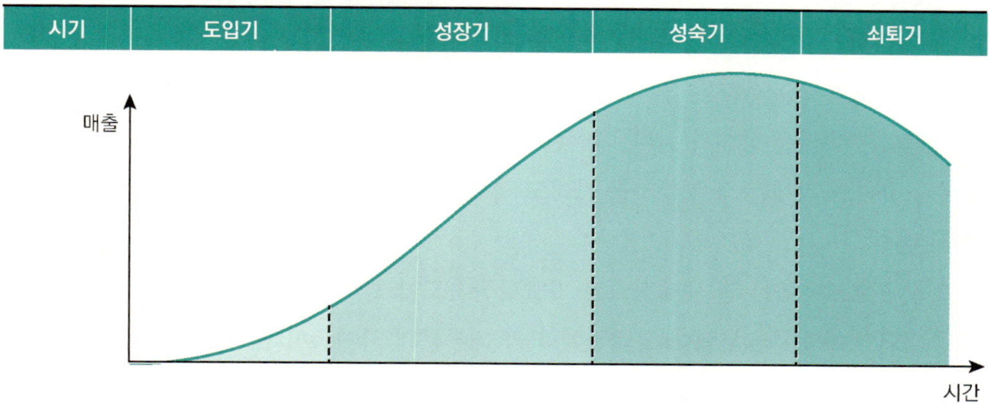

구분	도입기	성장기	성숙기	쇠퇴기
특징 현상	• 신제품 소개 • 연구개발투자 • 광고비 과다 • 이익 없음	• 매출증가 • 경쟁자 유입 • 이익증가	• 매출증가율 감소 • 현금유입 많음 • 경쟁 가속	• 매출과 이익감소 • 가격하락 • 경쟁 치열 • 유행 소멸
마케팅 전략	• 공격전략 • 광고홍보 • 기술혁신투자	• 신고객확보 • 생산확장 • 투자증대	• 생산성증가 • 신제품개발 • 기존고객 유지	• 현상유지 • 비용통제 • 소극적 자세

• 매출 • 이익 • 고객 • 경쟁자	• 낮음 • 적자 • 혁신층 • 소수	• 급속성장 • 증대 • 조기 수용층 • 점차 증대	• 최대매출 • 최대 • 중간 다수층 • 최대/점차 감소	• 매출쇠퇴 • 감소 • 최후 수용층 • 쇠퇴
〈마케팅 목표〉	제품의 인지, 사용의 증대	시장점유율 극대화전략	시장점유율 방어, 이익극대화	비용절감, 투자액 회수
제품전략	기본제품	제품과 서비스의 확대	모델의 다양화	경쟁력 없는 제품의 철수
가격전략	원가가산가격	시장침투가격	경쟁대응가격	가격인하
경로전략	선택적 유통전략	집중적 유통전략	집중적 유통전략의 강화	선택적 유통
광고전략	정보전달형 (인지형 광고)	설득형 광고	비교(차별화)광고	상기광고
시장세분화	무차별	시장세분화 시작	시장세분화 극대화	역세분화

소니제품의 우수성이 이미 널리 알려져 있었으므로 막대한 광고비 지출 없이도 충분히 팔릴 수 있었다.

따라서 해외시장 진출 시에 가장 리스크가 큰 경우는 제품이 도입기에 있고, 상표 또한 거의 알려지지 않은 상태가 된다. 이러한 경우에는 보다 장기적인 관점에서 시장진입전략을 수집하여 초기에는 적은 투자를 가지고 시작하여 그 개입도를 서서히 높여가는 방안이 요구된다.

그러나 요즈음에는 전 세계적으로 기술확산속도가 빨라졌고, 후진국의 소득수준이 크게 증대되었으며 자유무역이 확대됨에 따라 대부분의 신제품이 전 세계시장을 상대로 동시에 개발되고 있다. 따라서 이러한 추세를 재빨리 간파하지 못하는 기업은 커다란 손실을 입게 된다. 세계적인 면도기 메이커인 질레트(Gillette)사는 자사의 신제품인 TracⅡ의 일본시장에의 진입시기를 늦추는 바람에 라이벌인 쉬크(Schick)사에게 일본시장의 대부분을 석권당하게 되었다.

PLC분석의 세 번째 단계는 기존시장에서 적용되고 있는 제품디자인 및 판촉프로그램을 해외시장에서 그대로 적용할 수 있는가 하는 점을 평가하는 것이다. 일반적으로 볼 때 PLC상에서 도입기에 있는 제품의 경우에는 광고문안을 현지국 언어로 바꾸는 등 약간의 제품변경만으로도 가능하나, 이미 성숙기에 접어든 제품인 경우에는 완전히 새로운 디자인이나 광고캠페인이 개발되는 수가 많다. 후자의 경우 해외시장의 규모가 충분히 크다는 전제조건이 있어야 함은 물론이다. 기존제품특성의 완전한 개조의 예는 많이 찾아볼 수 있는데, 이를테면 GE사는 일본 소비자의 기호에 맞추어 소형냉장고를 개발하였으며, 피아트(Fiat)사는 북유럽시장을 겨냥하여 녹이 잘 슬지 않는 자동차를 만들었다.

이렇게 볼 때 해외마케팅 관리자에게 있어서 가장 어려운 과제는 이미 성숙기에 접어든 제품으로 어떻게 많은 이윤을 얻느냐 하는 것이다. 성숙기에 접어든 제품의 경우에는 생산기술이 이미 표준화되어 있으며 저임금을 바탕으로 한 기술후진국으로부터의 경쟁이 치열해지므로 뚜렷한 기업특유우위를 가지고 있지 않은 기업은 생산베이스를 옮기든지 아니면 신제품개발에 주력하게 되는 것이 보통이다.

2. 제품라인의 확장과 믹스

대부분의 회사가 여러 가지 상품을 생산하고 있으나, 모든 제품에 있어서 해외시장에서의 시장침투비용을 상쇄하고도 이익이 남을 만큼의 판매고를 올리기는 어렵다. 따라서 미국의 GM의 경우 미국 내에서는 다양한 모델과 사양을 제시하고 있으나 멕시코에서는 품목을 제한하고 판매노력을 집중함으로써 생산과 부품재고에 드는 자본투자를 줄이고 있다. 이는 한 해외시장 내에서 일부 특정 세분시장에만 노력을 집중하는 전략이다.

반면에 국가에 따라서는 새로운 제품을 추가해야 할 경우도 있다. 이는 제품라인 확장이 판매에 미치는 영향과 확장에 따른 관련비용을 고려하여 결정된다. 때로는 인기제품의 판매제고를 위해 비인기 품목도 같이 생산, 판매해야 하는 경우도 있다. 또한 해외시장이 국내시장보다 작아서 판매고정비 때문에 단위당 판매비용이 커지는 경우 제품라인을 확대하는 전략을 사용할 수 있다. 이는 몇몇 제조업자의 판매를 묶거나 지역에 맞는 신제품을 개발함으로써 한 판매원의 매출액을 증가시켜 단위판매비용을 줄이는 것이다. 예를 들어, 코카콜라는 오스트레일리아에서는 레모네이드, 파키스탄에서는 망고음료, 벨기에에서는 토마토주스를 개발하여 제품라인을 확장하고 있다.

국제마케팅에서 이러한 제품라인 확장과 믹스는 여러 다양한 고객들을 충족시키는 것을 의미한다. 해외시장에의 진입은 초기에는 표적시장을 대상으로 한두 가지 핵심제품으로 출발하여 점차 제품라인의 추가와 더불어 다른 세분시장으로 확장하여 나가게 된다. 이러한 과정을 교과서적으로 실시하고 있는 곳이 바로 일본의 자동차메이커들로서 초기에는 소형차를 중심으로 시장점유율을 확보한 후 점차 더 크고, 더 고급화된 자동차를 기존라인에 추가해 왔다.

이러한 관련제품계열의 확장전략의 이점으로는 우선 마케팅전략을 변경하지 않고 단순히 기술베이스를 확장시킴으로써 새로운 제품계열을 추가할 수 있다는 점을 들 수 있다. 즉, 동일한 판촉수단과 유통전략을 가지고 기존의 고객을 상실함이 없이 새로운 라인의 추가가 가능하다. 따라서 이러한 관련제품의 추가는 경쟁사에 대해 보다 튼튼한 방어벽을 쌓아 주는 셈이 된다. 이를테면 고객의 욕구가 고급제품을 선호하는 쪽으로 변하게 되더라도, 이미 여러 등급의 관련제품계열을 확보하고 있으면 기존고객을 다른 경쟁사에게 빼앗길 우려가 적어지게 된다.

반면에 이러한 확장전략의 문제점으로는 자사의 기존제품의 시장을 잠식하는 결과로 반전될 우려가 있다는 점을 들 수 있다. 특히 새로이 추가된 신제품과 기존제품 간에 뚜렷한 차이가 없는 경우에는 신제품에 대한 수요가 창출되지 않고 단순히 기존제품의 시장을 잠식할 수 있다.

4절 가격전략

국제마케팅에서 가격결정 시에 고려해야 할 요인으로는 가격의 법적 문제, 원가가산법(cost-plus pricing), 시장의 다양성, 가격상승, 통화가치와 가격의 변화, 가격제도, 경험곡선, PLC에 따른 진입가격전략 그리고 국제적 경쟁자에 대한 대응 등을 들 수 있다.

1. 덤핑과 법적 문제

각국은 상품의 소비자가격에 대한 법률을 제정하고 있는데 그 내용은 나라마다 차이가 있다. 가격에 대한 법적인 규제 때문에 기업은 자사의 목적을 달성할 수 있는 최저가격전략을 사용하지 못하기도 한다. 정부의 가격에 대한 규제에는 최저가, 최고가의 제한이나 가격경쟁에 제한에 관한 내용이 포함된다. 대부분의 나라에서는 가격경쟁으로부터 자국의 기업을 보호하기 위해 덤핑에 대해 무거운 관세를 부과하는 덤핑규제를 실시하고 있다. 이때 덤핑이란 일반적으로 수출국의 내수가격보다 더 낮은 가격으로 수출가격을 산정하는 것을 말하며, 덤핑으로 인해서 현지국산업이 경쟁력을 상실할 우려가 있을 때에 현지국 정부는 당연히 자국의 이익을 보호하기 위한 규제조치를 강구하게 된다.

덤핑판정을 하는 데 있어서 가장 큰 애로사항은 정확한 원가를 산출하는 것이다. 국내기업의 경우에 그동안 미국이나 유럽으로부터 덤핑관세를 많이 부과받았기 때문에 이제는 상당한 노하우를 갖고 있는 것이 사실이다. 하지만 이러한 덤핑소송은 장기간의 법적 절차를 거치게 되므로 덤핑이건 아니건 간에 판정이 날 때쯤이면 큰 타격을 입기 마련이다. 따라서 덤핑규제가 있는 나라의 국내기업들은 이러한 법적 절차를 원가절감이나 상품디자인 변경 등의 보다 건설적인 반격을 위한 준비기간으로 삼을 수 있게 된다.

2. 원가가산법

원가중심의 가격결정을 기준으로 한 덤핑규제가 강조됨에 따라 생산원가에 일정률의 마진을 가산해서 산출하는 원가가산법(cost-plus pricing)이 가격결정방법으로 널리 이용되고 있다. 원가가산법은 산출방법이 간편하며 자연히 덤핑제소에 대한 방비책이 되는 이점이 있다. 이러한 원가가산 가격결정법은 다음과 같은 형태로 구분할 수 있다.

① **비용가산 가격결정방법** : 사전에 결정된 목표이익을 총비용에 가산하여 가격을 결정하는 방법으로 다음의 공식과 같이 계산할 수 있다.

$$\text{가격} = \frac{\text{총고정비용} + \text{총변동비용} + \text{목표이익}}{\text{총생산량}}$$

② **원가기반 가격결정(cost-based pricing)** : 제품을 생산 · 유통 · 판매하는 데 드는 비용에다 적정수준의 마진(즉, 기업의 노력과 위험부담에 대한 보상)을 더하여 가격을 책정하는 것으로서 제품원가에 일정률의 이익을 가산하여 가격을 결정하는 가장 기본적인 가격산정 방법이다.

$$\text{단위원가} = \text{변동비} + \frac{\text{고정비}}{\text{예상판매량}}, \quad \text{가격} = \frac{\text{단위원가}}{1 - \text{예상판매수익률}}$$

③ **목표수익률기준 가격산정(target-return pricing)** : 기업의 목표수익률을 정하여 이를 기준으로 가격을 산정하는 방법이다.

$$\text{가격} = \text{단위원가} + \frac{\text{투자액} \times \text{목표수익률}}{\text{예상판매량}},$$

$$\text{여기서, 단위원가} = \text{변동비} + \frac{\text{고정비}}{\text{예상판매량}} \text{이므로}$$

$$\text{가격} = \text{변동비} + \frac{\text{고정비}}{\text{예상판매량}} + \frac{\text{투자액} \times \text{목표수익률}}{\text{예상판매량}}$$

그러나 원가가산 가격결정법의 경우 기업의 총비용에서 어느 부분이 특정상품의 원가를 구성하는가를 평가하는 일은 결코 쉽지 않다. 특히 간접비를 배분하여야 하는 경우 여러 가지 문제점에 직면하게 된다. 따라서 보다 현명하게 가격결정을 하기 위해서는 수요측면을 고려하지 않으면 안 된다.

이에 추가적인 가격결정법을 살펴보면 다음과 같다.

① **경쟁 중심 가격산정법** : 경쟁자를 고려한 가격산정으로 기업이 자사제품의 생산에 소요되는 비용측정이 어려운 경우나 또는 시장에서의 경쟁기업의 반응이 불확실한 경우 사용하는 방법

② **소비자 기대수준 가격산정법** : 제품생산에 든 원가나 목표수익률을 고려하여 가격을 결정하는 것이 아니라 소비자가 예상하는 가격대에 맞게 가격을 책정하는 방법

3. 시장의 다양성

해외시장은 국내보다 더 다양하기 때문에 가격결정이 더욱 복잡해진다. 동일제품이라도 나라에 따라 경쟁의 정도가 다르므로, 한 나라에서는 경쟁이 치열하여 가격결정의 여유가 별로 없는 반면에 다른 나라에서는 거의 독점적인 상황에서 자유롭게 가격전략을 선택할 수 있다.

또한 앞서 설명한 원산지효과도 나라마다 다르다. 예를 들어, 미국소비자는 독일자동차를 자국산 자동차에 비해 과대평가하는 반면에 일본소비자는 과소평가하는 경향이 있다. 이 경우 독일의 자동차업체는 미국시장에서는 상대적으로 높은 가격을, 일본시장에서는 낮은 가격을 설정하게 될 것이다.

4. 가격등귀

해외시장에 상품을 수출하는 경우 유통경로가 더 길어지고 수송비, 관세, 해외시장 적응을 위한 제품변경비용 등이 추가된다. 여기서 일정률의 마진을 적용하면 가격은 수출비용 이상으로 상승하게 된다. 따라서 가격 측면에서의 수출경쟁력은 수출에 따르는 추가비용을 고려하여 평가되어야 하는 것이다. 국제경쟁력 측면에서 보면 이러한 가격상승요인은 해외시장 진출에 대한 저해요인으로서 작용하게 된다. 따라서 해외시장진출은 가격에서의 이러한 열위를 상쇄할 수 있는 기업특유우위가 존재하여야 가능하게 된다.

한계비용을 중심으로 원가가산법을 사용하게 되는 경우 해외시장에 대한 수출가격이 국내가격보다 오히려 싸질 수도 있다. 경쟁이 치열한 시장에서 이러한 예를 찾아볼 수 있는데, 이를테면 볼보자동차의 경우 미국에서 사는 것이 본국(스웨덴)에서 구입하는 것보

다 더 싸다. 이는 북미시장의 규모가 크기 때문에 경험곡선에 의한 원가절감에 기인하는 것으로 해석할 수 있다. 한편 많은 국산품의 경우에도 내수가격보다도 수출가격이 싼 것이 보통이나, 이는 어디까지나 덤핑관세를 부과받을 위험이 없는 경우에나 가능한 가격결정 정책이 됨은 물론이다.

5. 통화가치와 가격의 변화

국가에 따라서는 통화가치의 변화폭이 크고 가격의 변화가 심하므로 재고보충을 위한 비용의 증대를 고려하여 가격을 책정하여야 하는 경우가 있다. 특히 인플레이션이 심한 경우 신용판매액의 회수 정도에 따라 이익의 크기가 변화하므로 신용판매정책의 수립 시 주의를 기울여야 한다.

6. 고정·변동 가격제도

제조업자가 소비자가격을 결정할 수 있는 범위는 나라마다 다르다. 예를 들어, 베네수엘라의 경우 레이블(label)에 소비자가격을 반드시 표시하게 되어 있는 반면에, 칠레에서는 소비자가격을 제시하거나 표시하는 것이 법으로 금지되어 있다. 또한 소매단계에서 가격을 흥정하는 범위도 국가마다 다르므로 이를 고려하여 가격을 책정하여야 할 것이다.

7. 경험곡선

이론적으로 볼 때 덤핑제소에 대한 가장 합리적인 해명은 한계비용 및 한계수입에 따라 가격이 변동되고 있음을 증명하는 것이다. 이러한 사실을 실증적으로 증명해 주는 것으로서 소위 경험곡선(experience curve)을 들 수 있다. 경험곡선은 총누적산출량이 증가함에 따라 단위당 생산원가가 감소한다는 사실을 나타내 준다. 특정제품을 지속적으로 생산함에 따라 학습효과와 경험효과가 생기게 되어 기업의 제조기술이 개선된다는 것이다. 역으로 말하면 기업은 생산을 늘려 경험효과를 최대한으로 살리기 위해 해외시장진출을 고려하게 된다.

이러한 시나리오에 따르면 기업은 해외시장진출 시의 가격을 국내가격보다 더 낮게 책정하는 것이 보통이다. 즉, 경험곡선에 의해 총누적산출량이 증가하면 단위당 비용이 절감되므로 진입초기에 가격을 낮게 책정하더라도 장기적으로 보면 이익을 얻을 수 있기 때문이다. 이는 물론 경험이 축적되는 속도와 그 기업의 시장점유율 유지능력에 따라 결정되게 된다. 만약 경험곡선의 기울기가 충분히 크다면 저가격으로 인한 초기이익의 감소를 나중에 충분히 보상받게 된다. 따라서 경험과 규모가 중요한 원가요소인 경우 시장의 선도기업이 되는 것이 매우 중요하며, 시장의 성장시기에 시장점유율을 확대하는 것이 원가우위를 획득하는 좋은 전략이다.

8. 초기고가정책 대 침투가격정책

PLC 개념을 도입하여 해외시장에서의 가격결정을 하려고 할 때 가장 전형적인 의사결정은 초기고가정책(skimming pricing)과 침투가격정책(penetration pricing)의 두 가지로 집약될 수 있다.

초기고가정책은 제품의 도입초기에는 고가로 시작하되 수요가 확대되면서 차츰 가격을 인하해 나가는 전략을 말한다. PLC상에서 도입초기에는 소비자가 가격보다는 상품의 특성을 중시하는 경향을 이용하여 고소득층을 대상으로 고가격을 책정하는 것이다. 폴라

그림 10-4 **초기고가전략과 초기저가전략**

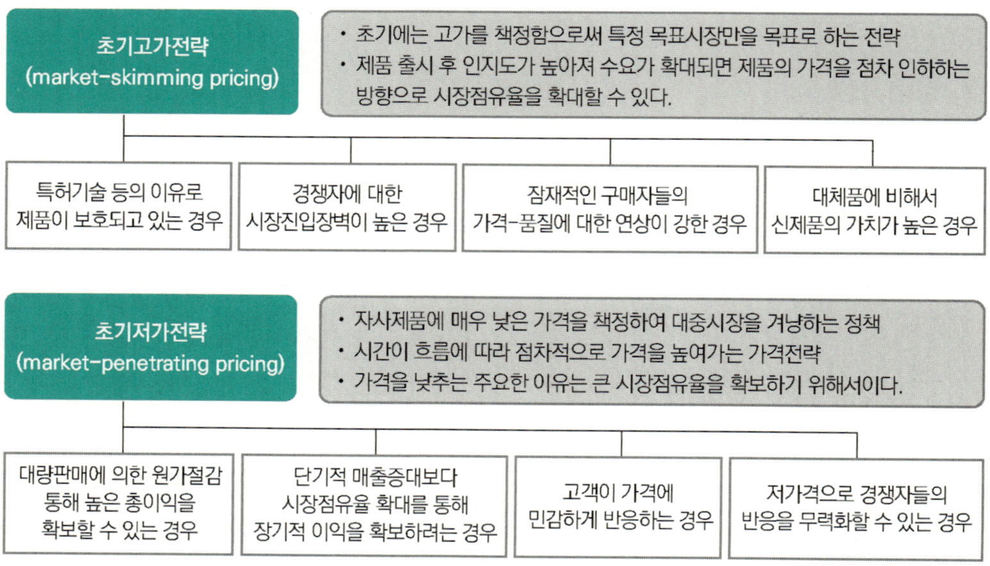

로이드의 즉석카메라는 자국 및 미국시장에서 이러한 초기고가정책을 훌륭히 수행한 예라고 하겠다. 또한 앞서 설명한 가격등귀현상 때문에 어쩔 수 없이 초기고가정책을 수행하는 경우도 있다. 이를테면 미국담배는 대부분의 해외시장에서 고관세를 부과받고 있으므로 할 수 없이 고가격으로 시장진입을 하여야 한다.

이와 반대로 단기간 내에 높은 시장점유율을 달성하기 위한 저가정책을 침투가격정책이라 부른다. 저가격을 통해서 보다 광범위한 고객층에게 소구함으로써 그 시장에 보다 빨리 침투할 수 있으며, PLC상의 성장기에 보다 먼저 도달할 수 있게 된다. 즉 침투가격정책을 수행하면 제품수용속도가 빨라지고 저가에 의해 이윤과 시장의 매력이 저하되므로 경쟁을 회피할 수 있는 이점이 있다. 일본소형차의 미국시장진입이 그 좋은 예이다. 그러나 이 경우에는 기존의 자동차메이커들이 자사의 시장점유율 침식을 방지하기 위해 경쟁적으로 가격을 인하하여, 결국 가격전쟁을 야기하고 말았다.

이러한 침투가격정책은 경험곡선에 의해 뒷받침된다. 특히 제품이 표준화되고 신흥공업국의 기업들이 경쟁에 참여하면, 초기고가정책의 실시는 거의 불가능해진다. 따라서 차별가격을 유지하려는 기업은 고도의 제품차별화를 실시하지 않으면 안 된다. 청바지시장의 경우 대만, 홍콩, 싱가포르 등지로부터 저가의 청바지가 쇄도함에 따라 에드윈, 리바이스 등 기존의 메이커들은 저임금국으로 생산시설을 옮기고 제품의 차별화를 꾀하여 고가격과 이익을 유지하고 있다. 기술이 평준화되면서 가격경쟁이 광범위하게 일어나고 있는 시장에서는 고가정책을 채택하는 것이 불가능하다.

9. 국제적 경쟁자에 대한 대응

세계의 여러 지역에서 경쟁의 가능성이 있는 경쟁자에 대해 세계지향적 경쟁전략의 맥락에서 가격이 책정될 수 있다. 예를 들어, P&G사는 일본의 소비재업체인 카오(Kao)사의 미국시장의 진입을 지연시키기 위하여 일본시장에서 P&G사의 세제가격을 낮게 책정함으로써 12년 동안 카오사의 가격을 P&G사의 가격보다 낮은 수준으로 묶어 놓았다. 이 때문에 카오사의 이익이 축소됨으로써 카오사의 미국시장진출이 크게 늦어졌던 것이다.

5절 촉진전략

촉진은 제품이나 서비스의 판매를 지원하기 위한 메시지를 제시하는 과정이다. 메시지의 유형과 방향, 메시지 제시방법은 기업, 제품, 국가의 특성에 따라 달라지게 된다. 촉진전략은 판매원이나 중간상 촉진을 사용하여 유통경로에 따라 상품을 밀어내는 푸시(push)전략과 대중매체를 이용한 광고나 소비자 촉진을 통해 수요를 유발시키는 풀(pull)전략으로 나뉜다. 다국적기업이나 일반수출기업은 이 두 가지를 모두 적절히 구사하지 않으면 안 된다.

1. 푸시-풀 믹스(push-pull mix)

국제마케팅에서 푸시와 풀 믹스를 결정하기 위해서 고려해야 할 요인으로는 유통시스템의 유형, 매체비용과 가용성, 정보원천의 중요성, 소득 대비 가격수준 등이 있다.

1) 유통시스템의 유형

일반적으로 유통시스템이 강하게 통제되어 있으면 기업의 입장에서는 유통업자에게 상품을 취급하도록 하는 데 더 많은 노력이 들기 때문에 푸시전략을 강조한다. 그리고 유통시스템상에서 판매원과 소비자 간의 접촉빈도도 촉진믹스에 영향을 주는데, 셀프서비스의 유통시스템에서는 대중매체를 통한 광고가 더욱 중요해진다.

2) 매체비용과 가용성

표적시장에 도달할 수 있는 매체의 가용성과 매체비용이 촉진믹스에 영향을 미치게 된다. 해외시장에서 매체관련환경은 매우 다양하여 촉진과 관련된 문제도 다양하다. 예를 들어, 인도에서는 다양한 언어, 높은 문맹률, 매체의 부족 때문에 촉진활동이 어려우며 전국을 대상으로 촉진활동을 하는 데는 많은 비용이 들게 된다. 정부의 규제도 촉진에 장애요인이다. 예를 들어, 스칸디나비아지역에서는 TV에 상업광고를 하지 못한다. 광고에 대한 직 · 간접적인 세금부과도 촉진믹스에 영향을 미치게 된다.

3) 정보원천의 중요성

국가에 따라 정보의 원천에 대한 소비자의 태도는 다르다. 예를 들어, 프랑스와 미국은 푸시-풀 믹스에 문화적인 요인에서 차이를 보인다. 미국의 주부들은 TV와 잡지를 보는 시간이 많으며 신제품을 구매할 때 친구나 광고에 많이 의존한다. 반면에 프랑스의 주부들은 쇼핑을 하면서 선반 위의 물건을 직접 검사하고 소매점원의 의견을 청취하는 데 많은 시간을 할애한다. 따라서 미국의 주부에게는 사전판매, 즉 풀전략이 효과적이며 프랑스의 주부에게는 유통업자에 대한 할인이나 구매시점에서의 진열이 보다 중요한 촉진수단이 된다.

4) 소득 대비 가격수준

동일상품의 구매의사결정과정에 대한 소비자의 개입수준은 나라마다 다른데, 그 주요한 요인은 경제적 이유이다. 따라서 소비자의 소득에 대한 상품의 상대적 가격수준은 촉진믹스결정에 중요한 요인이 된다. 소득에 비해 중요한 구매인 경우 소비자는 구매결정을 하는 데 더 많은 시간과 정보를 필요로 한다. 정보는 쌍방의사소통(two-way communication)이 가능한 인적판매를 통해 가장 잘 전달되므로 개도국에서는 보다 많은 제품에 푸시전략이 사용된다.

2. 풀(pull)전략으로서의 광고

광고는 텔레비전, 라디오, 신문 등 대중매체를 통해서 주로 이루어지는데 그 이유는 광고노력이 주로 최종소비자의 수요를 창출하는 데 그 목적을 두고 있기 때문이다. 기업은 광고를 통해 고객의 수요를 환기시켜, 고객이 스스로 자사상품을 판매하는 점포에 와서 지명구매를 하도록 유도하는 이른바 풀전략을 실시하게 된다. 광고결정에 포함되는 주요 내용에는 표준화문제, 예산문제, 매체선정문제, 메시지결정문제 등이 있다.

3. 광고의 표준화

제품의 표준화와 같이 광고도 전 세계적으로 또는 소비자 속성이 비슷한 국가들에 대해 프로그램을 표준화함으로써 경제성을 추구할 수 있다. 광고의 특정부분을 표준화하는 것은 생산비나 광고캠페인 관리비용을 절감시켜 준다. 그리고 현지 광고대리인의 전문성이 떨어지는 경우 현지수준보다 높은 수준의 광고를 할 수도 있다. 국제적으로 소비자의 이동이 많아졌기 때문에 기업이 광고를 통해 전달하려는 이미지를 혼동할 여지가 적어지고 있고, 광고를 표준화함으로써 여러 나라에 상품을 진입시키는 속도를 높일 수도 있다.

그러나 언어의 차이에 따른 번역상의 문제, 비교광고, 광고금지품목 등의 법적인 문제, 현지에서 요구하는 메시지와의 부합문제 등으로 완전한 표준화는 어렵다. 따라서 진정한 의미의 다국적 캠페인(multinational campaign)은 드물며, 유사성 정도의 문제이다. 예를 들어, 미국과 프랑스에서 코카콜라의 슬로건(slogan)은 다르나 '산뜻한 기분(refreshment)'이라는 광고 개념은 같으며 운동경기를 하는 젊은이를 모델로 하고 있다는 점도 같다.

4. 광고예산

광고예산의 수립은 쉽지 않기 때문에 ① 지불능력기준 ② 매출액의 일정비율 ③ 경쟁사의 모방 등 주먹구구식으로 결정되는 것이 보통이다. 이론적으로는 광고목표를 설정하고 이를 달성하기 위해 필요한 매체와 스케줄을 결정하여 이에 소요되는 비용을 계산하는 ④ 목표과업법이 가장 논리적인 방법으로 평가할 수 있다.

목표과업기준법은 광고가 달성해야 하는 목표를 먼저 설정하고 이를 달성하기 위해 수행될 과업계획, 각각의 과업과 관련된 비용을 산정함으로써 광고예산을 결정하는 방법으로 시장점유율 목표결정 ➜ 광고가 도달되어야 하는 표적청중 결정 ➜ 설득해야 할 잠재적 구매자비율 계산 ➜ 광고노출횟수의 결정 ➜ 필요광고예산 결정방법이다. 그러나 각 매체별로 목표청중에게 어느 정도 메시지가 전달되는가를 파악하기란 매우 어렵다.

특히 해외마케팅의 경우 이러한 광고예산의 책정은 더욱더 어려워진다. 따라서 일반적으로 매출액의 일정비율을 사용함으로써 판매활동에 대한 통제를 강화하고 일정수익률을 보장할 수 있도록 하고 있다. 그러나 이 방법은 모든 나라에 동일한 비율을 적용할 수 없다는 단점이 있다. 일본기업의 경우 매출액의 3%에 해당하는 광고비 지출이 하나의 지표로 되어 있으나 미국기업의 경우에는 이보다 훨씬 더 높다. 일본기업들이 미국시장에서 경험적으로 얻은 수치는 매출액의 12%에 해당하는 광고비 지출이다.

5. 매체선정

해외마케팅에 있어서 광고매체선정의 가장 큰 문제는 자국에서 사용하는 매체가 다른 나라에서도 유효하게 이용될 수 있는가 하는 점이다. 미국이나 일본에서는 상업 TV광고가 매우 중요한 역할을 담당하는 데 비해서 다른 나라에서는 상대적으로 그 중요도가 낮다. 뿐만 아니라 각 나라에 따라 주어진 광고 스케줄을 가지고 일정한 메시지를 전달할 수 있는 정도와 각종 매체의 도달범위가 다르기 때문에 문제는 더욱 복잡해진다. 이에 일반적으로 GRP와 CPM의 개념을 사용하는데, GRP(Gross Rating Point)는 특정광고에 노출된 총접촉률로서 이는 중복 노출된 시청자의 수를 합하여 계산된 것으로 일정한 기간 동안에 특정광고에 적어도 한 번 이상 노출된 사람의 비율인 도달범위(reach), 즉 도달률에 일정 기간 동안에 한 사람당 특정광고가 노출된 평균횟수인 도달빈도(frequency)를 곱하여 계산한다.

아울러 광고매체의 효율성을 평가하는 데는 주로 CPM(Cost Per Millennium)을 활용하는데 이는 천 명의 청중에게 도달하는 데 필요한 광고비를 의미한다. 예를 들어, 1만 명이 구독하는 신문에 광고를 게재하려고 할 때 신문사에서 CPM당 10만 원의 광고를 요구할 경우 광고비는 100만 원 정도를 요구하고 있음을 알 수 있다. 특히 다른 조건이 동일한 경우 CPM이 가장 낮은 매체가 효율적인 매체라 평가할 수 있다.

일반적으로 광고매체선정은 국가특유(country-specific)의 것이다. 서유럽의 경우 국제상업방송의 커버리지가 매우 광범위하다. 이를테면 Radio Luxemburg방송사의 경우, 5개 국어로 방송을 함으로써 영국, 남부지중해 연안지역, 독일, 오스트리아 및 스위스 동쪽지역에 걸친 지역에서 수신이 가능하며 통칭 '청취자 4천만'을 자랑하고 있다. 이에 비해 인도에서는 문맹률이 높고, 각 지역별로 14개나 되는 방언이 존재하기 때문에 2대 중요매체가 영화와 옥외광고이다.

광고매체선정에 있어서 특히 유의해야 할 사항은 반드시 현지의 광고회사의 도움을 받아야 한다는 점이다. 선진국의 대형광고업체들은 해외 각지에 지사를 두어 다국적기업의 이러한 필요에 대응하고 있다. 요즈음에는 광고기술이 전 세계적으로 급진전되어 국제마케팅 관리자는 현지의 광고대리인을 이용함으로써 특정지역에 가장 적합한 광고지식과 최신의 마케팅기술을 결합할 수 있게 되었다. 이들 대리인들은 현지국의 수요변화와 세분시장에 대한 시장조사까지도 제공하여 준다.

6. 광고메시지

해외시장을 겨냥한 광고전략을 실시함에 있어 가장 중대하고 가장 흥미 있는 문제는 바로 광고메시지이다. 과연 무엇을 어떻게 누구에게 전달하여야 하는 문제는 결코 쉽게 답을 얻을 수 없다. 더욱이 언어의 차이, 광고모델의 신뢰도, 이미지 등의 요인 때문에 문제는 더욱 복잡해진다.

메시지의 표준화란 일정한 전형(prototype)의 메시지를 전 세계시장을 대상으로 실사하는 것을 의미하며, 코카콜라, 소니, 폭스바겐 등이 그 대표적인 예에 속한다. 소니의 워크맨이 유럽시장에 처음 소개되었을 때에는 Soundaboat라는 상표가 사용되었으나 반응이 신통치 않자 워크맨상표로 바꾸어 성공을 거두었다. 그러나 이러한 표준화가 성공적인 경우는 실제에 있어서 그렇게 많지 않다. GM사의 노바(Nova)는 스페인어를 사용하는 나라에서는 그 상표명을 바꾸지 않으면 안 되었는데 그 이유는 Nova가 스페인어로 "가지 않는다"라는 뜻을 가지기 때문이다. 비슷한 예로 대영자전거가 미국시장에서 실패한 원인 중 하나가 바로 대영(DAI YONG)이란 상표의 영문표기가 젊어서 죽는다는 'die young'과 발음이 같기 때문인 것으로 알려져 있다.

광고슬로건은 비단 언어의 차이 때문만이 아니라 지역적 특성이나 이미지에 따라 변경시키지 않으면 안 된다. 범세계적으로 공통된 슬로건을 사용하는 데 성공한 예로는 엑슨사의 'tiger in the tank'와 코카콜라의 'Coke refreshes'만을 들 수 있을 정도이고, 거의 대부분의 경우 그 지역의 특성과 이미지를 고려하여 새로이 개발되는 것이 보통이다. 이를테면 도요타(Toyota)의 'What a feeling'이나 닛산(Nissan)의 'We are driven'은 북미시장을 대상으로 특별히 개발된 광고슬로건이다.

표준화된 광고캠페인을 추구하는 기업의 경우 총비용의 절감, 국가 간의 이전효과, 기업특유우위의 활용 등 여러 가지 이점을 얻을 수 있다. 그러나 표준광고캠페인이 과연 얼마만큼 효과적인가를 단적으로 이야기하기는 어려우며, 결국 각 지역의 특성에 맞추어 어느 정도의 현지적응노력은 필요하리라고 생각된다.

7. 인적판매

인적판매는 국가특유 및 기업특유의 성격을 지닌다. 판매원은 현지국의 사람, 문화, 언어에 대해 초보적인 지식을 골고루 갖추고 있어야 한다. 판매원이 기업 전체의 푸시(push) 전략의 중요한 구성요소가 된다는 점은 너무도 자명한 사실이지만 판매원이 해외시장에서 어떤 식으로 활동하는 것이 바람직하느냐에 대한 답은 결코 쉽게 내릴 수 없다.

여러 자료에 의하면 현지고용인을 판매원으로 채용하는 것이 가장 이상적인 것으로 나타나 있다. 규모가 크고 중대한 계약이나 협상의 경우에는 본사로부터 위임을 받거나 판매원회의를 통한 의사전달이 필요하겠지만, 일반적인 세일즈업무는 현지판매원으로 하여금 처리하도록 하는 것이 중요하다. 현지판매원에게 특히 중요한 업무는 철저한 애프터서비스와 부품의 준비를 통해 한 번 확보한 고객을 계속 유지하고, 잠재고객으로 하여금 자사제품을 사도록 만드는 일이다.

6절 유통전략

국제유통전략의 내용은 크게 두 가지로 나누어 볼 수 있다. 하나는 상품의 취급관리에 관한 의사결정을 중심으로 하는 물적 유통(physical distribution)이고, 다른 하나는 생산자로부터 최종고객에게 어떠한 경로를 통해 상품이 전달되는가를 관리하는 경로관리(channel management)이다.

국제무역에 있어서 유통정책을 논할 때 대부분의 경우 운송비를 중심으로 한 물적 유통을 강조하고, 경로관리는 덜 중요시하는 경향이 있는데, 국제마케팅에서 정말로 중요시해야 할 부분은 바로 이러한 경로관리이다. 국제경로관리란 다음과 같은 질문에 명백한 답변을 제시해야 한다.

1. 유통경로의 표준화문제

국제마케팅활동을 표준화하는 것은 대체로 힘든 일이지만, 특히 유통경로의 표준화는 더욱 어려운 과제이다. 그 이유는 각국의 유통시스템은 오랜 세월을 두고 그 나라의 문화, 경제, 법적인 측면의 변화가 반영된 것이기 때문에 쉽게 변화시킬 수 없기 때문이다. 또한 독립점포 소유에 대한 태도, 소매점원의 임금, 점포조직형태에 따라 다른 노동법, 점포규모에 대한 규제, 점원에 대한 신뢰도, 우편제도, 자금능력 등에서 나라마다 차이를 보이므로 동일한 유통전략을 수립하기가 어렵다.

예를 들어, 핀란드에서는 종합적인 상품취급점포가 주류를 이루므로 인구 1인당 점포의 수가 적은 데 반해 이탈리아는 도 · 소매상 구조가 극단적으로 분화되어 있다. 네덜란드에서는 소비자조합에서 직접 제조업자와 거래하며, 일본에서는 신용과 배달서비스를 필요로 하지 않는 소매업자를 위한 현금 무배달 도매상이 있다. 우편주문방식은 독일에서는 매우 중요하나 포르투갈에서는 그렇지 않다. 이러한 유통시스템의 차이는 마케팅전략에 영향을 주게 된다.

2. 단계적 경로관리

해외시장에 진입을 하여 무역을 개시하면 경로관리라는 새로운 과제에 직면하게 된다. 기업은 생산에서 최종고객에 이르기까지의 유통기능을 매끄럽게 실행할 수 있는 유통기구를 개발하고 통제하여야 한다. 이를 위해서는 현지국의 잠재유통업자를 방문하고, 현지 경로원을 훈련시키는 프로그램을 개발하며 현지에 직접투자를 실시하는 등 여러 가지 단계적인 접근방법이 필요하다.

이때 각 단계는 상호 배타적인 것이 아니라 현지시장에 대한 장기적인 개입도를 높여주는 것이 된다. 일본의 닛산자동차의 미국시장진입의 예를 들어보자. 1960년대 초에 일본의 닛산은 소수의 스태프진과 한 명의 기술자만으로 미국시장판매를 실시하였다. 요코하마로부터 선적된 닛산자동차는 LA와 뉴욕을 유통거점으로 하여 미국에 보급되었다. 판매량이 증대됨에 따라 새로운 유통업자가 추가되고, 서비스담당직원에 대한 체계적인 훈련이 실시됨에 따라 유통네트워크가 정비되었다. 뿐만 아니라 재고, 창고, 인적기능이 추가됨에 따라 부품관리가 더욱더 향상되었다. 1960년대 말에는 Nissan Motor Sales USA가 신설되어 완전히 독립된 판매자회사로서의 기능을 발휘하게 되었다. 1980년대에 접어들어 미국 내의 보호주의가 강화되자 테네시주에 생산자회사를 설립하여 트럭조립을 시작하였다.

3. 유통세분화전략

해외시장의 다양성 때문에 국제유통전략은 나라마다 차별화되는 것이 보통이다. 특히 지리적 장벽은 각국을 서로 다른 시장으로 구분하게 하는 주요 변수이다. 예를 들어, 일본의 기코만(Kikkoman)이 간장을 처음 미국에 진출시킬 때, 선뜻 간장을 슈퍼마켓에 진열하려는 중간상은 없었다. 그러나 기코만으로서는 이들 중간상을 배제하고 독자적인 유통망을 구축할 자원이 없었기 때문에, 샌프란시스코를 목표시장으로 하고 지방의 식품중간상을 활용하였다. 이 지역은 일본계 미국인 때문에 간장이 이미 잘 알려져 있었던 것이다. 기코만은 샌프란시스코를 교두보로 TV광고와 판매실적을 무기로 아시아계 거주지역을 포함한 인근지역으로 유통망을 넓혀 나갔다. 2년 후 기코만은 LA에 진출하였고 17년간에 걸쳐 전국적인 유통망을 형성하고 간장시장의 50% 이상을 점유하게 되었다.

이 사례에서 보듯이 기업은 유통세분화전략을 통해 지역적 범위를 제한하고 특정형태의 중간상을 중점으로 확보함으로써 점진적으로 시장에 진입할 수 있다.

4. 경로 내부화전략

마케팅 관점에서 경로관리의 가장 큰 문제는 유통경로의 내부화문제로서 경로에 대한 본사의 통제를 어느 정도 강화할 것인가 하는 점이다. 이는 독립적인 유통업자와 거래를 하는 것과 자사의 판매지사망을 이용하는 것 간에 어떤 것이 더 효율적인가 하는 문제로 귀결될 수 있다.

이와 같은 유통경로의 내부화문제는 제조-구매 의사결정(make-or-buy decision)으로서 판매규모와 제품고객, 경쟁적 우위의 성격을 고려하여 결정하게 된다. 닛산과 같은 대기업의 경우 자사의 판매망을 최대한으로 이용하여, 본국에서 파견된 세일즈매니저를 두고 그 밑에 현지판매원을 고용하여 서비스와 보조기능을 담당하게끔 하는 것이 유리하다. 그러나 중소기업이나 대기업일지라도 시장규모가 적은 경우 독립적인 유통업자를 통해 자사상품을 판매하는 것이 경제적이다. 미쓰비시자동차는 크라이슬러의 유통조직을 통해 미국시장에 소개되었다. 그러나 이 경우 어느 정도 유통에 대한 통제의 상실을 감수해야 한다. 따라서 기업으로서는 정기적으로 판매고수준이 내부화가 더 유리할 정도로 증대되었는지를 점검하여야 할 것이다.

그리고 제조업자 입장에서 보면 고가격 · 고기술에 복잡한 애프터서비스를 필요로 하는 제품이거나 여러 나라에 걸쳐 있는 자동차 제조업체에 주문자생산방식으로 판매하는 자동차 부품업체의 경우와 같이 세계적 고객(global customers)을 상대할 때 또는 유통방식에서 경쟁적 우위를 유지하려는 경우에는 경로를 내부화하게 된다.

5. 판매자회사

특정해외시장에 대해 집중전략을 실시하는 경우 현지에 판매자회사를 설립하게 된다. 이렇게 함으로써 기업은 경로에 대한 통제를 강화하여 자사상품을 해외시장에 '푸시'할 수 있게 된다. 이 경우 본국에서 파견된 판매원 외에 현지고용인을 스태프에 포함시키는 일이 중요하다. 일본 IBM의 경우에는 사장을 포함한 대부분의 경영진이 일본인으로 구성되어 있다. 미국, 유럽 그리고 대부분의 일본 다국적기업의 경우 현지자회사의 최고경영자는 본국에서 파견하는 것이 보통이다. 그러나 합작기업의 경우에는 반대로 현지국의 경영자를 최고경영자로 선정하게 된다. 하니웰(Honeywell)과 불(Bull)사에 의한 프랑스의 컴퓨터합작기업의 경우에도 프랑스인이 사장으로 있으며, 도요타의 미국현지법인(GM과 합작기업)의 경우에도 최고경영자는 미국인이고 일본인은 기술 및 노하우만을 제공하고 있다.

11장 국제인사관리

국제경영에 있어서 경영자의 자질은 그 성패를 결정짓는 가장 중요한 변수 중의 하나이다. 그러므로 적재적소에 유능한 경영자를 배치할 수 있는가의 문제는 국제경영의 성공 여부에 결정적 영향을 미치는 요인이라 할 수 있다. 다국적기업경영에서는 국내기업의 경영에서 야기되는 인사관리의 문제와 근본적으로 다른 문제가 발생하는데, 특정국의 문화환경에서 성장 · 생활해 온 경영자가 두 국가 또는 수개 국에 걸쳐 상이한 문화환경에서 양면적인 경영활동을 전개해야만 한다는 것이 바로 그것이다.

해외지사의 경영자는 현지고용인 및 고객들에게는 본사를 대표하며, 본사에 대해서는 해외지사의 입장을 대변해야 한다. 따라서 해외에 파견되어 근무하는 경영자는 현지의 문화와 언어에 능숙해야 하는 동시에 본사로부터 현지에 도입되는 기술과 실무관행이 갖는 문화적 의미에 대해서도 충분한 이해를 하고 있어야만 한다.

국제인사관리상의 또 다른 문제는 국경선을 넘어 종업원을 이동시켜야 한다는 문제이다. 이러한 종업원의 선발에는 어떠한 국적의 사람을 택할 것인가 또는 이들의 자격요건은 무엇이고 어떠한 교육을 필요로 하며, 또 이렇게 하여 선발된 종업원이 거주지를 변화함에 따라 겪게 되는 제반 충격을 어떻게 조정할 것인가 하는 문제가 뒤따른다.

마지막으로 다국적기업을 둘러싸고 있는 인사환경은 부단히 변화하고 있으며, 확보 가능한 노동력의 질과 공급의 문제, 다양한 노사관계 그리고 점차 확대되어 가고 있는 노동조합 간의 국제적 연계 역시 국제경영자가 유념해야 할 사항들이다.

1절 국제인사관리의 전략대안

국제경영자의 선발 및 개발에 있어서 다국적기업이 선택할 수 있는 정책에는 기본적으로 세 가지가 있으며, 또 이 세 가지의 조합에 의한 방법도 가능하다. 첫째, 경영이 이루어지는 지역을 불문하고 모두 본국인을 선택하는 방법, 둘째 경영이 이루어지는 지역의 현지인을 선택하는 방법, 셋째 경영이 이루어지는 지역과 경영자의 국적에 관계없이 가장 적절한 대상자를 선택하는 방법 등이며, 이들 방법들은 각각 장단점을 가지고 있다.

우선 경영이 이루어지는 지역과 경영자의 국적에 관계없이 선택하는 방법은 일견 가장 효율적이고 바람직한 방법으로 보이며, 사실 이 방법은 천연자원, 재무자원 그리고 기술을 범세계적 관점에서 가장 효율적으로 결합시킨다는 세계기업의 본래 취지에도 부합되는 원칙이다. 이 원칙을 따르면 파견된 경영자가 짧은 기간에 현지의 문화적 · 정치적 · 경제적 환경에 충분히 적응하고 또 그것을 파악하기를 기대하는 것은 무리라고 하더라도, 이러한 불이익은 경영자의 뛰어난 능력에 의하여 충분히 상쇄될 수 있으며, 또한 이보다 더욱 중요한 장점은 범세계적 관점에서 선발된 경영자야말로 현지국과 기업 간의 갈등을 객관적인 입장에서 가장 원만하게 조장할 수 있다는 점이다.

그러나 범세계적 관점에서 경영자를 국적에 관계없이 분배한다는 원칙이 아직까지는 극히 미미하게 몇몇의 국제기업에 의해서만 받아들여지고 있을 뿐인데, 이는 다음과 같은 문제점이 발생하기 때문이다.

첫째, 현지국 정부는 해외기업의 현지자회사에 현지인이 고용되기를 바라며, 실제 이러한 목적의 달성을 위하여 실력행사까지도 불사하는 경우가 종종 발생한다.

둘째, 전 세계적인 모집, 어학교육, 문화적응훈련, 대상자의 파견 등에 드는 이전비용 등과 국내수준보다 전반적으로 높은 국제수준에서의 급여를 제공해야 하는 등 상당한 비용이 요구된다.

셋째, 이러한 원칙은 인사관리에 있어서의 권한집중화를 의미하며 결과적으로 현지의 권한을 제한하여 인사정책의 유연성을 감소시키는 결과를 초래한다.

그러면 다국적기업의 경우에 주로 채택하는 현지인 채용에는 어떠한 장점 및 단점이 있는지 알아보도록 하자. 일반적으로 현지인 채용으로 기대되는 장점은 모국인 파견의 경우 거의 기대할 수 없는 것들이며, 대개 다음과 같은 사항들을 열거할 수 있다.

① 현지인은 이미 현지국의 언어와 문화에 익숙하므로 본사 경영자의 해외파견에 있어서 가장 어려운 점인 언어장벽 · 이질문화에의 적응문제가 해소되며, 이에 따른 비용의 절약을 꾀할 수 있다.

② 본사의 파견인이 일시 주재하는 데 비해 그 나라에 계속 거주함으로써 업무에 계속성을 제공할 수 있다.

③ 모국인 파견의 경우보다 낮은 임금수준을 유지하면서도, 현지인에게 유인책이 될 수 있을 정도의 높은 임금수준을 제시할 수 있다.

이와 같은 장점이 있는 반면, 다음과 같은 단점들도 현지인 채용에 있어 무시할 수 없는 고려사항이다.

① 본사와의 상호 연락, 본사의 기업목표 내지는 업무수행방식에 대한 이해가 부족하다.

② 현지인들은 국제기업의 이익보다는 현지국의 이익을 우선하는 경향이 있다.

③ 본사의 제품, 관리기법에 대한 인식이 부족하다.

④ 대개 현지국에서만 근무하게 되고 본사에서의 근무나 승진기회를 갖는다는 것이 불가능하므로 사기가 저하되고 시야가 좁아질 가능성이 있다.

⑤ 승진기회의 제한과 같은 제약여건으로 말미암아 장기근무를 기대하기 어렵다.

한마디로 이와 같은 단점들은 현지인들이 그들 자신이 속한 지사가 전체 국제기업시스템 속에서 어떠한 역할을 담당해야 하는가에 대한 해답을 제시할 만한 능력을 갖추기가 어렵다는 데에서 파생되는 것들이라고 할 수 있다.

수출기업이 주로 채택하게 되는 본국인 선발원칙은 위의 현지인 채택원칙의 장점과 단점을 반대양상으로 갖게 되는데, 그 외에도 미래의 국제경영자를 위한 교육훈련의 효과를 기대할 수 있다는 장점이 있다.

이상에서 설명한 국제경영자 선발의 세 가지 원칙이 각각 장단점을 갖고 있음은 이미 기술한 바와 같다. 다만, 국제기업이 그들의 국제화 정도에 따라 수출기업에서는 본국인 우선원칙, 다국적기업에서는 현지인 채용원칙 그리고 세계기업에서는 범세계적 관점에서의 채용원칙 등을 택하게 되는 것은 국제기업의 발전과정에 따라 각 단계에서 채택되는 원칙이 단점보다는 장점을 더욱 부각시켜 주기 때문이라고 할 수 있다.

2절 국제경영자 선발

일반적으로 다국적기업이 국제경영자의 선발과정은 기초분석단계, 후보선정단계 및 인력관리단계로 나누어 볼 수 있다. 다국적기업의 인사관리 시 먼저 고려해야 할 것은 기초적인 직무분석, 조직분석 그리고 문화적 환경분석이다. 이러한 분석결과는 국제경영자의 선발, 교육 및 보상관리의 기초자료로 활용할 수 있다.

다음으로 내 · 외부의 잠재적 인력자원의 원천을 파악하는 단계이다. 내부노동시장을 통해 기업의 국제경영활동에 적합한 관리자를 탐색하거나 외부노동시장을 이용하여 필요한 인물을 후보자로 선정하게 된다. 일반적으로 다국적기업의 경우 외부인사의 선발보다는 내부인사의 발탁을 선호하는데, 이유는 전사적인 정보의 교환 및 통제가 용이하기 때문이다.

마지막으로 인력관리단계에서는 국제경영자로서 선발된 후보들을 대상으로 엄밀한 기준을 적용하여 최적의 국제경영자를 선택하는 일이다. 아울러 선발된 국제경영자들을 대상으로 국제경영활동에 필요한 업무수행능력을 교육을 통하여 배양시키며 국제경영자에 대한 엄밀한 평가를 통해 공정한 보상이 이루어지도록 한다.

1. 해외파견인 선발

국제경영의 성공은 경영자의 자질에 달려 있다. 이러한 자질은 국내경영자에 요구되는 그것과 다른 특별한 성질의 것으로, 국제경영자를 선발할 때에는 이러한 자질을 대상자가 갖고 있는지에 대한 분석이 선행되어야만 한다. 일반적으로 국제경영자에게 요구되는 자질을 열거해 보면 〈표 11-1〉과 같다. 각 항목에 대한 총합계점수가 높은 경우보다는 모든 항목에 있어서 결격사유가 없는 경우가 더 바람직하다. 하지만 이러한 요건이 갖추어졌다고 해서 완전한 성공을 보장할 수도 없다. 많은 국제기업들은 그들이 가장 적격자로 선발했던 대상자가 막상 현지에 부임해서는 새로운 환경에의 적응 실패로 인한 심리적 불안상태로 말미암아 좌절하는 경우를 종종 경험하고 있다.

대부분의 경우 경영자를 국내에서 국내로 이동시키는 것보다 국경선을 넘어 해외로 이동시키는 경우에 더 많은 문제점이 발생하며, 후자의 경우에 요구되는 비용은 전자의 경우

보다 몇 갑절이나 된다. 그러나 유감스럽게도 가장 적절한 해외파견인을 선발하기 위한 일반적인 방법은 개발되지 않고 있으며, 대부분의 기업에 있어 대상자와 그 가족에 대한 면접과 선발 책임자의 개인적 평가에 의하여 이루어지고 있다.

그러나 이렇게 선발된 대상자가 과연 기대하는 정도의 활동을 해낼지는 아직도 의심스럽다. 국내에서 발휘된 능력과 실적이 반드시 해외활동에서의 성공을 보장하지는 않기 때문이다. 〈표 11-1〉에 나타난 바와 같은 다양한 자질이 국제경영자에게 요구되는 것은 바로 이러한 이유 때문이다.

표 11-1 국제경영자로서 가져야 할 자질

기초적 자질	경험적 요소	환경적 요소
1. 일에 대한 열정	23. 기술적 능력	42. 기업의 해외활동 내용과 방법에 대한 지식
2. 타인과 함께 일을 수행할 수 있는 능력	24. 사업 또는 관리의 경험	43. 외국어에 대한 지식
3. 타인을 개발할 수 있는 능력	25. 과거 실적	44. 자신이 담당해야 할 해외시장에 대한 지식
4. 설득력	26. 기업의 시장, 제품, 정책 및 목표에 대한 지식	45. 자신이 담당해야 할 해외시장에 대한 경험, 개인적 요소
5. 풍부한 잠재적 능력	27. 기업정책의 수용도	46. 무수행에 대한 동기부여의 정도
6. 창조적 정신	28. 외국의 문화와 시장에 대한 경험	47. 나이
7. 자부심	29. 효율	48. 건강
8. 의사결정력	30. 자신이 담당할 업무에 대한 지식	49. 파견될 현지국에 대한 연고의 여부
9. 민첩함	31. 파견인으로서의 능력	50. 국적
10. 통찰력	32. 타인에 대한 고용실적	51. 가족상황
11. 계획입안능력	33. 타인에 대한 개발경험과 평가실적	52. 부인의 국적과 태도
12. 타인에 대한 판단력	34. 자신을 말과 글로써 표현할 수 있는 능력	53. 피부양인의 수와 나이
13. 지적 호기심	35. 이익추구성향	54. 피부양인의 건강
14. 책임감	36. 새로운 착상에 대한 수용능력	55. 개인적 열정
15. 객관성	37. 외국에 대한 태도	56. 개인적 취향
16. 유연성	38. 외국문화에 대한 관용	57. 위엄과 정직성
17. 판매원정신	39. 편견으로부터의 탈피	58. 정서적 안정
18. 자기훈련	40. 조직에 대한 충성도	59. 사회성
19. 정직함	41. 협동심	60. 유머감각
20. 새로운 사실에 대한 수학능력		
21. 외국어 학습능력		
22. 새로운 사상, 문화와 도전에 대한 적응성		

세계의 유수한 국제기업에서는 해외파견인 선발의 객관성과 정확성을 기하기 위하여 다음과 같은 선발기준을 설정하고 있다.

1) 일반적 기준

① **신청자의 동기는 무엇인가** : 긍정적이고 건설적인 이유가 있어야 한다. 명예심의 충족이나 국내의 복잡한 일 등으로부터의 회피를 목적으로 하는 자는 마땅히 선발로부터 제외되어야 한다.

② **독립적으로 해외활동을 전개해 낼 만한 능력이 있는가** : 모든 상황에서 본사의 도움을 받을 수는 없으며, 따라서 독자적으로 업무를 처리해 낼 능력이 요구되고 또한 이에 대한 결과도 책임질 수 있어야 한다.

③ **어려운 여건을 극복할 수 있는 능력이 있는가** : 본사에서 활동하는 경우보다 모든 조건이 미비하며, 따라서 제한된 인적 · 물적 자원을 가지고도 소기의 목적을 달성하고자 하는 의지와 능력이 요구된다.

④ **예기치 못한 상황에 대한 대처능력은 어떠한가** : 해외에서의 산업환경은 국내의 경우보다 훨씬 불확실하며, 또한 업무상의 예기치 못한 실패에 자주 봉착하게 되는데, 이러한 상황하에서도 좌절하지 않고 업무를 추진해 나갈 수 있는 능력이 요구된다.

⑤ **지적 능력의 수준은 어떠한가** : 복잡한 환경하에서 동시에 발생하는 다차원적 문제들을 처리해 낼 수 있는 능력이 요구된다. 이러한 능력은 불완전한 자료를 가지고도 적절한 의사결정을 내릴 수 있는 분석적 태도와 능력을 의미한다.

⑥ **다양한 가치를 수용할 수 있는 능력이 있는가** : 외국문화에 대한 극단적 편견이 배제되어야 하며, 자신의 가치와 기준에 의하여 타인을 독단적으로 평가하는 것은 바람직하지 못하다. 물론 이러한 태도가 업무수행을 불가능하게 하는 정도까지 되어서는 안 되며, 해외활동에 부과되는 제약을 수동적으로 받아들이기만 하는 태도에서 벗어나 그 제약을 교묘히 극복할 줄 아는 능력이 요구된다.

⑦ **배우자의 태도는 어떠한가** : 해외활동과 외국문화에 대한 배우자의 가치관은 본인의 활동에 심대한 영향을 미친다.

2) 업무수행상의 기준

① **기술적 능력을 구비하고 있는가** : 기업의 목적을 달성하는 데 요구되는 업무에 대한 지

식과 기술을 갖추고 있는가에 관해서 과거의 실적으로부터 이러한 능력을 갖추고 있는지 여부가 판별되어야 한다.

② 현지국 정부와 은행 등에 대하여 본사를 대표할 수 있는가

③ **현지인을 판단할 수 있는 능력은 어떠한가** : 예컨대, 지사에서 근무하고 있는 현지인의 잠재적 능력과 실적을 평가하고 본국 또는 제3국으로의 이전가능성에 대하여서도 판단할 수 있는 능력이 요구된다.

④ **업무수행상의 창의력은 어느 정도인가** : 현지국의 환경에서 부적당하거나 용인될 수 없는 본사의 업무수행방식에 대신하여 새로운 방법을 찾아낼 수 있는 능력이 요구된다.

⑤ **자신을 이어받을 후계자를 현지인 중에서 교육·개발·훈련시킬 만한 능력을 갖고 있는가** : 이 요건은 국제기업이 현지인 선발주의를 원칙으로 하고 있을 때 특히 중요한 요소가 된다.

⑥ 본사와 지사 사이에서 원활한 의사소통이 이루어질 수 있도록 할 수 있는가?

⑦ 제3국에 있는 본사의 파견경영자와 원활한 관계를 유지해 나갈 수 있는가?

2. 해외파견인 선발방법

1) 시험방법

해외파견인의 업무수행능력을 측정하는 가장 전형적인 선발방법으로 언급할 수 있으나, 다각화된 제품라인과 다변화된 지리적 영역을 포괄할 수 있는 정형화된 시험문항을 출제할 수 없으며, 또한 시간과 비용문제로 인하여 거의 사용되지 않는 고전적 방법이다. 중요한 것은 시험방법이 해외파견인의 업무수행능력을 객관적으로 측정할 수 있는 대안적 방법이 될 수 있는가에 대해 회의적인 시각이 우세하다는 점이다.

2) 면접방법

일반적으로 많이 사용되고 있는 선발방법으로 해외파견인의 심리적 자세 및 주관적 태도를 심층적으로 파악할 수 있는 특징을 가지고 있다. 이는 파견대상 후보자의 배우자 및 가족구성원 전체의 호 · 불호를 어느 정도 감안하여 적합한 후보자를 선발하여 파견할 수 있는 경우에 유용한 방법이다.

3) 종합평가법

앞서 제시된 시험방법과 면접방법보다 객관적이고 타당한 선발방법으로 해외파견대상 후보자의 능력, 사고 및 집단활동에 대한 참여를 종합적으로 파악하여 측정할 수 있는 가장 효과적인 방법이다.

구체적으로 적성검사, 심층면접, 문제해결 시뮬레이션, 사례연구, 역할연기, 감수성훈련 등을 통하여 조직 내에서의 역할 및 행동과 가상의 경영환경에 직면하여 발휘되는 상황 파악 및 문제해결능력 등을 실질적으로 평가하는 데 많은 기여를 하고 있다. 평가결과 또한 인사전문가들에 의해 분석 · 토의됨으로써 보다 전문적이고 정확한 평가가 가능해진다.

3. 현지인 채용

해외진출기업의 성공 여부는 상당한 정도로 현지채용인의 자질에 의존하게 된다. 여기서 유능한 현지인을 모집 · 선발하는 것이 중심과제로 등장하는데, 이는 현지국의 문화적 배경이나 전통, 산업화의 정도, 노동시장의 상태 등에 많은 영향을 받는다. 현지국 국민들은 외국기업에서 근무하는 것을 바람직하게 보는가, 자질을 갖춘 채용대상자는 충분히 존재하는가, 현지국 기업들의 종업원 채용상황은 어떠한가, 현지인들은 어떤 이유로 외국기업에서의 근무를 원하는가, 즉 그것이 외국기업의 높은 기술수준과 임금 때문인가, 아니면 국내기업에 취직할 기회가 없기 때문인가 등을 살펴보아야 하는데, 이 조건들은 나라에 따라 다르며 특히 선진국과 저개발국 간에 많은 차이를 나타낸다.

대부분의 저개발국에서는 심한 인력난을 겪고 있으므로 이들을 충분히 개발시켜 활용할 훈련계획이 필요하다. 이러한 현상은 기술적 전문성이 요구되는 분야에서 더욱 심하게 나타난다. 일단 선발대상이 결정되면 채용단계에서는 국내에서와 같은 방법이 사용될 수 있으나 현지국의 실정에 따라 조금씩 변형된 선발기법을 사용하여야 할 것이다.

3절 국제경영자 교육

1. 해외파견인 교육

자신이 경험해 보지 못하고 또한 상이한 가치체계를 가지고 있는 이질적 문화환경에 대한 감수성(sensitivity)을 기르기 위하여, 해외로 파견될 경영자에 대한 교육이 요구된다. 이러한 교육은 대상자로 하여금 자신이 생활해 온 문화적 환경의 특질을 이해하는 동시에 이질적인 문화와의 접촉 시 그 문화의 특질을 이해할 수 있는 지적 · 정서적 소양을 개발시키는 것을 구체적인 목적으로 한다. 이러한 목적은 다음과 같은 구체적인 방법에 의하여 달성될 수 있다.

첫째, 어학교육에 의한 방법이 있다. 실제 대상자가 필요로 하는 외국어를 숙달하는 데에는 상당한 시간이 요구되지만 그 효과는 실로 대단한 것이어서 대부분의 국제기업들이 이 방법을 선호하고 있다. 언어와 문화와는 밀접한 관련을 맺고 있다는 이론적 근거를 접어두더라도 실제 이 방법은 많은 효과를 거두고 있는 것으로 나타나고 있다. 교육은 전문가를 사회에서 초빙하는 방법, 전문가를 고용하는 방법 또는 외부기관에 위탁하는 방법 등이 있다.

둘째, 이질적 문화환경에서의 생활을 직접 경험하게 하는 방법이 있다. 사업가로서나 종교사절단의 일원으로서나 외교관 또는 기술자로서의 해외파견 등의 모든 경우에 해당되는 방법으로, 단기간의 체류보다는 대상으로 하는 현지에서 장기간에 걸친 생활의 경험을 쌓게 할 수 있다면 더욱 효과적인 결과를 기대할 수 있다.

또한 기업의 전략 또는 그 활동의 고유한 특성 등을 말미암은 특별한 목적을 위하여 국제기업이 교육을 실시하는 경우도 있다. 예를 들어, 전 세계적으로 독립적인 유통업자를 갖고 있는 기업의 경우, 그 수많은 국가에서 경영활동을 전개하고 있는 유통업자들에게 자문과 서비스를 제공할 수 있는 컨설턴트를 양성할 목적으로, 또 세계적으로 연계관계를 맺고 있는 생산단위들을 갖고 있는 기업의 경우에는 이 생산망 내에 새로운 단위를 추가시키는 의사결정문제 등에 전문적 조언능력을 갖추고 있는 팀의 훈련을 목적으로 교육을 실시하기도 한다.

문화적 충격의 극복을 목적으로 하는 이러한 일련의 교육훈련 외에 일반적으로 국제경영의 활동을 원활히 수행하기 위해 국제경영자에게 요구되는 교육내용은 다음과 같다.

1) 일반적 관리능력의 배양

① 지리적으로 분산되어 있는 활동의 관리
② 언어적 장벽이 내재된 활동의 관리
③ 문화적 차이에 대한 적응
④ 상이한 경영철학에의 대처
⑤ 일반관리, 기술, 재무, 마케팅에서 발생하는 의사소통상의 문제극복
⑥ 민간부문에 대한 통제가 심한 국가에서의 활동
⑦ 본사의 업무기술에 익숙하지 못한 종업원의 활동에 관한 관리
⑧ 빈번한 장거리여행에 대한 적응
⑨ 선례가 없는 문제에 대한 신속한 의사결정
⑩ 현지국의 정치 · 경제상황에 대한 이해
⑪ 현지국의 법제와 기업관계법에 대한 이해

2) 회계관리능력의 배양

① 현지지사의 재무제표에 대한 작성 및 해석능력
② 현지지사의 일정한 회계원칙과 표준회계계정을 세울 수 있는 능력
③ 현지의 회계사를 선발하고 훈련시킬 수 있는 능력
④ 보고-통제시스템의 관리능력
⑤ 현지의 회계절차 및 관행에 대한 이해
⑥ 국제감사프로그램의 관리
⑦ 현지의 공인회계회사와의 관계유지
⑧ 현지지사의 예산에 대한 사정과 수정

3) 재무관리능력의 배양

① 상업은행으로부터 수출금융을 얻어낼 수 있는 능력
② 공식적 제도를 통해 수출금융과 보험문제를 처리할 수 있는 능력
③ 현지자본의 이용

④ 현지은행과의 밀접한 관계유지
⑤ 현지통화의 환율변동 메커니즘에 대한 이해
⑥ 현지재무자산의 보호
⑦ 자본과 이익의 본국송환절차
⑧ 현지에서 필요한 제반 보험문제에 대한 처리능력
⑨ 다국 간 신용거래에 대한 처리능력

4) 세금관계 처리능력의 배양

① 현지의 과세제도에 대한 지식
② 해외소득에 대한 본국의 과세제도
③ 이중과세조약에 대한 이해

5) 시장에 대한 능력의 배양

① 현지유통업자와의 공동보조
② 유통업자에 대한 보상원칙의 확립
③ 현지시장과 마케팅에 대한 능력
④ 이질적인 유통경로에 대한 적응 및 이해
⑤ 다국 간 광고에 대한 통합능력
⑥ 관세 및 비관세장벽에 대한 지식
⑦ 현지지사에 가능한 수출촉진제도에 대한 지식
⑧ 현지의 수용을 위한 제품조정
⑨ 이전가격 및 분배가격의 결정
⑩ 가격통제 및 카르텔에 대한 정책수립
⑪ 현지중간상에 의한 재수출 저지

6) 인사관리능력의 배양

① 해외파견인, 제3국인 및 현지인에 대한 보상정책의 수립
② 수당 및 부가급에 대한 원칙결정
③ 현지인에 대한 연금 및 이익분배제도

④ 해외파견인에 대한 세금공제 및 이익분배제도
⑤ 현지인의 선발 및 교육을 실시할 수 있는 능력
⑥ 이질적 문화환경에 기인하는 업무처리방식의 차이에 대한 이해
⑦ 노조와의 교섭능력

7) 생산관리능력의 배양

① 여러 국가에 대한 품질관리 및 보증프로그램에 대한 관리
② 공장설계와 프로세스 엔지니어링의 수정에 의한 소량생산시스템의 설계
③ 본국의 요구에 대한 이해가 부족한 현지납품업자관리
④ 원가절감을 위해 국제 간 생산연계를 시도할 수 있는 능력
⑤ 공동시장을 이용하는 방법
⑥ 여러 국가에서 동일한 품목의 생산활동을 전개하고 있는 각 공장에 대한 생산 프로세스의 표준화
⑦ 반숙련 또는 미숙련 노동자를 가지고 생산활동을 수행해 나갈 능력 및 투자의사결정 능력 배양
⑧ 외국정부 및 자본가와의 합작능력
⑨ 잠재적 합작파트너와의 상담추진능력
⑩ 현지의 합작파트너를 선정하고 공동으로 일을 추진할 수 있는 능력
⑪ 다국적 관점에서 자금의 투자결정을 내릴 수 있는 능력
⑫ 민족주의 성향에 대한 대처능력
⑬ 사회주의 성향을 갖고 있는 국가에서의 활동능력

2. 현지채용인 교육

국제기업에 있어 경영자에 대한 교육은 중요한 의미를 갖는다. 관리 및 기술적 능력을 갖추고 있는 경영자가 부족한 현지국의 상황에서, 그러한 능력을 구비하고 있는 경영자를 확보하는 데 결정적인 역할을 교육이 수행하기 때문이다. 뿐만 아니라 현지에서 채용된 경영자에게 본사의 제품과 정책 및 업무수행절차 등을 교육함으로써 국제경영활동에 수반되는 문화적 충격을 극복할 수 있는 경영자를 양성할 수도 있기 때문인 것이다. 또한 경영

자의 국제적 이동에 따르는 문화적 충격의 극복이 국제경영의 성공 여부에 커다란 영향을 미친다는 사실은 국제기업들로 하여금 광범위한 공식 · 비공식적 교육프로그램을 작성하도록 하고 있다.

비록 본사로부터 파견된 관리자가 더욱 절실하다고 할지라도, 지사의 경영자들이 본사의 제품, 정책, 업무수행방법 등을 보다 깊이 이해할 수 있도록 교육프로그램을 작성할 필요가 있다. 이러한 교육프로그램은 본사에 대한 이해를 증진시키고, 본사와의 의사소통을 원활하게 하며 또한 본사의 업무분담을 가능하게 한다. 교육은 본사와 지사의 경영자들이 개인적 친분을 가질 수 있도록 의도적으로 마련되기도 한다.

교육훈련은 본사나 특정지역에 교육훈련시설을 만들어 그곳에서 집중적으로 훈련을 시키거나 외부기관에 위탁교육을 시키는 방법, 본사와의 직무배치전환 등을 통한 방법이 있는데, 대개의 경우 외부에서의 연수기회는 제약되어 있으므로 본사에서 이를 집중관리하는 것이 바람직하다. 이러한 방법은 본사와의 유대관계를 긴밀히 하고 일체감을 높이는데도 공헌할 수 있다. 그러나 훈련형태, 방식 등은 현지국의 특성에 따라 탄력적으로 시행되어야 할 것이다.

4절 보상관리

1. 해외파견인 보상관리

보상정책은 국제기업 내에서 이해관계자들 간에 심각한 갈등을 야기할 수 있다. 뿐만 아니라 경영자가 조직 내에서 추구하는 승진의 유형까지도 변화시킬 수 있다. 예컨대, 해외활동에 대하여 상당한 보상이 주어질 경우, 유능한 경영자들이 상대적으로 보상의 수준이 낮은 본사의 보다 중요한 일로부터 이탈하며, 심지어 복귀하지 않는 사태까지 발생하는 것이다. 따라서 최고경영자가 해외파견 경영자에 대한 임금정책을 입안하고자 할 때에는 세심한 주의가 요구된다.

국제경영에 있어서 해외파견 경영자와 국내경영자 간에 그리고 대상국에 따라 파견되는 경영자 간에 임금수준이 다르다는 것, 이 두 가지가 바로 만족스러운 보상정책의 확립을 어렵게 만드는 요인이다. 그렇다면 과연 어떠한 정책이 바람직한 정책인가? 고위직 경영자는 일반적으로 임금수준의 하향조정을 원치 않으며, 비록 국내에서와 같은 수준을 유지한다 할지라도 똑같은 업무를 담당하고 있는 현지인보다는 높은 수준의 급여가 지급될 것이다. 반면, 최고경영자가 현지에서 단기적 목적을 달성하기 위해서는 현지시장에서 현지의 유능한 경영자에게 높은 보수를 주어야 할 경우도 있다. 또한 고임금지역에서 높은 임금수준으로 비상정책이 이루어질 경우, 그들이 본국으로 귀환할 때 과연 상대적으로 낮은 보상수준에 승복하겠는가 하는 문제점이 발생한다.

보상정책의 이러한 기본적 문제점에 대해 확실한 해결책은 존재하지 않는다. 보상정책은 그 자체로서 목적이 될 수 없으며, 단지 기업목적의 달성을 위한 수단일 따름이다. 그러나 이상적인 보상정책수립을 목적으로 다음과 같은 사항들이 고려되어야 할 것이다.

① 국제경영능력을 갖고 있는 경영자를 확보하고 유지한다.
② 해외지사 간 또는 해외지사와 본사 간에 상호 인력교류가 원활히 이루어지게 한다.
③ 본사를 포함한 국제기업시스템 내의 모든 종업원에게 지속적이고 합리적인 보상정책을 수립한다. 이것은 본사와 지사 혹은 지사 간에 차별적이고 불평등한 보상정책을 배제하는 것을 의미한다.
④ 해외 각 지역의 경쟁기업에 대해 경쟁우위를 유지할 수 있도록 적당한 수준에서 결정되어야 한다.

대부분의 국제기업은 보상정책을 기본급, 부가급, 수당으로 각기 나누어 취급하고 있다. 다음에서는 이들 각각에 대하여 구체적으로 고찰해 보도록 하자.

1) 기본급

경쟁력 유지를 위해 다국적기업은 일반적으로 임금지급수준을 각 현지의 실정에 맞춘다. 따라서 유사한 직종 간의 임금수준은 현지국마다 다르다.

만약 이와 달리 모든 현지국에 똑같은 임금수준을 유지하고자 한다면, 상대적으로 낮은 임금수준의 시장에서는 무익한 비용지출을 초래하게 될 것이며, 높은 임금수준의 시장에서는 유능한 경영자를 확보할 수 없게 될 것이다.

해외파견 경영자에 대한 기본급은 본국에서 동일직무를 수행할 때와 동일한 수준의 금액을 지급하는 것이 바람직하다. 대부분의 사람들은 본국지향적인 사고를 갖고 있으며, 본국에서와 동일한 기준이 적용됨으로써 본국에 소속되어 있다는 안정감을 갖게 되고 귀국 후에 분쟁의 소지를 남기지 않기 때문이다. 물론 임금수준이나 생활비 정도가 본국보다 현저히 높은 곳으로 이동할 때에는 현지의 동일직위에 해당하는 만큼의 기본급을 지급하는 것도 고려해 볼 수 있으나, 이것은 수당의 형식으로 보상해 주는 것이 바람직하다. 기본급을 높이는 경우 해외파견이 하나의 특혜로 인식될 수도 있고, 귀국했을 때의 기본급 감소가 하나의 불만요인으로 작용할 수도 있기 때문이다.

환율변동에 따른 임금수준과 구매력의 변동은 기본급 수준유지에 대한 장애요소이다.

2) 부가급

부가급에는 두 가지 방법이 통상적으로 채택되고 있는데, 해외근무의 이동성 증가에 대한 동기부여와 생활이 불편한 이질적 환경 속에서의 근무에 대한 보상이 바로 그것이다. 해외근무는 자신이 성장 · 생활해 온 익숙한 환경을 떠나 이질적인 환경에서 일하고 생활하는 것을 의미하며, 결과적으로 국내에서의 근무보다 많은 어려움을 야기한다. 언어의 장벽, 가족 · 친지와의 격리, 여가활동의 제약, 문화시설의 차이, 자신이 활동하는 산업계로부터의 격리 등이 그러한 어려움이며, 이러한 것에 대한 보상이 필요하다.

그러나 사실 부가급은 해외근무의 이동성 증가에 대한 동기부여라는 측면에서 더욱 중요한 의미를 내포하고 있다. 해외에서 근무하고 있는 종업원을 또 다른 해외의 현지지사로 이동시키고자 할 때, 기존의 부가급 지급제도는 더 이상의 동기부여를 하지 못하며, 또 본사로 복귀하게 될 경우, 수입에 있어서의 실질적 감소는 불만요인이 되기도 한다. 이러한 문제를 해결하기 위하여 여러 가지 방법들이 시도되었는데, 해외근무에의 이동초기(통상 3년에서 5년) 몇 년 동안의 기간이 경과한 후에는 해외근무에 따른 부가급을 지급하지 않는 것도 한 가지 방법이다. 또 다른 한 가지 방법은 이동할 때마다 일시불로 부가급을 지급하는 것이다. 아무튼 이러한 방법의 특징은 이동할 때마다 부가급을 지급한다는 것이다.

종업원 및 경영자를 해외에 장기간 근무시켜야 할 필요가 있는 경우에는 계속적인 부가급 지급이 좋으며, 반면 급격한 이동이 요구될 경우에는 위에서 언급한 방법들이 바람직하다.

3) 수당

수당은 해외에서 근무함으로써 나타나는 추가지출을 보상해 주기 위한 것으로 생활수당, 세금조정, 주택수당 등이 그 주류를 이룬다.

① **생활수당** : 본국과 주재국 간 생활비의 격차를 보전해 주기 위한 것으로 구매력의 감소를 보상해 주려는 것이다. 따라서 원칙적으로 본국보다 생계비가 높은 곳에 근무하게 될 때 지급되며, 그 기준으로는 현지국에서 발표하는 평균생계비 통계, UN이나 미국무성에서 발표하는 세계 각 도시의 비교생계비지수를 이용하고, 이것이 불가능할 경우 자체적인 기준을 적용한다.

② **세금조정** : 본국보다 세율이 높은 곳에서 근무하면 실질적인 소득감소가 나타나므로 추가세금만큼을 보상해 주는 것이다. 그런데 경우에 따라서 높은 세율은 그만큼의 사회기간설비 및 사회보장제도의 혜택을 제공하는 것이므로 세율조정은 필요 없다는 주장도 있다.

③ **주택수당** : 현지에서 집세를 보조하거나 사택을 제공하는 것으로 본국에서만큼의 주거환경을 유지시켜 주는 것을 목표로 한다.

④ **기타수당** : 이 밖에 자녀교육을 위한 교육수당, 아프리카와 같이 문화적 혜택을 별로 입지 못하는 곳의 근무에 대한 벽지수당, 전쟁발발위험이 높은 지역에 대한 위험수당, 본국에의 휴가를 위한 귀국휴가수당 등이 있다.

2. 현지채용인 보상관리

현지인에 대한 보상체계는 자질을 갖춘 현지인을 확보하고 유지하는 데 많은 영향을 미친다. 외국기업에서는 아무래도 자국기업보다 승진기회 등이 제약되므로 임금이 갖는 의미는 매우 크다고 할 수 있다. 따라서 현지기업이 평균보상수준보다 다소 높은 수준을 설정하는 것이 일반적이다. 물론 진정한 다국적기업이라면 현지인도 기업의 일원이므로 본국인과 동일한 대우를 해야겠으나 그것은 현실적으로 불가능하며, 현지의 임금수준과 체계 등을 고려하여야 한다.

각국의 임금수준이나 체계는 각각 다르다. 임금수준이 매우 높은 나라도 있으며 낮은 나라도 있고, 임금체계가 극히 복잡한 나라도 있다. 임금의 지급방식도 월급 · 주급 · 연봉과 같이 차이가 날 수 있으며, 학력별 · 성별 · 연령별 임금격차가 클 수도 있다. 또 연공급보다 직무급이나 능력급이 일반적으로 채택되는 나라도 있으며, 정기적인 급여 이외에는 보너스가 거의 없는 사회도 있다.

관리인의 편의를 위해서는 본사의 임금체계를 적용하는 것이 바람직하겠으나, 그것은 어려운 일이므로 현지의 사정을 고려하여 현지인을 고용하고, 고용된 사람들의 불만을 줄이는 방향으로 보상제도를 설정해야 할 것이다.

5절 해외파견인 귀국관리

1. 해외파견인 재귀국 시 발생되는 문제

일반적으로 장기간의 해외근무 후 본국으로 귀국 시 해외파견인에게 발생할 수 있는 심리적 · 경제적 문제는 실로 다양하다. 달리 말하면 파견인의 장기해외근무로 인하여 재귀국 후 본국의 기업 내부환경, 사회적 환경 및 경제 · 문화적 환경의 차이에서 오는 이질감을 극복하고 재적응하는 것이 실질적으로 어렵다는 것이 귀국 후 관리문제의 최대장애로 작용하고 있다.

구체적으로 모국사회에서의 재적응시 발생할 수 있는 기본적인 문제로 재정상의 문제, 조직 · 경력상의 재적응문제 및 국내 생활환경에의 재적응문제 등을 들 수 있는데, 이를 간략하게 살펴보면 다음과 같다.

우선 재정상의 문제는 해외파견으로 인하여 주어지던 각종 보수 및 보상체계의 지속적인 적용이 불가능함에 따라 해외근무지에서의 생활수준과 본국에서의 생활수준 간 상당한 격차가 발생할 수 있으며, 이는 해외파견인으로 하여금 초기의 정착과 재적응을 어렵게 하는 요인으로 작용하고 있다. 또한 국내와 국외 간 인플레이션율의 차이에서 오는 실질임금의 감소와 이로 인해 발생하는 생계비의 상대적 박탈감 등으로 인한 재정상의 곤란함에 직면할 수 있다.

두 번째, 해외근무기간 동안에 생긴 본국기업과 해외자회사 간의 상이한 기능적 · 조직적 발전양상에 따른 조직 · 경력상의 재적응문제가 있을 수 있다. 해외파견 전에 존재하던 기존의 직위나 직무가 없어진 경우나 이로 인해 새로이 맡게 된 직책 및 직무의 생소함(strangeness)으로 인해 받게 되는 과다한 스트레스 등이 모기업에 대한 불만으로 이어질 수 있다.

세 번째, 장기간의 해외근무로부터 가지게 되는 과대한 기대감과 현지의 문화에 지나치게 경도된 파견인이 귀국하는 경우, 오히려 모국의 생활환경이나 문화환경의 변화된 모습에 적응을 하지 못하는 '역설적 문화충격(paradox in cultural shock)'을 경험할 가능성이 높다.

2. 해외파견인 재적응 관리방안

앞에서 살펴본 바와 같이 해외파견인들이 귀국 후 경험하는 재적응문제는 본국기업의 입장에서 안이하게 인식하여 소극적으로 관리할 가능성이 있는데, 이는 해외파견인에게는 대단히 중요한 문제가 아닐 수 없다. 만약 재적응에 실패한 당사자가 사직한다면, 이는 해외에서 장기간 근무한 파견인의 축적된 노하우를 활용할 수 있는 기회를 상실하는 것이며, 기업 전체적으로도 유능한 인재를 잃게 될 뿐만 아니라 투자한 시간과 비용의 손실을 감수해야 하는 것이다.

따라서 기업차원에서 해외파견인의 재적응과정을 효과적으로 관리하기 위한 체계적인 방안을 다각도로 모색하여야 한다. 우선 귀국한 해외파견인을 대상으로 조직 및 사회적 재적응을 위한 재교육의 필요성이 제기된다. 재교육과정은 주로 정책 및 절차상의 변경, 기업전략의 변화, 새로운 직원 및 현직원의 임무, 새로운 직위에 대한 상세한 설명이 있어야 한다.

두 번째 파견인이 모국으로 귀국하기 전부터 본사와 해외파견인 간 모국에 대한 다양한 정보교환이 활발히 이루어지도록 제도화하여야 한다. 이를 통하여 해외파견인은 모국에 재적응하기 위한 심리적 준비상태를 마련할 수 있다. 상호 간 교환되는 정보는 주로 본국의 정치 · 경제적 환경의 변화에 관한 포괄적인 정보를 포함하는 것이 보통이다.

마지막으로 해외파견인을 포함한 가족구성원들에게 생활수준의 변화 및 자녀교육에 대한 자문을 하고 본국 정착 시 모자라는 소득 및 주택자금에 대해서는 기업차원에서 재정적 보조를 제공할 수 있어야 한다. 결국 다양한 재적응관리방안을 통하여 해외파견인은 귀국 후 무리 없이 조직 및 사회 내에 정착함으로써 초기에 발생할 수 있는 재적응문제를 완화시킬 수 있을 것이다.

3. 국제노사관계

다국적기업은 여러 국가에 다양한 노동시장과 노사관계환경 속에서 경영활동을 전개한다. 따라서 스트라이크 경향과 단체교섭형태와 같은 노사관계의 특성은 범세계적인 경영전략의 수립에 영향을 미치는 중요한 변수가 된다. 어떤 국가에서는 종업원에 대하여 사용자가 가부장적인 역할을 견지할 것이 요구되는 반면, 법률적으로 노동자의 경영참여를 사용자가 보장할 것을 규정하고 있는 국가도 있다. 세계 각 노동조합은 영향력의 정도, 정치적 성향, 교섭대상으로 삼고 있는 이슈 등에 있어 다양한 양상을 나타내고 있다. 더군다나 각 국가의 노사관계환경은 최근 급격한 변화를 거듭하고 있다. 이러한 국제노사관계문제는 기업의 국제화단계 중 다국적기업의 단계에서부터 주로 발생한다. 이하에서는 다국적기업에서 발생하는 노사관계문제를 중심으로 고찰하도록 한다.

상이한 사회적 가치, 노동자들의 정신적 욕구, 법제도 등을 통하여 노무관리에 영향을 미치는 현지국의 고유한 문화적 · 제도적 · 법률적 환경의 특성을 외국인이 제대로 이해하기를 기대하는 것은 무리이며, 따라서 대부분의 다국적기업에서는 일반적으로 노무관리의 문제를 현지경영자에게 일임하고 있다. 단체교섭과정에 있어 현지국 사정에 보다 정통한 현지경영자는 결정된 협약에 의하여 발생하는 모든 결과에 대해 책임을 져야 하지만, 이러한 교습에서 최종결정권을 본사에서 갖고 있는 한 현지경영의 지위와 권위, 효율 등은 저하된다.

다국적기업에서 오랫동안 근무해 온 한 경영자는 노무관리에 관한 책임과 권한을 지사가 계속적으로 확보하고 있어야 함을 강조하면서 다음과 같이 말하고 있다. "이러한 책임과 권한을 지사가 확보하고 있지 못한다면 비록 불가능하다고는 말할 수 없겠으나, 현지경영에서의 성공에 결정적 영향력을 행사하는 현지고용자 또는 그들 대표와의 원만한 관계유지가 어려울 것이다." 물론 이러한 정책은 현지의 경영자가 노무관리에 대한 적당한 수준의 능력을 보유하고 있음을 전제로 하고 있다.

이에 반하여 노사관리에 관한 결정권을 본사에서 중앙집권적으로 통합적인 관점에서 행사하여야 함을 주장하는 논리도 있다. 이러한 주장은 신설된 지사의 일천한 관리경험으로 인해 다국적기업이 기대하는 수준의 노사관리가 가능하겠는가 하는 의구심에서 비롯된 논리로, 한 국가에서의 협약이 여타 국가에서의 협약에 대한 선례가 될지도 모른다는 우려도 포함하고 있다. 특히 최근에는 노동조합들이 국제적인 연계에 의하여 집합적 행동을 하게 됨에 따라 통일된 정책에 의한 중앙집권적 노사관리가 요구된다. 비록 이러한 원칙이 요구된다 할지라도 여지의 독립성을 유지시키기 위하여 최대한의 참여를 보장해야 한다. 전체적 통합 및 조정이라는 것이 모든 국가에서 동일한 방법으로 노사관리가 전개되어야 한다는 것을 의미하지는 않으며, 현지국의 특성에 따라 조정이 이루어져야 한다.

범세계적 관점에서 노사관리에 대한 정책을 세우고자 할 때 고려해야 할 요인들을 살펴보면 다음과 같다.

① 각국의 노동조합 간에 국제적으로 어떠한 상황이 전개되고 있는가를 파악해야 한다. 국제노동조합은 거대한 다국적기업에서 수많은 일을 추진하고 있기 때문에 다국적기업 또한 이에 대응할 수 있는 충분한 정보를 확보하고 있어야 한다.

② 국제노사관계정책에 대한 조정 · 검토를 책임지는 전문가를 본사에서 확보하고 있어야 한다.

③ 국제노조의 전략 및 전술을 파악하고 있어야 한다.

④ 노조의 요구를 예측해야 한다. 국제노조가 원하고 있는 바는 잘 알려져 있다. 예컨대, 세계 각 현지국의 노동자에 대한 노동환경과 복지문제의 해결에 형평의 원리가 적용되기를 바라는 것 등이다.

⑤ 노조의 요구 중 일부분은 수락 · 성취될 수 있도록 하여야 한다. 요구 중 어떠한 항목은 그다지 많은 비용의 추가부담을 요구하지 않으며 사용자 측에서도 바람직한 경우가 있어서, 이러한 경우에는 공존공영의 정신에 입각하여 노조의 요구사항을 수락하는 것이 바람직하다.

⑥ 문제해결에 있어 상상력과 유연성이 요구된다. 오늘날 국제노조지도자의 지적 능력과 지도력은 상당한 수준에 이르고 있으며 이에 따라 유능한 담당자를 본사에 확보할 필요성이 있다.

⑦ 본사의 최고경영자에게 현지의 노사문제에 관한 정기적 보고체계를 갖추도록 한다.

⑧ 현지의 노사관리담당자로 하여금 세계적 안목을 갖출 수 있도록 교육훈련을 실시한다.

⑨ 노조간부와 일반노동조합에 대한 교육을 실시한다. 기업의 입장을 충분히 이해하도록 설득할 필요가 있다.

⑩ 정치적 이슈에 특별한 관심을 기울여야 한다. 사업과 정치는 별개의 것이라는 사고는 대단히 위험하다. 예컨대, 많은 국가에서 정치적 이유로 말미암아 다국적기업이 대량해고를 하는 것은 허락되지 않고 있다.

12장 국제생산관리

1절 국제생산의 의의

국제경영에 있어서 '생산(production)'이라는 개념은 단순히 제품생산만을 의미하는 것이 아니라 제품생산에 필요한 원료의 확보에서부터 생산된 제품을 해외시장에 공급할 때까지의 모든 과정과 관련된 활동을 포괄하는 넓은 의미로 이해해야 한다.

국제생산 및 조달관리는 다국적기업이 생산비나 수송비, 규모의 경제, 진입비용 그리고 여타 요인들을 고려하여 제품을 생산하고, 동시에 생산된 제품을 목표시장에 가장 효율적으로 조달할 수 있는 방안을 강구하는 데 그 의의가 있다. 따라서 국제생산 및 조달관리에서는 다음과 같은 문제에 대한 의사결정이 이루어져야 한다.

① 어디로부터 목표시장을 공급할 것인가.

② 자기 기업이 어느 정도까지를 직접 생산할 것인가.

③ 자기 기업이 직접 생산하지 않고 다른 기업으로부터 구입하는 경우 무엇을 어디에서 구입할 것인가.

④ 자기 기업이 최소한 일부라도 직접 생산하기로 했다면 생산시설을 어떻게 갖출 것인가.

⑤ 제품을 어떤 한 공장에서 생산할 것인가, 아니면 여러 공장에서 분산하여 생산할 것인가. 그리고 공장을 서로 연계하여 생산하도록 할 것인가 아니면 독립적으로 생산하도록 할 것인가.

⑥ 어떤 종류의 생산설비(기술)를 이용할 것인가.

⑦ 최적 입지는 어디인가.

⑧ 연구개발활동은 어디에 위치시킬 것인가 하는 것 등이다.

결국 국제생산 및 조달관리에서는 해외생산입지의 선정, 생산에 있어서의 수직적 통합의 정도, 자체생산 및 타기업 생산제품의 구매, 국제적 조달의 정도, 기술의 선정 그리고 로지스틱스정책 등에 관한 의사결정이 이루어져야 한다.

2절 국제생산입지의 선정

1. 국제생산입지의 환경분석

기업이 해외에 진출하여 제품을 생산하고 마케팅하고자 하는 경우 무엇보다도 먼저 어떤 지역에 진출할 것인가에 대한 의사결정이 선행되어야 한다. 그것은 국제생산입지가 생산원가에 중대한 영향을 미쳐서 제품의 국제경쟁력을 좌우하기 때문이다.

따라서 비교우위와 전략적 우위를 살릴 수 있고 투자환경이 양호한 최적 생산입지를 선정하기 위해서는 여러 후보지역의 환경을 면밀하게 분석하고 이를 상호 비교 · 평가하는 작업이 필요하다. 이때 각 후보지역은 정치적, 경제적, 사회적, 문화적, 법률적 환경에 기준하여 분석 · 평가되어야 한다. 그리고 현지국의 환경에 대한 분석은 현시점에서의 상황뿐만 아니라 앞으로 예상되는 환경변화까지를 포괄하는 것이어야 한다.

해외생산입지의 선정을 위한 투자환경을 분석하는 데는 여러 가지 변수들이 종합적으로 검토되어야 하는데. 일반적으로 투자환경분석에 포함되어야 할 주요한 변수들을 나열하면 〈표 12-1〉과 같다.

표 12-1 투자환경분석을 위한 체크리스트

환경요인	주요 세부요인	
경제적 요인	• GNP규모와 예상 성장률 • 일반적인 경제적 안정성 • 외화포지션 • 통화의 안정성 및 태환성 • 산업구조의 균형상태(공업, 농업, 상업) • 자사 제품을 판매할 수 있는 시장의 규모 및 성장률	• 현행 개발계획의 유무 • 상대적인 수출입 의존도 • 국제수지에 대한 전망 • 원금 및 이익에 대한 송금규제

	• 인구의 규모 및 성장률 • 1인당 GNP 및 성장률 • 소득분배 • 관세동맹에 대한 가입 현황 및 전망
정치적 요인	• 정부의 형태와 안정성 • 계층 간 대립의 유무 • 특수한 정치적, 인종적, 사회적 문제 • 민간투자 및 외국인투자에 대한 현지정부, 고객 및 경쟁기업의 태도 • 국유화 위험의 유무 • 국영산업의 유무 • 국영산업에 대한 우대정책 또는 중립성 • 소규모집단 간의 세력 결집 • 투자국과의 우호조약 또는 거주조약 • 정부의 지출정책 및 계획의 건전성 • 행정기관의 복잡한 행정절차의 면제 • 행정처리의 공정성과 성실성 • 외국인에 대한 차별대우의 정도 • 법원의 공정성 • 최근의 명확한 투자관계법규 • 자사 제품이 현지국에서 특허를 받게 될 가능성 • 가격에 대한 통제유무 • 100% 외자에 대한 규제
지리적 요인	• 수송의 효율성(철도, 해운, 고속도로) • 항만시설 • 자유무역항, 수출가공지역, 보세창고 • 수출시장에 대한 지리적 근접성 • 공급자 및 고객에 대한 지리적 근접성 • 현재의 자원사업 • 국산 원자재의 이용 가능성 • 전력, 공업용수, 가스의 이용 가능성 • 각종 시설의 이용 가능성 • 폐기물 처리시설 • 생산품의 수출입 용이도 • 공장부지의 조속한 확보 가능성 • 적정한 토지비용
노동상의 요인	• 투자본국의 언어를 구사할 수 있는 경영스태프, 기술자, 사무직원의 이용 가능성 • 숙련노동자의 이용 가능성 • 반숙련 노동자 및 미숙련 노동자의 이용 가능성 • 노동자의 생산성수준 • 직업훈련시설 • 노동공급의 확대에 대한 전망 • 각 수준의 숙련도와 훈련도 • 노사관계의 안정성 • 투쟁적인 노동자나 공산주의자가 주도하는 노동조합의 유무 • 경영에 대한 노동자 측의 발언권의 정도와 내용 • 고용 및 해고의 자유 • 강제적이거나 임의적인 부가급부 • 각종의 사회보장세 • 부가급부를 포함한 총경비 • 강제적 또는 관행적인 이익배분
세제상의 요인	• 세율의 추이(법인, 개인소득, 자본, 원천징수, 매출, 소비, 임금, 자본수익, 통관, 기타 간접세 및 지방세) • 세금에 대한 윤리의식 • 세무당국의 공정성과 청렴성 • 수출소득 및 해외소득에 대한 과세 • 신규사업에 대한 세제상의 특혜 • 감가상각률 • 손실금의 이월 및 환입 • 투자본국 및 기타 국가와의 조세조약 • 수입품을 수출할 경우의 조세공과금의 환불 • 관세보호의 이용 가능성

자금상의 요인	• 현지자금의 이용 가능성 • 현지자금의 차입비용 • 통상적인 현지자금 차입조건 • 현지에서 태환성을 가진 통화를 이용할 수 있는 가능성 • 현대적인 은행제도 • 신규사업에 대한 정부의 신용공여 및 조성정책 • 수출금융 및 보험의 이용 가능성과 비용 • 미국, 유럽, 기타 자금공급원의 입장에서 본 차입국에 대한 평가
사업상의 요인	• 투자본국 정부의 투자보험 이용 가능성 • 전반적인 사업윤리 • 마케팅 · 유통시스템의 상태 • 행정절차의 간편성과 효율성 • 자기 기업이 속해 있는 산업부문의 통상적인 이윤폭 • 자기 기업이 속해 있는 산업부문의 경쟁상태 및 카르텔의 형성 가능성 • 반독점법, 제한적 거래관행에 관한 법 그리고 이들 법규가 투자 본국의 법률에 저촉하는가의 여부 • 해외파견직원과 그 가족이 쾌적한 생활을 누릴 수 있는가의 여부

2. 국제생산입지의 선정기법

1) 체크리스트(checklist) 평가법

체크리스트 평가법은 투자환경을 분석할 수 있는 주요 평가항목을 선정하고 그것을 중요도에 따라 차례대로 열거한 다음 각 항목별로 일정한 가중치를 부여하여 종합적인 가중평균점수를 산출할 수 있는 표준화된 체크리스트를 작성하고, 이에 근거하여 투자대상지역들의 종합점수를 산출한 다음 그 점수를 상호 비교하여 투자지역을 선정하는 기법이다.

체크리스트 평가법은 어떤 평가항목에 어느 정도의 가중치를 부여할 것인가를 결정한 다음, 정기적으로 입수되는 정보에 따라 종합점수를 평가하여 국제생산입지를 결정하게 된다. 이 방법은 투자환경상의 가장 중요한 변동요인을 확인해 줄 수 있을 뿐 아니라 투자대상국을 이들 각 요인에 따라 체계적으로 평가할 수 있다는 장점을 가지고 있다.

체크리스트 평가법의 예로는 BERI(Business Environment Risk Information)사와 BI(Business International)사의 컨트리 리스크(country risk, 국가위험) 서비스를 들 수 있다.

2) 컨트리 리스크 활용방법

컨트리 리스크는 피투자국 정부의 책임하에 발생하는 위험을 의미한다. 따라서 컨트리 리스크의 분석대상은 투자환경분석 시의 대상보다 한정된 요인에 국한된다. 전술한 투자환경분석을 위한 체크리스트에 포함되어 있는 요인들은 비록 컨트리 리스크에 대한 간접적인 요인은 될 수 있으나 컨트리 리스크 그 자체는 아니라는 점에 유의할 필요가 있다.

컨트리 리스크는 크게 정치적인 리스크와 경제적인 리스크로 구분할 수 있다. 그리고 정치적인 리스크에는 ① 재산수용 리스크 : 재산수용, 재산몰수, 국유화, 점진적인 수용, ② 전쟁 리스크 : 전쟁, 외부침입, 혁명, 폭동, 내란, 국경분쟁, ③ 송금 리스크 : 원금, 배당금, 이자, 로열티 등의 해외송금불능 또는 송금지연 등이 있다.

다음으로 경제적인 리스크에는 장기간에 걸친 GNP 성장률 저하, 생산비의 급상승, 수출소득 감소, 식량 및 에너지의 수입 급증 등이 있다.

컨트리 리스크는 국제적으로 공인된 여러 기관들에 의해서 평가되고 있는데, 그 대표적인 예는 유로머니 컨트리 리스크(Euromoney Country Risk : ECR)평가이다.

3) 리스크 매트릭스(risk matrix) 평가법

일반적으로 국제생산입지의 선정은 투자대상지역의 정치적 환경, 경제적 환경, 사회 · 문화적 환경, 법률적 환경 등을 기준으로 이루어지게 되지만, 여기에 대한 하나의 보조적인 방법으로서 생산입지를 수익성의 관점에서 분석해 보는 것도 의의가 있다.

리스크 매트릭스 평가법은 현지국의 투자환경과 자사의 수익성을 동시에 고려하여 생산입지를 분석할 수 있는 기법이다. 이 방법은 〈표 12-2〉에서 볼 수 있는 바와 같이 횡축에 특정투자안을 특정국가에서의 수익성의 정도에 따라 높음, 보통, 낮음 등으로 구분하고, 종축에는 환경적 리스크를 아주 높음, 높음, 보통, 낮음 등으로 구분하여 매트릭스를 작성한 다음, 예상 투자안들을 투자안의 수익성의 정도와 환경적 리스크의 정도에 따라 위치시키면 여러 가지 투자대안을 찾아낼 수 있고 투자기업은 그중에서 가장 이익적인 투자안을 선택하면 된다.

이 경우 10에 위치한 투자안이 리스크는 가장 낮으면서도 수익성은 가장 높은 최선의 투자안이 되고 그 다음으로는 투자기업의 전략에 따라서 11이나 8에 위치한 투자안이 차선의 투자안이 된다.

표 12-2 리스크 매트릭스모형

구분		수익성		
		높음	보통	낮음
환경적 리스크	아주 높음	1	2	3
	높음	4	5	6
	보통	7	8	9
	낮음	10	11	12

3절 글로벌 소싱

1. 해외조달방식

최근 다국적기업은 생존전략을 위해 글로벌 소싱(global sourcing)을 확대하고 있다. 다국적기업이 어떤 방법으로 목표시장을 공급할 것이냐 하는 것은 기업의 목표나 제품의 특성, 목표시장의 환경, 기술이전의 정도 그리고 진출대상국의 규제와 같은 여러 가지 요인에 의해 결정되는데, 그 방법에는 집중화 조달과 분산화 조달 그리고 통합화 조달이 있다.

집중화 조달(centralized sourcing)은 다국적기업이 어떤 특정지역을 생산거점으로 하여 거기에서 제품을 집중적으로 생산한 다음 전 세계 여러 시장에 공급하는 방법이다. 따라서 이러한 방식의 조달에서는 생산거점을 어디로 정하느냐 하는 것이 가장 중요한 문제가 된다. 집중화 조달은 규모의 경제를 실현할 수 있고 품질관리가 가능하다는 장점을 가지고 있지만, 동시에 관세나 수송비가 많이 소요되고 환위험 등에 직면할 수 있다는 단점을 가지고 있다.

분산화 조달(distributed sourcing)은 다국적기업이 각기 독특한 특성을 지닌 개별 목표시장의 수요에 부응하기 위해 제품을 목표시장에서 생산하여 공급하는 방법이다. 분산화 조달은 현지국의 요구에 탄력적으로 대응할 수 있고 여러 공급원을 보유함으로써 융통성을 확보할 수 있다는 장점이 있으나, 개별 생산시설 단위당 높은 비용이 소요되고 품질의 일관성을 유지하기가 어렵다는 단점이 있다. 〈표 12-3〉은 집중화 조달과 분산화 조달의 장단점과 선택조건을 비교한 것이다.

다음으로 통합화 조달(integrated sourcing)은 집중화 조달의 경우 직면하게 될지도 모르는 제품수입국의 수입규제와 같은 위험을 회피하기 위한 방법으로서, 제품의 생산은 개별 목표시장에서 수행하고 판매는 본사의 통합적인 관리하에서 수행하는 방법이다. 이 방법은 집중화 조달에 있어서의 이점인 효율성을 유지하면서 정치적인 위험을 줄일 수 있다는 장점을 가지고 있으나, 동시에 파업이나 운송의 문제 그리고 환위험 등은 단점으로 지적되고 있다.

표 12-3 집중화 조달과 분산화 조달의 장단점 및 선택조건

구분	집중화 조달	분산화 조달
이점	• 규모의 경제 실현 가능 • 품질관리 가능	• 현지의 요구에 탄력적으로 대응이 가능 • 복수의 공급원을 가짐으로써 공급에 융통성을 가질 수 있음
비용과 위험	• 관세 • 수송비 • 환위험 • 수입규제의 위험 • 파업의 위험	• 개별 생산시설 단위당 높은 비용 소요 • 고도의 경영관리 필요 • 품질의 일관성 유지 곤란
선택조건	• 고부가가치제품의 비율이 높은 경우 • 점차 감소하는 비용구조를 갖는 경우 • 연속적인 생산공정을 갖는 경우 • 피투자국에 수출에 대한 유인책을 제공하는 경우	• 높은 관세가 부과되는 경우 • 피투자국이 국내생산을 선호하는 경우 • 수입을 규제하는 경우 • 노동집약적인 제품을 생산하는 경우

2. 자체조달 대 외부조달

기업이 자기가 필요로 하는 제품이나 부품을 자체적으로 생산하여 조달할 것이냐, 아니면 외부로부터 구매하여 조달할 것이냐에 대한 의사결정은 기업의 생산전략을 수립하는 데 있어서 대단히 중요한 부분이다. 예를 들어, 1만 개 이상의 부품으로 구성되어 있는 자동차산업의 경우, 자동차를 생산하는 기업은 항상 필요한 부품을 자체적으로 생산하여 조달할 것이냐, 아니면 외부에서 구매하여 조달할 것이냐에 대한 의사결정에 직면하게 된다. 포드 피에스타(Fiesta)의 경우를 예로 들면, 전체 자동차가격의 45%에 해당되는 부품만이 자체적으로 생산되고 있을 뿐 나머지 55%는 독립적인 외부기업으로부터 공급받고 있는 것으로 알려지고 있다.

이와 같이 다국적기업은 자기가 필요로 하는 제품이나 부품을 모두 자체적으로 생산하여 조달할 수만은 없으며, 필요에 따라서는 다른 기업에게 하청생산을 의뢰하여 조달하거나 또는 다른 계열기업과 공급계약을 맺어 외부적으로 조달하는 방법을 강구해야 한다. 물론 기업이 자체 생산시설을 소유하고 있거나 또는 공급업체의 지분을 가지고 있는 경우에는 자체조달이 가능하다.

제품이나 부품을 자체적으로 조달할 것이냐, 아니면 외부로부터 조달할 것이냐 하는 것은 가장 기본적으로 구입하고자 하는 제품의 규모와 최소한의 효율적인 생산규모 간의 관계에 의해서 결정된다. 만약 소비자가 필요로 하는 수량이 최소한의 효율적 생산수준을 초과하거나 특정제품이나 투입물이 소비자들의 최종재에 대한 주요 투입물이 되는 경우에는 확실한 조달원을 확보하는 것이 중요하기 때문에 자체조달이 선호된다.

그러나 자동차산업의 경우와 같이 필요로 하는 투입물의 종류가 여러 가지이거나 또는 투입부문이 빈번한 기술변경을 요하는 경우 등에는 외부조달이 선호된다.

한편, 두 가지 대안에 따른 단위당 비용을 비교해 보는 것도 조달전략을 결정하는 하나의 방법이 될 수 있다. 그 외에 조달결정에 영향을 미치는 요인들을 살펴보면 〈표 12-4〉와 같다.

표 12-4 자체조달 대 외부조달의 선택

자체조달 대 외부조달의 선택에 영향을 미치는 요인	선호되는 조달전략	
	자체조달	외부조달
구입하고자 하는 규모/최소의 효율적인 규모	높은 경우	낮은 경우
공급자의 집중 정도	높은 경우	낮은 경우
조달제품의 수	적은 경우	많은 경우
조달비용이 전체비용에서 자지하는 비율	높은 경우	낮은 경우
조달제품의 기술변화의 속도	낮은 경우	높은 경우
조달제품의 자본집약도	낮은 경우	높은 경우
기업의 공정발전의 수준	높은 경우	낮은 경우
조달제품을 사용하는 기업이 속한 산업의 성장속도	높은 경우	낮은 경우
구매자의 집중 정도	낮은 경우	높은 경우

3. 기업 내 국제분업

제2차 세계대전 이전의 국제분업은 기본적으로 '산업 간 분업(inter-industrial division of labor)'에 의한 산업 간 무역(inter-industry trade)의 형태를 띤 것이다. 그러나 산업 간 분업은 다국적기업의 발달과 더불어 '산업 내 분업(intra-industrial division of labour)'에 의한 산업 내 무역(intra-industry trade)으로 바뀌게 되었다. 그리고 이 산업 내 분업은 다국적기업이 선도하고 있다는 점에서 기업 내 국제분업이라고도 할 수 있다.

기업 내 국제분업은 다음과 같은 점에서 산업 간 국제분업과 그 성격이 다르다. 첫째, 기업 내 국제분업은 완제품의 교역을 통한 분업이 아니라 중간재나 부품의 기업 내 수급을 통한 분업이라는 점이다.

둘째, 기업 내 국제분업은 대개 다국적기업 그룹을 형성함으로써 원료산업에서부터 제품산업에 이르기까지의 전 공정을 담당하는 수직적 분업체계라는 점에서 동종의 산업 내 국제분업과 그 성격이 다르다.

셋째, 기업 내 국제분업은 본사-해외자회사 간의 단선적인 분업관계가 아니라 수많은 해외자회사 상호 간의 분업관계가 동시에 전개된다고 하는 점에서 국가 간의 분업단계를 뛰어넘어 일종의 세계분업체계를 지향하고 있다는 점이다.

오늘날 다국적기업들은 자기 기업이 필요로 하는 제품이나 부품을 전 세계적으로 가장 효율적으로 생산할 수 있는 지역에서 생산하여 특정지역에 공급하는 기업 내 국제분업체제를 구축하고 있다. 이러한 기업 내 국제분업은 채유 및 정제지역이 각기 다른 석유산업이나 개도국에서 조립 · 가공하여 본사로 반송된 후 거기서 범세계적인 마케팅전략을 전개하는 전자산업 등에서 쉽게 찾아볼 수 있다.

4절 국제로지스틱스

1. 국제로지스틱스의 의의

국제로지스틱스(international logistics)란 원료취득지점으로부터 최종소비지점에 이르기까지의 제품의 흐름과 그에 따른 정보의 흐름을 용이하게 하는 모든 이동 및 저장활동과 관련된 계획, 조직, 통제를 의미한다. 국제로지스틱스는 물적 공급과 물적 유통으로 구분할 수 있는데, 물적 공급에는 제품을 생산하기 위한 원재료 획득, 수송, 재고, 포장, 하역, 재고관리, 정보처리 등의 활동이 포함된다.

기업의 글로벌화가 급속히 진전되고 있는 오늘날에는 어떻게 하면 전 세계적으로 분산된 생산거점들을 가장 효율적으로 네트워크화하여 원재료, 부품, 완제품의 흐름을 합리화하고 생산거점 간의 유기적인 관계를 유지할 것인가 하는 것이 점차 중요한 과제가 되고 있다. 더구나 수출에 따른 로지스틱스비용이 전체 비용의 10~25%를 차지하게 됨에 따라 국제로지스틱스의 전략적 중요성이 더욱 높아지고 있다.

이와 같이 그 중요성이 증대되고 있는 국제로지스틱스 기능을 성공적으로 수행하기 위해서는 국제로지스틱스를 구성하고 있는 수송, 포장, 보관 등의 개개 기능이 합리적으로 이루어져야 할 뿐만 아니라 이들 모든 기능이 하나의 통합된 범세계적 로지스틱스시스템으로 구축되어 운영되어야 한다.

2. 국제로지스틱스의 주요 기능

1) 운송

국제운송에는 가장 기본적으로 철도, 트럭, 해상, 항공, 파이프라인 등과 같은 다섯 가지 방법이 있다. 이 중 어떤 방법을 이용하여 운송할 것인가 하는 것은 운송에 소요되는 비용과 시간, 제품의 특성 그리고 안정성을 기준으로 결정된다.

철도는 전 세계적으로 널리 이용되고 있는 운송수단으로 부피가 큰 제품을 적은 비용으로 대량수송할 수 있다는 장점이 있다. 따라서 철도는 부피가 크면서 값이 싼 제품의 운송에 많이 이용된다.

트럭은 다양한 제품을 비교적 신속하고 저렴하게 수송할 수 있는 방법으로 전 세계적으로 가장 많이 이용되고 있는 운송수단이다. 트럭은 제품을 거리에 구애받지 않고 직접 고객에게까지 수송할 수 있다는 이점을 가지고 있다.

해상운송은 전통적으로 가장 저렴하고 안전한 운송방법이다. 해상운송은 다른 운송방법에 비해 대량운송이 가능하고 비용이 적게 소요되면 원거리의 운송에 적합하다. 그러나 속도가 느리고 기후에 많이 좌우된다는 단점이 있다. 오늘날 해상운송은 컨테이너선의 등장과 더불어 더욱 발전하고 있다.

항공운송은 현재로서는 국제운송의 1% 정도밖에 담당하고 있지 못하지만 최근 점차 그 중요성이 높아져 가고 있다. 항공운송은 비용은 높지만 무게에 비해 값이 비싸고 신속한 운송을 필요로 하는 제품의 운송에 적합하다.

파이프라인은 석유나 천연가스와 같이 액체로 된 제품을 운반하는 데 효율적이다. 현재 많은 국가들에서 파이프라인을 이용하여 석유나 천연가스를 운송하고 있다.

이상에서 각각의 운송방법에 대해 살펴보았는데, 오늘날 하나의 제품이 생산업자로부터 최종소비자에게 인도되기까지는 여러 가지 운송수단이 복합적으로 이용되고 있다. 이에 따라 최근의 국제운송에서는 복합운송(combined transport)이 많이 활용되고 있는데, 복합운송이란 운송인이 전 운송구간에 대해 책임을 지고 특정화물을 최종목적지까지 육운 · 해운 · 공운 가운데 두 가지 이상의 운송형태를 결합하여 일관운송하는 방식을 말한다. 일반적으로 육 · 해복합 운송시스템이 가장 많이 이용되고 있다.

2) 포장

포장이란 국제적인 운송, 하역, 보관 등의 유통과정으로부터 제품을 보호하고 제품의 가치를 유지하기 위하여 적절한 용기를 이용하여 제품을 포장하는 작업을 말한다. 따라서 포장은 제품을 최종소비자에게 운송하는 데 있어서 가장 먼저 이루어지는 중요한 작업이다.

국제운송을 위한 포장은 최소한의 비용과 자재를 들여 가장 적합하고 안전하게 작업되어야 하며, 장기간의 운송이나 장거리 운송, 악천후 그리고 제품의 환적 등에 충분히 견딜 수 있도록 작업되어야 한다. 또 포장은 비용이나 무게 등을 고려하는 한편, 양육 및 하역비용을 줄이고 도난 및 발하(pilferage)를 극소화할 수 있도록 작업되어야 한다.

최근에는 대부분의 운송인들이 컨테이너를 이용하여 제품을 운송하고 있다. 여기에서 컨테이너(container)는 육운, 해운, 공운 등의 모든 과정에서 화물을 수송하는 도중 이적하지 않고 일관수송을 가능하게 하는 규격화된 운송용기를 말한다. 이러한 컨테이너에 화물을 적재하여 목적지까지 일관수송하는 시스템을 컨테이너운송이라고 한다. 최근 국제운송에는 이러한 컨테이너운송이 많이 이용됨으로써 화물운송의 경제성과 신속성 그리고 안정성이 최대한 충족되고 있다.

3) 보관

오늘날 국제적으로 운송되는 제품들은 고객의 욕구에 신속하게 부응하고 경쟁기업과 성공적으로 경쟁하기 위해서 그리고 범세계적인 통합적 로지스틱스를 수행하기 위해서 최종 목적지에 운송되기 이전에 일정한 장소에 일정기간 동안 보관되어야 하는 경우가 있다.

이때 전 세계 여러 곳에 보관시설이 필요하게 된다. 그러나 필요한 보관시설 모두를 자체적으로 보유하는 것은 대규모의 장기투자를 필요로 하며 재고량이 많은 경우에는 보관비용이 많이 소요된다. 따라서 로지스틱스 관리자는 이러한 점을 고려하여 자체 보관시설을 설립할 것인가 아니면 필요한 때마다 제품을 수송할 것인가를 결정해야 한다. 그리고 설립하기로 결정하였다면 고객에 대한 서비스수준과 보관비용 모두를 고려하여 보관시설의 수와 규모 그리고 그 위치를 결정해야 한다.

한편, 보관문제를 해결하기 위하여 일부 국가에서 운영되고 있는 해외무역지대(foreign trade zones)를 이용하는 것도 한 가지 방법이 될 수 있다. 해외무역지대에서는 외국제품이 관세가 부과되지 않은 상태에서 보관 또는 가공되어 재수출될 수 있다. 따라서 국제경영활동을 수행하고 있는 기업들은 이러한 해외무역지대를 이용함으로써 일시적으로 제품을 보관하거나 가공하는 등의 혜택을 누릴 수 있다. 합리적인 보관전략을 수립하여 시행하게 되면 제품의 가격을 낮추고 인도기간을 단축시킬 수 있을 뿐만 아니라 소비자의 만족을 높여줄 수 있다.

13장 국제재무관리

국제재무관리는 국제기업의 국경을 넘는 자금흐름을 관리하여 이에 관한 의사결정문제를 다루는 분야이다. 한국기업이 수출증대 및 해외 현지투자 등을 통하여 국제화가 가속화됨에 따라 국제재무관리의 중요성은 더욱 증대되고 있다.

전통적으로 재무관리에서 다루어지는 기능은 ① 투자(investment) ② 자금조달(financing) ③ 운전자금운용(working capital management)의 세 기능이 근간을 이루었다. 국제재무관리에서도 이러한 기능이 다루어지게 된다. 다만, 국제기업의 관점에서는 국내기업의 재무의사결정에서 고려되지 않는 여러 국제환경변수들이 고려되어야 한다.

이러한 변수들은 국가별로 상이한 통화 및 통화 간 환율, 상이한 자본시장, 독특한 조세 및 환율정책 등을 포함한다. 추가로 국제재무관리에서는 재무관리에서 다루어지지 않는 고유의 영역이 있는데, 이것이 바로 환위험의 문제이다. 통화의 단위가 상이한 국가 간의 자금거래는 환율의 변동에 따른 제반 문제점이 발생한다. 환율변동으로 인한 위험에 어떻게 대처해 나갈 것인가가 국제재무관리의 중요한 논의대상이다.

1절 환위험관리

환율변동이 국제기업의 자금흐름에 불확실성을 초래하는 환위험관리가 국제기업에 있어 대단히 중요한 문제임에 틀림없다. 예측 불허한 환율변동은 국제기업의 불확실한 미래 자금흐름, 즉 환위험을 초래한다. 따라서 국제기업은 미래의 안정적 수익확보를 위하여 환위험을 줄이거나 또는 제거할 수 있는 방안을 모색하여야 하는 것이다. 이를 위해서는 우선 특정기업이 어떤 종류의 환위험에 어느 정도 노출되어 있는지를 측정해야 한다.

1. 환위험의 측정

기업이 외화로 표시된 자신이나 부채를 갖고 있을 때 그 외화가치가 본국화폐에 비해서 가치가 변하는 경우에 회사의 수익성이 영향을 받게 된다. 이처럼 환율의 변화로 인하여 회사가 이득을 보거나 손해를 볼 가능성이 있을 때 환위험(foreign exchange risk)이 있다고 하겠으며, 또는 회사가 환노출(foreign exchange exposure)상태에 있다고도 할 수 있다.

환노출을 측정하는 방법은 대개 다음과 같이 세 가지로 구분한다.

① 경제적 환노출(economic exposure)

② 거래적 환노출(transaction exposure)

③ 회계적 환노출(accounting exposure)

첫째, 경제적 환노출이란 기대되지 않는 환율변동으로 인하여 기업의 미래현금흐름의 순현가가 변동할 가능성으로 정의된다. 환율변화가 미래의 매출액, 수요, 가격과 원가 등에 영향을 미쳐서 그 결과로 현금유출입의 변화를 가져오는 경우를 가리킨다. 다시 말하면, 환율변화가 '미래의 순현금유입의 현재가치'라고 정의할 수 있는 기업의 가치에 미치는 영향을 측정하자는 것이다.

경제적 환노출 개념에 입각한 환위험의 정의는 이론적으로 가장 타당한 것으로 볼 수 있으나 현실적으로 측정하기가 매우 어렵다는 데에 문제가 있다. 예를 들어, 환율변동에 대한 상품의 수요 및 공급탄력성을 정확하게 측정하기 곤란하며, 설사 가능하더라도 탄력성 자체가 변화하게 된다. 최근 들어 우회적인 방법으로 이를 측정하려는 시도가 몇몇 학자들에 의하여 이루어졌는데 그중 애들러(M. Adler)의 측정방법을 보면, 주가가 미래 현금흐름으로 표현되는 기업가치를 반영하고 있다고 전제하여 주가를 종속변수로 하고 환율변동을 독립변수로 하는 회귀분석을 실시하였다. 그 결과 회귀분석으로 도출된 회귀계수가 바로 기업의 환율변동에 대한 경제적 환노출을 나타낸다는 것이다.[1)]

둘째, 거래적 환노출이란 외화로 표시된 확정된 거래를 결제하는 데서 발생하는 이익이나 손해를 가리킨다. 그림에서 보는 바와 같이 환율변경 전에 발생하였으나 변경 후에 처리해야 할 거래로서, 그러한 거래의 종류로는 ① 외화로 표시되었으며 외상으로 거래된 매

1) M. Adler and B. Dumas, "Exposure to Currency Risk : Definition and Measurement", *Financial Management*, Summer 1984, pp.41-50.

입 또는 매출 ② 외화로 표시된 채권 또는 채무 ③ 선물환거래의 약정 등이 있다.

예를 들어, 한국의 수출업자가 독일에 스키장갑을 수출하고 3개월 후에 그 대금(DM 50만)을 받기로 하였다고 하자. 현재의 환율이 원 : DM = 540 : 1이라고 하고 3개월 동안 환율변화가 없다면 한국의 수출업자는 2억7,000만 원을 받게 된다. 그러나 그 기간 동안 DM의 가치가 하락하여 원 : DM = 530 : 1이 된다고 하면 한국회사가 DM으로 받는 액수는 확정되어 있으므로 원화로 받을 액수는 2억6,500만 원으로 감소하게 되어 이 업자는 손해를 보게 될 것이다. 이때 한국업자는 외상매출금이 외화(DM)로 확정되어 있기 때문에 환리스크에 노출되는 것이다. 만약 이 업자가 독일수입상에게 원화로 지불할 것을 고집하여 그렇게 하기로 합의했다면, 이번에는 독일의 수입상이 환리스크를 부담하게 된다.

이렇게 보면 위에서 설명한 거래적 노출도 사실상은 경제적 노출의 단기적인 경우임을 알 수 있다. 즉, 경제적 노출이 환율변화의 장기적인 효과를 측정하는 데 비해서, 거래적 노출은 환율변화가 단기적 내지는 즉시적인 현금유출업자에 미치는 영향을 측정하는 것이다.

셋째, 회계적 환노출이란 환율의 변화가 회사의 기록된 경제적 위치(바꾸어 말하면 재무상태)에 미치는 영향을 측정하는 것이다. 회계적 노출이란 과거에 일어난 거래를 현재에 측정하는 과정에서 발생하며, 해외자회사의 재무제표를 본사의 재무제표와 통합하여 연결재무제표를 작성하는 데서 존재한다.

회계적 노출의 가장 간단한 예로서는 기업이 외국은행에 외화로 표시된 예금계정을 갖고 있는 경우이다. 예를 들어, 일본의 은행에 엔화로 표시된 예금을 100만 엔 갖고 있다고 하고 2003년 7월 말에 엔 : 원의 환율이 1 : 6이었다고 하면 원화로 표시된 가치는 600만 원이 된다. 그 후에 엔화의 가치가 하락하여 환율이 1엔 = 5원이 되었다고 하면 그 예금의 가치는 엔화로는 불변이지만 원화로는 500만 원이 되므로 회계적 노출에 의한 환손실을 100만 원 본 셈이 된다. 그러니까 하나의 계정을 측정하는 두 시점 사이에 환율의 변화가 있었으므로 발생한 손실이다.

회계적 노출을 측정하는 데 있어서의 문제는 어떤 계정을 어떤 시점에서 환율로 측정하느냐는 것이다. 그러니까 외화로 표시된(denominated) 계정을 한화로 측정(measured)하는 과정에서 발생하는 문제이다. 외화계정을 한화계정으로 옮기는 데 사용되는 방법으로 크게 세 가지가 있다. 유동 · 비유동법, 화폐 · 비화폐법 그리고 현행환율법이 그것이다. 유동 · 비유동법(the current/noncurrent method)에서는 모든 유동자산과 유동부채를 옮길 때는 현재(재무제표 표시일자)의 환율을 사용하고, 기타의 자산과 부채는 그러한 계정의 거래가 성립되었던 당시의(과거의) 환율을 사용한다.

화폐 · 비화폐법(the monetary/nonmonetary method 또는 temporal method)에서는 모든 부채와 자산을 그 계정이 측정되는 시점에서의 환율을 사용하여 옮기게 된다. 즉, 계정상에 역사적 가격으로 측정된 계정은 역사적(과거 그 시절의) 환율로 옮기고, 현재의 가격으로 측정된 계정은 현재의 환율로 옮긴다. 현재의 회계원칙이 역사적(historical) 원칙을 기준으로 하고 있기 때문에, 이러한 원칙은 실질적으로 화폐성 자산과 부채는 현재의 환율을 기준으로 옮기고 비화폐성 자산과 부채는 역사적인 환율을 기준으로 옮기게 된다. 이 방법은 현재 한국에서 채택하고 있다.

마지막으로 현행환율법(the current-rate method)의 경우에는 자기자본을 제외한 모든 자산, 부채, 수입과 지출을 현재의 환율로 옮기는 방법이다. 이 방법은 FASB 52에서 채택되어 미국에서 인정된 회계원칙이다.

환위험을 회계적 환노출로 인식하는 데는 몇 가지 문제점이 있다

첫째, 회계적 환노출은 정태적 개념이라는 것이다. 이는 특정시점의 외화표시항목과 당해 회계연도에 종료되는 거래만으로 환산 측정되기 때문에 과거지향적인 것이다. 둘째는 회계적 환노출은 현금흐름을 수반하지 않는 장부상의 손익이다. 이는 기업의 가치변화를 적절하게 반영하지 못한다. 셋째, 회계적 환노출은 환율변동 시 항시 발생하므로 기대된 부분과 기대되지 않는 부분을 구분하지 못한다. 이에 반하여 경제적 환노출은 미래의 현금흐름을 파악하게 하는 미래지향적이고 동태적인 개념이며, 그 노출 정도는 기업제품의 경쟁력 또는 수요 · 공급탄력성에 의해서 좌우된다.

2. 환위험의 관리

일단 회사의 환노출이 측정되면 그 다음 단계는 그 노출에 대해서 어떤 대책을 세울까를 결정하는 일이다. 여기에는 세 가지 대안이 있다. 환노출을 커버해서 자기의 위치를 보호하는 방법(covered position 또는 hedged position), 다음에는 커버하지 않는 방법(open position 또는 unhedged position) 그리고 의도적으로 노출되는 위치를 택하는 투기(speculation)가 그것이다. 오픈 포지션도 일종의 소극적인 투기라고도 할 수 있으나, 투기란 의도적으로 오픈 포지션을 택하는 경우로서 투기자는 자신이 미래의 환율을 예측할 수 있다고 믿기

때문에 그러한 포지션을 택하게 된다.

여기서는 일단 위험회피자(risk-averser)인 경영자를 전제로 하여 환위험을 제거 또는 감소시킬 수 있는 방안에 대해 검토하기로 한다. 환위험을 커버하는 방법은 여러 가지가 있는데, 앞에서 설명한 세 가지 환노출형태별로 구분하여 서술한다.

1) 거래적 환노출관리

한국제조업체의 국제거래에 있어 거래적 환노출이 흔히 발생할 수 있는 경우를 나열하면, 연불수출입금융, DP(Documents against Payment) 또는 DA(Documents against Acceptance) 거래, 외국차관, 외화대출, 해외지사와의 거래 등이다. 이와 관련하여 발생하는 위험을 커버하는 여러 방안이 있는데 대개의 경우 비용이 수반되기 때문에 예상되는 환손실과 비용을 비교 검토하여 그 방안을 선택하게 된다. 다음에는 이러한 관리방법들을 간단히 소개해 본다.

(1) 선물환거래

선물환(forward exchange)이란 거래의 한 시점에 일정액의 외화를 일정한 가격(환율)으로 거래하기로 약정하는 것으로서 현물환(spot exchange)에 대응되는 개념이다. 선물환을 통해서 헷징하는 방법을 예시하기 위해서 앞에서 예를 든 스키장갑 수출업자의 경우를 다시 한 번 보기로 한다. 3개월 후에 50만 DM을 받기로 계약하였기 때문에 이 업자는 현재 DM에 대해서 오픈 포지션의 상태에 있다. 이 포지션을 커버하기 위해서 같은 날짜에 50만 DM을 팔기로 선물환계약을 하면 업자는 커버된 포지션을 얻을 수 있다.

이를 위해서 이 업자는 선물환시장(거래은행)에 시세를 알아보니 3개월 선물환시세가 원 : DM = 535 : 1이라고 공시되어 있다. 따라서 선물환계약을 함으로써 이 업자는 2억 6,750만 원을 3개월 후에 확정적으로 받게 된다. 선물환계약을 하지 않는 경우에는 그때까지의 시세의 변화에 따라서 원화로 받을 액수가 불확실시된다. 물론 원화의 가치가 하락하는 경우는 환차익을 보게 되나, DM의 가치가 하락하게 되면 환차손을 보게 된다. 이 업자는 이러한 불확실성으로부터 자신을 보호하기 위해서 선물환계약을 하며, 그때의 비용은 현물환율과 선물환율의 차이인 DM당 5원, 그러니까 50만 DM인 경우 250만 원이 된다.

(2) 금융시장 이용

위의 상황에서 수출업자가 할 수 있는 또 하나의 방법은 은행에서 50만 DM을 대부받아 바로 원화로 바꾸는 방법이다. 3개월 후에 독일업자로부터 수출대금을 받을 때 이 돈으로 은행부채를 갚으면 된다. 다시 말해서, 50만 DM의 은행부채를 일으켜서 자산인 외상매출금 50만 DM에 대응시킴으로써 오픈 포지션을 커버한 셈이다. 이때의 비용은 50만 DM을 빌리는 데 지불해야 할 이자와 50만 DM을 원화로 바꾸어서 받은 2억7,000만 원에 대한 이자의 차액이 된다.

이 경우를 구체적으로 예를 들어 보면 다음과 같다. 예를 들어, 독일에서 돈을 빌릴 경우에 연 이자율이 8%이고 한국의 예금 이자율이 연 10%라고 가정할 때 독일의 은행에서 50만 DM의 3개월치 이자 9,804DM(500,000/1 + 0.02)을 제외한 490,196DM을 빌린다. 이 금액을 즉시 현재환율 원 : DM = 540 : 1로 환전한 금액 264,705,840원을 한국의 금융기관에 예치한다. 3개월 후에 그 수출업자는 271,323,480원(= 264,705,840 × 1.025)을 수취하게 되며 수출대금으로 받은 50만 DM은 독일의 은행에 갚으면 된다. 이 경우 앞에서 예시한 3개월 선물환계약을 이용한 것보다 이익이 남게 된다.

선물환거래나 금융시장 이용방법은 일시적인 거래적 노출이나 회계적 노출을 커버하는 방법으로서, 계속적인 거래로 인한 노출이나 경제적 노출을 커버하는 수단으로서는 비용이 너무 많거나 부적당한 경우가 많다.

(3) 외환선물(foreign exchange futures)시장 및 외환옵션(foreign exchange option)시장

국제적으로 거래가 많은 주요 통화 간에는 선물시장과 옵션시장이 형성되어 있어 환위험을 제거하는 방법으로 널리 이용되고 있다. 외환선물은 시카고 상품거래소 내 IMM(International Money Market)과 영국의 LIFFE(London International Financial Futures Exchange)에서 거래가 이루어지고 있으며, 선물환과 유사한 원리로서 환위험관리에 이용되고 있는데 대개는 작은 규모의 거래에 적합하다. 또한 선물환과 비교하여 외환선물의 장점은 계약만기날짜 이전에 언제라도 유리하다고 생각되는 시점에 그 계약의 의무(obligation)를 수행할 수 있다는 점이다. 반면에 외환선물의 단점으로는 거래되는 외화의 종류가 적으며 계약금액 단위의 선택이 많지 않다는 점이다. 따라서 외환선물은 특정 외화의 수취 혹은 지급이 일정하게 계속 유지되는 고객에게 유리하다.

외환옵션이 선물환이나 외환선물과 근본적으로 다른 점은 고객에게 특정날짜에 특정

환율에 외환을 사거나 팔 의무가 아닌 권리(right)를 주는 것이다. 그러므로 고객은 자기에게 유리한 방향으로 그 권리를 행사할 수도 있고 혹은 권리를 포기할 수도 있다. 외환옵션시장은 필라델피아 주식거래소(Philadelphia Stock Exchange) 등 몇 개 장소에 설치되어 있는데, 환위험에 대한 보험의 역할을 함으로써 환위험관리에 있어서 선물환이나 외환선물의 보완적인 금융기법으로 최근 많이 이용되고 있다.

(4) 스왑(swap)거래

선물환거래가 그 계약기간이 통상 1년 이내인 단기적인 환위험관리기법인 데 비하여 스왑거래는 그 기간이 보통 2년이 넘는 장기적 성격을 지닌다. 또한 선물환거래는 원화와 외화 및 외화 간 거래에 가능하지만 스왑거래는 현재 외화 간에만 가능하다. 우리나라 기업들이 가끔 사용하고 있는 스왑거래는 통화스왑(currency swap)과 이자율스왑(interest rate swap)으로 구성되어 있다. 통화스왑은 특정통화표시의 채권 · 채무를 다른 통화로 바꾸는 거래로 대개 계약기간이 2년 내지 10년에 이르며, 이자율스왑은 고정이자율(fixed interest rate)조건의 채권 · 채무를 변동이자율(floating interest rate)조건으로 전환하든지 혹은 반대로 전환하는 계약을 말하는 것으로 그 계약기간은 통화스왑과 유사하다.

(5) 매칭(matching) 또는 넷팅(netting)

매칭은 동일한 그룹회사 간 또는 타기업과의 거래를 통화별로 수입과 지급의 금액 및 만기를 일치시킴으로써 환위험을 회피하는 것을 일컫는다. 넷팅은 통상 동일 그룹회사 간의 수입과 지출을 상쇄시키는 것을 의미한다. 매칭 또는 넷팅방법의 장점은 외환거래비용을 절감할 수 있다는 점과 상쇄결제로 인한 지급금액 감소에 따라 유동성 제고에 도움을 줄 수 있다는 점 등이다.

(6) 자금이전의 시기조절

본사와 자회사 간에 또는 독립된 기업 간에도 지불기한을 조절함으로써 부분적으로 환노출을 줄일 수 있다. 예를 들어, 특정외화의 가치가 하락할 것으로 예상되면(약세통화) 그 화폐로 표시된 외상매출금을 빨리 회수하며('lead'), 반대로 가치가 상승할 것으로 예상되면(강세통화) 외상매출금의 회수를 지연시키는('lag') 방법이다. 부채의 경우에는 반대가 된다. 이 방법이 같은 기업 그룹 내에서 쉽게 이루어질 수 있음은 당연하다.

(7) 거래통화선택(currency of invoicing)

수출입 거래 시 그 대금을 어떤 통화로 수수하느냐를 결정하는 것 또한 중요한 환위험 관리기법이 될 수 있다. 수출입을 모두 자국통화로 거래한다면 환위험이 발생하지 않지만 문제는 외국과의 거래가 대개 외화로 표시된다는 점이다. 이와 관련하여 취할 수 있는 전략은 수출은 가능한 한 강세통화로 거래하고 수입은 약세통화로 해야 한다는 것이다.

2) 회계적 환노출관리

우리나라 기업체에서 회계연도 말에 외화환산이 필요한 경우는 다음 세 가지이다. 국내 영업점이 외화표시자산 및 부채를 갖고 있는 경우, 중동진출 건설회사와 같이 해외사업장에 외화표시자산 및 부채를 갖는 경우, 국내기업이 투자한 외국기업의 경우이다.

이상과 같은 상황에서는 외화환산 시 환율변동에 노출된 총자산금액과 부채금액의 차이로 환손실이 발생할 위험이 있으므로, 이를 커버하기 위한 기본전략은 대차대조표상 환율변동에 노출된 자산과 부채의 금액을 일치시키는 것이 되어야 한다. 예를 들어, 위에서 설명한 화폐 · 비화폐방법을 채택했다면 화폐성 자산과 화폐성 부채를 비교하여 만일 자산이 부채보다 많다면 그 외화로 표시된 단기부채를 새로 얻어서 자산과 부채가 일치되도록 하는 헷징방법을 사용한다. 헷징방법은 앞에서 열거한 거래적 환노출관리를 위하여 사용될 수 있는 여러 기법들을 같은 원리로 이용할 수 있으며, 대차대조표 각 항목조정에 적합한 기법이 선택되어야 한다.

그러나 회계적 환위험을 헷징하는 데는 몇 가지 제약점이 있다. 첫째, 회계적 환노출에 대한 헷징결정은 특정기업의 차기년도에 예상되는 재무상태를 기준으로 이루어지는데 차기년도 예상 연결재무제표를 현시점에서 정확히 예측하기란 불가능한 것이다. 따라서 헷징 자체가 오히려 더 큰 손실을 초래할 수도 있다. 둘째, 선물환거래가 모든 통화에 대하여 이루어지지는 않는다. 선물환거래가 존재하지 않는 통화에 대하여 환노출을 갖고 있는 경우 환위험 헷징방법이 제한된다. 셋째, 회계적 환노출에 대한 헷징이 도리어 거래적 환노출을 증대시킬 수도 있다는 점이다.

3) 경제적 환노출관리

경제적 환노출이란 그 정의상 장기적인 현금의 유출입에 관련된 것인 만큼, 거기에 대한 헷징방법도 장기적으로 기업의 운용을 조정해서 현금의 유입과 유출이 외화상 서로 매치(match)되도록 하는 것이다. 다시 말하면 시장(마케팅), 원가(생산), 자본조달(재무)과 같은 기업의 운용을 조정하는 일이다.

예를 들어, 미국을 수출시장으로 하고 있는 한국수출업자가 수출제품의 원자재를 제3국으로부터 수입하고 있고 자금은 미달러 차관을 사용하고 있다고 가정하자. 대미 원화환율이 변동하면 미달러표시 수출가격이 변화하여 수출물량이 증대(원화절하) 또는 감소(원화절상)하게 되며 그 증대(또는 감소) 정도는 동 상품의 미국 내 수입탄력도에 달려있다. 수출물량을 유지시키려면 가격을 인상(또는 인하)시켜야 한다. 또한 수출제품의 원가를 구성하는 원자재가격 및 차관비용도 환율변동에 따라 변화하여 기업의 경쟁력에 영향을 주게 된다. 환율변동에 따른 이 모든 부분에서의 영향은 기업의 미래 현금흐름에 변화를 초래한다. 따라서 이러한 경제적 환노출에 효과적으로 대응하기 위해서는 생산, 재무, 마케팅 등의 각 분야에서 통합적이고 체계적인 방안이 마련되어야 한다.

2절 국제투자관리

1. 자본예산의 기초

자본예산은 중 · 장기에 걸친 기업투자의 총괄적 계획으로 재무관리에서 가장 중요한 의사결정 중의 하나이다. 동 의사결정의 결과가 장기적인 기업현금흐름에 영향을 미친다는 면에서 그 중요성이 강조된다. 자본예산과 관련하여 투자안의 경제성분석기법으로 다음 네 가지가 사용된다.

① 회수기간법(payback period method)
② 회계적 이익률법(ARR : Accounting Rate of Return method)
③ 내부수익률법(IRR : Internal Rate of Return method)
④ 순현가법(NPV : Net Present Value method)

1) 순현가법의 의의

이 중 화폐의 시간적 가치흐름을 고려한 내부수익률법과 순현가법이 우수한 방법으로 인정되고 있다. 이 방법을 이용할 때 두 가지 절차를 거치는데, 우선 투자안의 세공제 후 현금흐름을 추정하고 다음은 이를 가중자본비용(weighted cost of capital) 또는 할인율(discount)로 할인하여 현가를 구한다.

이러한 순현가(NPV)의 의의는 ① 투자로부터 발생하는 미래의 모든 현금유입액을 적절한 자본비용으로 할인한 현재가치에서 현금유출의 현재가치를 공제한 금액이며, ② 기업이 투자안을 채택함으로써 발생하는 기업가치의 순변화를 의미한다.

2) 투자안의 의사결정

순현가법을 통한 투자안의 의사결정 시 독립적인 투자안 또는 단일투자안의 경우에는 NPV > 0일 경우 채택하고, NPV < 0일 경우 기각하는데, 이는 투자를 통해 벌어들이는 현금유입액의 현재가치와 현금유출액의 현재가치의 차이로 0보다 크면 투자안을 선택한다는 의미이다. 아울러 상호 배타적 투자안의 경우에는 NPV가 가장 큰 투자안을 채택한다. 여기서 상호 배타적 투자안이란 여러 투자안 중 하나의 투자안이 채택되면, 다른 모든 투자안들은 자동적으로 기각해야 하는 투자안을 말한다.

또한 순현가법은 모든 현금흐름을 고려하여 화폐의 시간적 가치를 반영하며, 현금흐름과 자본비용만으로 평가하여 주관적인 다른 요인을 배제한다. 이를 공식화하면 다음과 같이 그 공식을 산출할 수 있다.

$$NPV = \sum \frac{CF}{(1+k)^t} - C_O$$

3) 순현가법의 장단점

(1) 장점

① 화폐의 시간가치 개념을 고려한다.

② 투자로부터 예상되는 미래의 현금흐름과 자본의 기회비용에 의해서만 투자안을 평가한다.

③ 투자안의 회계적 이익보다는 발생현금에 초점을 맞추고 있으므로 투자안의 가치평가에서 개입되기 쉬운 경영자의 자의성 또는 회계기법의 임의성을 배제할 수 있다.

④ 기업가치의 극대화라는 기업목표와 부합된다.

⑤ 가치가산성의 원리가 적용된다. 가치가산성의 원리란 전체 투자안이 두 개의 투자안 A와 B로 구성되어 있는 경우 다음과 같이 전체 투자안의 NPV는 개별투자안의 NPV를 합하여 계산할 수 있음을 의미하며 다음과 같이 산정할 수 있다.

$$NPV(A+B) = NPV(A) + NPV(B)$$

위 산출식을 살펴보면 만약 NPV(B) < 0로서 NPV(A + B) > NPV(A)라면 가치가산성의 원리를 적용함으로써 열등한 투자안 B를 채택하는 오류를 피할 수 있게 해준다는 데 그 의미가 있다. 아울러 이러한 가치가산의 원리는 순현가법에서만 적용될 뿐, 다른 투자평가기법에는 적용되지 않는다.

(2) 단점

순현가법은 가장 우수한 투자안의 경제성 평가방법으로 평가되지만 실무적으로 적절한 할인율을 구하기 어렵다는 단점이 있다.

2. 국제자본예산의 특수성

해외투자에 대한 자본예산은 그 기본개념상 국내자본예산과 다를 바 없으나 다만 해외투자와는 달리 환율변화, 상이한 조세환경, 정치적 위험 등 국제환경변수에 영향을 받게 되므로 추가적으로 고려할 사항이 존재한다.

① 현금의 흐름을 모회사의 입장에서만 보는 것이 아니고 자회사의 입장에서도 따로 보아야 한다. 현지에 파트너가 있는 경우에는, 특히 파트너가 정부일 경우에는 현지 파트너의 입장에서도 분석할 필요가 있다. 이는 조세제도의 차이, 과실송금의 제한, 송금방식의 차이 등에 의하여 자회사 입장에서의 현금흐름이 모회사 입장에서의 현금흐름과 크게 차이가 날 수 있다는 데 연유한다.

② 본사의 입장에서 보았을 때 현금유출입에는 독특한 내용이 포함된다. 배당, 이자, 기술 및 경영이전대가, 원료나 시설재의 판매로부터 발생하는 초과이윤, 수출에서 발생하는 초과이윤 등이 현금유입항목이 되고, 현금유출항목에는 대개 최초 및 추가투자액이 포함된다. 특히 현지국의 조세제도, 송금에 대한 법칙 또는 정치적 제약 등에

의해 영향받기 쉬운 배당, 이자, 기술료, 관리비 등 자회사에서 모회사로 흐르는 자금 관련 항목들이 명확하게 분석되어야 한다.

③ 각국의 인플레이션율의 차이 및 변화를 감안해야 한다. 인플레이션율의 차이는 기업의 경쟁력에 변화를 일으켜 미래 현금흐름에 영향을 주게 된다.

④ 정치리스크와 환리스크의 영향을 감안해야 한다. 리스크를 반영하는 데에는 할인율을 조정하는 방법과 현금유출입 자체를 조정하는 방법이 있는데, 이론적으로는 후자가 더 우수하나 전자가 훨씬 더 손쉽기 때문에 많은 외국의 다국적기업의 경우에는 전자의 방법을 많이 사용한다.

⑤ 현지국 정부에서 제공하는 특혜금융이나 세제상의 특전이 있다면 이를 반영시켜야 한다. 이는 투자안의 경제성분석 시 이용하는 할인율 계산이나 자본구조정책에 영향을 미칠 수 있다. 이를 반영하는 기법으로 레사드(Donald R. Lessard)는 조정현가법(APV : Adjusted Present Value method)[2]을 제시하였다.

3. 해외투자의 자본비용

해외투자안에 대한 자본비용이란 기업의 주주가 해외투자에 대하여 요구하는 최저필수수익률(minimum required rate of return)을 말하며, 투자의사 결정 시 순현가법을 사용하는 경우 이를 할인율(discount rate)로 이용하며, 내부수익률법을 사용하는 경우는 투자안의 내부수익률과 비교하여 기각률(cut-off rate)로 이용한다. 따라서 해외투자 의사결정을 할 때는 적절한 자본비용을 산출해 내야만 최적의 결론에 도달할 수 있다.

특정투자의 자금조달은 대개 주식과 채무의 형태로 이루어지므로 그 자본비용은 자기자본비용(cost of equity)과 타인자본비용(cost of debt)을 가중하여 산출하게 된다. 이를 수식으로 표현하면 다음과 같다.

2) Donald R. Lessard, "Evaluating International Projects : An Adjusted Present Value Approach", *International Financial Management : Theory and Application*, D. Lessard(ed.), John Wiley & Sons, 1985.

$$k_o = (1-\alpha)k_e + \alpha k_d(1-t)$$

k_o : 가중자본비용
k_e : 자기자본비용
k_d : 타인자본비용
α : 목표부채비율
t : 세율

해외투자의 가중자본비용을 도출하기 위해서는 위식으로 산출한 국내투자의 가중자본비용 이외에 현지자기자본의 비용 및 현지타인자본의 비용을 추가로 감안하여야 한다. 이는 해외투자(I)를 위하여 본사자금(P)뿐만 아니라 자회사의 잉여금(E) 및 현지채무(D)를 사용할 수 있기 때문이다(I = P + E + D). 샤피로(Alan C. Shapiro)에 따르면 해외투자의 가중자본비용(k_i)은 다음 공식을 이용하여 구할 수 있다.

$$k_i = k_o - \left(\frac{E}{I}\right)(k_e - k_s) - \left(\frac{D}{I}\right)(k_d(1-t) - r_d)$$

k_o : 본사가중자본비용
k_s : 현지자기자본비용
r_d : 현지타인자본비용

4. 해외투자의 자본비용에 영향을 주는 요인들

학자들은 일반적으로 해외투자의 자본비용 산출 시 추가적으로 고려할 요인으로서 환위험, 정치적 위험, 국제다각화효과의 세 가지를 든다. 환위험은 환율변동으로 인하여 해외투자로부터 발행하는 현금흐름의 분산도(variability)가 증가하는 것을 의미하며, 이는 해외투자의 자본비용을 같은 종류의 국내투자에 비하여 인상시키는 작용을 한다. 정치적 위험은 현지국 정부에 의한 재산수용, 현지국 통화의 여타 통화교환금지, 과실송금 제한조치 등의 가능성을 의미하며 이 요인 또한 자본비용 상승효과를 갖고 있다.

다음으로 해외투자는 투자기업에 국제다각화효과(international diversification effect)를 제공한다. 투자대상국의 경제가 본국경제와 완전한 상관관계를 갖고 있지 않는 한은 본국의 입장에서 볼 때 해외투자는 국내투자보다 분산투자효과에 의하여 안정적인 매출이나 수익의 흐름을 제공할 수 있는 것이다. 즉, 상관관계가 없다는 것은 본국의 경제가 불황에 접어들어 매출액이 감소된다고 해도 투자대상국의 경제는 상승국면에 접어들어 매출액이 늘어날 수가 있음을 의미한다. 따라서 본사의 입장에서는 영업위험도(operating risk)가 감소하게 된다. 이러한 면에서 볼 때 국제다각화효과는 환위험이나 정치적 위험과는 달리 해외투자의 자본비용을 인하시킬 수 있다.

한편 다국적화의 정도(degree of multinationality)와 자본비용과의 상관관계에 대한 기존의 실증적 연구들은 서로 엇갈린 결과를 내놓고 있다. 즉, 어떤 연구에서는 다국적기업의 자본비용이 국내기업보다 낮다고 결론이 나온 반면, 다른 연구에서는 두 그룹 간에 차이가 없다는 결론이 나왔다. 2003년 5월 12일[3] 이러한 차이가 나온 이유 중의 하나는 자본비용을 실증적으로 정확히 정의 혹은 측정하기가 어렵기 때문이다.

3절 국제자금조달

1981년에 시작된 한국의 자본자유화는 수용태세 정비단계(제1단계), 외국인 증권투자의 제한적 허용단계(제2단계)를 거치면서 증권시장의 국제화와 함께 한국기업의 자본조달 국제화를 점차로 확대시켜 가고 있는 상황이다. 자본조달 국제화는 발행시장의 국제화를 말하며 국내기업의 증권을 외국금융시장을 통해 공모발행(public offering)하거나 또는 기관투자가에 사모발행(private offering)을 하는 경우를 포함한다. 발행시장이 국제화되어 있는 경우, 증권을 발행하는 기업에 있어서는 자금조달비용이 낮아진다는 이점이 있으며 투자자에 있어서도 높은 수익률이 보장될 수 있다. 다음에는 한국기업이 국제영업활동을 위하여 국제금융시장에서 자금을 조달할 수 있는 방식이 어떤 것이 있는지를 살펴보기로 한다.

3) M. Y. Geyikdagi, "The Cost of Equity Capital and Risk of 28 U.S. Multinational Corporation vs 28 U.S. Domestic Corporations : 1965-1978", *Management International Review*, Vol.21, 1981, pp.89-94 ; T. Kohers, "The Effect of Multinational Operations on the Cost of Equity Capital of U.S. Corporations : An Empirical Study", *Management International Review*, Vol.15, 1975, pp.121-124.

1. 국제금융시장의 선택

국제자금조달이 가능한 국제금융시장은 자금조달방법상 직접금융인가 간접금융인가, 혹은 역외금융인가 역내금융인가에 따라 〈표 13-1〉과 같은 분류가 가능하다.

표 13-1 국제자금조달방법

금융방법 \ 금융시장	역내시장	역외시장
간접금융	① 현지금융시장	③ 유로달러시장
직접금융	② 외국채권시장	④ 유로채권시장

첫째, 한국기업의 미국지사가 미국소재 은행으로부터 미달러화 차입을 하는 경우, 혹은 한국기업의 사우디지사가 사우디소재 은행으로부터 사우디리얄로 자금을 차입하는 경우 모두 현지금융시장에서의 조달에 속한다. 현재 우리나라 해외지사 현지금융의 주종은 수입신용장 개설을 위한 신용한도 설정, 수입금융 등 무역과 관련된 것이며, 대규모 회사의 경우 지사 자체의 신용으로 가능하나 소규모 지사는 본사보증을 필요로 한다.

현지법인이 금융기능을 수행하는 하나의 예로서 L종합상사의 미국소재 현지법인의 활동을 보기로 한다. L상사는 그룹 내의 철강공장의 원료로서 고철을 수입하는데 이 수입대금을 현지법인을 통해서 조달하고자 한다. 미국의 고철업자는 현금지불을 원한다. 이때 본사가 직접 미국의 고철업자로부터 수입하기 위해서는 L/C를 개설해 주어야 하고 그때 일정액의 수입담보금을 은행에 설정해야 하기 때문에 상당기간 동안에 자금이 묶이게 된다. 그러나 현지법인을 통하는 경우에는 이를 피해서 운전자본에 여유를 갖게 된다.

둘째, 미국소재 은행으로부터 미달러화를 차입하는 경우가 두 번째 범주에 속한다. 이와 같이 미국 외 소재은행에서 거래가 이루어지고 유로마르크(DM), 유로파운드(sterling pound), 유로엔(Yen)시장도 존재한다. 유로통화시장에 대해서는 제7장에 상세히 소개되었으므로 여기서는 생략한다.

셋째, 미달러화 자금조달을 위하여 미국 내에서 발행한 채권을 외국채권(foreign bond)이라고 하는데 이는 세 번째 자금조달방식에 속한다. 특히 미달러화표시 외국채권을 양키본드(Yankee bond), 일본엔화표시 채권을 사무라이본드(Samurai bond)라 부른다. 양키본드시장은 1950년대 유럽제국의 경제부흥과 더불어 성장을 지속하다가 1963년 미국의 국제수지 방어를 위한 이자평형세(interest equalization tax) 실시에 따라 급속히 축소되었다. 그 주요 원인은 양키본드 발행 시 절차가 매우 까다롭다는 것이다. 즉, 미국에서 양키본드를 발행하기 위해서는 발행하는 채권을 미국증권거래위원회(SEC : Security & Exchange Commission)에 등록해야 하며, 또한 채권의 신용등급평가(credit rating)를 별도로 받아야 할 의무가 있다는 점이다. 최근 들어서는 일본의 지속적 무역흑자 확대와 더불어 사무라이본드에 대한 관심도 증대되었다. 사무라이본드는 발행이자율이 비교적 낮다는 데 매력이 있으며, 양키본드와 같은 까다로운 등록조건이 불필요하다는 이점이 있다.

넷째, 미국 외 지역에서 미달러로 기재하는 방식은 네 번째 범주에 포함된다. 대표적인 예로 유로본드시장이 있는데 제7장에서 이에 대해 간략히 소개한 바 있다.

2. 국제자본조달방식

1) 직접금융방식의 국제자금조달

최근 들어 한국의 경제성장과 더불어 기업체와 금융기관의 국제적 신임도가 증대됨에 따라, 국제금융시장에서 자체신용으로 직접금융방식을 통한 자금조달을 하는 기관이 점차로 증가하고 있다. 여기서는 한국기업이 국제금융시장에서 자금조달을 위하여 이용할 수 있는 증권의 종류를 살펴보고 그 특성을 간략히 소개하기로 한다.

(1) 유로본드(Eurobond)

유로본드는 발행형태별로 다수의 종류로 구분되는데 가장 전형적인 것으로 고정금리부 유로본드(straight bond)를 들 수 있다. 이는 발행 시 정해진 고정된 액면이자율에 따라 일정기간 동안 확정이자를 지급하게 된다. 최근 이자율의 등락이 심해지면서 인기를 끌고 있는 것이 변동금리부 유로본드(floating-rate note)이다. 이는 액면이자율이 고정되어 있지 않고 3개월 또는 6개월마다 시장이자율을 감안하여 금리를 변동시키는 채권이다.

또한 주식과 연계시킨 유로본드도 자주 발행되는데 이 중 대표적인 것이 전환 유로본드(convertible Eurobond)와 신주인수권부 유로본드(warrant-attached Eurobond)이다. 전환 유로본드는 고정금리부 유로본드와 마찬가지로 확정이자를 지급하지만 일정조건하에서 발행회사의 주식으로 전환할 수 있는 권리가 주어진 채권이며, 신주인수권부 유로본드는 미리 정해진 신주인수권 행사기간에 일정가격으로 일정수의 보통주식을 매입할 수 있는 권한이 부여된 채권이다.

(2) 외국본드(Foreign bond)

미국 내에서 발행하는 양키본드(Yankee bond), 일본에서 엔(Yen)으로 발행하는 사무라이본드(Samurai bond), 영국에서 스털링파운드화로 발행하는 불독본드(Bulldog bond) 등이 있다. 양키본드는 발행절차가 까다로워 우리나라 기업의 발행실적이 아직 저조한 반면 사무라이본드는 많이 이용되고 있다.

(3) 유로어음(Euro note) 및 유로상업어음(Euro commercial paper)

유로어음 발행자는 금융기관과 어음발행금융(note issuance facilities)계약을 체결하고, 자금계획에 따라 3개월 또는 6개월의 단기어음을 모집대리인(placing agent) 혹은 입찰단(tender panel group)을 통해 일반투자자에게 매각한다. 유로상업어음은 인수기관과의 인수약정이 불필요하다는 데 유로어음과 차이점이 있다.

(4) 미국상업어음(domestic commercial paper)

신용상태가 양호한 기업이 단기자금을 차입할 목적으로 미국 내에서 발행하는 무담보 단기약속어음이다.

(5) 유로양도성 정기예금증서(Euro certificate of deposit) 및 은행인수 어음(banker's acceptance)

이는 기업이 아니라 금융기관이 단기자본조달을 목적으로 발행하는 것으로 한국의 은행들도 국제적 신용도가 증가함에 따라 이를 종종 이용하여 외화조달을 한다.

(6) 예탁증서(deposit receipt)

외국에서 주식을 발해할 경우에는 각국의 증권법 또는 증권거래제도의 차이로 문제점이 발생할 소지가 있는데, 이를 해결하면서 현지의 주식과 같은 거래를 할 수 있도록 고안한 것이 바로 예탁증서이다. 미국증권거래시장에 상장한 것을 ADR(American Deposit Receipt)이라 한다.

(7) 기타

앞에서 열거한 자금조달방식 이외에 한국기업이 이용 가능한 것이 다수 존재한다. 예를 들면, 채권의 경우에는 이중통화채권(dual currency bond), 이자율스왑채권(interest rate swap bond) 등이 있으며, 주식의 경우는 유로주식(Euro equity) 발행 등이 있다.

2) 간접금융방식의 국제자금조달

과거에 한국기업의 외화자금조달은 앞에서 살펴본 직접금융방식보다는 외국정부나 외국은행으로부터의 간접금융방식을 주로 이용하여 왔던 것이 사실이다. 간접금융방식은 대개 다음 세 가지로 구분되어 있다.

(1) 공공차관

대한민국 정부 또는 법인이 외국정부 또는 법인으로 대외지불수단을 차용하거나 자본재 · 원자재를 장기결제방식으로 도입하는 것을 말한다. 현재까지 IBRD나 ADB(Asia Development Bank)가 주된 차관 공여자였다.

(2) 무역신용

무역거래에 관련하여 외국은행으로부터 신용을 공여받은 것으로, 예를 들면 수출입은행을 통한 연불수출금융 등이 있다.

(3) 금융차입

이에는 뱅크론(bank loan), 리파이낸스(refinance), IMF 신용인출 등이 포함된다. 뱅크론은 금융기관이 외화자금을 조달하기 위해 외국의 은행 또는 은행단으로부터 차입하는 것을 뜻하며, 리파이낸스는 수입신용장에 의한 수입대금 결제 시 상대은행인 예치환거래은행으로부터 단기신용을 공여받아 결제하는 형태의 차입을 말한다.

3. 국제자금조달의 효과

정부에서 추진하고 있는 한국증권시장의 국제화 및 자본자유화시책은 국내증권시장을 외국투자자에게 개방함으로써 경제 및 산업활동에 필요한 자금을 조달할 수 있는 효과를 갖고 있으며 동시에 기업 스스로가 외국의 증권시장에서 증권을 발행하거나 외국증권거래소에 상장시킴으로써 외화를 조달할 수 있는 역량을 키운다는 효과도 볼 수 있을 것이다. 이러한 정부시책과 더불어 기업 측에서도 직접금융방식을 통한 국제자금조달에 관심을 증대시키고 있으며 실제로 최근 들어 그 실적도 눈에 띄게 증가하고 있는 추세이다.

기업의 외국증권시장 진출을 통한 외화자금조달은 자본비용의 절감이라는 면에서 그 주된 의의를 찾을 수 있는데, 이는 이용 가능자금의 증대, 자본시장 분할에 의한 국제분산투자 및 기업공시효과로서 설명될 수 있다.4)

(1) 이용 가능자금(availability of capital) 증대

기업에 이용 가능한 국내자금은 이론적으로 금융시장 내에 자금수요와 공급에 의하여 즉각적으로 조정되지만, 현실적으로 한 기업의 입장에서 일정한계를 초과한 추가 투자자금조달을 위해서는 초과자본비용이 발생한다. 즉, 소요자금 금액이 일정범위를 넘어설 때는 한계자본비용이 상승한다. 이때 국제자금조달이 가능하다면 한계자본비용은 국내시장만 이용하는 것보다는 서서히 상승하게 된다. 따라서 기업이 국제자본시장을 이용하면 이용 가능자금 규모가 확대됨으로써 자본비용을 절감할 수 있다.

(2) 분할된 국제자본시장(segmented market)에서의 국제분산투자

각국별로 상이한 제도 또는 투자자심리의 차이 등으로 인하여 국제자본시장이 분할된 경우, 유가증권에 대한 기대수익률과 위험이 국가별로 상이하다. 이러한 시장에서 선진국의 특정투자가가 소유하고 있는 포트폴리오 내에 외국증권을 포함시킨다면 국제분산효과에 의하여 포트폴리오의 체계적 위험을 감소시킬 수 있다. 투자자는 체계적 위험이 감소함에 따라 구체적으로 거래되는 증권에 대하여 일정위험에 대한 기대수익률을 낮추게 되고, 결국 그 증권의 가격은 높게 평가되어 증권을 발행한 기업의 자본비용은 줄어들게 된다.

(3) 기업공개강화(disclosure)

선진국 자본시장은 증권발행기업의 영업성과 및 재무상태에 대한 공시요건이 한국보다 강한 편이며, 영업성과가 양호한 기업의 경우 공시가 강화되면 투자자는 우호적으로 기

4) David K. Eiteman and Arthur I. Stonehill, *Multinational Business Finance* (Addison Wesley, 1986), pp.425-445.

업을 평가하게 되어 보다 높은 가격이 형성되며 결국 자본비용이 하락될 수 있다.

4절 국제운전자본관리

운전자본이란 유동자산과 유동부채의 차이를 가리키며, 따라서 운전자본관리란 현금 및 예금, 외상매출금, 재고자산 그리고 단기부채의 관리를 포함한다. 국제운전자본관리는 스톡(stock) 및 플로우(flow)의 두 가지 관점에서 볼 수 있는데, 스톡의 관점에서는 운전자본의 각 항목별로 현금관리, 외상매출금관리, 재고자산관리 등을 다루게 된다. 이는 주로 다수의 국가에 자회사를 운영하고 있는 선진국의 다국적기업에 해당하며, 소수의 해외자회사를 소유하는 우리나라 국제기업에는 해당되지 않는 것으로 간주하고 이에 대한 설명을 생략한다. 한편, 플로우 관점에서의 운전자본관리는 본사와 자회사 간의 자금이전관계를 다루므로 해외투자를 하고 있는 우리나라 기업에게 중요한 관심사이다. 이는 또한 해외투자 수용국으로서의 한국 입장에서 선진다국적기업의 관리형태를 밝힌다는 면에서도 주목할 필요가 있다.

1. 본 · 지사 간 자금이전체계

국내에서 영업을 하는 기업의 경우 각 사업체단위 간 자금이동을 필요로 할 때 대개는 큰 어려움이 없이 원활히 이루어진다. 그러나 해외에 있는 자회사와 본사 간 자금이동에는 국내에는 존재하지 않는 몇 가지 제약점이 따르게 된다. 즉, 현지국 통화의 태환성 규제와 같은 정치적 제약, 현지국 정부의 복잡한 조세제도로부터의 피해, 통화전환 시 발생하는 거래비용 등을 실례로 들 수 있다. 이와 같은 자금이전상의 제약을 극복하기 위해서는 본 · 지사 간 영업활동에 관련된 자금이전체계를 이해하고 그중 정책변수인 자금이전수단들을 찾아내어 이에 대응해야 할 것이다.

본 · 지사 간 상품거래가 있을 때는 이전가격 조작으로 자금이전이 가능하며, 본사가 자회사에 대하여 경영자문이나 기술 등의 서비스를 제공했을 때는 경영관리수수료(management fee) 또는 로열티를 청구할 수 있다. 또한 자회사 영업을 위한 투자는 주식이나 채권을 통하여 가능하며 이에 대한 보상은 배당과 이자형식으로 본사에 송금된다. 따라서 이와 같은 자금흐름을 볼 때 몇 가지의 주요한 정책변수가 등장한다. 즉, 이전가격, 서비스 수수료, 배당 및 이자 등이 그것이다.

2. 자금이전수단

1) 이전가격

이전가격(transfer pricing)의 조작은 본 · 지사 간에 실무거래가 있는 경우에 가능하다. 본사가 해외지사에 수출을 하는 경우에는 이전가격을 높게 책정함으로써 자금을 본사로 이전시킬 수가 있고, 반대로 지사가 본사에 수출을 하는 경우에는 이전가격을 낮게 책정함으로써 똑같은 효과를 보게 된다. 그러나 이전가격의 결정은 단순히 자금의 이전이라는 목적만을 달성하기 위한 것이 아니고, 다음과 같은 여러 다른 변수를 고려해야 하기 때문에, 사실상 이전가격의 결정은 그렇게 간단한 문제는 아니다.

① 법인세 및 관세부담의 감소
② 인플레이션 및 환리스크의 감소
③ 자금이전의 규제에 대한 대응책
④ 합작투자인 경우 파트너의 입장
⑤ 시장경쟁관계
⑥ 자회사의 평가기준이 상충하는 문제
⑦ 정부의 개입

특히 마지막 정부당국의 이전가격결정에 대한 개입이 있는 때에는 기업의 재량권이 대폭 축소되어 버리는 경우가 많이 있다. 이러한 여러 변수가 작용하고 있는데도 이전가격이 여전히 자금이전수단으로 활용되는 이유는 배당, 이자, 기타 기술 및 경영관리비 등의 수단에 부과되는 원천세(withholding tax)라든가 기타의 규제가 이전가격에는 적기 때문이다. 또한 한국기업이 이전가격결정에 대해서는 정부뿐만 아니라 언론이라든가 기타의 공중집단에서 매우 예민한 반응을 보이기 때문에 이 점도 충분히 고려되어야만 한다.

2) 배당 및 이자

자회사가 본사로 과실송금할 때 가장 많이 쓰이는 방법이 배당이다. 미국기업의 경우는 배당송금이 50% 이상을 차지한다. 배당이 가장 쉬운 자금이전방법이기는 하나 정부의 규제가 있는 경우 그 효율성이 제약을 받게 된다. 예를 들면, 현지 정부가 배당의 상한선을 정해놓는다든가 하는 경우이다. 브라질은 투자 인가액의 12%가 넘는 배당에 대해서는 그 초과액의 40~60%에 해당하는 액수의 추징과세를 하고 있다. 이러한 경우의 배당은 자금의 이전비용이 과다하게 되므로 배당 이외에 다른 방법이 사용되어야 한다. 현지국 조세제도 또한 배당에 영향을 미친다. 예를 들어, 독일의 경우는 배당을 하지 않은 잉여금에 51%의 세율을 적용하는 반면, 배당을 한 경우는 배당에 15%, 배당송금에 대한 원천세율 25%를 적용하게 되어, 독일에 소재한 자회사는 이익이 발생하였을 경우 모두 배당으로 송금하는 것이 유리하다. 배당에 영향을 미치는 요인은 이들 이외에도 환위험, 본사의 배당률, 합작파트너 존재 여부 등이 있다.

배당을 통한 자금이전 시 종종 문제가 되는 경우는 특히 대외채무가 많거나 외화가 부족한 후진국 정부에서 과다한 배당송금에 대해서는 항시 경계를 하며 수시로 통제나 압력을 가해 올 수 있다는 것이다. 이때 배당에 대한 자금이전에 제약이 적은 이자를 이용할 수 있다. 이는 자회사에 대한 투자자금 공급시점에서 주식과 부채의 비율에 의하여 조정된다. 일반적으로 자회사에 추가로 자금이 소요될 때 주식보다는 부채가 선호되는 경향이 있는데, 이는 부채이자송금이 주식배당송금보다 현지국의 거부감이 적으며 이자는 대개 세제상 소득공제를 받을 수 있는 등의 이점이 있기 때문이다.

3) 수수료 및 로열티

수수료는 전문적 경경자문서비스나 기술의 제공에 대한 대가로 지불되는 것이며, 로열티는 특정기술이나 특허, 상표 등 무형자산의 소유자에게 그 사용대가로 지불되는 것이다. 수수료나 로열티는 가격설정 시 대개 근거가 되는 시장가격이 형성되어 있지 않으므로 자의성이 개입될 여지가 많아 본 · 지사 간 계획적인 자금이전을 목적으로 이용될 수 있다. 샤피로(Alan C. Shapiro)의 조사에 따르면 중남미에 진출해 있는 다국적기업이 현지국의 외환통제를 피하기 위해 가장 빈번히 사용한 수단은 로열티, 기술제공료, 경영자문수수료로 나타나 있다.

3. 조세회피국 이용

본 · 지사 간 운전자본관리는 각국의 상이한 조세제도에 지대한 영향을 받게 되며 경영자는 이에 대한 충분한 이해가 필요하다. 이러한 필요성은 1962년 미국의 세제개혁이 있기 이전에 미국의 다국적기업들이 과세를 안 하거나 세율이 낮은 특정국가, 소위 조세회피국을 이용하여 세금부담을 경감시켰던 사실에서 실감하게 한다.

조세회피국(tax haven)이란 외국자본을 유치하기 위해 소득에 대한 과세를 면제하거나 극히 낮은 세율을 적용하는 국가를 의미하는데, 당시 미국의 다국적기업은 해외자회사와 조세회피국 간의 이전가격을 조작하여 해외에서 발생한 수익에 대한 세금부담을 최소화하는 전략을 사용하고 있었다. 따라서 대다수의 대기업은 이곳에 지점이나 자회사를 설치하고 있었으며 금융기관도 금융자회사를 설립하여 법인세, 이자 · 배당의 원천세를 경감시키는 세제상의 특전을 누리고 있었다.

14장 국제조직관리

1절 조직의 개관

1. 조직의 개념과 목표

1) 조직의 개념

기업을 사람으로 비유한다면 조직(organization)은 마치 뼈와 같은 부분으로서 매우 중요한 위치를 차지하고 있다고 할 수 있다. 따라서 조직이 없거나 허약한 기업은 쉽게 무너지는 반면 조직이 튼튼한 기업은 무한한 성장 가능성을 가지고 있다고 할 수 있다.

조직은 기업의 국제화전략을 추구하는 데 있어서도 매우 중요한 부분을 점하고 있는데, 조직은 전략의 성격에 따라 규모 · 체계 · 강도가 적절히 배합되어 결정되어야 한다. 즉, 조직은 전략을 수행하는 데 있어서 너무 빈약해서도 안 되고 방대해서도 안 되는 합당한 조직이어야 한다. 조직은 또 기업의 국제화가 확대됨에 따라 그 구조가 변화되어야 하는데 이 경우에는 기업의 장기목표와 제품 · 시장특성에 맞도록 변화시켜야 한다. 아울러 권한과 책임, 정보의 전달, 감독폭의 결정 등 개인적인 위치와 권력관계의 변화도 고려하여 매우 조심성 있게 변화시켜야 한다.

2) 조직의 목표

국제시장을 기반으로 기업의 장기적 이윤을 극대화하는 것이 국제경영활동의 주된 목적이라 한다면 조직은 그러한 목적을 달성하기 위한 수단이다. 따라서 조직은 국제경영의 환경변화에 부합되도록 적절하고 효율적인 구성이 이루어져야 한다. 또 그러한 조직을 바람직하게 운영하여 조직목표에 도달하도록 하는 것이 중요하다. 따라서 조직의 목표는 현지자회사, 관련회사, 합작회사를 포함한 해외사업장의 활동을 최대한으로 발휘함과 동시에 이것을 유기적으로 결합하여 국제기업체로서 하나의 세계적 활동으로 통합하여 종합화하는 것이라 할 수 있다.

2. 조직의 형태

국제기업의 조직은 독립된 단일체가 아니고 기업과 국제환경과의 상호 의존하는 시스템이기 때문에 조직형태를 결정하는 원칙을 정하기는 어렵다. 즉, 일정한 제품과 시장의 특성을 가지고 있는 국제기업에게 적합한 조직이라 하더라도 타기업에게 적합하다고는 할 수 없으며 일정시점에서 적합한 조직형태가 다른 시점에서 적합하지 않을 수 있다.

그렇다면 국제경영활동을 수행하는 데 가장 적합하고 능률적인 조직구조는 무엇인가, 국제사업을 통한 이윤극대의 목적달성을 위한 효과적인 조직구조는 무엇인가. 그러나 그 어디에서도 이에 대한 확답은 구하기 어려우며 일정불변한 조직구조는 존재하기 힘들다.

딤자(W. A. Dymsza)는 전 세계의 국제기업들의 취하고 있는 조직구조를 종합해 본 결과, 기능별 조직, 제품별 조직, 지역별 조직, 국제사업부조직, 매트릭스조직 등 다섯 가지 형태를 제시하고 있다.

1) 기능별 조직

기능별 조직(functional organization)은 제품의 종류가 적고 생산 또는 판매지역의 범위가 좁을 때 취하는 형태이다. 이 조직은 사장 밑에 생산 · 판매 · 총무 · 재무 · 인사 등의 기능에 따라 부서가 나누어지는 형태이다.

기능별 조직은 원래 상당히 표준화된 제품라인을 가진 기업이나 또는 원래의 창업자와 그 가족경영체제에서 비롯된 전통적이고 비공식적인 관리체제를 가진 기업들에 의해서 이루어진 조직형태이다. 이 조직구조는 기업의 제품이 극히 소수의 규격제품에 한정되어 있고 지금까지 그 제품계열에 따라 국내경영을 조직화해 온 회사에게는 매우 적절한 조직유형이라 할 수 있다. 결국 기능별 조직은 생산 · 판매 등의 부문별 기능이 중시될 때 장점을 발휘할 수 있으나 각 기능별 부서 간에 협조가 안 될 경우 난관에 부딪치는 단점이 있다. 또 지역별 · 국가별 전문지식을 활용하는 데 있어서도 어려운 점이 있다.

디어(Deere)사는 세계적인 영업활동을 기능별로 조직화하고 있다. 제조와 마케팅을 위하여 세계적 경영책임을 가진 광범한 라인사업부(line division)를 두고 있으며 상급 부사장들이 이들 제조 및 마케팅을 담당한 경영자들이 되어 미국 및 캐나다와 해외지역을 위한 라인 매니지먼트(line management)활동을 병행하고 있다. 본사에는 두 사람의 부사장이 있는데 이들은 각각 국내 및 국외활동을 통솔한다.

그림 14-1 기능식 조직

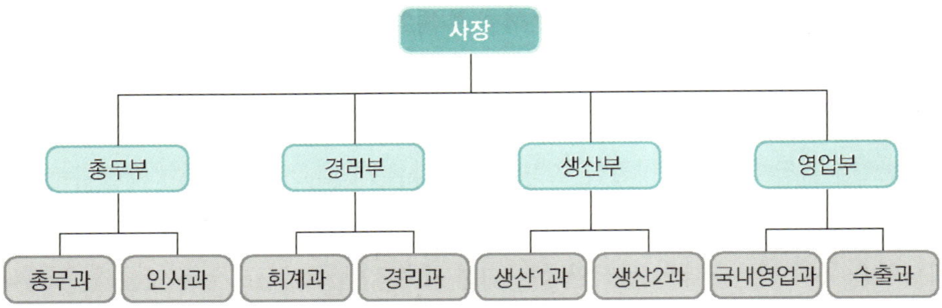

2) 제품별 조직

제품별 조직(product organization)은 제품의 종류가 다양하고 성격 · 기술 등의 차이가 많은 경우 채택하는 형태이다. 이 조직은 사장 밑에 제품별로 각각 하나의 사업본부를 구성하고 그 부서 밑에 제품에 따라 기능이 통합되어 있는 형태이다.

제품별 조직에 있어서 해외의 자회사들은 경영활동내용을 각각 자기가 속해 있는 제품사업본부에 보고하게 된다. 그러므로 경우에 따라서는 같은 지역에 있는 두 개 이상의 자회사가 각각 해당 제품사업본부에 보고하게 된다. 존슨앤드존슨, 웨스팅하우스 등의 회사가 이런 형태를 택하고 있으며 우리나라의 경우는 아직 없다.

제품별 조직은 다양한 제품을 최종소비자에게 판매하는 국제적인 기업에게 적합한 조직으로서 다른 제품라인을 추가하려고 할 경우 현재의 조직을 혼란시키지 않고 새로운 제품라인을 추가시킬 수 있기 때문에, 제품을 여러 가지로 확대하려고 하는 기업에게는 융통성을 제공해 주는 이점이 있다. 이러한 관점에서 볼 때 이 조직구조는 기업이 제품별로 급속한 성장을 추구할 경우 적합한 조직형태라고 할 수 있다.

한편 제품별 조직의 단점은 첫째, 세계의 어느 특정지역에서 제품그룹을 통제하고 협조시키는 데 문제가 있다. 각 제품그룹이 저마다 방향을 달리할 경우 본사의 전반적인 조정이 어렵게 되며 지역별로 전문적인 지식이 부족하다는 점을 들 수 있다. 둘째, 제품별로 전 세계를 상대로 하여 사업활동을 하기 때문에 관리책임자들이 전 세계적인 시야를 필요로 하는 국제적인 사업경험을 쌓을 수 없게 된다는 점을 들 수 있다.

그림 14-2 사업부제조직 : 제품별 조직

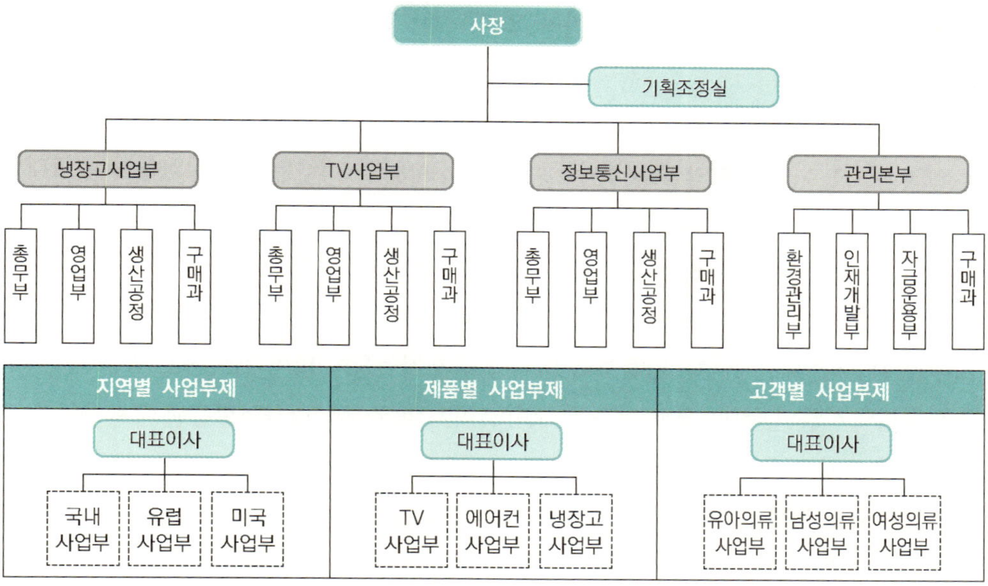

3) 지역별 조직

지역별 조직(regional organization)은 생산 · 판매 등이 여러 지역에서 이루어지고 여러 지역의 특성이 다양한 경우 취하는 형태이다. 이 조직은 사장 밑에 지역별로 하나의 사업본부를 구성하고 그 부서 밑에 지역에 따라 기능이 통합되어 있는 형태이다.

지역별 조직은 제품라인이 비교적 단순한 국제기업이 주로 택하고 있는데 모빌오일, 유니레버, 다우 케미컬 등의 회사가 이런 형태를 택하고 있으며 우리나라의 경우는 아직 없다.

지역별 조직의 장점은 특정한 국가 또는 지역별로 시장특성의 차이에 중점을 둠으로써 일정지역에 정통한 매니저에게 할당된 지역 내의 모든 사업활동에 대한 책임을 부여할 수 있다는 점이다. 또한 전 세계에 산재해 있는 지사와 본사 간의 연락관계를 더욱 용이하게 해줌으로써 책임과 권한의 체계를 확립시키는 데 도움을 준다. 그리고 경영책임자들에게 광범위한 경영상의 경험과 훈련을 제공해 준다는 이점도 있다.

한편 지역별 조직의 문제점은 기업이 다양한 시장특성의 여러 제품라인을 가지고 있는 경우인데, 이 경우 운영상의 책임이 생산시설에서 시장까지 지역별로 이루어져 있기 때문에 지역적인 범주를 벗어나 타지역으로 새로운 경험이나 아이디어를 전파시키는 것이 매우 힘들다는 점이다. 이런 문제점을 극복하기 위해서 몇몇 기업들이 본사에 제품관리인을 따로 임명하여 지역별 사업부 책임자에게 권한행사를 할 수 있도록 제품라인에 대한 책임을 부여하고 있다.

4) 국제사업부조직

국제사업부조직(international division organization)은 기업의 해외영업활동이 확대됨에 따라 기업조직 내에 다른 제품사업부와 같이 하나의 독립된 사업단위로 운영하는 형태이다. 이 조직은 사장 밑에 국내사업부와 동급의 국제사업부를 구성하고 그 부서 밑에 제품에 따라 기능이 통합되어 있는 형태이다.

국제사업부조직은 유럽기업들보다 미국의 국제기업들이 많이 채택하고 있는데, 그 이유는 유럽국가들의 국내시장이 비교적 소규모이기 때문에 국내사업활동과 국제사업을 굳이 구분하지 않고 초창기부터 직접 세계를 상대로 하는 제품별 또는 지역별 사업조직으로 발전시켜 왔기 때문이다. 지엠, 아이비엠, 코카콜라, 필립모리스, 벤딕스 등이 이런 형태를 취하고 있으며 우리나라의 경우에는 몇몇 대기업 건설회사들이 택하고 있다.

다우 케미컬사는 지역별, 제품별, 기능별 책임이 중복된 조직구조를 채택하고 있으며 팀경영을 하고 있다. 이 기업은 지역별로 조직화되어 있으나 범세계적 규모의 제품 및 기능을 강조하고 있으며, 의사결정에 있어서 라인과 스태프 쌍방의 관리자가 정기적으로 참가하는 위원회와 팀 매니지먼트의 활용이 일상화되고 있다. 상층조직에는 이사회, 회장, 사장, 집행담당 부사장 그리고 중복된 책임을 지고 있는 경영위원회가 있다. 또 중복된 책임, 복수의 관리자 및 팀 매니지먼트라는 일반원칙이 본사로부터 해외관련회사에 이르는 조직 전체에 침투되어 있다. 그리고 지역별로 지역담당관리자를 두고 있지만 동시에 제품매니저와 기능별 스태프에게 세계적 책임을 부여하고 있다. 이 기업은 기업경영에 있어서 복잡하고 중복된 책임을 중시한 나머지 조직도에는 별로 관심을 두고 있지 않다.

국제사업부조직의 장점으로는 첫째, 기업의 국제적 사업활동이 국내사업활동과 더불어 큰 비중을 점하고 있는 경우, 국제적 사업활동이 국내사업활동에 관한 명확한 책임한계를 설정해 주고 복잡 다양한 국제사업활동에서 효과적인 대응책을 강구할 수 있다는 점이다. 둘째, 국제적인 사업문제에 있어서 전문지식을 개발시켜 주며 스태프의 기능을 전 세계 영역으로 확대시켜 준다는 점이다.

한편 국제사업부조직의 단점으로는 첫째, 국내사업부와 국제사업부가 각각 독립성과 자치성을 지닌 조직단위이기 때문에 전사적인 계획의 수립에 어려움이 있다는 점이고, 둘째, 국제사업부와 국내사업부 간의 협력이 잘 이루어지지 않을 경우 상호 간의 충돌이 야기될 수 있다는 점이다. 이러한 점 때문에 국제사업부는 통상 전 세계적 안목에 기초를 둔 조직구조로 발전하게 된다. 셋째, 국제사업부조직에서는 연구개발분야가 본사 차원에서 통제되는 경향이 있다는 점이다. 이러한 조직구조 아래에서는 기본적인 연구개발은 단지 현지시장의 환경에 맞게 제품을 변경한 정도에 머무르게 된다.

따라서 국제사업부조직이 필요한 경우는 첫째, 그 조직구조가 분권적일 때, 즉 약간의 본사기능을 남겨 놓고는 각 사업부에 대폭적인 권한위양이 행해지고 있을 경우이다. 둘째, 각 사업부가 독립된 계산단위이며 책임단위일 때, 즉 각 사업부는 이익센터(profit center)로서 독립채산적으로 관리될 경우이다. 셋째, 그 기업이 어느 정도 이상의 규모일 때, 즉 사업부가 독립해서 효율적인 운영을 행하기 위해서는 최소한의 분권제의 이점이나 규모의 이점이 갖추어져야 할 경우이다. 넷째, 각 사업부가 소위 기피선언권을 가지고 있을 때, 즉 이익책임단위로서의 사업부는 타사업부와의 사내거래에 있어서도 가격이니 품질에 관한 거부권이 있으며 조건이 맞지 않을 때 사외에서 구입하는 권한도 있는 경우이다. 다섯째, 각 사업부의 장은 마치 독립기업의 책임자처럼 의사결정을 하는 권한이 있을 때이다.

5) 매트릭스조직

매트릭스조직(matrix organization)은 그리드조직(grid organization)이라고도 하는데 앞에서 살펴본 제품별 · 기능별 · 지역별 조직이 다차원적으로 중첩된 형태이다. 이 조직은 사장 밑에 있는 경영자들이 기능 · 제품 · 지역을 결합한 여러 문제에 대하여 책임을 진다.

매트릭스조직의 장점은 어느 한 기본단위에서 체크하지 못한 운용상의 문제점들을 다른 조직단위에서 지적해 냄으로써 업무상의 과실을 줄일 수 있으며 동시에 단위조직 간의 견제와 균형을 유지하여 기업의 효율적인 경영활동을 전개해 나갈 수 있다는 점이다.

반면에 매트릭스조직의 단점으로는 조직구조가 복잡하고 기본조직단위들 간의 갈등이 심화될 수 있다는 점이다. 즉, 기업의 경영에 있어서 다른 조직단위의 권한이 강화되는 것을 막거나 업무에 대한 책임을 전가하기 위하여 다른 조직단위에서 올라온 보고에 대해 불필요한 제동을 걸어 조직 간의 충돌을 불러일으킴으로써 신속한 업무 추진을 어렵게 만들 수 있다. 또 기본조직들 간의 권한이 균형되어 있지 못하고 어느 기본조직단위의 관리자가 막강한 권한을 행사하게 되면 기업 전체로 볼 때 환경의 변화에 적합하지 못한 전략이 수행될 위험성이 있다. 따라서 매트릭스조직구조 아래에서는 최고경영진이 기본조직 간의 갈등요인을 어떻게 조정 · 관리 할 수 있을 것인가가 중요한 과제이다. 결국 매트릭스조직은 제품 · 조직의 단점을 보완한 것으로 이론적으로는 매우 이상적일 수 있으나 실제 운용하는 데에는 문제점이 많다고 할 수 있다.

그림 14-3 매트릭스조직

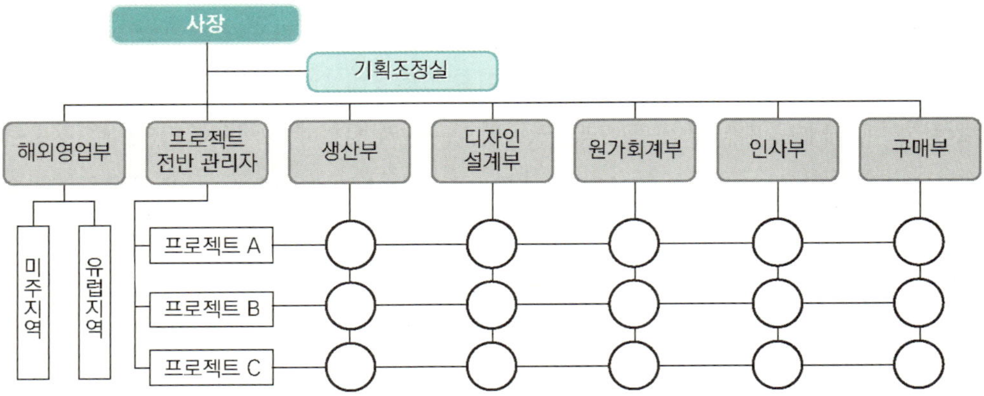

2절 조직의 결정요인 및 조직의 형태

1. 조직의 결정요인

조직을 구성하는 데에는 기업의 과거 업적이나 규모, 기업이 발전단계 등에 의하여 결정되는 것이 보통이나 다음과 같은 요인이 작용한다.

1) 국제경영의 장기적 목표

국제경영의 장기적 목표를 어디에 두느냐에 따라 조직의 형태도 달라진다. 예컨대 합작기업에 있어서는 상대기업과 해외사업에 대한 장기적 목표가 일치하여야 하며 당사자의 어느 쪽도 소수주주가 되어서는 안 된다.

2) 해외영업활동의 비중

기업 내에서 해외영업활동의 비중이 어느 정도인가에 따라서 조직형태가 달라질 수 있다. 해외영업활동의 비중이 큰 경우 제품별 조직 또는 지역별 조직의 형태가 가능하고, 해외영업활동의 비중이 작은 경우 국제사업부조직의 형태가 가능하다.

3) 경영진의 능력과 질

국제경영활동의 전개에 필요한 경영진의 능력이나 질에 따라 조직의 형태가 달라질 수 있다. 즉, 최고경영자를 주축으로 스태프부문에 이르기까지 기업 내에서 이용 가능한 인원수, 그 각각의 능력이나 기술은 국제경영활동에 관한 의사결정을 하는 경우에 중요한 영향을 미치므로 사업수행을 위한 조직구성에도 중대한 영향을 미치게 된다.

4) 제품의 폭과 넓이

기업이 취급하는 제품의 폭과 넓이에 따라서 조직형태가 달라질 수 있다. 제품계열이 다양한 국제기업은 지역별 조직보다는 제품별 조직구조를 택하는 것이 바람직하다. 적은 수의 비슷한 제품계열을 가지고 있는 국제기업은 제품계열 사이의 상호 의존성이 비교적 높기 때문에 제품별 조직은 비효율적이다.

5) 현지자회사의 환경

기업이 진출하고자 하는 현지의 환경에 따라 조직구조가 달라질 수 있다. 본국과 비슷한 환경을 가지고 있는 지역에 자회사를 두고 있는 경우 표준화된 제품촉진이 가능하므로 지역별 조직구조를 택하지 않는 것이 바람직하며, 현지환경이 본국과 다르고 현지의 환경변화가 중요한 경우 지역별 조직구조를 택하는 것이 바람직하다.

6) 경제블럭

국제기업의 활동영역이 특정지역 경제블럭권에 해당된다면 이는 조직을 구성하는 데 고려하여야 한다. 이러한 경우는 무역장벽을 피하기 위해서 지역별 조직구조를 택하여 운용하는 것이 바람직하다고 할 수 있다.

이상에서 국제기업이 조직을 구성하는 데 영향을 미치는 여러 요인들을 살펴보았는데 이들은 개별적으로도 영향을 미치지만 복합적으로도 영향을 미치게 된다.

2. 조직의 변천과정

기업이 국제화전략을 추진해 나감에 따라 조직구조도 그 전략에 맞추어 변화시켜야 한다. 국제화단계를 〈표 14-1〉에서 보는 바와 같이 5단계로 나눌 때 이에 따른 조직의 변천과정을 살펴보자.

① **1단계** : 기업이 국내의 수출대행업자를 통한 간접수출이 주가 되는 경우 영업부 내에 2~3명의 직원이 수출업무를 담당하면 되므로 특별히 조직의 변화는 생기지 않는다.

② **2단계** : 본격적인 직접수출이 되기 시작하면 국내영업부와 대등한 위치의 수출부 내지는 해외영업부가 조직된다. 즉, 국내마케팅 담당자가 지휘하는 조직체제를 갖추게 된다.

③ **3단계** : 수출규모도 매우 커져 기업 내에서 수출이 차지하는 비중이 높아지고 더 나아가 해외투자나 기술계약까지도 포함하게 되면 해외영업부는 국제사업부(international division)로 변모하게 된다. 그러나 이 단계까지의 조직은 국내기업의 일반형태라 할 수 있는 기능별 조직의 범주를 벗어나지 못한다. 다만 여러 제품의 수출을 취급하는 종합무역상사의 경우는 제품별 조직의 형태를 갖게 된다.

④ **4단계** : 해외사업의 규모가 더욱 커지고 기업 내에서의 위치도 점차 증대되어 해외사

표 14-1 조직의 변천과정

단계	국제화단계	조직형태	관점	책임자
1	소규모 수출	지능별 조직(수출과)	국내지향	과장
2	본격적 수출	기능별 조직 (수출부 또는 해외영업부)	국내 ➜ 해외지향	부장
3	해외투자 시작	기능별 조직 ➜ 제품별 조직 (국제사업부)	해외지향	이사
4	해외투자 증가	지역별 조직(해외사업부)	현지지향	부사장
5	범세계적 활동	매트릭스조직	세계지향	해외담당임원이 따로 없고 전사가 관련됨

출처 : W. A Dymsza, *Multinational Business Strategy* (McGraw-Hill, 1972), p.22.

업부에는 여러 참모조직이 보강되면서 해외사업본부가 조직된다. 이에 따라 각 지역을 단위로 한 독립부서가 형성되면 점차 조직형태는 기능별 조직에서 지역별 조직으로 변화하게 된다.

⑤ **5단계** : 기업의 국제활동이 다각적으로 이루어져 자연히 기업은 범세계적인 안목을 갖게 되면서 조직도 세계지향적인 구조를 형성하게 된다. 즉, 전 세계에 걸쳐 제품과 지역 그리고 기능을 연결한 매트릭스조직형태가 나타난다. 이렇게 되면 해외담당사업본부와 담당임원도 따로 없게 되며, 다만 특정지역이나 국가의 책임경영자만이 있게 된다.

소수의 제품계열에 특화하고 해외시장 다변화 정도가 낮은 기업은 국제사업부조직을 채택하는 경향이 있는 데 비해, 해외시장다변화 정도가 낮지만 다양한 제품계열을 취급하는 기업은 일반적으로 제품별 조직을 선호한다.

다수의 해외시장에서 활동하지만 소수의 제품계열에만 특화하는 기업은 해외시장의 중요성 때문에 지역별 조직을 택하려고 하는 데 비해, 해외시장의 수도 많고 취급하는 제품계열도 다양한 기업은 효율적인 해외활동을 위해 매트릭스조직이 적합하다.

결국 처음에 국제사업부제로 영업활동을 전개하는 국제기업은 점차 취급제품이 다양해지면서 조직구조를 제품별 조직으로 바꾸고 나아가서 해외시장이 다변화되면 매트릭스조직을 택하게 된다. 또 취급하는 제품계열이 다양하지 못한 기업은 지역별 조직을 채택하다가 새로운 제품계열이 추가되면서 조직형태를 매트릭스구조로 바꾸게 된다.

그러나 국제기업이 궁극적으로 선택하게 되는 조직구조는 기업이 속한 기업들이라도 그들을 둘러싼 경영환경은 다르기 때문에 꼭 같은 조직구조를 택한다는 보장은 없다.

3. 조직의 집권화와 분권화

조직의 형태를 일반적으로 기능별 · 제품별 · 국제사업부 · 매트릭스조직의 네 가지 유형으로 나누지만 거시적인 관점에서는 집권적 조직과 분권적 조직으로 나눌 수 있다. 즉, 권한의 배분 정도 여하에 따라 권한의 배분이 집중되어 있는 경우 집권적 조직이라 하고 권한의 배분이 분산되어 있는 경우 분권적 조직이라 한다. 여기서 주의할 점은 집권 또는 분권이 어떤 조직의 틀을 뜻하는 것이 아니라 권한배분의 정도나 경향을 나타내는 것이므로 완전한 집권화 · 분권화는 어렵다는 점이다.

1) 집권적 조직

기업의 모든 해외영업활동에 따른 의사결정권한이 중앙집권적으로 통합되어 관리되는 경우 집권적 조직(centralized organization)이라 한다. 집권적 조직의 전형은 앞서 살펴본 네 가지 형태 중 기능별 조직이 여기에 속한다.

집권적 조직의 장점으로는, 첫째 개인적 리더십을 용이하게 하고, 둘째 통합화와 행위의 통일성을 촉진하며, 셋째, 긴급한 사태의 대응을 용이하게 한다는 점이다. 반면에 단점으로는, 첫째 모든 의사결정권이 중앙에 집중되어 권한의 라인계열이 너무 길어짐으로써 신속하고 탄력적인 기업활동이 곤란해진다는 점이고, 둘째 의사결정을 담당하는 최고경영층과 현장관리층과의 거리가 길어져서 의사소통이 잘 되지 않을 뿐만 아니라 정보전달과 의사결정에 너무 시간이 오래 걸린다는 점이다.

여기서 유의할 점은 집권적 조직의 형태를 취한다고 하더라도 해외영업활동의 모든 면을 실제적으로 집중화시키지 않는다는 점이다. 해외사업체의 성장이 큰 경우 금융 · 자원 · 연구개발 등에서 주로 집권화가 이루어지고 나머지는 어느 정도 분권화를 시킨다는 점이다.

2) 분권적 조직

기업의 모든 해외영업활동에 따른 의사결정권한이 어느 정도 분산된 경우 분권적 조직(decentralized organization)이라 한다. 분권적 조직의 전형은 앞서 살펴본 네 가지 형태 중 제품별 조직과 지역별 조직 그리고 국제사업부조직이 여기에 속한다고 할 수 있다.

분권적 조직의 장점으로는, 첫째 최고간부의 부담을 경감시키고, 둘째 경영의 다각화와 제품 및 시장의 강화를 가능하게 하며, 셋째 관리자의 교육과 동기부여를 개선하게 하는 데 있다고 할 수 있다.

결국 분권적 조직이 필요한 경우는, 첫째 최고경영층의 부담이 과중하여 기업전반에 걸친 종합적 · 장기적인 마케팅계획과 통제가 행해질 수 없을 때이고, 둘째 경영의 다각화나 제품품종의 다양화라는 조건이 증대될 경우이다. 이럴 경우 각기 다각화분야나 제품에 관한 관리나 운영방법이 극도로 상이해짐으로써 이를 최고경영층만이 통일적 · 집중적으로 관리 · 운영하기가 매우 곤란해진다. 따라서 각각의 분야나 제품에 대한 독자적 관리를 부문경영층이나 현장관리층에 위양하지 않을 수 없게 된다. 셋째, 생산과 판매의 라인활동을 특히 강화할 필요가 있을 경우이다. 즉, 제조 · 판매의 라인부문을 분권화시켜 이에 라인활동의 책임을 부여시킨다는 것은 그 라인활동을 강화시키게 되는 것을 의미한다고 할 수 있다.

3) 조직의 선택

해외활동의 조정과 조직구성에 있어서 집권적 혹은 분권적 조직 중 어떤 것을 택할 것인가에 대한 판단기준은 없으나 관찰, 경험 및 납득할 만한 고려에서 두 조직 간의 차이를 나타내는 특징을 얻을 수 있다.

일반적으로 집권적 조직의 선택이 유리한 경우는, 첫째 전 사업영역에 있어서 해외사업부분이 미미한 경우이고, 둘째 각 해외시장에 제공하는 제품과 기술 등이 서로 비슷하거나 동일할 때이며, 셋째 해외시장에 공급하는 제품이 기술이 시간이 경과해도 불변인 경우이고, 넷째 경영진의 인적자원이 불충분한 경우이다.

반면에 분권적 조직의 선택이 유리한 경우는, 첫째 전 사업영역에서의 제품생산프로그램이 상호 이질적일 때이고, 둘째 일부의 사업영역에서만 해외사업활동을 할 경우이며, 셋째 각각의 사업영역에서 적용되는 기술이 각기 서로 상당한 차이가 날 때이다. 넷째, 각각의 사업영역에서 적용되는 기술이 자주 바뀌어서 적응과정이 계속 필요할 때이고, 다섯째 판매액이나 시장에서의 위치에 의해 평가된 해외사업의 의미가 증가할 경우이다.

이상에서 두 조직 중 유리한 경우를 살펴보았는데 각각의 조건이 동시에 나타날 수도 있으므로 두 조직의 선택을 촉진한다든가 혹은 두 조직 간의 변화시기 등에 관한 문제가 남게 되므로 선택결정규칙은 많은 검토를 요한다.

이와는 달리 조직의 선택은 일반적으로 해외 및 국내의 시장점유율의 비율과도 일정한 관계가 있으므로 이에 연관하여 선택결정규칙을 정리할 수도 있다. 즉, 해외판매액이나 해외시장점유율이 국내시장판매액이나 점유율을 능가할 경우에는 분권적 모델의 선택이 유리하다는 것 등이 일례가 된다. 이러한 결정규칙은 해외활동이 판매액이나 시장점유율에 대한 일방적인 설명이라는 단점도 배제할 수 없다.

스토포드와 웰스(J. M. Stopford & L. T. Wells Jr.)는 해외시장에서의 제품다각화와 해외판매액의 점유율에 의거하여 조직형성 기본모델에 대한 결정매트릭스를 창출했다. 그들에 의하면 해외시장에서의 제품다각화 및 해외판매액의 점유율이 높아짐에 따라 분권적인 조직으로 조직이 변형되고 그 반대의 경우는 집권적인 조직으로 변형된다는 것이다. 해외판매액의 증가는 제품을 통한 수요자의 욕구를 충족시킴으로써 가능한데 제품의 성숙기나 성장기의 유지 및 연장을 위한 제품의 차별화와 제품품목 또는 제품계열의 확충을 통한 다각화 등의 전략이 있다.

또한 그들은 성장하는 기업의 규모보다는 제품다각화의 정도가 조직적 기본구조의 변화를 야기한다고 시사한다. 그러나 혹자는 다른 의견을 표명하는데, 예를 들면 조직의 기본구조 변화는 기업의 규모에 달려있으며 집권적 모델의 효용성은 대기업과 소기업 간에 차이가 난다는 견해 등이다.

제품별 조직과 지역별 조직의 선택에 있어서도 많은 갈등이 생긴다. 스토포드의 실증적 연구에 의하면 세계적이고 제품별 조직 위주로 한 사업영역의 형성은 주로 외국에서의 판매액이 적은 경우와 생산프로그램의 이질성이 심한 경우에 선택되곤 한다. 그 반대로 지역적 사업영역의 형성은 외국에서의 판매액이 많은 경우와 생산프로그램의 이질성이 적은 경우에 선택된다고 한다. 사업영역의 지역적 기본구조에 있어서는 어떻게 제품이나 기능에 따라 조정될 것인가 하는 질문이 생기고, 더 나아가서는 전 사업영역에 대한 새로운 조정문제가 등장한다. 이러한 조정문제는 지역적 기본구조와 이중적인 매트릭스조직을 합친 형태를 가진 사업영역의 조직으로 해결된다.

이와 비슷한 모델로서 스토포드에 의하여 제안된 전 세계적이며 제품지향적인 기업영역과 지역적인 기업영역의 혼합형태가 있다. 이 형태에서는 상호 간에 각각 지시권이 있으므로 각 기능부분은 전 세계적으로 참조진에 의하여 조정된다. 이러한 조직모델은 매우 이질적인 생산프로그램과 외국에서의 판매액의 비중이 높은 기업체들이 잘 선택한다.

이 밖에도 다중심적인 조직형태는 기업이 성장함에 따라서 계속되는 분권적인 조직형태의 임시적 종료를 나타낸다. 이러한 형태의 조직에 있어서는 각 사업영역의 경영진 위에는 항상 조정역할을 하는 집권적인 기업의 경영진이 상위부서로 되어 있다.

5부

국제경영전략

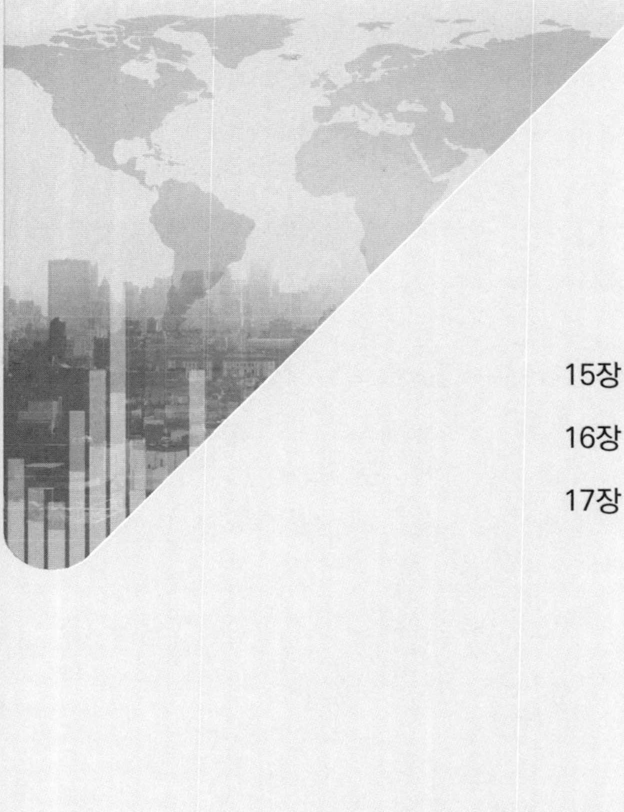

15장 ■ 글로벌전략

16장 ■ 국제경쟁전략

17장 ■ 국제협상전략

Going International Business

15장 글로벌전략

1절 글로벌전략의 개념

1. 글로벌전략의 정의

기업활동의 근본적인 목표는 이익을 남기고자 하는 것이다. 기업은 제품에 부착할 수 있는 가격이 제품을 생산하는 데 소요되는 비용을 상회할 때 이익을 남길 수 있다. 이를 위해 기업은 소비자들에게 가치 있는 제품을 생산하여야 한다. 따라서 기업은 가치를 창출하는 활동에 종사한다.

기업들에게 있어 이익증대는 두 가지 방식으로 가능하다. 하나는 소비자들이 제품에 대해 더 높은 가격을 지급하도록 제품의 가치를 배가하는 방식이고, 다른 하나는 가치창출활동에 수반하는 비용을 줄이는 방식이다. 기업들은 제품품질의 개선이나 소비자의 요구에 부합하는 제품을 제시함으로써 제품의 가치를 제고한다. 한편 기업들이 가치창출활동을 더 경제적으로 수행할 수 있는 방식을 발견하였을 때 가치창출활동에 수반하는 비용은 줄어든다.

전략이란 기업이 이익을 위해 사용할 수 있는 이들 두 가지 방식을 가능하게 하기 위해 기업들이 취하는 제반 조치이다. 전략은 가치창출활동에 수반하는 비용을 줄이거나 또는 소비자의 요구에 더 부합하는 제품을 제공함으로써 가치를 증가시키는 제반 기업행동에 관한 것이다.

글로벌전략에 대한 정의는 아직 일반화되어 있지 못하다. 힐(C. W. L. Hill)은 글로벌전략을 경험곡선과 입지경제로부터 발생하는 비용절감을 통해 이익증대를 도모하는 전략으로 정의하고 있다. 포터(M. Porter)는 글로벌전략을 가치활동의 집중배열, 세계 여러 곳에 분산되어 있는 가치활동의 조정 또는 이 두 가지를 동시에 추구하는 방식으로 세계 여러 국가시장에 진출해 있는 기업들이 이를 통해 경쟁우위를 얻고자 하는 전략으로 규정하고 여러 국가 및 지역을 가로질러 통합된 접근으로 정의한다.

위에서 검토한 글로벌전략에 대한 정의에서는 두 가지의 공통적인 요인을 발견할 수 있다. 첫째 요인은 경쟁우위를 얻고자 하는 전략이라는 점이다. 이미 앞에서 지적한 바와 같이 경쟁우위에는 두 가지 유형이 있다. 하나는 원가우위이고 다른 하나는 차별화우위이다. 원가우위는 가치활동을 수반하는 비용을 줄임으로써 경쟁기업보다 더 낮은 원가로 제품을 공급할 수 있는 능력이다. 차별화우위는 소비자의 요구에 부합하는 제품을 공급함으로써 가치를 증가시키고 기업은 이를 통해 차별화에 대한 대가로서 프리미엄가격을 요구할 수 있는 능력이다. 두 번째 요인은 여러 국가 및 지역에서 이루어지고 있는 사업활동을 조정하고 통합하는 전략이라는 점이다. 글로벌전략은 국제전략의 한 유형에 해당한다. 여기에서의 국제전략은 경쟁범위를 여러 국가시장으로 하는 전략을 지칭한다. 따라서 글로벌전략은 경쟁범위를 여러 국가시장으로 하는 국제전략으로 여러 국가시장에서 전개되는 사업활동을 조정하고 통합함으로써 경쟁우위를 얻고자 하는 전략으로 이해할 수 있다.

2. 글로벌전략의 특징

1) 시장선택

국가별 경쟁전략을 수행하는 기업은 진입하고자 하는 국가시장을 오직 그 시장이 갖고 있는 잠재력에 근거하여 선택한다. 반면 글로벌전략을 수행하는 기업의 경우 진입하고자 하는 국가시장은 그 시장이 기업 전체의 이익에 공헌한다는 정도에 기초하여 선택된다. 이는 국가시장 그 자체의 잠재력은 다른 시장에 비해 낮다고 하더라도 전 세계적으로 기업전략을 수행하는 데 있어서 전략적으로 중요한 시장에 대해 우선적으로 진입할 수 있어서 전략적으로 중요한 시장에 대해 우선적으로 진입할 수 있음을 시사한다. 글로벌전략을 수행하는 기업에 있어 주력시장, 글로벌고객의 본국시장, 시장규모가 큰 국가시장 그리고 산업혁신을 주도하고 있는 국가시장 등이 해당된다.

또한 글로벌전략을 수행하는 기업은 광범위한 국가시장을 개척하기보다는 제한된 수의 주력시장에 시장점유율을 확대하는 것에 우선순위를 들 수 있다. 기업경영자들은 단일의 국가시장에서 시장점유율 확대를 위해 노력한다. 사장점유율이 높은 기업은 규모의 경제성, 공급업자 및 유통업자에 대한 협상력, 제품에 대한 고객의 수용 면에서 시장점유율이 낮은 기업에 비해 유리한 입장에 있다. 단일시장에서 높은 시장점유율을 보유하고 있는 기업은 해당 산업이 글로벌산업일 때 그 이익은 더 크게 나타난다. 높은 시장점유율로 인해 발생하는 이익은 여러 국가시장에 걸쳐 활용될 수 있기 때문이다.

2) 제품특성

국가별 경쟁전략을 수행하는 기업의 경우 각 국가시장에 제공되는 제품은 현지시장의 기호에 부합하도록 적응된 제품이다. 반면 글로벌전략을 수행하는 기업은 최소한의 현지 적응이 요구되는 표준화된 핵심제품(core product)을 제공한다. 여기에서 핵심제품은 최종제품과는 다른 것이다. 핵심제품이란 기업의 탁월한 강점을 물리적으로 체화하고 있는 것이다. 시장에서 소비자를 대상으로 판매되는 것이 최종제품이라면 핵심제품은 최종제품의 가치증대에 실질적으로 기여하는 부품이나 중간재를 의미한다. 혼다의 경우 엔진이 핵심제품이다. 혼다는 엔진을 핵심제품으로 하는 자동차, 모터사이클, 잔디깎기기계 등의 최종제품을 판매하고 있다.

글로벌전략을 수행하는 기업의 제품전략은 보잉사의 보잉 737기 판매와 관련한 사례를 통해 그 특성을 이해할 수 있다. 1970년대 초 보잉사는 새롭게 개발한 보잉 737기를 판매하기 시작하였다. 그러나 보잉737은 개도국시장의 특성에는 적합하지 않은 것으로 나타났다. 개도국의 경우 활주로가 짧고, 지반이 약하고, 조정사의 전문적인 기술능력이 떨어지는 관계로 비행기가 착륙할 때 튀어 오르는 경향이 있다. 이로 인해 비행기가 착륙할 때 제동장치가 훼손되는 경우가 자주 발생하였다. 보잉사는 이런 문제를 해결하기 위해 제품디자인을 수정하였다. 엔진추진력을 확대하였고, 날개와 랜딩기어를 다시 디자인하였고, 공기압이 낮은 타이어를 장착하였다. 이와 같은 표준화된 핵심제품에 대한 수정은 보잉 737이 개도국시장에서 크게 호평받는 계기가 되었다.

3) 가치활동의 입지

기업은 가치창출활동으로 구성된 가치사슬로 이해될 수 있다. 가치창출활동은 일차적인 활동과 보조적인 활동으로 구분된다. 일차적인 활동에는 제품을 생산하고, 제품을 소비자에게 판매하고, 제품을 구입한 소비자에게 지원과 애프터서비스를 제공하는 활동이 포함된다. 일반적으로 생산과 마케팅이 일차적인 활동을 대표한다. 반면 보조적인 활동이란 일차적인 활동이 원만하게 진행될 수 있도록 투입물을 제공하는 활동이다. 연구개발은 신제품이나 신공정의 기술개발을 통해 일차적인 활동을 지원한다. 인적자원관리라는 일차적인 활동을 효과적으로 실행하는 데 필요한 인재를 적절하게 공급하는 기능을 한다. 자재관리는 생산 및 마케팅과정에서 필요한 자재의 흐름을 통제한다. 정보체계는 기업의 효율성을 극대화하는 데 필요한 정보를 입수할 수 있게 한다. 또한 조직구조, 기획, 재무 등의 조직하부구조도 가치창출에 도움을 주는 보조적인 활동이다.

글로벌전략을 수행하는 기업의 경우 각각의 가치창출활동을 서로 다른 나라에서 수행한다. 물론 각각의 가치활동을 서로 다른 나라에 배치하는 것은 가장 극단적인 예이다. 일반적으로 글로벌전략을 수행하는 기업들은 가치창출활동의 일부를 특정국가에 집중배치하고 다른 일부의 가치창출활동을 여러 국가에 중복 배치하는 방식을 따른다. 반면 글로벌 경쟁전략을 수행하는 기업은 거의 모든 가치창출활동을 각각의 국가시장에 중복적으로 배치하고 있다.

4) 마케팅접근

국가별 경쟁전략을 수행하는 기업은 각각의 국가시장에 적응된 마케팅을 실시한다. 국가별 경쟁전략에서는 마케팅믹스의 내용이 국가시장에 따라 서로 다르게 나타나는 경향이 있다. 반면 글로벌전략을 수행하는 기업은 세계 여러 국가시장에서 동일하거나 유사한 마케팅믹스를 사용한다. 마케팅믹스의 요소들인 제품디자인, 제품포지셔닝, 상표명, 포장, 가격, 광고, 촉진 등은 모두 글로벌전략의 대상이 된다.

5) 경쟁방식

국가별 경쟁전략의 경우 한 국가시장 내에서 경쟁기업들 간에 전개되는 경쟁전략은 다른 국가에서 전개되는 경쟁전략과는 별개로 전개된다. 반면 글로벌전략의 경우 경쟁기업들 간의 경쟁전략은 여러 국가에 걸쳐 통합되어 있다. 이는 한 국가시장에서 경쟁기업으로부터 공격을 받은 기업은 이에 대한 대응으로 다른 국가시장에서 경쟁기업을 공격하는 방식으로 최초의 공격을 상쇄하는 것이 가능하다는 점을 시사한다.

경쟁방식에 있어서 글로벌한 접근의 예로 미국의 스키장비업체인 살몬(Salmon)의 사례를 소개해 보자. 오스트리아의 티롤리아(Tyrolia)는 살몬의 경쟁기업이다. 티롤리아는 살몬의 주력시장인 미국사장에 진입하여 시장확대를 도모하였다. 티롤리아로부터 공격을 받은 살몬은 미국시장 대신 티롤리아의 주력시장인 독일과 오스트리아시장에서 시장확대를 도모하는 방식으로 티롤리아의 공격에 대응하였다. 살몬은 한 국가시장 대신 전 세계를 경쟁의 장소로 인식한 것이다.

3. 글로벌전략의 경쟁우위 원천

글로벌전략에 의해 나타나는 경쟁우위의 원천은 세 가지로 구분해 볼 수 있다. 첫째는 생산요소시장과 제품시장이 국가에 따라 서로 다른 경우 이를 활용함으로써 얻어지는 경쟁우위이다. 둘째는 규모의 경제성을 활용함으로써 얻어지는 경쟁우위이다. 셋째는 범위의 경제성을 활용함으로써 얻어지는 경쟁우위이다. 다음에서는 이에 대해 각각 살펴보고자 한다.

1) 국가 간의 차이

생산요소비용의 국가 간 차이에 따른 비교우위는 경쟁우위의 원천으로서 가장 일반적으로 논의되고 있다. 각각의 국가는 요소부존도 면에서 서로 상이하다. 이는 국가 간에 생산요소의 이동이 자유롭게 이루어지지 못하는 경우 국가 간의 요소부존도 차이는 생산요소비용의 차이를 가져온다. 기업이 수행하는 가치활동들은 요소집약도 면에서 각각 다르다. 따라서 각각의 가치창출활동이 집약적으로 사용하는 생산요소의 비용이 가장 저렴한 국가에 가치활동을 배치하는 경우 비용상의 우위를 차지할 수 있다. 이는 비교우위에 의해 발생하는 경쟁우위에 해당한다. 각국은 생산요소뿐만 아니라 제품시장에 있어서도 서로 다르다. 국가에 따라 소비자기호, 유통체계, 정부규제는 서로 다르다. 가업들은 국가시장의 특성에 부합하는 제품을 제공함으로써 제품의 교환가치를 확대할 수 있는 기회를 갖는다.

위에서 논의한 비교우위는 주로 경제학에서 생산요소로 고려하는 자본과 노동에 한정하고 있다. 그러나 다국적기업은 국가 간에 발생하는 노동비용과 자본비용의 차이를 활용함으로써 발생하는 이익과 아울러 국가 간에 나타나는 사회적 요인의 차이를 통해서도 많은 이익을 가져올 수 있다. 원자재, 인적자원, 조직 간의 관계, 교육제도, 관리 노하우 등의 양과 질이 국가에 따라 서로 다르기 때문이다.

2) 규모의 경제성

규모의 경제성은 기업의 생산규모가 커짐에 따라 단위당 생산비가 감소하는 현상이다. 규모의 경제성의 전략적 의미는 생산규모를 확대하여 규모의 이익을 누릴 수 있도록 하여야 한다는 것이다. 기업은 전 세계로 시장을 확대함으로써 생산, 마케팅, 재무, 연구개발, 운송 및 구매 등의 가치창출활동에서 규모의 경제성을 달성할 수 있다.

규모의 경제성은 그 자체가 정태적인 개념이지만 경험효과 또는 학습효과를 통해 규모의 확대에 따른 동태적인 이익도 발생한다. 규모의 경제성을 확보할 수 있을 정도로 생산량을 확대하는 기업은 경험을 축적하게 되고 이를 통해 비용절감도 경험곡선이 하락하는 정도에 따라 점진적으로 나타나게 된다. 경험곡선은 일반적으로 누적생산량이 두 배로 증가함에 따라 단위 생산원가가 일정비율로 떨어지는 현상을 나타낸다.

3) 범위의 경제성

범위의 경제성은 두 개 이상의 제품을 연계하여 생산할 때 소요되는 비용이 이들 제품을 별도로 생산하는 경우에 소요되는 비용보다 더 적은 경우에 존재한다. 범위의 경제성은 다각화된 기업에서 투자나 비용을 공동으로 분담할 때 발생한다. 또한 범위의 경제성은 서로 다른 유형의 자산을 공동으로 사용할 수 있을 때에도 발생한다.

범위의 경제성이 발생하는 이유는 다양하다. 첫째, 다각화된 기업은 생산설비나 상표명과 같은 유형의 자산을 여러 사업에서 또는 여러 시장에서 공유할 수 있다. 다양한 제품을 생산하는 데 이용될 수 있는 유연생산시스템은 기업이 범위의 경제성을 어떻게 활용하고 있는가를 보여주는 한 예이다. 글로벌 브랜드의 활용은 기업이 보유한 유형자산을 여러 제품이나 시장에서 공유하고 있는 또 다른 예이다.

둘째, 기업 외부관계의 공유에서 비롯된 범위의 경제성이 있다. 기업 외부관계란 소비자, 공급자, 유통업자, 정부와 기업의 관계이다. 다국적은행은 어느 한 국가에서만 영업활동을 하는 은행에 비해 다국 간에 걸쳐 활동하는 고객에게 상대적으로 더 효과적인 서비스를 제공할 수 있다. 일본의 마쓰시타전기는 같은 유통채널을 통해 다양한 제품라인을 판매할 수 있는 능력으로 인해 많은 이득을 누리고 있다.

셋째, 지식을 공유함으로써 발생하는 범위의 경제성이 있다. P&G의 신제품 개발사례를 통해 이를 이해할 수 있다. P&G는 서로 다른 국가에 위치한 자회사들이 개발한 기술을 종합하여 신제품을 개발한 바 있다.

4. 글로벌전략의 이점과 한계

1) 글로벌전략의 이점

글로벌전략을 수행하는 기업이 누릴 수 있는 이점은 크게 네 가지로 나누어 살펴볼 수 있다.

첫째, 글로벌전략은 비용절감을 가능하게 한다. 글로벌전략은 비용을 절감할 수 있는 여러 기회를 제공한다. 여러 국가시장에서 개별적으로 수행되는 가치활동을 조정함으로써 규모의 경제성을 제공할 수 있다. 가치활동을 가장 저렴하게 수행할 수 있는 국가로 이전함으로써 요소비용을 절감할 수 있다. 비용절감은 신축성의 활용을 통해서도 가능하다. 여러 국가시장에 생산시설을 두고 있는 기업은 시기별로 가장 유리한 조건으로 생산이 가능한 지역에서 생산규모를 확대하고 생산여건이 불리한 지역에서의 생산규모를 축소하는 방식으로 신축성을 가질 수 있다. 생산에 있어 신축성을 갖고 있는 기업은 공급업자, 노동자, 현지정부에 대한 협상력을 강화할 수 있어 이를 통한 비용절감도 가능하다.

둘째, 글로벌전략은 제품 및 프로그램의 질을 개선하는 데 도움을 준다. 국가별 경쟁전략을 수행하는 기업에 비해 글로벌전략을 수행하는 기업은 더 적은 수의 제품 및 프로그램에 자원을 집중시킨다. 이와 같은 자원의 집중적인 사용은 제품 및 프로그램의 품질을 개선할 수 있게 한다. 일본 자동차회사의 성공이 한 예이다. 도요타는 GM에 비해 더 적은 수의 자동차모델을 전 세계시장에 판매하는 전략을 구사하였다. 또한 도요타는 GM과 달리 소수의 자동차모델을 개선하는 데 노력을 집중하였다.

셋째, 글로벌전략은 고객의 충성도를 제고하는 데 도움을 준다. 세계 어느 곳에서도 제품을 구입할 수 있고, 서비스를 지원받을 수 있다면 그 제품에 대한 고객의 선호도는 향상되기 마련이다. 청량음료나 패스트푸드회사들은 글로벌전략을 통해 고객의 충성도를 제고하고 있다. 컴퓨터 제조업체들도 글로벌전략을 통해 제품에 대한 고객의 선호를 제고하고 있다.

넷째, 글로벌전략은 경쟁압력에 대응하는 데 있어서 여러 가지 대안을 가질 수 있도록 하여준다. 한 국가시장에서 경쟁지위를 개선하고자 하는 기업은 그 국가시장에서 경쟁기업을 공격하는 것과 아울러 제3국 시장에서 경쟁기업을 공격하는 것도 효과적일 수 있기 때문이다.

2) 글로벌전략의 한계

글로벌전략은 위에서 검토한 여러 가지 이점과 아울러 한계점을 가지고 있다.

첫째, 글로벌전략은 관리비용의 확대를 가져온다. 아는 여러 국가시장에서 전개되는 사업을 조정해야 될 필요성이 증가하고 전략의 수행을 위해 더 많은 관리요원이 충원되어야 하기 때문이다.

둘째, 글로벌전략은 한 국가시장에 위치한 사업의 효과성을 약화시킬 수 있다. 글로벌전략의 수행에 따라 나타나는 지나친 집권화는 현지자회사들의 동기유발을 억제하고 사기를 떨어뜨릴 수 있기 때문이다.

셋째, 글로벌전략은 표준화에 따른 문제를 야기한다. 표준화된 제품은 다른 국가시장의 소비자요구에 부합하지 않을 수 있다. 특히 이런 문제는 국제화의 초기단계에 있는 기업들에서 자주 발견된다. 국내시장에서 판매되고 있는 표준화된 제품을 현지시장에서 그대로 판매하는 경우 시장확대에 어려움을 겪을 수 있다. 또한 전 세계시장을 목표시장으로 하여 개발된 표준화된 제품은 어느 국가의 소비자도 만족시키지 못하는 제품이 될 위험을 내포하고 있다.

2절 글로벌전략의 모형

1. 통합-적응모형

통합-적응모형(Integration-Responsiveness Framework)은 1975년과 1976년에 발표된 프라할라드(C. K. Prahalad)와 도즈(Y. Doz)의 모형이다. 이 모형은 국제적으로 경쟁하는 기업의 경우 두 가지의 서로 상반되는 압력에 동시에 직면하고 있다는 점을 전제한다. 하나는 국내기업에 비해 경쟁상 유리한 위치에 있기 위해서는 여러 국가시장에서 동시에 사업을 하고 있기 때문에 이용기회가 있는 시장불완전성을 활용해야 하는 것이다. 다른 하나는 다국적기업의 경우 여러 국가시장에서 사업을 하고 있기 때문에 각 국가시장의 요구에 적응해야 하는 압력이다. 일반적으로 전자를 글로벌 통합 압력으로 후자를 현지적응 압력으로 지칭한다.

그림 15-1 I-R Grid 모형(Integration-Responsiveness Framework)

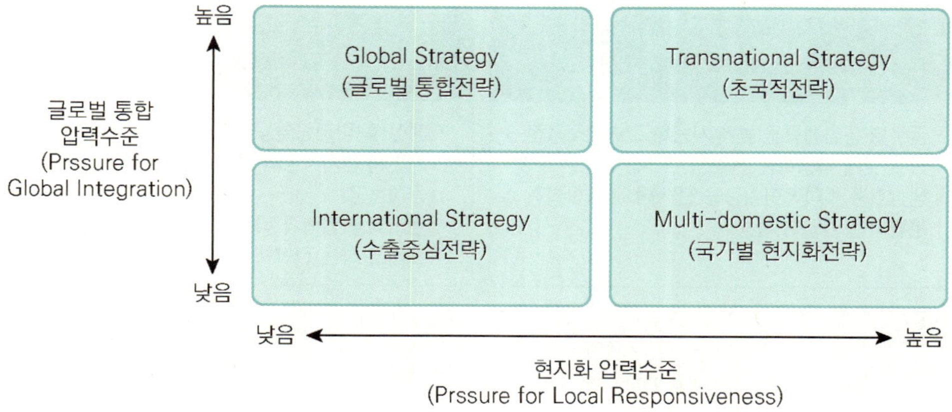

출처 : C. Hill(2011), *Global Business Today*, 7th edition, McGraw-Hill: New York.

글로벌 통합 압력과 현지적응 압력은 국제경쟁을 하는 기업들이 직면하는 환경이라 할 수 있다. 환경의 측정과 관련하여 객관적 환경과 인지적 환경은 구별된다. 객관적 환경이란 기업 외부에 실재하며 객관적으로 측정 가능한 환경의 특성을 말한다. 반면 인지적 환경은 기업의 경영자가 인식하는 환경을 말한다. 통합-조정모형에서 인지적 환경으로서 글로벌통합 압력과 현지적응 압력을 다룬다. 이는 같은 산업에서 서로 경쟁하는 기업들 간에도 환경을 서로 다르게 인식하는 경우 서로 다른 기업전략이 수립될 수 있다는 점을 시사한다.

통합-조정모형에서는 현지화 압력과 글로벌 통합 압력에 따라 네 가지 전략을 제시하고 있다. 이는 글로벌 표준화형태의 글로벌 통합전략(global strategy), 초국적전략(transnational strategy), 수출중심의 국제전략(international strategy) 그리고 국가별 현지화전략(multi-domestic strategy) 등이다.

이를 다시 산업압력에 대한 기업의 대응유형에 따라 크게 세 가지 유형으로 제시하고 있다. 글로벌 통합전략(global integration strategy) 현지적응전략(locally responsive strategy) 그리고 다중심전략(multifocal strategy)이 이에 해당한다. 글로벌 통합전략은 기업경영자들이 글로벌 통합 압력을 높은 수준으로 인식하는 반면 현지적응 압력을 낮은 수준으로 인식할 때 나타나는 기업의 대응유형을 나타낸다. 현지적응전략은 글로벌 통합전략과는 반대로 기업경영자들이 현지적응 압력을 높은 수준으로 인식하는 반면 글로벌 통합 압력을 낮은 수준으로 인식할 때 나타나는 기업의 대응유형이다. 다중심전략은 현지시장에

▌그림 15-2 ▌I-R Grid 모형(Integration-Responsiveness Framework)의 활용

글로벌 표준화전략 (Global Standardization Strategy)	초국적전략 (Transnation Strategy)
• 글로벌 통합전략을 높게 사용하고 현지적응전략을 낮게 사용하는 전략 • 생산활동과 마케팅활동을 전 세계에 통합하여 운영하는 기업이 사용	• 생산 및 마케팅활동을 전 세계적으로 통일시키면서 현지시장의 서로 다른 환경에 맞춰 적응하는 것 • 현지적응 압력과 비용절감 압력을 동시에 잡으려고 하는 전략
국제전략 (International Strategy)	**현지화전략 (Localization Strategy)**
• 글로벌 통합전략도 적게 사용하고 현지적응전략도 적게 사용하는 소극적인 전략 • 국내에서 생산한 제품 또는 서비스를 수정하지 않고 그대로 수출하는 기업이 주로 사용	• 글로벌 통합전략은 낮게 사용하고 현지적응전략을 높이는 전략 • 생산제품과 생산·마케팅활동을 현지국가의 사정에 맞춰 차별화하는 기업이 사용

출처 : 이철, 글로벌 경영, 학현사, 2020. p.226.

대한 적응압력이 높은 수준으로 요구될 때 나타나는 기업의 대응유형이다.

통합-조정모형은 국제적으로 경쟁하는 기업들의 전략을 탐색하는 연구들에서 널리 수용되고 있다. 이 모형은 산업압력과 이에 대한 기업의 전략적 대응 간의 상황적인 연계성을 잘 나타내 주기 때문이다. 그러나 통합-조정모형은 서로 다른 산업압력의 패턴에 적합한 전략유형을 제시하고 있지만, 전략의 내용에 대해서는 구체적으로 제시하지 못하는 한계를 보이고 있다.

2. 배열-조정모형

배열-조정모형(Configuration-Coordination Framework)은 포터(M. Porter)에 의해 제시되었다. 배열-조정모형은 글로벌산업의 등장에 따른 기업의 대응을 구체적으로 다루고 있다. 배열-조정모형은 가치사슬에 기초한다. 가치사슬은 기업이 수행하는 가치활동을 탐색하는 하나의 체계적인 방식이다. 이는 경쟁우위의 원천을 이해하기 위해 기업을 전략적으로 서로 관련 있는 가치활동의 집합으로 구성한 것이다. 가치활동의 일부는 일차적인 활동에 해당하고 다른 일부의 활동은 보조적인 활동에 해당한다.

▌그림 15-3 ▌포터(M. Porter)의 기본적 가치사슬모형구조

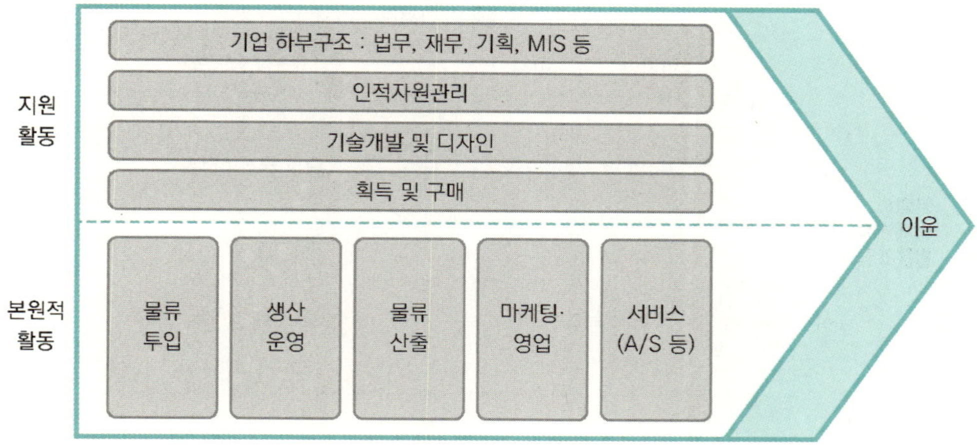

이들 가치활동들은 모든 산업에서 확인할 수 있는 것들이지만 각각의 가치활동이 경쟁우위에 대해 갖는 상대적인 중요성은 산업에 따라 서로 상이하게 나타난다. 또한 한 산업 내에서 경쟁하는 기업이 수행하는 가치활동의 너비는 경쟁범위를 규정한다. 세분화의 범위(segment scope)는 기업이 생산하는 제품의 다양성과 기업이 제품을 공급하는 소비자의 다양성에 관련된 경쟁범위이다 산업의 범위(industry scope)는 기업이 경쟁하는 관련산업의 범위에 관련된 경쟁범위이다. 수직적 범위(vertical scope)는 기업 자체에 의해 수행되는 가치활동과 공급업자 또는 유통업자에 의해 수행되는 가치활동에 관련된 경쟁범위이다. 지역적 범위(geographic scope)는 기업이 전략의 조정을 통해 사업하는 지역의 범위에 관련된 경쟁범위이다.

국제전략은 이들 경쟁범위 중에서 지역적인 범위와 관련되어 있다. 배열-조정모형은 글로벌산업 내에서 나타나는 국제전략의 유형을 가치활동의 국제적인 배열과 국제적인 조정에 기준하여 개념적으로 유도하고 있다. 가치활동의 배열은 가치사슬을 구성하는 각각의 가치활동이 수행되는 입지가 전 세계적으로 어디인가를 나타낸다. 세계 여러 국가시장에서 사업활동을 하는 기업이 가치활동을 어느 한 곳에만 입지하고 있을 때 그 가치활동은 집중배열되어 있다고 말한다. 반면 사업활동이 이루어지는 여러 국가시장에 가치활동이 중복적으로 입지하고 있을 때 가치활동이 분산배열되어 있다고 말한다. 가치활동의 조정은 서로 다른 나라에 위치하고 있는 동일한 가치활동이나 관련성이 높은 가치활동들이 어떻게 조정되고 있는가를 나타낸다.

그림 15-4 배열-조정모형(Configuration-Coordination Framework)

		기업활동의 범세계적 배치	
		광범위한 지역적 배치	지역적 집중화
기업의 범세계적 활동조정	고	고도의 글로벌전략	단순 글로벌전략
	저	국가중심전략	수출위주의 마케팅전략

배열-조정모형에서는 글로벌산업에서 발견할 수 있는 국제전략의 개념적인 유형을 네 가지로 제시하고 있다. 각각의 전략유형을 구체적으로 살펴보면 다음과 같다.

첫째, 단순 글로벌전략(simple global strategy)은 어느 한 국가에 가능한 한 많은 가치활동들을 입지시키고 이곳을 중심으로 전 세계시장에 진출하고, 소비자 가까운 곳에 위치해야 하는 가치활동들을 표준화를 통해 철저하게 조정하는 유형의 국제전략이다. 단순 글로벌전략은 1960년대와 1970년대 일본기업들에 의해 주로 채택된 전략유형이다.

둘째, 국가중심전략(country-centered strategy)은 가치활동이 국제적으로 분산배열되어 있고 서로 다른 국가에 위치한 가치활동이 서로 조정되지 않는 전략유형이다. 국가중심전략은 미국의 GM사가 전통적으로 채택하여 온 전략유형이다. GM은 세계 여러 국가에 별개의 제조공장을 두었을 뿐만 아니라 심지어 지역에 따라서 서로 다른 상표명을 사용하는 전략을 구사한 바 있다.

셋째, 수출중심전략(export-based strategy)은 한 국가에 가치활동을 집중배열하고 이곳을 중심으로 여러 국가시장에 제품을 공급하는 방식의 전략유형이다. 수출중심전략의 경우 특히 마케팅은 각 국가시장의 요구에 대응하는 방식으로 운영된다.

넷째, 자회사 간 조정전략(high foreign investment with extensive coordination among subsidiaries strategy)은 가치활동이 국제적으로 분산배열되어 있지만 이들 가치활동들의 조정을 강화하는 전략유형이다. 포터는 이들 네 가지 유형의 국제전략 중에서 단순글로벌전략, 수출중심전략, 자회사 간 조정전략을 글로벌전략에 접근하는 전략유형으로 분류하고 있다.

3. 자원준거관점의 모형

전략모형을 그 이론적 배경을 기준으로 분류하면 크게 산업조직관점과 자원준거관점이 모형으로 구분할 수 있다. 이들 두 관점의 전략모형은 여러 가지 면에서 차이를 보인다. 첫째, 기업이 보유하는 자원의 동질성 여부 면에서 두 관점은 차이를 보인다. 산업조직관점은 동일한 전략을 수행하는 기업집단에 속한 기업들의 경우 이들 기업이 보유하는 자원을 사전적으로 동질적인 것으로 간주한다. 설령 기업들 간에 보유하는 자원이 서로 다를지라도 이들 자원은 기업 간에 서로 자유로운 이동이 가능하기 때문에 자원의 이질성을 전제한다.

기업은 성장하는 과정에서 서로 다른 자원을 축적하고 있기 때문이다. 더욱이 기업이 보유하는 자원은 시장의 불완전성으로 기업 간에 이동이 어렵기 때문에 기업 간에 나타나는 자원의 이질성은 상당기간 지속되는 것으로 간주한다. 둘째, 선업조직관점과 자원준거관점은 분석중점 면에서 차이를 보인다. 산업조직관점은 기업의 외부환경, 특히 산업구조에 중점을 두는 반면 자원준거관점은 기업이 보유하는 자원과 능력을 중시한다. 셋째, 산업조직관점과 자원준거관점은 이익의 성격에 대해 서로 다르게 규정한다. 산업조직관점과 자원준거관점은 공통적으로 정상이윤을 초과하는 이익의 확보가 지속적으로 가능한 것으로 간주한다. 그러나 산업조직관점은 지속적으로 나타나는 초과이익을 시장지배력에 의해 나타나는 것으로 보는 반면, 자원준거관점은 기업 간에 발생하는 효율성의 차이로 간주한다.

표 15-1 ▌산업조직관점과 자원준거관점의 비교

구분	산업조직관련	자원준거관점
자원의 이질성	보유자원의 동질성	보유자원의 이질성
자원의 이동성	기업 간에 이동이 가능함 (요소시장에서 즉시 구입 가능)	기업 간 이동이 어려움 (요소시장에서 구입하기 어려움)
분석중점	기업의 외부환경 (특히 산업구조)	기업의 내부환경 (보유자원 및 능력)
초과이익의 근거	시장지배력 (제품시장의 불완전성)	가치 있는 자원의 희소성

출처 : 어윤대 · 방호열, 전략경영, 학현사, 1995, p.330.

그동안에 발표된 글로벌산업에서의 전략유형을 탐색한 연구는 대부분 산업조직관점을 수용하고 있다. 우리가 앞에서 검토한 통합-적응모형과 배열-조정모형도 산업조직관점을 따르고 있다. 산업조직관점에서는 글로벌산업에서 글로벌전략이 요구되는 것으로 주장한다. 이는 산업조직관점의 경우 외부환경과 전략 간의 적합성에 중점을 두고 있어서 나타나는 결과이다.

그러나 글로벌전략은 산업조직관점뿐만 아니라 자원준거관점에 따라서도 수립될 수 있다. 실제적으로 콜리스(David J. Collis)나 톨만(Stephen B. Tallman) 등은 자원준거관점에서 글로벌전략을 설명한 바 있다. 특히 자원준거관점은 기업 외부환경이 불확실하고 급격하게 변화하는 상황에 직면하는 기업들에게 있어서 적절한 전략방향을 제시한다. 자원준거관점에 근거할 때 기업이 보유한 핵심자원이나 능력을 가장 효과적으로 사용하는 전략을 디자인하는 것이 관건이 된다. 미국의 모터사이클 제조업체인 할리-데이비슨(Harley-Davidson)의 사례를 통해 자원준거관점을 이해해 보자. 할리-데이비슨사의 최고경영자는 이 회사가 보유하고 있는 자원상의 강점을 기업이미지와 이에 따른 높은 소비자 충성도로 인식하였다. 반면 생산원가, 품질, 제품 및 공정기술, 시장다변화 면에 있어서는 일본의 경쟁기업들에 비해 불리한 것으로 인식하였다. 할리-데이비슨사의 최고경영자들은 자신들의 회사가 시장에서 생존할 수 있는 유일한 방안으로 일본기업에 비해 불리한 위치에 있는 부분에 있어서 그 갭을 최소화하고 이 회사가 강점으로 가지고 있는 기업이미지상의 이점을 활용하는 전략을 수립하는 것으로 파악하였다. 이에 따라 할리-데이비슨사는 신모델의 도입 시 디자인특성을 전통적인 것에 유사하게 하면서 기업이미지가 가지고 있는 매력도를 확대하는 마케팅전략을 수행하였다.

3절 글로벌전략의 분석절차

글로벌전략을 수립하는 데 있어서 중요한 점의 하나는 글로벌전략의 수준을 적절하게 유지하는 것이다. 먼저 글로벌전략의 수준을 산업의 글로벌화 잠재력에 부합하게 하는 것이 중요하다. 만약 산업의 글로벌화 잠재력이 상당한데도 불구하고 전략의 글로벌수준이 낮을 때 해당 기업은 글로벌전략을 통해 누릴 수 있는 이점을 상실하게 된다. 반대로 산업의 글로벌화 잠재력은 낮은 데도 불구하고 전략이 글로벌수준이 높은 기업의 경우에는 현지시장에 적절하게 적응하지 못한 관계로 현지시장에서 전략적으로 불리한 입장에 처할 수 있다. 그러나 글로벌전략의 수준은 산업의 글로벌화 잠재력에 의해서만 좌우되는 것은 아니다 전략수립에 있어서 기업 외부환경과 아울러 기업 내부환경도 영향을 미치기 때문이다. 기업이 보유한 자원의 한계, 현지자회사를 서로 독립적으로 운영해 온 오랜 역사, 조직내부의 변화에 대한 저항 등은 글로벌전략의 선택에 어려움을 줄 수 있다.

1. 글로벌 팀의 구성

글로벌전략의 성공을 위해 절대적으로 필요한 것은 서로 다른 기능부서나 지역에서 근무하는 경영자를 전략수립과 분석과정에 참여시키는 일이다. 글로벌 팀의 구성은 다음과 같은 사람들로 구성하는 것이 바람직하다. 특히 글로벌전략의 경우에는 이들 중에서도 지역이나 국가를 대표하는 경영자들의 참여를 더 중시하여야 할 것이다.

① 전 세계적인 사업을 책임지고 있는 경영자
② 시설이나 인원을 공유하고 있는 관련사업의 상급경영자
③ 기업의 고위경영자
④ 주요 지역이나 국가의 총책임자
⑤ 핵심기능부서의 책임자

2. 사업의 정의

전략수립은 기업의 목표와 정체성에 대한 규정에서 출발한다. 전통적으로 기업의 목표와 정체성은 사업정의로 구체화되는 기업사명문의 형태를 취한다. 사업정의는 일반적으로 기업이 제품을 공급하는 시장과 기업이 고객의 어떤 욕구를 만족시키고자 하는가의 차원에서 이루어졌다. 그러나 글로벌전략의 경우 사업정의에 있어서 지역적인 차원을 추가적으로 고려해야 한다.

위에서 언급한 사업정의는 고객중심의 관점에서 이루어진 것이다. 그러나 상황에 따라 고객중심의 사업정의는 전략수립에 있어 안정적인 기반을 제공하지 못할 수 있다. 만약 고객의 기호가 급속하게 변화하는 경우 고객의 정체성은 변동하고 이에 따라 고객의 욕구에

부합하기 위해 필요한 기술 또한 계속적으로 변화해야 하기 때문이다. 이런 경우 자원준거관점에서 사업정의를 하는 것이 더 적절한 방안일 수 있다. 자원준거관점에 따르면 사업정의는 기업이 무엇을 할 수 있는가 하는 관점에서 이루어진다.

3. 주요 시장의 확인

글로벌 팀은 시간과 비용상의 제약 때문에 사업활동이 이루어지고 있거나 앞으로 이루어질 수 있는 모든 국가에 대해 정보를 수집하여 분석하는 것은 어려움이 있다. 이런 어려움을 줄이는 하나의 방법은 단계별 접근이다. 1단계에서는 지역별로, 2단계에서는 국가별로 정보를 수집하고 분석하는 방식이다. 글로벌전략의 경우 주요 시장에는 국가시장규모가 큰 국가, 해당 기업이 큰 규모의 사업을 운영하고 있는 국가 그리고 전략적으로 중요한 국가가 포함되어야 할 것이다. 이런 평가기준에 의해 주요 시장이 확인된 후 글로벌 팀은 각각의 국가시장에 대해 다음 사항에 관한 정보를 수집할 필요가 있다.

① 시장규모
② 제품수명주기단계
③ 글로벌 경쟁자의 수
④ 지역단위 경쟁자의 수
⑤ 현지경쟁자의 수
⑥ 산업별 수출비율
⑦ 산업별 수입비율
⑧ 현지부품사용 의무비율
⑨ 노동비
⑩ 정부구매의 비중
⑪ 현지 및 외국기업에 대한 세율
⑫ 외국인 지분의 허용비율

4. 주요 경쟁자 확인

글로벌 팀은 주요 경쟁자를 중심으로 경쟁기업을 분석할 필요가 있다. 특히 글로벌 팀이 중점을 두고 분석해야 하는 경쟁자는 글로벌 경쟁자, 글로벌 경쟁자는 아니지만 주요 시장에 본사를 두고 있는 대규모 경쟁기업 그리고 잠재적인 글로벌 경쟁자들이다. 글로벌 팀은 이들 경쟁기업들의 시장점유율, 가격, 원가, 품질에 대한 정보를 수집하고 분석하여 비교표를 작성한다.

5. 핵심전략에 대한 체크

글로벌전략을 분석하는 데 있어서 글로벌 팀이 사업의 핵심전략을 알고 있어야 도움이 된다. 특히 지역 또는 국가단위로 사업의 핵심전략을 체크하는 것은 지역 또는 국가별 핵심전략의 차이를 비교하는 데 도움을 준다. 핵심전략의 구성내용은 다음과 같다.

① 사업정의

② 사업방향

③ 재무적인 성과목표

④ 경쟁우위의 원천

⑤ 가치활동별 전략의 본질

⑥ 가치활동의 입지

⑦ 경쟁전략

6. 국가선택에 대한 체크

전통적으로 진입시장의 선택은 진입시장 그 자체의 매력도를 평가기준으로 하여 이루어졌다. 그러나 글로벌전략을 분석하는 경우 국가시장 그 자체의 매력도뿐만 아니라 그 국가시장이 글로벌전략에 있어서 차지하는 전략적 중요성과 사업 간의 시너지효과에 대한 잠재력도 평가기준에 포함되어야 한다. 글로벌 팀은 다음의 절차에 따라 국가선택을 평가하는 것이 도움이 될 것이다.

① 분석대상의 국가 및 지역확인

② 국가매력도, 전략적 중요성, 시너지효과의 측정항목의 개발

③ 각각의 측정항목에 대한 가중치 부여

④ 측정항목별로 국가 및 지역의 점수 부여

⑤ 지역 및 국가별 총점수 계산
⑥ 국가위험에 대한 조정 후 지역 및 국가별 총점수 계산

7. 산업의 글로벌 잠재력 평가

글로벌 팀은 산업의 글로벌화 잠재력의 평가를 2단계에 걸쳐 실시할 필요가 있다. 1단계에서는 산업의 글로벌화 잠재력을 평가하는 항목을 개발하고 집단논의를 통해 잠재력을 평가한다. 2단계에서는 해외자회사나 기능부서의 책임자들이 이를 확인할 수 있도록 문서화한다. 또한 글로벌 팀은 산업의 글로벌화 잠재력이 어느 수준의 글로벌전략을 가능하게 하는가를 확인해야만 할 것이다. 산업의 글로벌화 잠재력을 평가하는 데 이용될 수 있는 주요 측정항목은 다음과 같다.

① 전 세계적으로 소비자욕구가 유사한 정도
② 전 세계 시장규모에 대한 최소효율생산규모의 비율
③ 누적생산에 따른 단위생산비용의 하락률
④ 최대원가 생산국과 최소원가 생산국 간의 생산원가의 차이
⑤ 신제품의 총개발비용
⑥ 제품의 시장수명주기
⑦ 관세부과 전후 판매가격의 차이
⑧ 수입시장이 봉쇄되어 있는 전 세계시장의 비율
⑨ 전 세계 시장규모에 대한 수출비율
⑩ 전 세계 시장규모에 대한 수입비율
⑪ 글로벌 경쟁자의 본국이 속한 지역의 수
⑫ 경쟁자의 글로벌전략 수행수준

8. 글로벌전략의 가능성 평가

글로벌전략의 가능성에 대한 평가는 현재적인 면에서뿐만 아니라 잠재적인 면에서도 이루어져야 한다. 글로벌전략의 잠재적인 가능성을 평가하는 데 있어서 다음의 세 가지 측면이 기본적으로 고려되어야 할 것이다.

① 글로벌전략의 수행에 따라 발생하는 잠재적인 이익에 대한 분석
② 산업의 글로벌화에 영향을 미치는 요인에 대한 분석
③ 경쟁기업이 수행하고 있는 전략에 대한 분석

한 예로서 제품표준화의 경우를 생각해 보자, 제품표준화 여부를 결정하기 위해서는 제품표준화에 따라 나타나는 잠재적인 비용절감에 대한 분석이 이루어져야 할 것이다. 만약 어떤 기업이 전 세계적으로 판매되는 제품의 수를 33%까지 줄였을 때 절약되는 비용이 매출액의 10%에 해당한다고 가정해 보자. 세금부과 전 마진율이 8%인 이 기업의 경우에는 제품표준화를 실행하는 것이 무방하다고 볼 수 있다.

9. 조직능력의 평가

조직 및 관리요인은 글로벌전략이 얼마나 잘 수립되고 수행되는가에 있어서 상당한 영향을 미친다. 따라서 글로벌전략의 분석에 있어서 조직능력(organizational capability)에 대한 평가는 필수적이다. 글로벌전략에 부합하는 조직특성을 요인별로 살펴보면 다음과 같다.

① **조직구조**

- 전 세계적으로 권한의 집중화
- 국내와 해외를 구분하지 않음
- 지역이나 기능부서보다는 사업에 우선순위

② **관리과정**

- 광범위한 조정과정
- 기술의 전 세계적인 공유
- 글로벌 전략정보시스템
- 글로벌 전략기획, 예산편성, 성과평가, 보상

③ 인재

- 다국 근무경력
- 빈번한 여행
- 본사의 외국인 채용

④ 조직문화

- 글로벌 아이덴티티(identity)
- 지구중심적 사고
- 상호 의존적인 문화

10. 글로벌 프로그램의 개발

글로벌전략분석의 마지막 절차는 글로벌 프로그램에 대한 수행계획을 상세하게 규정하는 단계이다. 앞서의 분석절차들은 글로벌 프로그램을 확인하는 과정이기 때문에 이를 수행에 옮기기 위해서는 각각의 글로벌 프로그램에 대한 세부계획이 개발되어야 한다. 글로벌 프로그램에 대한 세부계획에는 프로그램의 책임자, 프로그램의 수행마감일자, 프로그램의 수행에 따른 잠재적인 이익과 비용, 목표, 세부전략 등이 포함되어야 할 것이다.

16장 국제경쟁전략

1절 경쟁전략의 의의

투자수익률을 높이는 한편 장기적으로 산업에서 자신의 위치를 지키며 경쟁기업을 누르기 위한 전략을 본원적 경쟁전략이라고 한다. 이러한 본원적 경쟁전략을 제대로 이해하려면 우선 산업의 수익성을 결정짓는 요인에 대해 알아야 한다.

1. 산업의 수익성 다섯 가지 요인

▌그림 16-1▌ 포터(M. Porter)의 산업구조분석기법(5 force model)

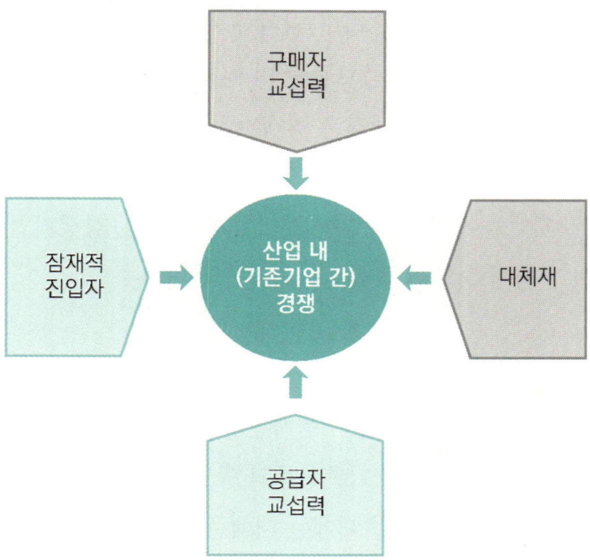

산업에 따라 경쟁상태를 결정하는 주요 요인들은 제각기 다르다. 포터는 산업구조분석 기법(5 force model)을 통해 잠재적 진입자(진입장벽)의 위협, 기존기업 간 또는 산업 내 경쟁 정도, 대체재의 위협, 구매자 교섭력, 공급자 교섭력 등에 의해 산업의 경쟁 정도가 결정된다고 주장한 바 있다. 다섯 가지 경쟁요인은 모두 산업의 경쟁강도와 수익성에 영향을 미치지만 이 중 가장 중요한 몇 가지 요인이 지배적인 영향을 미친다. 따라서 전략을 수립할 때에는 이러한 핵심요인을 파악하는 것이 매우 중요하다.

1) 새로운 진출기업의 위협

잠재적 진출기업이란 새로이 진입하여 실제적인 경쟁기업이 될 가능성이 있는 산업 밖의 기업이다 어느 산업에 새로운 기업들이 진출할 때, 이들 기업은 상당한 자원 및 능력을 확보하고, 이를 이용해서 시장을 확보하려는 강한 의욕을 가지는 것이 보통이다. 이 같은 조건을 갖춘 신규기업이 진출하면 가격이 하락하거나 부대비용이 상승해서 기존기업의 수익성을 떨어뜨릴 가능성이 높아진다. 한편, 어느 산업에 새로이 진출하는 기업이 주는 위협의 정도는 그 산업에 내재된 진입장벽과 신규진출기업이 예상하는 기존업체들의 여러 가지 형태의 대응방법에 의해 좌우된다.

2) 기존기업 간의 경쟁

기존기업 간의 경쟁은 경쟁에서 유리한 위치를 차지하려는 다양한 전략, 즉 가격인하, 신제품 출시, 고객서비스 강화 및 제품보증 등의 형태로 전개된다. 이러한 여러 가지 경쟁전략이 나타나 경쟁을 심화시키는 시점은 경쟁기업들이 외부로부터 경쟁의 압력을 받거나 또는 자신의 산업 내 입지를 강화시킬 수 있는 기회를 발견했을 때이다. 한 기업의 경쟁적 행위가 다른 경쟁기업들에게 바로 영향을 미치기 때문에, 경쟁기업으로부터 대응적인 조치를 불러일으키게 되어 경쟁이 심화된다.

3) 대체품의 압력

일반적으로 대체품은 동일한 기능을 수행하는 이질적인 제품이라고 정의할 수 있는데, 대체품의 존재를 확인하기 위해서는 기존상품과 동일한 기능을 수행하고 있는 제품을 찾으면 된다. 그러나 경쟁전략을 수립할 때에는 대체품을 그렇게 제한적으로 해석해서는 안될 것이다. 특정산업에서 경영활동을 벌이고 있는 기업들은 넓은 의미에서 대체품을 생산하는 산업들과도 경쟁을 벌이고 있는 셈이다. 왜냐하면 대체품이 있는 기업에서는 자신이 목표로 삼고 있는 고객 중 일부가 대체품을 구입하게 됨에 따라 그만큼 고객을 잃어버리기 때문이다. 다시 말해서, 우리 제품을 구입하던 고객이 다른 제품을 구입한다면 그 제품이 우리 제품과 동질적인 제품이건 전혀 성질이 다른 제품이건 우리 제품의 구매자를 빼앗아 가는 경쟁상대가 되는 것이다.

대체품의 존재 및 그 가격수준은 특정산업에서 활동하는 기업들이 이윤을 감안한 가격을 결정하는 데 일정한 상한선을 설정함으로써 그 산업의 잠재적인 수익을 제한한다. 무엇보다도 대체품이 자사의 제품보다 가격 및 효능이 훨씬 좋거나 또는 그 대체품을 생산하는 산업이 높은 이윤을 얻고 있는 경우에는 대체품에 더욱 많은 관심을 기울여야 한다.

4) 구매자의 교섭력

구매자들은 가격인하, 품질향상 또는 서비스 개선을 요구하거나 경쟁기업들을 서로 대립시키는 행위를 함으로써 산업의 수익성을 감소시킬 수 있다. 다섯 가지 경쟁요인 가운데 구매자의 교섭력이 아주 강한 경우에는 무엇보다도 구매자와의 교섭력이 경쟁을 좌우하는 가장 큰 요인이다. 이러한 경우 구매자와의 교섭력에서 우위에 서기 위한 노력과 이들 중에는 교섭력이 약한 구매자를 선택하는 문제가 가장 중요한 전략적 과제가 되는 것이다.

구매자와의 교섭에서 우위에 서기 위해서는 가능한 한 차별화된 제품을 공급하여 교체비용이 높도록 만들어야 하며, 성장에 큰 관심을 갖고 있는, 즉 단기수익성보다는 장기적인 성과를 중요시하는 구매자를 선별하여야 한다. 여러 공급선으로부터 다양하게 공급을 받고 있는 구매자는 가능한 한 멀리해야 한다.

5) 공급자의 교섭력

구매자의 경우와 반대로 공급자가 구매자보다 유리한 상대적 지위를 가지고 있다면, 가격인상이나 판매하는 제품 및 서비스의 질을 떨어뜨리겠다는 위협을 통해 교섭력을 발휘할 수 있다. 유력한 공급자들은 이러한 방법으로 특정산업의 수익성을 잠식할 수 있다. 따라서 공급자가 자신보다 상대적으로 우월한 힘을 가지고 있다면 그 기업은 원료 또는 부품 공급자의 가격인상 때문에 발생한 비용증가를 판매가격에 반영시키지 못하는 경우, 자신의 수익성을 낮출 수밖에 없다.

공급자와의 교섭에서 우위를 점하기 위해서는 다양한 공급자가 존재하고 제품이 차별화되지 않은 산업을 선택해야 하며, 성장에 큰 관심을 지니고 있어 단기수익성에 민감하지 않은 공급자를 선택해야 한다. 그리고 공급자가 공급하는 물량 중에서 자사가 구매하는 비중이 그렇게 크지 않아 신경 쓰지 않아도 되는 공급자를 선택하여야 한다.

이러한 다섯 가지의 경쟁요소 중에서 구매자와 공급자는 기업이 전략적 의사결정에 따라 제휴 혹은 협력의 대상이 된다는 측면에서 반드시 경쟁의 대상으로만 파악하지 말고 협력의 대상으로 파악해야 할 것이다. 그러므로 동일산업에서 경쟁의 범위를 좁혀 본다면 기존경쟁자와 잠재적 진출기업, 대체품이 경쟁의 대상이 되는 경쟁의 축이 될 수 있을 것이다.

한편, 위에서 제시한 다섯 가지 요인들은 현재 기업이 활동하고 있는 산업을 분석하는 데 이용될 수 있을 뿐만 아니라 미래에 진출하려는 산업을 분석하거나 현재 활동하고 있는 산업의 미래 모습을 예측하는 데 이용될 수 있다. 특히 산업구조를 결정하는 다섯 가지 경쟁요인들은 서로 동태적으로 연결되어 있기 때문에 이들 간의 상호 관련성과 동태적인 변화를 분석해 보아야만 비로소 산업의 흐름과 구조를 제대로 파악할 수 있다.

표 16-1 ▌산업구조분석기법상의 주요 요인

구분	내용
산업 내 경쟁	① 산업의 집중도 : 높을수록 수익률이 커짐 ② 제품차별화 : 차별화가 많이 될수록 수익률이 커짐 ③ 초과설비 : 초과설비가 많아지면 수익률이 낮아짐 ④ 퇴거장벽 : 퇴거장벽이 높으면 수익률이 낮아짐
잠재적 진입자 (진입장벽)	① 자본소요량 : 자본소요량이 크면 진입장벽의 역할을 수행 ② 규모의 경제 · 절대적 비용우위 : 규모의 경제나 절대적 비용우위가 진입장벽의 역할을 수행 ③ 유통채널 : 강력하게 형성된 유통채널이 진입장벽의 역할을 수행 ④ 제품차별화 : 소비자에게 인식된 제품이나 상표의 특성은 그 자체가 진입장벽의 역할을 수행
구매자의 교섭력, 공급자의 교섭력	① 정보력 : 구매자나 공급자가 갖고 있는 정보가 많으면 교섭 시 우위를 점할 가능성이 높음 ② 전환비용 : 공급자나 구매자의 전환 시 많은 전환비용이 발생하게 된다면 전환이 어렵고 이는 거래비용을 증가시킬 가능성이 높아짐 ③ 수직적 통합 : 수직적 통합의 가능성이 있다고 하면 통합 가능한 쪽의 교섭력이 높아지게 됨
대체재와의 경쟁	대체재가 많으면 수익력이 감소함

2. 본원적 경쟁전략

▌그림 16-2 ▌포터(M. Porter)의 본원적 경쟁전략

경쟁범위	저원가	차별화
광범위한 시장	원가우위전략	차별화전략
좁은 시장	국가중심전략	차별화중심 집중화

출처 : M. E. Porter, *The Competitive Advantage of Nation*, New York: Free Press, 1990.

1) 원가우위전략

원가우위, 혹은 저원가전략은 경험곡선의 개념을 기본전제로 하여 보편화된 것으로서 특정기업에서 원가를 낮추기 위한 일련의 기능별 정책을 통하여 산업 내에서 원가상의 우위를 달성하는 것이다. 이때 원가상의 우위를 확보하기 위한 구체적인 방법으로서는 적정규모 설비의 건설, 경험에 의한 원가절감 추구, 원가와 총경비에 대한 엄격한 통제, 한계고객과의 거래회피, R&D투자, 서비스, 판매인, 광고 등에 있어서의 원가최소화 등을 생각할 수 있다. 이와 같은 여러 가지 기능분야에서 공통적으로 원가절감의 목표를 달성하기 위해서는 원가통제에 대한 경영자의 계속적인 관심이 필요하다. 물론 품질, 서비스 등의 기타 영역을 무시해도 좋다는 것은 아니고, 다만 경쟁기업에 비하여 낮은 원가를 달성하는 데 저원가전략의 초점이 주어지는 것이다.

원가상의 우위를 확보한 기업은 경쟁이 심한 경우에도 산업 전체의 평균보다 높은 수익을 얻게 된다. 즉, 과도한 경쟁으로 인하여 경쟁기업이 이익을 남기지 못할 때도 원가상의 우위를 가진 기업은 상대적으로 수익을 올릴 수 있게 되는 것이다. 또한 구매자들도 두 번째로 원가가 낮은 기업의 수준으로밖에 가격을 끌어내릴 수 없기 때문에 저원가 선도기업은 강력한 구매자들로부터 보호된다. 이러한 기업은 투입비용증가에 대해서도 탄력성을 갖기 때문에 강력한 공급자들로부터 보호될 수 있다. 원가를 낮게 만드는 요소들은 규모의 경제, 원가상의 이점과 같은 형태로 나타나며, 강력한 진입장벽을 제공하여 잠재적 경쟁자의 진입을 막기도 한다. 물론 원가우위를 가진 기업은 대체품에 대해서 경쟁기업들보다 우월한 위치에 서게 된다.

2) 차별화전략

두 번째 본원적 전략은 기업이 제공하는 제품이나 서비스를 차별화함으로써 산업 전반에 걸쳐서 그 기업이 독특하다고 인식될 수 있는 그 무엇을 창조하는 것이다. 차별화수단으로는 고객에 대한 서비스, 디자인, 상표, 이미지, 기술 등 여러 방법이 있을 수 있다. 한 기업이 여러 가지 분야에서 차별화할 수도 있는데, 차별화전략을 채택한다고 해서 원가를 무시해도 좋다는 것은 아니고 다만 원가가 최우선의 전략적 목표가 아니라는 것뿐이다.

차별화는 일단 달성되기만 하면 저원가전략과는 다른 방법에 의하여 앞서 열거한 산업 내 경쟁을 유발하는 다섯 가지 요소에 대항하여 기업을 보호해 주기 때문에 산업평균 이상의 수익을 올릴 수 있다. 고객에 의한 상표충성도와 가격의 비탄력성으로 인하여 경쟁에 시달리지 않아도 되며, 이윤을 증가시키므로 낮은 원가체계를 반드시 유지해야 할 당위성도 줄어든다. 또한 경쟁기업이 차별화된 기업의 특성을 극복해야 할 필요성 때문에 진입장벽이 높아진다. 구매자는 비교할 만한 대체품이 없기 때문에 가격에 대하여 비탄력적이 되고 교섭능력을 행사하지 못한다. 물론 차별화전략을 채택하여 고객충성도를 높인 기업은 경쟁기업의 대체품에 비해 보다 나은 지위에 있게 된다.

그런데 차별화전략과 높은 시장점유율과는 서로 양립되지 못하는 수가 있다. 차별화는 배타성을 의미하는데 그것은 높은 시장점유율과 어울릴 수 없는 개념이기 때문이다. 그 이유를 좀 더 분석해 보면 다음과 같다. 우선 차별화를 이룩하기 위하여 요구되는 활동이 광범위한 시장조사, 제품설계, 품질 좋은 원자재, 집중적인 고객지원 등 많은 비용을 수반하는 것이라면 제품 및 서비스에 대한 원가는 올라갈 수밖에 없다. 그러나 비록 그 기업의 우수성을 인정한다 하더라도 높은 원가에 상응하는 높은 가격을 기꺼이 지불할 고객은 그리 많지 않은 법이다. 따라서 차별화전략을 추구하는 기업에서는 시장점유율을 올리는 데 일정한 한계가 있는 것이다. 다만 산업에 따라서는 차별화전략을 추구하는 기업이라 할지라도 경쟁기업의 수준과 비슷한 가격을 갖는 것이 불가능하지 않을 것이고, 따라서 이러한 기업에서는 시장점유율을 증가시키는 것이 가능할 수도 있다.

한편, 포터는 특정시장, 즉 특정의 구매자집단이나 제품라인의 일부분 또는 특정지역을 집중적으로 공략하는 집중화전략에 대해서도 언급한 바 있다 차별화전략과 마찬가지로 집중화전략도 여러 형태를 갖는다. 다만 저원가전략이나 차별화전략이 산업 전체의 시장을 대상으로 한 전략임에 비해, 집중화전략은 특정시장에만 전력을 집중하는 전략이라고 할 수 있다. 집중화전략은 광범위하게 경쟁하는 경쟁기업보다 좋은 목표시장을 중점적으로 공략하는 것이 보다 효과적임을 전제로 하고 한다. 따라서 기업은 특정시장을 대상으로 하여 고객의 욕구를 만족시키는 차별화전략을 채택하든지 아니면 원가를 낮춤으로써 그 특정시장에 대한 원가우위를 달성할 수 있다. 또는 양자를 모두 택할 수도 있다.

집중화를 달성한 기업 역시 산업평균 이상의 수익을 올릴 수 있다. 왜냐하면 집중화를 통하여 기업에서는 경쟁우위원천을 방어할 수 있기 때문이다(그 구체적인 내용은 원가우위전략과 차별화전략의 경우와 같다). 예컨대, 가전산업분야에서 아남산업과 인켈 그리고 신일산업은 각기 텔레비전, 오디오제품, 펌프 및 선풍기제품시장에 제한된 자원을 집중시킴으로써 높은 이윤을 올리고 있다. 하지만 전술한 바와 같이 집중화전략은 항상 전반적인 시장점유율 획득에 한계를 갖는다. 그것은 집중화가 수익성과 판매량 사이의 반비례관계를 묵시적으로 내포하기 때문이다.

표 16-2 포터(M. Porter)의 본원적 경쟁전략의 주요 내용

구분	차별화전략	원가우위전략	집중화전략
특징	• 수요의 가격탄력성이 낮음 • 진입장벽이 높음	• 수요의 가격탄력성이 높음 • 규모의 경제효과가 큼	• 자원이 적은 기업이 사용 가능
장점	• 소비자의 욕구를 잘 충족시켜 줄 수 있음 • 소비자에게 제공된 편익으로 가격을 향상시킬 수 있음	• 표준화의 추구로 비용을 절감할 수 있음 • 절감된 비용으로 이익을 높일 수 있음	• 특성화된 시장에 전문성을 높일 수 있음 • 높아진 전문성으로 가격을 높일 수 있음
단점	• 경쟁자의 모방으로 경쟁우위가 사라질 수 있음	• 소비자의 다양한 욕구를 충족시킬 수 없음	• 리스크가 증가함

3) 어중간한 상태

본원적 전략은 경쟁 결정요소에 대항하여 생존하고자 하는 상호 대체적인 전략이다. 반면, 본원적 전략 중 어느 하나도 수행하지 못하는 어중간한 상태에 있는 기업은 아주 곤란한 상황에 놓여 있는 셈이다. 즉, 그 기업은 시장점유율, 자본투자, 원가우위, 차별화, 집중화 등이 결여되어 있는 상태인 것이다.

어중간한 상태에 놓여 있는 기업은 대부분 낮은 수익성에 시달린다. 그들은 낮은 가격을 요구하는 대규모 고객을 잃거나 원가우위를 확보하고 있는 경쟁기업에 밀려 이익을 포기해야 한다.

적재용 트럭산업에 있어서 미국 내에서뿐만 아니라 세계적으로도 높은 시장점유율을 점하고 있었던 클라크 장비회사(Clark Equipment)가 어중간한 상태에 빠진 적이 있다. 도요타(Toyota)사와 고마쓰(Komatsu)사 등 일본제조업체가 대량고객만을 대상으로 생산원가를 최소화하고, 수송비를 상쇄하고도 남을 일본의 저렴한 철강가격을 이용하여 최저가격으로 침투하는 전략을 채택했기 때문이다. 클라크사는 다양한 제품라인과 낮은 원가절감에 대한 관심이 결여되어 있었기 때문에, 시장점유율이 높기는 했지만 원가우위를 확보하지 못하고 있었다. 반면, 대형 적재용 트럭에 중점을 두고 R&D에 많은 투자를 아끼지 않았던 하이스터(Hyster)사는 기술상의 명성과 제품차별화를 통하여 강력한 지위를 구축했다. 그 결과 클라크사의 수익은 하이스터사에 비해 낮게 나타났다.

또한 대한전선의 가전사업부문의 경우, 금성사(현 LG전자)나 삼성전자처럼 막대한 자본투자와 이미지 구축을 기반으로 저원가전략에 의해 높은 시장점유율을 확보하지 못했으며, 아남산업이나 인켈, 신일산업처럼 차별화 내지 집중화전략을 통해 높은 수익률을 추구하지도 못한 어중간한 상태에 놓여 있었기 때문에 결국 1981년 대우그룹에 가전사업부문을 넘기지 않을 수 없었던 것이다.

어중간한 상태에 처한 기업은 새로운 전략적 의사결정을 내려야 한다. 원가우위나 적어도 경쟁기업과 동일한 원가수준을 유지하는 조치를 취하든지 아니면 특정목표에 집중하거나(집중화) 기업특성을 가져야(차별화) 한다. 특히 원가절감을 위해서는 대규모 투자를 필요로 하는 현대화를 도모하거나 시장점유율을 높일 수도 있다. 그리고 이러한 본원적 경쟁전략을 철수하는 방안도 고려할 수 있다.

집중화나 차별화는 시장점유율의 저하나 절대판매액의 감소를 초래하므로 본원적 전략 중에서 어떤 것을 선택하느냐 하는 문제는 필연적으로 기업의 능력과 한계에 달려 있다. 각 본원적 전략을 성공적으로 수행하는 데는 서로 다른 자원과 능력, 조직관리 스타일이 적용되어야 하며, 모든 분야에 적합한 능력을 가진 기업은 극히 드물다.

일단 어중간한 상태에 빠져들게 되면, 그 상황에서 벗어나기 위하여 많은 시간과 지속적인 노력이 소요된다. 어려움에 처한 기업은 본원적 전략 사이에서 우왕좌왕하는 경향을 볼 수 있고, 일관성의 결여로 말미암아 실패의 가능성은 더욱 높아진다.

저원가우위는 반드시 높은 시장점유율이 아니더라도 달성할 수 있다. 그 예로 적재용 트럭에서 2위를 달리고 있는 하이스터사는 동종 산업이 여러 소규모 제조업체보다 높은 수익을 올리고 있다. 소규모 기업들은 원가우위를 이룩할 만큼 큰 시장점유율을 갖지 못하고 있으며, 원가우위를 상쇄시킬 만큼 충분한 제품차별화도 이루지 못했기 때문이다.

따라서 가장 중요한 것은 특정기업에 가장 적합한 전략이 무엇인가를 판단하고 선택하는 문제이다. 기업의 능력에 가장 적합한 동시에 경쟁기업이 쉽사리 모방할 수 없는 전략이야말로 그 기업에게 최선의 전략이다.

3. 글로벌화와 경쟁전략

고샬(S. Ghoshal)은 국제경영전략의 목적을 크게 세 가지로 구분하였다.[1] 그 첫 번째는 현재의 경영활동으로부터 효율성을 극대화하는 것이며, 두 번째 목적은 거시경제적인 위험, 각국 정부의 정책변화로 인한 위험, 경쟁기업으로부터의 위험, 자원확보 측면에서의 위험 등을 관리하고자 하는 것이며, 세 번째 목적은 학습을 통해 새로운 환경에 효과적으로 적응하고 혁신을 이루어 내는 것이다.

포터는 경쟁전략의 측면에서 이러한 목적을 달성하기 위한 수단을 확보하는 데 글로벌화가 커다란 시사점을 제공해 준다고 보았다. 앞서 본원적 경쟁우위로서 원가우위와 차별화우위를 언급한 바 있는데, 글로벌화는 국가 간의 차이, 범세계적인 규모의 경제, 범세계적인 범위의 경제를 통해 본원적 경쟁우위의 원천을 제공해 준다.

1) 국가 간의 차이

글로벌화는 기업으로 하여금 국가 간에 발생하는 노동비용, 자본비용, 여타 생산요소비용의 차이를 활용함으로써 원가를 절감할 수 있도록 해준다. 이러한 생산요소비용의 국가 간 차이에 따른 비교우위는 경쟁우위의 원천으로서 가장 일반적으로 논의되고 있다.

각국은 요소부존도 측면에서 서로 다르다. 기업이 수행하는 가치창출활동 역시 요소집약도 측면에서 상이하다. 따라서 기업은 각각의 가치창출활동이 집약적으로 사용하는 생산요소의 비용이 가장 저렴한 국가에 가치활동을 배열하는 경우 비용상의 우위를 누릴 수

---

1) Sumantra Ghoshal(1987), "Global Strategy : An Organizing Framework", *Strategic Management Journal*, pp.425-440.

있게 된다.

각각은 생산요소 측면에서뿐만 아니라 제품 · 시장 측면에서도 역시 다르다. 국가에 따라 소비자의 기호, 유통체계, 정부규제 등이 상이하다. 따라서 글로벌화를 통해 기업들은 국가별 시장특성에 부합하는 제품을 공급함으로서 제품의 교환가치를 극대화시킬 수 있는 기회를 갖게 된다.

2) 글로벌한 규모의 경제

규모의 경제란 생산규모가 증가함에 따라 단위당 생산비가 감소하는 것을 의미한다. 글로벌화가 제공해 주는 새로운 시장을 통해 기업은 생산, 마케팅, 재무, R&D, 물류활동과 같은 가치창출활동에서 규모의 경제를 달성할 수 있게 된다.

비록 규모의 경제가 정태적인 개념이긴 하지만, 규모의 확충 속에 내재하고 있는 학습효과를 통해 동태적인 이익이 창출될 수도 있다. 다시 말해서, 규모의 경제를 충분히 확보할 수 있을 정도로 생산량을 확대하는 기업은 누적생산량이 두 배 증가함에 따라 생산원가가 일정비율로 하락하는 경험곡선효과를 누릴 수 있다.

3) 글로벌한 범위의 경제

범위의 경제는 다수의 제품을 연계하여 생산할 때 소요되는 비용이 각각의 제품을 별도로 생산하는 경우 소요되는 비용보다 더 적은 경우를 의미한다. 다각화된 기업의 경우, 생산설비나 상표명과 같은 자산을 여러 사업에서 또는 여러 시장에서 공유할 수 있다. 글로벌 브랜드의 활용은 그 대표적인 예이다. 글로벌화는 기업으로 하여금 다양한 이해관계자들과의 외부관계를 공유하도록 함으로써 범위의 경제를 달성할 수 있도록 해준다. 끝으로 글로벌화를 통한 지식의 공유 역시 범위의 경제를 달성할 수 있는 원천을 제공해 준다. P&G사가 미국, 유럽, 일본 등 서로 다른 국가에 위치한 자회사들이 개발한 기술을 결합하여 새로운 제품을 출시한 것이 그 대표적인 예이다.

요컨대, 글로벌화는 무한경쟁환경하에서 기업들이 본원적 경쟁우위를 달성할 수 있는 기회를 제공해 준다.

2절 국제경쟁전략에 대한 이해

1. 국제경쟁전략의 의의

오늘날 다국적기업의 경영자들이 중요시하는 이슈들 가운데 하나는 자신이 수행하고 있는 사업을 국가별로 흩어져 있는 사업의 단순한 집합이라는 개념에서, 국제경영전략을 수행하는 하나의 통합된 사업의 개념으로 전환시키는 방안에 관한 것이다. 글로벌하게 전략을 통합하는 접근방법은 국가별로 현지소비자의 요구에 적합한 제품을 개발, 생산, 판매하는 데 초점을 맞추는 '다국가적 접근방법(multinational approach)'과 대조를 이룬다. 최근 들어 많은 문제점이 지적되고 있는 '다국가적 접근방법', 즉 '다국가전략(multilocal strategy)'에 대응되는 용어가 바로 '글로벌전략(global strategy)'이다.

많은 경영자들은 자신의 사업이 글로벌산업에 속하는지, 과연 글로벌전략을 추구해야 하는지에 대해서 궁금해 하고 있다. 다시 말하면, 그들 산업이 어느 정도 글로벌화되어 있는지 그리고 그들의 사업전략이 어느 정도 글로벌화되어야 하는지에 대하여 알고 싶어 한다. 이는 모든 산업이 글로벌화를 촉진하는 또는 글로벌 잠재력을 갖는 측면이 있기 때문이라 할 수 있다. 물론 산업에 따라 글로벌화를 촉진하는 요인이 더 많이 또는 더 적게 영향을 미칠 수도 있으며, 전략의 구성요소에 따라 직면하는 글로벌화의 정도가 달라진다.

한편, 어떤 산업이 국가별 시장 간에 연계되어 있는 경우 글로벌하다고 말할 수 있으며, 전략도 국가 간에 통합되어 있다면 글로벌하다고 할 수 있다. 그러나 글로벌전략을 제품의 표준화, 전 세계적인 판매망의 확보, 글로벌 생산네트워크 구축 등과 같은 어느 한 부분만을 설명할 수는 없으며, 상황에 따라 변화할 수 있는 다양한 부문들의 집합개념으로 이해하는 것이 바람직하다.

최근에는 해외시장으로 제품판매를 확대한다는 의미에서 기업의 국제화를 촉진하는 요인들뿐만 아니라, 전 세계시장을 대상으로 전략을 통합한다는 의미에서 기업의 글로벌화를 촉진시키는 요인도 다양해지고 있다. 특히, 최근의 환경변화를 살펴보면, 대부분의 산업에서 글로벌전략이 다국가전략보다 성공할 가능성이 커지고 있음을 알 수 있다. 더구나 이러한 변화가 가속화됨에 따라 글로벌전략을 수행하는 것이 필수불가결한 생존요소가 되고 있다.

무엇보다도 글로벌화를 촉진하는 가장 큰 요인은 글로벌하게 통합된 새로운 글로벌 경쟁자가 나타났다는 사실이다. 특히, 일본기업들이 추구하는 글로벌경쟁의 통합적 접근방식이야말로 그들이 서구시장을 지배할 수 있게 된 주요 원인이었다. 통신 및 정보혁명 역시 글로벌경영을 가능하게 한 장본인이다. 항공, 교통, 컴퓨터, 위성 및 통신의 발전은 지리적으로 멀리 떨어진 자회사들과 의사소통하고, 이들을 통제할 수 있도록 만들었다. PC통신과 인터넷 역시 가장 극적인 변화 중 하나일 것이다.

입(G. S. Yip)의 주장에 따르면 성공적인 글로벌전략은 크게 세 단계의 절차를 통하여 수행된다.[2)]

첫 번째 단계는 핵심전략을 개발하는 단계이다. 핵심전략이란 지속적인 전략적 우위의 원천으로서 처음에는 대개 본국에서 개발되는 경우가 많다. 이러한 핵심전략의 기반이 없다면 글로벌전략에 대하여 논의할 필요도 없다. 일반적으로 회사 내의 개별사업(분리 가능한 경우)들은 각각의 고유한 핵심전략을 필요로 한다.

두 번째 단계는 핵심전략을 국제화하는 단계인데, 기업활동의 국제화와 더불어 핵심전략의 현지국별 적응을 통하여 이루어진다. 그리고 이러한 현지국별 국제화를 어느 정도 이루고 있는 기업만이 다음 단계의 글로벌전략을 실천할 수 있게 되는데, 이는 글로벌전략이 종종 일반적인 국가별 국제화의 원칙들을 깨는 데서 출발하기 때문이다.

마지막 단계는 국제화전략을 글로벌화하는 단계이다. 이는 현지국가별 전략을 통합함으로써 달성된다. 앞서 언급한 국제화전략이 갖는 문제점을 극복하고 세계시장에서의 경쟁우위를 확보하기 위해서는 기존의 활동을 글로벌한 범위에서 통합하고 관리하는 전략이 필요하다.

앞에서 언급한 바 있는 다국가전략은 개별현지국에서의 경쟁우위, 판매, 이익을 극대화함으로써 사업성과 극대화를 추구하는 전략인 반면, 글로벌전략은 현지국별 사업의 공유(sharing) 및 통합(integration)을 통해 사업성과 극대화를 추구하는 전략이다. 물론 두 전략의 중간적 위치도 가능하다.

2) George S. Yip, *Total Global Strategy*, Prentice-Hall, 1995.

2. 국제경쟁전략에 대한 접근방식

1970년대 중반 이후 전자, 자동차 등 일부 산업에서는 전 세계를 하나의 시장으로 파악하는 소위 범세계적 경쟁이 새로운 경쟁의 양상으로 확연히 부각되었으며, 기술의 발달, 교통 · 통신의 발달, 구매자 욕구의 변화 등으로 경쟁의 범세계화현상은 더욱 심화되고 있다. 이러한 경쟁양상은 소위 범세계적 기업에 의해 구체화되고 있다.

여기서는 이들 기업의 국제경영전략을 알아보기 위한 분석의 틀에 관해 살펴볼 것이다. 특히, 비교우위(comparative advantage)와 경쟁우위(competitive advantage)를 통해 국제경쟁력을 파악했던 코긋(Bruce Kogut)의 견해와 가치활동의 범세계적 배열과 조정을 통한 범세계적 경쟁전략으로부터 도출되는 기업특유의 경쟁우위를 국제경쟁력의 결정요인으로 보고 있는 포터(Michael E. Porter)의 이론을 살펴보기로 하자.

1) 비교우위와 경쟁우위의 결합전략

코긋(B. Kogut)은 다국적기업이 국내기업보다 우위에 있는 것은 범세계적 조직망을 통해 자원을 탄력적으로 운용하는 데[3]에 있다고 보고 국가특유의 비교우위와 기업특유의 경쟁우위를 결합한 범세계적 전략을 구성하였다. 이러한 그의 견해는 기존의 무역이론과 해외직접투자이론에서 각각 비교우위와 경쟁우위의 개념을 도출하여 결합한 것으로 새로운 국제경쟁의 양상과 이에 상응한 전략을 제시하였다는 점에서 의의가 있다.

그러나 그가 제시한 해외직접투자를 가능케 하는 경쟁우위의 개념은 기존의 견해와는 차이가 있다. 즉, 기존의 해외직접투자이론이 최초의 투자가 어떻게 이루어지는가에 초점을 맞추어 이를 가능하게 하는 구조적 요인들을 강조한 데에 반해, 코긋은 다국적기업에 의한 해외직접투자를 다국적기업시스템에서 창출되는 제반 효율성을 누리기 위한 연속적 과정이라고 보았다. 다시 말해서, 이미 이루어진 해외직접투자를 바탕으로 기업의 다국적성(multinationality)에서 얻을 수 있는 정보상의 경제, 각국의 제도적 차이를 이용한 재정거래이익, 운영상의 탄력성 등을 계속 확보하기 위해 해외직접투자는 연속적으로 일어난다는 것이다.

코긋은 국제경쟁전략을 수립함에 있어 제기되는 두 가지의 기본적인 문제, 첫째 국경선

---

3) Bruce Kogut, "Designing Global Strategies : Comparative and Competitive Value-added Chained", *Sloan Management Review*, Summer, 1985.

을 넘어 사업활동을 전개할 경우 부가가치사슬(value added chain)에서 어느 곳을 연결할 것인가와, 둘째 어떠한 활동에 기업이 경영자원을 집중시켜야 할 것인가의 문제를 각각 비교우위와 경쟁우위로 설명하고 있다. 여기에서 비교우위는 입지특유의 우위로 국가 간 요소비용의 차이에 기인하며, 경쟁우위는 기업특유의 우위로 기술, 상표, 정보 등의 기업 간 차이에서 발생한다. 요소비용의 차이로 인하여 부가가치사슬의 국제적인 연결이 필요하며, 기업은 자신들이 집약적으로 사용하는 요소에서 비교우위를 갖는 국가에 필요한 기업활동을 집중시켜야 한다. 국가 간 요소비용에 차이가 없을 경우에도 기업 간 경쟁우위의 차이에 의한 경쟁은 가능한데 이는 부가가치사슬의 구성을 어떻게 하느냐에 따라 누릴 수 있는 경제성이 달라질 수 있기 때문이다. 따라서 경쟁유형은 비교우위에 의한 경쟁, 경쟁우위에 의한 경쟁 및 비교우위와 경쟁우위를 결합한 경쟁으로 나누어 볼 수 있다. 그러면 우선 비교우위와 경쟁우위의 원천에 대하여 살펴보기로 하자.

(1) 비교우위의 원천과 변화

리카도(D. Ricardo)와 헥셔-올린(E. Hecksher-B. Ohlin)의 비교우위설은 비교우위의 원천을 재화, 생산비용의 상대적인 격차로 설명하고 있다. 이후 비교우위는 생산비용 측면뿐만 아니라 수요의 측면, 기술의 측면 등으로 확장되어 레온티에프(W. Leontief)의 역설, 인적자원이론, 기술격차이론, 제품수명주기이론, 대표수요이론, 산업 내 무역이론 등으로 확장되어 새로운 무역이론으로 발전해 왔다. 이러한 비교우위는 입지특유의 우위(location-specific advantage)로서 자원조달시장과 제품판매시장을 결정하는 데 영향을 미친다.

그러나 요소비용의 국가 간 차이에 의한 비교우위의 개념에서는 혁신(innovation)과 규모의 경제(economy of scale)를 고려하지 않아 기업의 국제경쟁양상을 설명하기에는 한계가 있고, 운송비용이나 관세 등으로 인해 비교우위사슬의 배열순서도 왜곡될 수 있다. 또한 기술발전이 빠르고 학습효과가 큰 산업분야에서는 비교우위구조의 순차적인 변화를 기대하기도 어렵다. 따라서 전반적인 국제경쟁전략을 모색하기 위해서는 어느 기업보다 더 잘할 수 있다는 기업특유의 경쟁우위 개념을 도입할 필요가 있다.

(2) 경쟁우위의 변천

경쟁우위는 기업특유의 우위로 최대의 이익을 내면서 투입요소를 제품과 서비스로 변형시킬 수 있는 기업 간의 능력의 차이에 기인한다. 이러한 경쟁우위는 어느 기업이 동종

산업 내의 타기업과 달리 부가가치사슬에 있는 제반활동과 기술 중 어느 활동과 기술에 그들의 경영자원을 집중하느냐에 따라 영향을 받는다. 코굿은 경쟁우위를 누릴 수 있는 부가가치사슬에서의 특징을 다음과 같은 세 가지로 구분하였다.

① 규모의 경제

규모의 경제(economies of scale)란 절대생산량이 늘어남에 따라 제품이나 제품생산에 필요한 제반기능의 원가가 하락하는 것을 말한다. 이러한 규모의 경제는 생산, 구매, R&D, 마케팅, 서비스조직, 판매요원활용, 유통 등 경영활동의 거의 대부분에서 나타난다.

② 범위의 경제

범위의 경제(economies of scope)는 다사업부제(多事業部制)기업의 성장과 이러한 기업의 전략적 능력을 국제적으로 활용하는 데에 있어 중요한 개념으로서 제품라인과 관련하여 생각할 수 있다. 기업은 제품계열을 증가시킴으로써 특정한 생산활동에서 범위의 경제를 누릴 수 있다. 범위의 경제는 기업이 여러 종류의 제품을 생산하거나 동일한 생산 및 서비스 시설, 경험을 바탕으로 서비스활동을 수행할 때에 나타난다. 예를 들어, 산업용 전자산업과 가전산업을 병행하고 있는 기업은 시설 및 노하우의 공유로 단일사업만을 영위하고 있는 경쟁자보다 저렴한 비용으로 공통부품을 생산할 수 있다.

마케팅 면에서도 광고비나 판매원에 대한 고정비용을 여러 제품에 분산시킴으로써 범위의 경제를 누릴 수 있다. 따라서 독특한 기본적 우위(unique basic advantages)를 제공하는 데 있어서는 범위의 경제가 규모의 경제보다 더 중요하다고 할 수 있다. 범위의 경제를 누리고 있는 기업이 어느 하나의 제품라인을 해외로 이전시키면 여타 제품의 경제성도 변하게 된다.

③ 학습의 경제

학습(learning)은 직무상 경험에 의해 습득되는 개인적인 것과 기업의 조직적인 활동에 체화된 기술적 경험 두 가지가 있다. 이러한 학습은 일정기간 누적생산량이 증가함에 따라 제품의 단위원가가 감소하는 경향을 나타내는 경험곡선에 따른 경제를 발생시키며, 쉽게 이전되거나 복사할 수 있는 성격의 것이 아니기 때문에 기업으로 하여금 경쟁우위를 유지할 수 있도록 해준다.

(3) 비교우위와 경쟁우위의 결합

코굿은 기업특유의 경쟁우위와 입지특유의 비교우위의 유무에 따라 기업이 전개할 수 있는 국제경영전략의 유형을 다음과 같이 구분하였다. 첫째, 비교우위는 있으나 기업의 경쟁우위가 없는 경우에 국가 간 비교우위의 차이에 따라 산업 간 무역을 전개하든지 기업의 국제적인 수직적 통합전략으로 전후방 연계효과를 도모하도록 한다. 둘째, 비교우위는 없으나 기업의 경쟁우위가 있는 경우, 산업 내 무역이나 기업의 국제적인 수평적 통합전략을 구사한다. 셋째, 비교우위와 경쟁우위가 모두 있는 경우 시장침투와 원료조달입지를 다르게 배열하여 국제적인 수직적 · 수평적 통합을 이룩한다.

이와 같은 국제경영전략의 유형은 국제경쟁력의 원천이 어디에 있는가를 보여주고 있으며, 코굿은 국제경쟁력은 규모의 경제, 범위의 경제 및 학습에 의한 기업특유의 경쟁우위와 국가특유의 비교우위가 결합됨으로써 창출되고 국제경쟁력의 유무에 따라 국제경영활동의 형태가 결정된다고 주장하고 있다.

2) 가치활동의 범세계적 배열 · 조정의 전략

포터는 경쟁력의 원천이 기본적으로 기업특유의 경쟁우위에 있으며, 국제경쟁력 역시 상대적 비용위치와 차별화에 따른 경쟁우위에서 창출된다고 하였다. 이러한 경쟁우위는 설계, 생산, 마케팅, 배달, 지원활동 등 기업이 수행하는 수많은 개별활동으로부터 나오는 것이기 때문에 기업을 전체적으로 보아서는 그 개념을 이해할 수 없으며, 가치사슬(value chain)이란 개념을 도입하여 가치사슬상의 기업활동을 범세계적으로 배열(configuration)하고 조정(coordination)함으로써 다국적기업이 택할 수 있는 전략대안을 제시하였다.[4)] 이하에서는 포터가 도입한 가치사슬의 개념과 경쟁우위의 원천을 살펴보고 기업가치활동의 범세계적 배열과 조정을 통한 범세계적 경쟁전략과 이로부터 도출되는 국제경쟁력에 대하여 알아보기로 하자.

(1) 가치사슬의 개념과 구성

기업의 가치사슬은 가치체계(value system)라는 더 큰 일련의 활동 속에서 존재한다. 기업이 수행하는 설계, 생산, 마케팅, 지원활동 등 모든 활동은 가치사슬에 나타나며 동종산

4) Michael E. Porter, “Competition in Global Industries : A Conceptual Framework”, in M. E. Porter(eds.), *Competition in Global Industries*, Harvard Business School Press, 1986.

업 내의 기업들은 비슷한 가치사슬을 갖기도 한다. 그러나 경쟁기업의 가치사슬은 서로 차이가 있으며, 이러한 가치사슬상의 차이가 경쟁우위의 주요한 원천으로 작용하고 있다.

본원적 가치사슬에 있는 활동을 세분하면 여러 개의 개별활동으로 다시 나눌 수 있으며 각각의 범주가 모든 개별활동으로 분리될 때에 완전한 가치사슬이 형성된다. 한편, 가치사슬 내의 연계(linkage)는 기업 내부의 가치활동을 연결시킬 뿐만 아니라 유통 · 공급업자의 가치사슬과도 상호 의존관계를 형성한다. 이러한 상호 의존적 관계는 특정활동이 다른 활동의 비용이나 효과에 영향을 미칠 때 발생하며, 여러 활동을 수행할 경우에는 상충관계(trade-off)를 유발시키기도 한다. 예를 들어, 제품설계나 원자재에 많은 비용이 투입되면 판매 후 서비스를 위한 비용지출을 줄일 수 있다.

(2) 경쟁우위의 원천

기업의 경쟁우위는 앞에서 살펴본 원가우위전략이나 차별화전략 등 본원적 전략에 따른 비용상의 우위나 차별화우위 등에서 발생한다.

① 비용우위

기업의 비용상 지위는 가치활동에 대한 비용행태(費用行態)에 따라 결정되며, 비용행태는 비용에 영향을 미치는 비용인자(cost driver)에 따라 변한다. 기업의 가치활동에 영향을 미치는 주요 비용인자로는 규모의 경제 또는 비경제, 학습, 생산능력의 이용패턴, 연계, 상호관계, 통합시기선택, 자유재량적인 정책, 입지, 제도적 요인 등이 있다. 이러한 비용인자를 분석해 봄으로써 기업은 자신의 상대적 비용위치와 그 변화를 파악할 수 있으며, 이에 따라 비용우위를 확보하기 위한 비용인자의 통제나 가치사슬의 재구성을 추진할 수 있다. 또한 가치사슬을 이용하여 비용우위의 원천을 탐색할 수도 있다.

② 차별화우위

기업은 구매자에게 자기 회사 제품의 독특성(uniqueness)을 보여주기 위해 경쟁자와의 차별화를 추진한다. 차별화는 기업이 갖는 중요한 경쟁우위요소로 차별화의 정도에 따라 산업구조가 결정된다.

③ 기술우위

기술변화는 경쟁을 촉진하는 강력한 요인으로 새로운 산업을 창출하거나 산업구조를 변화시키는 데 큰 영향을 미친다. 그러나 기술개발 자체가 기업의 수익성을 제고하는 것은 아니고, 개발된 기술이 경쟁우위를 가져다줄 때 기업의 입장에서 바람직한 것이 된다. 기술과 관련하여 기업은 개별활동의 집합일 뿐만 아니라 기술의 집합이기도 하다. 기술은 기업의 모든 가치활동에 체화되며 기술변화는 경쟁에 큰 영향을 미친다.

그러면 과연 어떠한 기술이 기업에 경쟁우위를 가져다줄 수 있는가? 포터는 기술변화의 바람직한 방향으로 다음 네 가지를 들고 있다. 기술적 변화가 비용을 낮추거나 차별화의 수준을 높이면서 그러한 우위가 지속될 때, 기술적 변화가 기업에 유리한 방향으로 비용 또는 비용인자를 변화시킬 때, 기술의 개발이 선도적인 시장진입전략에 우위를 제공할 때, 기술적 변화가 전반적인 산업구조를 개선시킬 때 등이다. 이와 같은 기술변화는 산업 내 기존기업 간의 경쟁구조 및 산업의 수익성에 지대한 영향을 미치며, 비록 어떠한 변화나 기술의 개발이 기업에 경쟁우위를 가져다주었다 할지라도 산업 전체의 수익성을 악화시킴으로써 기업의 장기적인 수익성에 부정적인 영향을 미치기도 한다. 따라서 경쟁우위 확보를 위한 기술전략을 수립할 때에는 자사의 경쟁적 지위변화뿐만 아니라 산업의 전반적인 수익성도 함께 고려하여야 한다.

(3) 가치활동의 범세계적 배열과 조정

포터는 가치활동의 범세계적 배열과 조정을 통한 범세계적 경쟁전략에서 기업특유의 경쟁우위가 도출되며, 이러한 경쟁우위가 국제경쟁력을 결정한다고 보았다.

기업은 가치활동의 배열과 조정을 통해 비용우위와 차별화를 실현할 수 있으며 이러한 비용우위와 차별화로 범세계적 경쟁에서 우위를 점할 수 있다.

그러면 가치활동의 배열과 조정을 통해 기업이 택할 수 있는 국제경쟁전략의 유형에는 어떤 것이 있는가? 다음은 가치활동의 지역적 집중정도와 조정수준에 따른 네 가지 국제경쟁전략의 유형을 나타낸다.

첫 번째는 기업의 가치창출활동을 지역적으로 집중시키고 가치활동의 조정도 엄격히 하는 것이다. 이는 가장 단순한 범세계적 전략으로 가능한 한 가치창출활동의 대부분을 특정국가에 집중시키고, 구매자와 인접해서 수행해야 할 활동들만 예외적으로 분산시키되 표준화를 통해 엄격히 조정하는 것이다.

이러한 전략은 1960년대와 1970년대에 걸쳐 저원가에 의한 경쟁우위를 누리려는 도요타와 같은 일본기업들에 의해 많이 채택되었다. 복사기 제조업체인 제록스(Xerox)의 경우, 여타 활동은 세계적으로 분산시켜 합작투자 등을 통해 수행하였으나 R&D활동만은 미국에 집중시켰다. 그러나 제반 가치창출활동을 엄격히 조정함으로써 제록스 상표, 마케팅기법, 애프터서비스 등은 거의 전 세계적으로 표준화되어 있다.

두 번째는 가치활동을 지역적으로 집중시키되 가치활동의 조정은 별로 하지 않는 것이다. 이는 마케팅활동의 분산에 의한 수출 위주의 전략이다. 사진기 제조업체인 캐논(Canon)의 경우, 가치창출을 위한 제조 및 대부분의 지원활동을 일본에서 행하였다. 이에 따라 마케팅활동을 위한 해외현지법인들은 캐논상표를 사용하는 의무 외에는 별다른 제약을 받지 않았다.

세 번째는 가치활동을 지역적으로 분산시키되 가치활동의 조정은 엄격히 하는 것이다. 이러한 전략을 수행하기 위해서는 자회사 간의 활동을 폭넓게 조정할 수 있어야 할뿐만 아니라 엄격히 통제할 수 있는 고도의 해외직접투자가 이루어져야 한다.

네 번째는 가치활동을 지역적으로 분산시키면서 가치활동의 조정은 별로 하지 않는 전략이다. 이는 어느 한 국가에서만 영업활동을 하는 다국적기업이나 국내기업이 택하는 국가중심의 국제경쟁전략이다.

미국의 제너럴모터스사(GM)는 이러한 국가중심적인 국제경쟁전략을 채택해 온 전형적인 기업이다. GM은 세계 도처에 생산시설을 갖추고 상표까지도 지역별로 달리 사용하여 현지국중심의 국제경쟁전략을 전개해 온 다국적기업이라고 할 수 있다.

이상의 네 가지 전략은 가치활동의 조정과 배열의 극단에 위치한 전략으로 가치활동의 조정수준과 지역적 집중 정도에 따라 국제경쟁전략을 수행하는 기업의 위치는 정해질 것이다. 이러한 가치활동의 지역적 배열과 조정의 궁극적인 목적은 경쟁우위의 획득이기 때문에 자사의 국제경쟁상의 위치가 동태적으로 변화함에 따라 기업의 국제경쟁전략 역시 적절히 수정되어야 한다.

3. 국제경쟁전략의 특성

통합된 국제경쟁전략을 통하여 기업은 다음에 열거하는 네 가지 주요 혜택 중 하나 또는 그 이상을 누릴 수 있다.

첫 번째로 통합된 국제경쟁전략은 규모의 경제 , 생산요소비용의 절감, 대량집중생산, 유연성 확보, 협상력 제고 등 다방면으로 생산원가를 절감시킬 수 있다. 구체적으로 살펴보면, 2개국 이상에서 이루어지는 생산 또는 기타 경영활동을 통합함으로써 규모의 경제를 달성할 수 있으며, 생산 또는 여타 경영활동을 저임금국가로 이전함으로써 생산요소비용을 절감시킬 수 있고, 다양한 현지적응제품을 생산하지 않고, 그 숫자를 줄여 소수의 글로벌한 제품만을 생산하는 집중생산이 가능하며, 일정시점에서 주어진 시간에 가장 낮은 비용으로 생산할 수 있도록 생산지역을 글로벌하게 조정함으로써 생산의 유연성을 증대시킬 수 있고, 생산입지를 언제든지 다른 국가로 이동할 수 있다는 사실은 해당 공급업자, 노동자, 현지국 정부에 대한 국제기업의 교섭력을 향상시킨다.

두 번째로 통합된 국제경쟁전략은 제품과 프로그램의 질을 향상시킨다. 다국가전략에서와 같이 많은 종류의 제품과 프로그램을 제공하는 것보다 소수의 제품과 프로그램에 집중하는 것이 제품과 프로그램 모두의 질을 높일 수 있게 한다. 이러한 범세계적인 집중전략을 통해 일본 자동차산업이 성공할 수 있었던 것이다

통합된 국제경쟁전략이 제공해 주는 세 번째 이점은 소비자선호도 제고이다. 세계 어느 시장에서도 구입할 수 있고, 서비스도 가능하며 글로벌한 인지도가 있는 제품이라면 소비자에게 강화작용(reinforcement)을 일으켜 선호도를 제고시킨다. 청량음료나 패스트푸드 등은 이러한 전략이 적용되는 대표적인 제품이다. 신용카드업과 같은 금융서비스업도 국내 및 세계여행과 관련하여 국제적인 수준의 서비스가 제공되어야 한다. 소비재뿐만 아니라 산업재의 경우도 이러한 전략을 활용할 수 있다. 다국적고객에게 표준화된 제품을 전 세계적으로 공급할 수 있는 기업의 경우, 국제경영전략의 혜택을 향유할 수 있으며, 대부분의 유명한 컴퓨터회사가 그 좋은 예이다.

마지막으로 통합된 국제경쟁전략은 기업의 경쟁능력을 향상시킨다. 국제경쟁전략은 경쟁자들에 대해 보다 많은 공격과 반격의 기회를 제공한다. 예를 들어, 미국의 의료기기 생산업체인 디킨슨(Dickinson)사는 일회용 주사기제품시장에서 일본기업이 경쟁자로 부각되는 것을 막기 위해 일본의 기존 주력시장인 홍콩, 싱가포르, 필리핀시장에 진출하여 일본의 추가적인 시장침투를 막으려 하였다.

하지만 국제경쟁전략을 수행하면 본사의 조정활동 및 본사로의 보고사항이 증가하며, 스태프에 대한 신규충원 필요성 등이 발생하여 관리비용을 상당히 증가시킨다. 또한 본사로의 과잉집중화(over centralization)로 인해 현지자회사의 사기 및 동기부여에 악영향을

미쳐 현지국의 경영효율성을 떨어뜨릴 수도 있다.

국제경쟁전략의 개별수단들을 활용하는 데 있어서도 문제점들이 나타날 수 있다. 세계시장에 참여하는 경우, 목표시장의 잠재 수익성에 비추어 성급하게 과잉투자를 하는 경우가 발생할 수 있다. 모토로라(Motorola)를 포함한 많은 미국기업들이 일본시장을 공략할 때 일본시장 자체에서 많은 수익을 올리려는 것보다도 세계적인 경쟁우위를 지키려는 데 주된 목적을 두었기 때문에 고전하는 경우가 많다.

한편, 제품표준화를 극단적으로 추구하다 보면 결국 어느 소비자도 완전히 만족시킬 수 없는 제품을 만들어 내는 경우도 있다. 그 결과 기업의 국제화 초기단계에서는 해외시장의 고객취향에 맞추지 않고, 표준화된 국내제품을 그대로 생산, 판매하는 것이 일반적이다.

예를 들어, 프록터 앤드 갬블(Proctor & Gamble)사도 자사 브랜드인 합성세제 '치어(Cheer)'를 일본시장에 판매한 초기에는 본국(미국)제품을 거의 변경시키지 않은 채 도입하였고, "어떠한 온도에도 효과적이다"라는 본국에서 사용한 광고메시지도 그대로 사용하였다. 그러나 P&G사의 이러한 표준화전략은 결국 많은 손실을 발생시켰다.

그 이유는 다음과 같은 두 가지로 요약될 수 있다. 첫째, 일본소비자들은 세탁 시에 세탁유연제를 많이 사용하기 때문에 치어 세제가 거품을 제대로 잘 일으키지 못했다. 둘째, 일본소비자들은 대개 찬물이나 목욕물 정도의 온도로 세탁을 하기 때문에 어떤 온도에도 효과적이라는 광고메시지가 아무런 의미가 없었다. 이후 P&G사는 제품성분을 바꾸고, 광고메시지를 변경시킴으로써 일본시장에서 성공할 수 있었다.

기업의 가치활동을 지역적으로 집중화하는 것은 경영활동을 현지소비자로부터 더욱 멀어지게 하여 현지국에 대한 적응력 및 유연성을 감소시킬 위협성을 내포하기도 한다. 경쟁전략을 전 세계적으로 통합하는 것 또한 특정국가 내에서의 이익 또는 경쟁지위를 희생하는 결과를 초래할 수 있다. 이는 글로벌 경쟁자의 전체적인 힘을 분산시키거나 혹은 특정국가에 위치한 자회사에게 경쟁자를 집중 공격하라는 시그널을 보내는 경우가 특히 그렇다.

가장 성공적인 국제경쟁전략이 되려면 글로벌화의 정도가 너무 지나치지 않으면서도 부족하지 않도록 조화를 이루는 것이다. 무엇보다도 전략의 글로벌화 수준이 산업의 글로벌화 잠재력(globalization potential)과 조화를 잘 이루는 것이 이상적이다. 글로벌 잠재력이 낮은 산업에 속해 있는 사업은 글로벌화의 정도가 낮은 전략을 채택해야 하는 반면, 글로벌 잠재력이 높은 산업에 속한 사업은 보다 글로벌한 전략을 추구해야 한다.

체계화된 증거를 제시할 수는 없지만, 경영자들은 종종 다음 두 가지 점을 지적한다. 하나는 글로벌화가 지나쳐서 문제가 되기보다는 글로벌화 정도가 부족해서 고전하는 사업이 더 많다는 점이고, 다른 하나는 기업들이 최근에 글로벌화 수준을 높이는 데 초점을 두는 경향이 두드러진다는 것이다. 따라서 경영자들은 특정산업을 글로벌산업이냐 아니냐 하는 식으로 양분하는 것을 피해야 하며, 가급적 특정분야별로 글로벌화의 수준이 높으냐 낮으냐 하는 식으로 판단해야 할 것이다.

국제경쟁전략을 수행하는 데는 하나 이상의 전략적 대안이 가능하다. 비록 산업 글로벌화를 촉진하는 여러 요인들이 기업의 전략선택에 강한 영향을 미치는 것은 사실이지만, 이를 일률적으로 공식화하기는 어렵다. 즉, 어느 산업에도 한 가지 이상의 국제경쟁전략이 가능하다. 즉, 글로벌화를 촉진하는 요인들의 영향은 산업마다 상이한데, 여기에는 몇 가지 이유가 있다.

우선, 어떠한 산업도 모든 글로벌화 요인이 동시에 절대적인 영향을 미치지 않기 때문이다. 둘째, 국제경쟁전략수단의 적절한 활용이 해당 기업이 보유하고 있는 여타 경쟁우위 원천에 추가적인 역할을 할 뿐이기 때문이다. 셋째, 비록 글로벌하게 사업을 수행하는 데 있어 국제경쟁전략의 필요성을 강력히 요구하는 산업요인이 존재하더라도, 국제경쟁전략은 이를 실천에 옮기는 데 있어 초기에 많은 비용을 필요로 하기 때문이다. 물론 사업의 전략적 지위 역시 이유가 될 수 있다.

게다가 기업의 조직, 관리과정, 인적자원 그리고 문화 등과 같은 조직요인들이 국제경쟁전략을 효율적으로 실행하는 데 영향을 미친다는 점을 지적할 수 있다. 같은 산업에 속해 있어도 기업마다 조직이 상이하기 때문에 동일한 국제경쟁전략을 실행할 수 없으며, 또한 실행하더라도 성공하기 어렵다.

3절 범세계적인 수준의 경쟁행동

범세계적인 사업을 수행하는 기업의 경영자들은 글로벌화를 통한 실질적 효과를 얻기 위해 언제, 어떠한 여건 속에서 국제경쟁전략수단을 사용해야 하는가를 명확하게 이해해야 한다. 입(G. S. Yip)은 이러한 산업여건을 시장요인, 비용요인, 정부요인, 경쟁요인 등

네 가지의 글로벌화 촉진요인으로 강조하였다. 각각의 산업 글로벌화 촉진요소, 즉 글로벌화의 산업요인은 기업들에게 글로벌시장 참여, 글로벌제품 및 서비스 제공 그리고 글로벌활동 입지선정 등 다양한 국제경쟁전략수단을 사용하는 잠재적 기반을 제공한다.

1. 글로벌화의 시장요인

글로벌화의 시장요인들, 즉 공통적 소비자요구, 글로벌 고객, 글로벌(유통) 채널, 이전 가능한 마케팅요소, (기술)혁신 등의 요소들은 기본적으로 소비자행동의 특성과 유통채널의 특수성에 의해 결정된다. 또한 이러한 글로벌화 시장요인들은 국제경쟁전략수단의 채택 및 운용에 여러 면에서 영향을 미친다.

2. 글로벌화의 비용요인

글로벌화의 비용요인, 즉 범세계적인 규모의 경제, 경험효과, 국가 간 비용차이, 부품조달 효율성, 유리한 물류, 높은 제품개발비용, 급변하는 기술 등은 개별사업의 경제적 특성에 의하여 결정된다. 글로벌화의 비용요인들은 특히 글로벌시장 참여, 글로벌제품 제공, 그리고 글로벌활동 입지선정전략 등의 구성과 이용에 영향을 주게 된다.

3. 글로벌화의 정부요인

글로벌화의 정부요인, 즉 호의적인 무역정책, 호환성 있는 기술표준, 공통적인 마케팅 규제, 국영기업체 경쟁자의 고객들, 현지국 정부 요구 등은 각국 정부의 규제에 의해 정해지며, 모든 국제경쟁전략수단의 활용에 영향을 미친다.

4. 글로벌화의 경쟁요인

글로벌화의 경쟁요인들, 즉 높은 수준의 수출입, 서로 다른 대륙으로부터의 다양한 경쟁, 국가들 간의 상호 의존성, 글로벌화된 경쟁자 등은 산업의 글로벌화 잠재력을 높일 뿐만 아니라 기업들로 하여금 국제경쟁전략수단에 의한 대응 필요성을 증대시킨다.

산업 내 글로벌화의 잠재력에 대하여 충분히 이해하는 것은 효과적인 국제경쟁전략을 개발하기 위한 출발점이 된다. 이러한 글로벌 잠재력을 진단하는 데 있어서 경영자들은 다음과 같은 사항에 유의해야 한다고 입(G. S. Yip)은 주장한다.

① 어떤 산업이 이미 글로벌화되어 있다 또는 아니다를 먼저 가정해서는 안 된다. 어떤 산업이든 일정관점에서는 글로벌화 잠재력을 지니고 있으며, 또 다른 관점에서는 아닐 수도 있다.

② 서로 다른 잠재적인 글로벌화 요인들이 상이한 방향으로 영향을 미칠 수 있다. 즉, 어떤 것은 글로벌화를 촉진하지만, 다른 것들은 글로벌화를 어렵게 만들기도 한다.

③ 기업들은 글로벌화를 촉진하는 요인을 고려하여 국제경쟁전략을 수행함으로써 산업 글로벌화를 촉진하는 요인에 대하여 적절히 선택적으로 반응할 수 있다.

④ 글로벌화 잠재력의 수준은 동태적이며 시간에 따라 변한다.

⑤ 산업 글로벌화 요인은 범세계적인 관점에서뿐만 아니라 지역적 혹은 대륙적인 관점에서도 찾을 수 있다.

⑥ 산업 내 경쟁자들은 스스로 글로벌화 요인들에 영향을 미칠 수도 있다. 이러한 산업 내 글로벌화 요인의 변화를 주도하는 경쟁자들이 주로 글로벌화에 따른 효과를 선점하는 경우가 많다.

한편, 글로벌화 촉진요인들은 포터(M. E. Porter) 교수가 제시하고 있는 산업의 수익성을 결정하는 다섯 가지 요인들과 서로 밀접하게 연결되어 있기도 하다. 하지만 대부분의 경우 산업의 글로벌화가 촉진될수록 산업 내 경쟁의 강도는 높아지지만 어떠한 산업요인에 의하여 글로벌화가 촉진되었는가에 따라 신규사업과 진입위협 및 기존경쟁자 간의 경쟁에 대한 구체적 영향이 각각 다르게 나타날 수 있다. 따라서 산업의 글로벌화 요인이 산업의 수익성을 결정하는 요인들에 미치는 효과를 개별적으로 살펴보아야 할 것이다. 다시 말해서, 앞서 살펴본 두 가지 경쟁력요소에 대한 영향 외에도 산업의 글로벌화는 대체품, 구매자의 교섭력, 공급자의 교섭력에 대하여 상대적인 영향을 미친다.

무엇보다도 포터 교수의 주장에 따르면 글로벌화는 산업경쟁력 구성요소에 영향을 줄 뿐만 아니라 경쟁관계에 대처하기 위하여 기업들이 추구하는 기본적 전략에도 많은 영향을 주는 것으로 알려지고 있다. 예컨대, 폐쇄적 내수산업에서는 기업들이 비교적 관대한 소비자와 약한 경쟁자에 익숙해져 안주할 수 있다. 그러나 개방적인 글로벌산업에서는 경쟁에 잘 단련된 새로운 기업이 도처에서 나타날 위험이 도사리고 있기 때문에 국내시장에서의 훈련이 더욱 중요해진다. 따라서 글로벌화 산업요인이 신규진입위협이나 기존경쟁자 사이의 관계에 어떤 영향을 주는가 하는 것을 제대로 이해하는 것이 글로벌 경쟁 속에서 기업들이 살아남을 수 있는 필수요건이 되고 있다.

4절 국제경쟁전략의 수행

무엇보다도 미래 글로벌 경영자들이 당면하게 될 가장 큰 도전 중 하나는 국제경영전략을 수립하고 실행하는 데 필요한 정보를 획득하는 일이다. 간혹 국가별 차원에서는 한 나라에 관해 충분한 정보를 얻을 수도 있다. 그러나 전 세계적으로 공급하려는 제품과 서비스에 관하여 스스로 충분한 정보를 가지고 있는 글로벌기업은 거의 존재하지 않는다.

입(G. S. Yip)은 전사적인 측면에서 국제경쟁전략을 수행하기 위하여 다음과 같은 단계를 거쳐야 한다고 주장한 바 있다.

① 글로벌 팀 조직

② 사업 정의

③ 주요시장 정의

④ 주요 경쟁자 정의

⑤ 핵심전략 정의

⑥ 진출국가 선택

⑦ 산업글로벌화 잠재력분석

⑧ 국제경쟁전략수단 활용의 타당성 평가

⑨ 조직능력 평가

⑩ 글로벌 프로그램 개발

이러한 글로벌 경쟁전략분석은 장기적 혹은 단기적으로 이루어질 수도 있으며, 사업부 전체 또는 회사 전체를 대상으로 할 수도 있고, 제품의 포장, 디자인 개발이나 글로벌 구매정책의 개발처럼 상당히 한정된 과제에 한하여 수행될 수도 있다. 이제부터 이를 개념화단계와 구체화단계로 나누어 살펴보기로 하자.

1. 국제경쟁전략 수행의 개념화단계

1) 글로벌 팀조직

글로벌전략의 성공적인 수행에 반드시 필요한 것은 각기 다른 기능부서와 지역부서의 경영자들을 함께 참여시키는 것이다. 따라서 글로벌전략분석에 어떤 사람들을 참여시키는가 하는 것은 매우 중요한 결정사항이다. 대체로 글로벌 팀은 해외사업 총책임자, 관련 사업분야의 고위경영자, 사업부가 아닌 전체 기업차원에서의 고위경영자(senior corporate executive), 주요 지역이나 국가의 총책임자, 주요 기능부서의 총책임자 등과 같은 사람들 중에서 선발된다.

글로벌 팀의 선정은 가능한 한 회사의 경영진에 의해서 이루어지는 것이 좋으며 회사의 최고경영자가 이들을 선정하는 것이 가장 바람직하다. 최고경영자는 참여자들에게 해당 작업의 중요성을 강조하고 이 작업의 의해 기대되는 결과에 관하여 미리 귀띔해 줄 수도 있다.

2) 사업 정의

글로벌 팀의 총책임자는 글로벌 팀을 조직하기 이전에 어떤 종류의 사업을 대상으로 작업할 것인가에 대해 구체적인 아이디어가 있어야 한다. 사업을 정의하기 위해서는 팀원들의 의견을 많이 수용해야 한다. 글로벌 전략분석의 대상이 되는 사업을 정의하는 것은 기업의 사업 전체를 대상으로 하는 것보다 특정사업을 선택하는 것이 더욱 효과적이다. 이렇게 특정사업을 선택하는 것은 그 분야에서 얻은 분석경험이 보다 광범위하게 전개될 미래 사업분석에 쉽게 응용될 수 있기 때문이다. 사업을 정의하는 데에 있어서 또 다른 중요한 점으로는 실제적인 또는 잠재적인 대체상품과의 경쟁을 고려하여 사업의 범위를 충분히 넓게 정의해야 한다는 것이다.

3) 주요 시장 정의

글로벌 팀은 자료를 수집하는 데 드는 시간과 비용 혹은 정보과잉의 문제 때문에 이미 사업을 운영하고 있거나 새로 진출할지 모르는 모든 국가들에 관한 정보를 수집하고 분석할 수 없다. 이에 대한 한 가지 해결방법은 분석을 두 단계로 나누어, 먼저 지역별로, 다음은 지역 내의 국가별로 분석하는 것이다.

지역에 따른 분류는 비교적 쉽다. 가장 일반적인 지역분류로는 북미, 남미, 유럽, 극동 또는 태평양지역 등으로 나눌 수 있다. 지역분류를 기업의 현행 조직형태(지역구분)에 맞추어 정하는 것이 비록 올바른 접근방법은 아닐지라도 가장 실용적인 방법임을 인정해야 한다. 한편, 지역 내에서 개별국가들을 선택할 때는 앞서 언급했던 것처럼 국가의 정의를 융통성 있게 적용해야 한다. 예를 들어, 베네룩스 또는 스칸디나비아를 하나의 국가로 정의할 수 있다.

지역분석과 마찬가지로 국가차원의 분석에서도 가장 중요하다고 여겨지는 국가들만 선택해야 한다. 가장 중요한 국가라 함은 가장 큰 시장을 가진 국가, 기업이 가장 크게 사업을 벌이고 있는 국가 또는 국제경영전략차원에서 중요한 국가 등을 들 수 있다. 시장분석을 글로벌과 지역별 두 가지로 나누는 것은 한 차례에 너무 많은 지역을 고려해야 하는 단점을 줄일 수 있게 해준다. 한편, 이렇게 선정된 지역과 국가들은 비교차트를 통해 한 도표상에 모두 모아서 검토해 보는 것이 바람직하다.

시장진입 결정을 하기 위해 개별국가들을 분석하려면 많은 양의 정보가 수집되어야 한다. 그러나 주요 시장을 정의하는 단계에서는 훨씬 적은 정보로도 분석이 가능하다. 각 국가를 분석하는 데 기본적으로 필요한 정보들로는 시장의 크기(물량 및 금액), 제품수명주기상의 단계, 글로벌 경쟁자의 수, 지역 내 경쟁자의 수, 현지경쟁자의 수, 해당 산업이나 제품의 수출률, 현지생산규정, 임금, 정부 구매 비중, 현지기업과 외국인기업에 대한 세율, 해외기업의 소유권 허용비율 등이 있다.

4) 주요 경쟁자 정의

시장분석에서 모든 국가들이 분석될 수 없듯이 경쟁자 모두를 분석할 수는 없고, 또 그렇게 할 필요도 없다. 따라서 가장 중요한 경쟁자를 집중적으로 분석하는 것이 바람직하다. 이러한 경쟁자들의 예를 들면 다음과 같다.

① 북미, 유럽, 아시아지역 모두에서 높은 시장점유율을 지니고 있으며 동시에 적어도 5% 이상의 세계시장 점유율을 가지고 있는 글로벌 경쟁자(산업의 특성상 주요 지역이 위에서 언급한 주요 지역과 차이가 있는 경우 이러한 정의는 거기에 맞게 수정되어야 한다.)

② 글로벌 경쟁자가 아닐지라도 주요 선진국과 지역 현지의 최대기업

③ 잠재적인 글로벌 경쟁자

만약 가능하다면 이러한 경쟁자들은 10여 개 정도 선택되어야 한다. 주요 경쟁자들의 목록은 정보분석의 체계적인 도구로 사용하기 위해 주요 시장 목록과 결합하는 것이 좋다.

5) 핵심전략 정의

국제경쟁전략분석을 수행하면서 글로벌 팀의 구성원들은 때때로 해당 사업의 핵심전략이 무엇인지 모르는 경우가 많다. 따라서 글로벌 팀이 전략수립의 절차에서 기업의 사업전략을 검토하는 것이 꼭 필요하다. 이 작업을 수행하는 가장 좋은 방법은 본사와 해외자회사의 책임자들이 함께 모여 핵심전략을 논의하고 기술해 보는 것이다. 이러한 작업은 두 가지 이점을 줄 수 있다.

첫 번째 이점은 핵심사업전략이 문서상으로 정리되어 있지 않을 경우, 이러한 작업이 그동안 드러나지 않았던 기업의 핵심전략을 가시화시킬 수 있다는 것이며, 각 지역 또는 국가 책임자들로 하여금 핵심사업전략을 규정하게 함으로써 얻을 수 있는 두 번째 이점은 각 지역, 국가 간의 상이한 점들을 확인할 수 있다는 것이다.

한편, 핵심전략의 정의는 사업의 정의, 전략적 목표, 재무적 목표, 경쟁우위의 원천, 전략요소, 부가가치활동, 경쟁전략 등과 같은 내용들을 포함한다.

2. 국제경쟁전략 수행의 구체화단계

1) 진출국가 선정

진출국가의 선택은 국제화와 글로벌화과정에 있어서 가장 중요한 요소 중 하나이다. 또한 분석기법들이 특별히 유용하게 사용될 수 있는 분야이기도 하다. 일반적으로 진출국가를 선택하는 전통적인 접근방법은 완전히 한 개별국가의 매력도만을 측정하는 것이었다. 그러나 경영자들은 해당 국가의 국제경쟁전략 수행 측면에서의 중요성에 대해서도 고려해야만 한다. 그리고 진출을 고려 중인 사업과 이미 진출해 있는 사업과의 시너지효과에 대안 잠재력도 고려해야 한다.

2) 산업 글로벌화 잠재력분석

산업 글로벌화 잠재력분석은 다음 두 가지 단계를 통해 이루어져야 한다. 첫 단계에서 글로벌 팀은 그룹토의에서 각종 평가지표들을 사용하여 기초적인 평가를 할 수 있다. 이러한 평가들이 이루어진 후, 다음 단계에서 국가별 경영자와 참모진들이 수정할 수 있다.

다음으로 글로벌 팀은 산업 글로벌화요인이 어떻게 국제경쟁전략수단을 이용할 기회를 제공하는지 확인해야만 한다. 예를 들면, 글로벌 소비자에 대한 분석이 글로벌 마케팅 수단의 사용에 대하여 어떠한 시사점을 제공해 주는가 하는 것이다.

3) 국제경쟁전략수단 활용의 타당성분석

글로벌전략수단들을 활용할 것인가를 결정하기 위해서는 국제경쟁전략수단의 현재와 미래 사용 가능성을 분석하는 것이 필요하다. 국제경쟁전략수단의 잠재적인 사용 가능성을 판단하는 데는 다음과 같은 기본적인 세 가지 분석이 도움을 줄 수 있다.

① 글로벌 경쟁전략을 사용함으로써 잠재력으로 얻을 수 있는 이익에 대한 분석

② 산업의 글로벌화 요인분석

③ 경쟁자의 행동분석

여러 가지 분석적이고 시각적인 기법들이 각종 글로벌시장 진입, 글로벌제품과 서비스, 글로벌활동의 배치, 글로벌 마케팅, 글로벌 경쟁행동, 사업과 경쟁자 요약 등 글로벌 전략수단을 분석하는 데 도움을 줄 수 있다.

4) 조직능력 평가

조직과 경영관리요소는 국제경쟁전략의 개발과 실행에 결정적인 영향을 미친다. 따라서 국제경쟁전략을 효과적으로 수행하기 위해 조직의 능력을 평가하고 변화가 필요한 부분을 분석하는 것은 매우 중요한 작업이다. 일반적으로 이러한 과정은 본사나 자회사 경영자들과의 인터뷰, 그룹토의, 조사(survey) 등을 통해 얻을 수 있다. 이러한 정보수집과정에서 글로벌 팀에 의해 제시된 해결방안에 대한 반응도 테스트해 보아야 한다. 최상의 해결점을 찾기 위해 글로벌 팀원들은 동일산업이나 유사한 산업의 기업에서 행하고 있는 국제경쟁전략을 지표로 하여 벤치마킹을 하는 것도 좋다.

5) 글로벌 프로그램 개발

국제경쟁전략분석에서 해야 할 마지막 작업은 실현 가능한 세부적인 글로벌 프로그램을 작성하는 것이다. 물론 이 절차는 전략실행을 확실하게 하기 위한 것이다. 앞 단계의 분석으로부터 상당수의 글로벌 경쟁전략 프로그램이 도출될 수 있다.

한편, 글로벌 경쟁전략을 실행하는 데 있어 다음의 몇 가지에 꼭 신경을 써야 한다.

① "여기에서는 그러한 일들이 발생하지 않을 거야"라는 장담을 하지 말라. 거의 모든 산업은 글로벌화할 수 있고, 글로벌 경쟁에 직면할 가능성을 지니고 있다.

② 글로벌산업은 태어나는 것이 아니고, 글로벌기업에 의해 창조되는 것이다. 글로벌화의 이익은 선도자에게 돌아가게 되어 있다.

③ 글로벌화는 기업에게 글로벌 경쟁자로서의 더욱 명확한 비전을 요구한다. 이는 장기적 안목과 최고경영층의 확신을 필요로 한다.

④ 글로벌화가 전부 또는 전무를 의미하는 것은 아니다. 한 사업은 전략의 어떤 부분에서는 글로벌화할 수 있지만, 다른 부분에서는 그렇지 않을 수도 있다.

⑤ 가능한 한 전략이 현지화되어야 한다는 생각으로부터 글로벌화되어야 한다는 생각으로 바꾸어라. 제품이나 프로그램의 현지 수정을 결정하는 데 있어서 현지경영자들이 가장 잘 안다는 가정 대신 무엇이 실제적으로 가장 필요한 것인가를 찾는 것이 바람직할 수도 있다.

⑥ 전략의 변화를 조직과 경영관리의 변화와 조화시키는 데 많은 관심을 기울여야 한다.

⑦ 글로벌화는 종교가 아니라 하나의 철학이다.

⑧ "글로벌하게 생각하고 현지적으로 행동하라"는 원칙은 잘못된 것이다. 대신 "글로벌하게 그리고 현지적으로 생각하고 행동하라"는 원칙으로 바꾸어야 한다.

17장 국제협상전략

1절 국제협상 일반론

협상이란 다른 개인이나 조직과의 상호작용에서 특정의 목적을 이루거나 의견이 일치되도록 하기 위해 어떤 압력을 사용하는 과정이라고 할 수 있다. 국제협상에서 중요한 것은 협상가 개개인이 사회적 · 문화적 배경, 사고체계와 생활방식이 다른 상대방에게 어떻게 접근할 것인가 하는 것이다.

또한 협상은 교환하고자 하는 것들을 서로가 만족할 만한 수준에 도달할 수 있도록 양측이 조정해 나가는 과정이라고 할 수 있다. 상호 의존성이 증가하는 세계경제 속에서 국제협상은 문화와 전통을 달리하는 국가들 간에 일어나는 가치를 부여하고 교환하는 과정이다.

1. 국제협상의 의의

문화는 인간의 생존 및 유물을 결정짓는 범례(paradigm)가 된다. 인간은 자기 나름대로의 주관적인 문화를 만들어 내기 때문에 모든 인간관계는 상호 문화적이라고 할 수 있다. 국제협상에서는 서로 다른 문화적 배경의 사람들이 서로 다른 생각, 감정, 행동 등을 가지고 만나기 때문에 문화적 배경에 대한 이해가 매우 중요하다. 이러한 점에서 국제협상이란 서로 다른 문화적 배경의 사람들이 어떻게 서로를 관리하는가 하는 문제와도 연결된다.

국제협상을 이해하고 공부하기 위해서는 몇 가지 기본가정들을 이해해야 한다. 첫째, 서로 다른 문화적 배경의 국제협상을 이해하고 그 과정을 관리할 수 있다는 가정이다. 둘째, 다른 사람의 경험을 통해 협상기술, 유형, 형태, 방법 등을 배울 수 있다는 것이다. 셋째, 개인의 성격에 따라 좀 더 유능한 협상인이 될 수 있다.

국제협상을 다시 정의해 보면 서로 다른 문화, 가치관, 신념, 필요성, 시각, 언어 등을 가진 사람들이 상호 이해관계를 증진시키는 과정 또는 노력이라고 할 수 있다. 국제협상가는 협상 상대국의 정치, 경제, 문화, 사회적 배경을 충분히 이해하고 개인적인 유대관계에 신경을 써야 하며 좋은 결과를 낳기 위해서는 다음과 같은 실수를 피해야 한다.

① 자기 자신만이 합리적이고 과학적이라고 생각하지 말 것
② 상대방이 준비가 안 됐을 때 너무 몰아세우지 말고 좀 더 적절한 시기를 선택할 것
③ 자신만의 개인적 이해관계를 떠날 것
④ 정치적, 문화적으로 매우 미묘한 문제를 피할 것
⑤ 상대방의 협상계획을 존중할 것
⑥ 혼동되는 전문어는 피할 것
⑦ 조직의 위계를 뛰어넘지 말 것

2. 국제협상의 절차

협상이란 "공동의 이익교환이나 실천에서 이해충돌이 있을 경우 의견일치를 목적으로 분명하게 자신의 의사를 개진하는 과정"으로 정의되고 있다. 한편, "긴장이 가득한 상황 속에서 정보와 힘을 사용하여 어떤 바람직한 결과를 가져오는 것"이라고 협상을 정의하기도 한다. 이들 정의를 종합해 보면 협상이란 다른 조직과의 상호작용에서 조직의 목적을 얻기 위해 또는 서로 다른 의견이 일치되도록 어떤 압력을 사용하는 과정이라고 정의할 수 있다. 협상은 각각의 협상가들이 사회환경, 문화, 사고체계가 다른 상대방에게 어떻게 접근하느냐가 중요하다.

국제거래관계에서 다국적기업은 각국의 환경에 따라 그들이 원하는 목표를 달성하는 방법이 다르다. 이러한 국제기업 간의 목표달성을 위한 최적상태를 쌍방에게 제공하기 위해 협상이 필요하다. 이러한 점에서 볼 때 결국 협상이란 궁극적으로 자기가 원하는 방향을 상대방과 함께 타협하는 것이다. 이제부터 만족한 결과를 얻기 위해 어떠한 틀 속에서 협상이 이루어지는지 살펴보자.

1) 국제협상 준비단계와 고려사항

(1) 준비단계

협상 전에 협상 당사자의 입장을 알기 위하여 다음과 같은 점에 유의해서 계획을 수립해야 한다. 즉, 협상 당사자인 우리와 상대방이 협상에 임하는 이유, 그리고 협상 당사자인 우리와 상대방이 본협상에서 달성하려는 목표에 유의하여 계획을 세워야 한다.

목표는 구체적으로 제시되어야 한다. 만약 목표가 다수일 경우에는 그 중요도에 따라 순위를 두고 각 조항마다 최초로 제시할 포지션과 최대한 양보할 포지션을 명시한다. 물론 상대방에 대해서도 동일한 방법으로 목표를 추정해 본 다음, 양측의 목표가 일치하는 부분과 상충하는 부분을 검토한다. 또한 협상형태가 '제로섬 게임'(어느 한쪽이 이득을 보면 상대방은 손해를 보는 경우)인지 '포지티브섬 게임'(양 당사자 모두 이득을 볼 수도 있는 경우)인지 검토하여 공통되는 이익과 상반되는 이익의 경중을 비교하여 주된 협상형태가 무엇인지를 판단한다.

협상에 필요한 정보와 그 교환에 있어서는, 협상 전에 쌍방이 하고 있는 주요 과정은 무엇인지, 현재 쌍방이 필요로 하는 주요 정보는 무엇인지, 협상 중에 상대방으로부터 얻어내려는 정보는 무엇인지, 상대방에게 제공하게 될 정보는 무엇인지에 대해 확실히 인지하고 있어야 한다.

(2) 협상계획 준비 시 고려해야 할 사항

전문가들로 팀이 구성되면 우선 정확한 정보를 모은다. 협상에 임하기 전에 정보수집을 철저히 하는 것이 협상을 유리하게 이끌 수 있는 조건이 된다는 것을 인식해야 한다. 협상 전에 계획을 수립할 때 고려해야 될 중요한 항목들은 다음과 같다.

첫째, 목적을 달성하기 위해서 우리가 제안해야 되는 것은 무엇인가를 확인하기 위하여 우리의 기본적 목적은 무엇인가, 그 목적을 달성하기 위한 이상적인 대응은 무엇인가, 재정적 문제점은 무엇인가, 결정과정의 대안점은 무엇인가(유연성의 문제), 우리와 경쟁하는 사람은 누구인가 등을 살펴봐야 한다.

둘째, 이러한 것들을 달성하기 위하여, 즉 우리가 무엇을 어떻게 해야 할 것인가를 확인하기 위하여 토론을 누가 이끄는가, 누가 행정을 검토하는가(사실 입증), 우리가 요구해야 할 질문은 무엇인가, 감정적인 문제는 무엇인가, 우리가 가지고 있는 힘은 무엇인가, 다른 당사자가 가지고 있는 힘은 무엇인가, 누가 긴장을 줄이고 사람들에게 호의를 보이는가,

열망의 현재수준은 무엇이며 요구되어야 할 수준은 무엇인가, 우리가 사용해야 할 협상형태 · 전략 · 수단은 무엇인가 등을 살펴봐야 한다.

셋째, 실패할 경우에 대비하여 우리는 재협상할 것인가, 어떤 희생과 이득이 중요한가, 우리가 이용해야 할 새로운 전략은 무엇인가 등을 살펴봐야 한다.

2) 협상상황분석

협상상황분석에서 고려해야 할 사항을 단계별로 살펴보면 다음과 같다.

(1) 협상의 사전단계

① 사전협상이 얼마나 오래 걸릴 것인지를 살펴본다. 특히, 협상하기 위한 의사결정에 있어서 장애요인과 최종적으로 결정할 것은 무엇인가를 살펴본다.

② 내 · 외부적으로 영향력이 작용하는지를 살펴본다.

③ 협상속도를 늦추거나 빠르게 하고, 제3자의 간접적인 개입 정도를 파악한다.

④ 협상 당사자들은 문제해결방안과 문제의 정의에 대해 어느 정도로 의견일치를 보고 있는지 파악한다.

⑤ 자신의 역할을 어떻게 규정하고 있으며, 상대방은 이에 대해서 어떻게 인식하고 있는지 파악한다.

(2) 본격적인 협상준비단계

① 협상하기로 일단 결정이 났다면, 실제협상에 들어가기 전에 다른 부서로부터 제시되는 다른 결정사항이 무엇인지 살펴봐야 한다.

② 실제협상을 위한 위임사항에 어떤 과정을 거쳐 합의에 도달했으며 협상의 목적이 정확하게 이해되었는지를 점검한다.

③ 협상 장소와 시기는 어떻게 결정하였는지 살펴본다.

④ 중재자가 필요한지 점검한다.

⑤ 특정 스태프의 도움이 어느 정도 필요한지 살펴본다.

⑥ 국제조직, 비정부조직, 기타 법인체가 개입되어 있는지를 파악한다.

⑦ 지금 진행 중인 협상이 대규모 협상과정 중 일부인지 여부와 매끄러운 진행을 위해 필수적인 요건이 무엇인지 파악한다.

⑧ 대중매체가 알고 있는 협상준비과정은 어디까지인지 파악한다.
⑨ 협상을 위해 각 당사자의 조직은 어떻게 준비하고 있는지 점검한다.
⑩ 언어장벽을 극복할 수단이 마련되어 있는지 확인한다.
⑪ 예비단계 동안 비공식적인 접촉으로 어떠한 것이 있었는지 점검한다.

(3) 실제협상

① 실제로 누가 참석했는가, 예상치 못한 참석자가 있는가, 협상주도는 누가 하는가, 참가자 각자의 역할은 무엇인가에 대해서 살펴본다.
② 협상의 공개성 여부를 미리 파악한다.
③ 일정표가 있는가, 일정표가 있다면 문제를 어떻게 다룰 것인지 점검한다.
④ 비공식적 조직이 있다면 그것은 내부적으로 어떻게 연결되어 있는지 확인한다.
⑤ 협상진행 중의 분위기를 살펴본다.
⑥ 어떠한 협상전략이 사용되었는지 확인한다.
⑦ 협상에서 상호 양보가 이루어지고 있는지 점검한다.
⑧ 두 그룹 사이에 사용되는 통신수단이 무엇인지 점검한다.
⑨ 각 협상 당사자는 그들의 처음 입장을 변경시킬 수 있는지 조사한다.
⑩ 기간 내에 협상이 이루어질 수 있는지 미리 예측한다.
⑪ 무슨 전략을 사용하여 결론에 도달할 것인지 대안을 점검한다.
⑫ 협상이 이루어지지 않았다면 그 이유가 무엇인지 조사한다.
⑬ 협상결과에 대한 매체의 역할이 무엇인지 검토한다.

(4) 협상 후

① 최고경영자가 협상결과를 이해하고 동의했는지 점검한다.
② 제시된 것 중 얼마나 많은 것이 협상에서 이루어졌는지 살펴본다.
③ 협상이 결렬되었다면, 이유를 분석하기 위해 재설명을 시도했는지 검토한다.
④ 제3자가 협상에 끼친 영향이 무엇인지 살펴본다.
⑤ 협상결과에 대해 반대하는 계층의 불만을 조사한다.
⑥ 협상결과를 실제행동으로 옮기는 데 어떤 문제가 있는지 조사한다.
⑦ 협상에서 해결되지 않은 문제가 무엇인지 조사한다.

위의 각 단계별 검토사항은 전체 협상기간 중에 최고경영자나 스태프들이 반드시 고려해야 한다.

3. 성공적인 국제협상

1) 국제협상기술

유능한 협상가는 사람을 다루는 방법을 알고 있으며 이를 상황에 맞추어 적용할 줄도 안다. 또한 협상진행속도와 방법을 변화시킴으로써 협상 효율성이 높아질 수 있다는 것도 알고 있다.

협상기술은 독자적이면서 협동적이고, 실증적이면서 공상적이고, 통제받으면서 자유롭게 표현되기도 한다. 이와 같은 양면성을 가지기 때문에 협상기술은 무한하고 다양하다. 협상에 능숙하다는 것은 협상기술을 적절하게 잘 활용할 수 있다는 것을 의미한다. 따라서 협상기술을 향상시킨다는 것은 "내가 너무 우유부단했어" 와 같은 실수를 고치는 것이 아니라, 협상하기에 적절한 상황이 주어졌을 때 그것을 충분히 이용할 수 있도록 만드는 것이다. 협상기술을 향상시키기 위해서 다음과 같은 사실을 명심해야 한다.

① 적절히 자기의 강한 의도를 표현하라.
② 강한 의도를 나타내는 중에도 이성을 잃지 말라.
③ 상대방과의 관계를 손상시키지 않는 범위 내에서 단호히 얘기하라.
④ 협상내용에 손상을 주지 말고 관계를 개선시켜라.
⑤ 잘 듣게 하기 위해서는 명확하게 얘기하라.
⑥ 듣는 것과 질문하는 것을 효과적으로 하라.
⑦ 협상에서 해결되지 않은 문제가 남아 있는지 점검하라.

협상기술에 대한 정확한 인식은 실제협상에 임했을 때 상대방의 반응을 정확히 파악할 수 있고, 우리 측의 의견을 정확하게 전달할 수 있어야 하기 때문에 이론과 실제에 대한 연습이 필요하다. 협상에서 익혀야 할 기술에 대해 언급해 보면 다음과 같다.

① 의견충돌(가치관, 실제문제)의 성격을 파악하는 능력
② 정면충돌을 함으로써 발생되는 효과에 대한 이해
③ 상대방의 관점을 듣는 능력

④ 의견일치를 가져오는 문제해결과정 활용능력
⑤ 제기되는 문제, 위치를 명확히 한다.
⑥ 가능한 해결책을 평가한다.
⑦ 함께 결정하고 문제해결에 힘을 쓴다.
⑧ 계획을 실행한다.
⑨ 실제해결책을 평가한다.

때때로 협상가들은 애매한 상황에 직면하는데, 이때 동양과 서양의 협상가가 대처하는 방법은 서로 다르다. 서양협상가는 긴장과 좌절을 가져오며 문제에 대해서 철회 · 순응 · 공격적인 경향을 나타내지만, 동양협상가는 유연성과 창의성을 나타내며, 문제에 대해 입장을 분명히 하고, 새로운 방법을 설명하고, 그에 적응한다.

협상기술은 방법론적인 측면, 협상유형 측면에서 고려될 수 있다. 먼저 방법론적인 측면에서 본 협상기술은 크게 관례적인 것과 비관례적인 것으로 나눌 수 있다.

협상유형 측면에서 보면, 크게 타협 · 종합 · 시너지에 기반을 둔 협상으로 구분할 수 있다. 타협은 누가 무엇인가를 양보해야 하는 협상이고, 종합은 모든 의견을 수렵하는 방식의 협상이고, 시너지는 창조적 아이디어를 중요시하는 효과적인 협상을 말한다.

2) 국제협상의 전략 및 전술

(1) 협상전략유형

전략은 협상에서 만족한 결과를 얻기 위해 사용되는 광범위한 계획이다. 따라서 협상가는 목표를 정한 후에 상대방에 따라 다른 전략을 개발해야 한다.

① 욕구충족전략

협상가는 양보를 통해 상대방의 만족수준을 높일 수 있다. 협상가가 이루어야 할 만족수준에 대한 순수결과를 높이려고 할 때 교섭이 힘들어진다. 적은 양보가 행해졌을 때 상대방의 만족수준은 낮아지고, 협상가는 그만큼 강경한 입장을 취할 수 없게 된다.

② 호혜전략

협상상황에 따라서 호혜의 정도를 결정해야 한다. 욕구충족전략과 같이 협상가가 판단하기를 양보에 대한 보상이 올 것이라고 예상하면 양보를 하게 된다. 이러한 호혜전략은 서로가 어려운 협상상황에 직면했을 때 협상가가 양보의 정도를 결정함으로써 행해진다.

③ 강화전략

상대방의 양보에 따라 협상가의 양보 정도를 결정한다. 즉, 상대방이 양보할 때마다 협상가도 그만큼 양보를 하게 된다. 이것은 위의 두 전략과 차이가 나는데, 협상가가 먼저 양보를 하는 것이 아니라 상대방이 하는 정도에 따라서 하게 된다. 하지만 양보의 정도가 똑같으리라는 보장은 없다.

④ 긴장을 점진적으로 감소시키는 전략

협상가의 양보는 협상이 진행되면서 변경된다. 이는 긴장을 감소시키기 위한 제안자의 의도를 강조하는 방향으로 고안되고 토론되어야 한다. 발생장소 · 시간을 공식적으로 발표해야 하며, 제안이 상대방에게 도움이 될 수 있도록 제안자의 능력을 손상시키지 않아야 한다. 또 이러한 제안들은 단계적 조정에 대한 상대방의 반응으로부터 제안자를 구속하지 않아야 한다. 끝으로 보상을 얻었을 때 제안자는 비교적 적은 양보를 제공하는 단계를 밟아야 한다.

(2) 협상전술

협상전술은 협상에서 만족한 결과를 얻기 위해 사용하는 협상의 방법이다. 수많은 전술들이 협상에서 사용되기 때문에 비슷한 점을 중심으로 그룹화하기는 어렵다. 그러나 협상전술은 크게 비이성적 전술과 이성적 전술로 나눌 수 있다.

비이성적 전술은 자신들에게 협상수단이 될 수 있는 것을 손상시킴으로써 상대방이 협상하지 않을 수 없게 만드는 것이다. 예를 들어, 파업을 하면서 공장을 부순다거나 인질범이 자신의 인질을 죽인다거나 하는 경우이다. 이것은 자신의 의지를 비이성적인 방법으로 표출하여 상대방에게 선택의 여지가 없도록 만든다. 그 결과 감정에 의해 협상조건을 내걸면 상대방은 혼란에 휩싸인다. 반면, 이성적 전술은 합리적인 사고를 바탕으로 하며 크게 토론전술, 교섭전술로 나누어진다.

토론전술은 양측에서 받아들일 수 있는 협정을 체결하기 위해 제안 · 토론 · 설명 · 번역 등에 당사자 쌍방이 참가하는 것이다. 토론전술은 협상과제에 대한 해결권을 가지고 있는 사람을 협상초기에 협상가가 요구하는 구조적 토론, 상대방이 당면한 문제를 정확히 파악할 수 있는 문제해결을 위한 토론, 상대방의 입장을 난처하게 만드는 경쟁적 토론 등이 있다. 교섭전술은 상대방을 직접적으로 움직이게 하거나 의도대로 상대방을 유도하기 위해 사용된다. 교섭전술은 위협전술, 강압전술을 바탕으로 하는 공격적인 교섭전술과 타협전술, 보상전술을 근간으로 하는 비공격적인 교섭전술 그리고 상대방에게 강자 · 약자 · 중립의 입장을 표현하는 상황교섭전술 등이 있다.

3) 협상 시 주의사항

국제협상의 전략과 전술은 협상상황에 맞추어 적절하게 활용되어야 한다. 특히, 유의해야 할 점은 협상 시 수단과 방법을 가리지 않는 비도덕적 · 비윤리적 방법들은 그 사용을 자제하고 정도(正道)를 걸어야 한다는 사실이다. 또 협상 시 자기는 보통 어떠한 방법을 가장 많이 사용하는가를 점검해 봄으로써 자기 협상스타일의 문제점을 파악하고 개선할 수 있다.

4. 국제협상의 주요 이슈

1) 국제협상과 문화

(1) 국제협상과 문화 그리고 심리학

국제협상은 문화적으로 상이한 배경을 가진 사람들끼리 합의에 도달하기 위한 과정이라고 할 수 있다. 국가 간의 협상은 협상 당사자의 목표의식, 사고과정, 의사결정 등에 있어서 국내협상보다 훨씬 복잡할 뿐만 아니라 협상과정에서 고려해야 할 상황 역시 상식의 수준을 벗어나기도 하는데, 이의 대부분은 상이한 문화적 요인에 기인한 것이다. 문화적 요인이란 실제로 쉽게 인식되고 한정되지 않는 매우 모호한 개념이다. "결국 사람은 어디를 가나 별 차이가 없다"는 생각을 가지고 국제협상에 임한다면 이는 잘못된 생각이며, 국내교섭에서의 여러 가지 경험들이 국가 간에 그대로 적용되기는 힘들다. 왜냐하면 상이한 문화를 가진 사람들과의 협상에서는 동작이나 비언어적 행동, 예의, 권위 및 지위에 대한 태도 등 사소한 일들에 대한 인식차이로 오해를 불러일으키거나, 심리적 불편을 주고 의사소통이 어려워지는 경우가 비일비재하기 때문이다.

협상은 자신의 협상전술, 전략, 작전, 계획, 자기 주장을 뒷받침할 지표, 이해관계, 양보의 한계 등과 상대방의 그것들에 대해서 관심을 집중시켜 서로가 반응해 나가야 한다. 이때 협상 당사자들에게 있어서 각자가 머릿속에 무엇을 인식하고 어떠한 반응을 보이느냐가 매우 중요하다. 협상과정에서 협상 당사자는 자신이 갖고 있는 기존의 지식, 지혜, 신념, 기대 등을 바탕으로 협상상황을 인식하고, 정보를 처리하고, 판단하는 가운데 인식과 반응의 상호작용에 의하여 실제의 협상행동을 표출하면서 협상을 진행하게 된다. 이러한 심리적인 상호작용은 개인 간에도 차이가 있지만, 개인이 몸담고 있는 조직과 국가의 문화차이에 따라서도 크게 달라진다. 따라서 서로 다른 문화를 가진 협상가의 문화적 배경과 상대방과의 문화적 차이에 대한 사회심리학적 연구가 필요하다. 국내의 서로 다른 직업이나 사회계층 간 문화차이가 다른 국가의 동종직업이나 같은 사회계층에 있는 사람 간의 문화차보다 클 수도 있지만 일반적으로 국가 간 문화의 상이성이 국내의 경우보다 클 가능성이 많다. 따라서 협상가에게는 사회심리학적 측면의 지식이 매우 필요하며, 협상가는 고도의 전문적인 영역까지는 미치지 못한다 하더라도 이에 대한 기본적인 안목을 가져야 한다.

(2) 국제협상에서의 고려요인

① 협상 당사자의 상황

상이한 문화로 인해 협상 당사자가 갖는 협상에 대한 인식, 태도, 접근과 진행방법 등이 상이하다. 또한 협상 당사자의 선발형태, 협상 팀 구성, 협상 팀 내부의 역할배분, 힘의 배분 등 집단역할이 다르게 나타나고, 협상 시 협상 당사자에게 필요한 자질의 중요성도 다르며, 개인의 능력이나 행동반경도 다르기 때문에 상대방의 협상상황에 대한 인식과 협상행동에 대한 예측을 자신의 기준에서 판단하면 실패할 가능성이 높다.

② 의사결정의 형태

상대방의 의사결정을 예측하고 이러한 의사결정과정이 자신에게 유리한 방향으로 작용하도록 하는 것은 협상가의 중요한 자질 중 하나이다. 상대방의 의사결정과정을 알기 위해서는 개인적인 의사결정유형뿐만 아니라 조직 내에서 이루어지는 의사결정유형을 파악해야 한다. 즉, 집단의사결정형태인가 개인의사결정형태인가를 파악해야 하며 의사결정에 영향을 미치는 요소 역시 살펴봐야 한다.

③ 국가적 특성이 협상에 미치는 영향

민족과 국가의 고유한 산물로서 협상 당사자의 개성이 형성되기 때문에 협상에 있어서 국가의 특성을 파악하는 것은 중요하다. 개성은 공동문화를 갖는 집단 속에서 개인의 사회화과정을 통해 형성되는데 이 과정에서 개인은 집단의 가치, 고뇌, 공포, 신념, 이상, 지식 등을 습득하게 된다는 것이 문화인류학의 기본적 가정이다.

여기서 고려해야 할 사항은 첫째, 자기 국가에 대한 이미지와 상대방 국가의 이미지가 협상에 어떻게 영향을 주는가, 둘째, 협상 당사자는 어떠한 가치관과 어떤 묵시적인 가정을 가지고 있는가, 셋째, 논리 전개와 합리화 스타일 그리고 그에 따른 설득의 방법에 문화적 차이가 존재하는가 등이다.

④ 문화적 차이에 따른 잡음

국제협상 시 의사전달에 있어서 협상 당사자들 간에 의사전달이 명쾌하게 이루어지지 않는 어려운 상황이 발생할 수 있다. 상대방의 몸짓, 행동, 무의식적인 습관, 예법, 의복형태 등의 요인에 의해서 협상자는 불편함을 느끼거나 감정적 손상을 일으킬 수 있고, 또한 토의주제에 대해 주의를 집중시키기 어렵게 될 수도 있다.

⑤ 언어상의 고려점

언어는 문화와 밀접하게 관련되어 있기 때문에 한 언어에서 어떤 한 낱말의 의미에 정확하게 대응되는 말을 다른 언어에서 찾아낸다는 것은 매우 어려울 뿐만 아니라 거의 불가능에 가깝다. 따라서 협상가는 언어의 개념, 의미, 뉘앙스, 기본적 사고 바탕 등에 있어서 통역의 한계가 어디까지인가를 명확하게 인식해야 한다. 의사전달은 말 그 자체뿐만 아니라 표정, 몸짓, 목소리의 강약, 운율, 장단 등에 따라서 달라지게 되나 통역만으로는 이러한 사항들을 제대로 전달하지 못한다. 어느 정도 외국어에 자신이 있다고 해서 통역자 없이 외국어로 협상할 수도 있는데, 이러한 경우에는 협상에 실패할 가능성이 크며, 동일언어사용 국가 간의 협상이라 할지라도 문화가 다르면 언어의 기본개념이 달라지므로 미국, 영국, 말레이시아, 필리핀, 인도 등과 같은 영어사용권 국가라 할지라도 반드시 통역을 하는 것이 효과적이다.

2) 의사전달과 국제협상

(1) 협상가의 개인적 자질

타고난 협상가는 이 세상에 그리 많지 않으며, 개인적 자질 또한 천양지차이다. 협상능력은 얼마든지 교육과 훈련을 통해 개선시킬 수 있으며, 개인적 능력은 크게 협상기술, 협상권한, 협상결과에 대한 기대와 포부, 협상안건에 관한 전문지식에 따라 결정된다. 국제협상에 있어서 상대방의 협상능력을 평가하기 위해서 다음과 같은 질문을 던져 볼 수 있다.

① 해외에서는 어떠한 협상훈련을 받는가?

② 협상에 관한 권한 또는 힘은 어떻게 정의되고 있으며, 그러한 힘은 다시 나오는가?

③ 각국에 관한 전문협상가는 양성되고 있는가?(예컨대, 미국전문가, 일본전문가, 유럽전문가, 공산권전문가 …)

④ 협상결과에 대한 기대의 정도는 어느 정도인가?

(2) 협상에 있어서의 욕구

협상준비는 상대방이 협상에서 어떻게 나올까 하는 추측작업을 포함한다. 하지만 추측결과를 전략적 행동에 반영하는 것은 매우 위험한 일이다. 이러한 인식 내부의 막연한 추측이 실제협상에서 행동으로 표출될 수 있도록 하기 위하여 협상가는 당연히 협상결과가 모두에게 이익이 될 것이라는 강한 확신과 협상을 진행시킴으로써 더 나은 결과를 가져올 수 있다는 신념을 가져야 한다. 따라서 어떤 종류의 협상에서든지 협상가는 다음과 같은 협상에 대한 욕구를 지니고 있다.

① 성취욕구

협상가들은 목적을 잘 수행하고 성취하기 위해 어떠한 상황에서라도 개입하려고 한다. 따라서 의사결정에 대한 책임과 다소의 위험을 감수하려는 성향을 보인다.

② 협력욕구

협상가들은 상대방과의 교류를 원한다. 또한 다른 사람 혹은 구성원들 간의 의견교환을 즐긴다. 그들은 다른 사람들의 욕구나 기대감에 민감하다. 협력을 바탕으로 쌍방이 이득을 얻는 협상이 좋은 협상이다.

③ 힘

협상가들은 팀의 이익, 조직의 이익, 자기 자신의 이익을 위해 힘을 지니고 싶어 한다. 협상가들은 다른 사람에게 영향을 주고, 자기도 타인으로부터 영향받기를 원한다. 그 결과 위신 세우기를 좋아하며 자기들의 지위와 공식적인 인정에 대해 매우 민감하다.

(3) 의사전달 성향

협상에 있어서 의사전달 성향은 크게 네 가지로 나타난다. 행동, 과정, 관념, 사람을 중심으로 다음과 같이 협상이 전개될 수 있다.

① 행동지향적인 협상가는 목적, 결과, 행동, 성취, 일의 수행, 일의 진척, 효율성에 관심을 둔다.
② 과정지향적인 협상가는 조직, 구조, 과정, 사실, 전략, 전술, 선택, 방법에 관심을 둔다.
③ 대인관계지향적인 협상가는 팀워크를 통해 협상에 접근하고 싶어 하며, 또한 건전한 의사전달, 좋은 관계, 사회적 사교를 통해 접근하고 싶어 한다.
④ 관념지향적인 협상가는 개념, 이론, 모델, 사고구조, 감정, 창의성에 초점을 맞춘다.

이러한 기본적인 개념하에서 협상 당사자들의 의사전달을 통해서 서로의 관심분야, 집중적인 태도가 나타난다.

3) 비언어적 의사전달과 국제협상

협상에서는 상대방이 공식적으로 말한 것보다는 오히려 말하지 않는 것이 더 중요한 경우가 많다. 유능한 협상가라면 여러 가지 형태로 전달되는 비언어적 의사전달에도 신경을 써야 하며, 특히 국제협상에서는 각국 특유의 의사전달형태 및 차이에 관심을 가져야 한다. 더구나 무의식적으로 전달되는 표정이나 몸짓이 협상의 실마리가 될 수도 있음을 명심해야 한다.

(1) 비언어적 의사전달

숙달된 협상가가 되려면 전체 의사전달과정에 상당히 영향을 주는 숨어있는 의도나 몸짓을 이해하는 방법을 배워야 한다. 슈내퍼(Melvin Schnapper)는 신체언어(body language)의 다섯 가지 중요한 영역을 다음과 같이 제시했다.

① 동작(kinesics) : 얼굴 찡그림, 손짓, 발동작 등 모든 신체적 움직임
② 근접(proxemics) : 상대방과의 거리 정도
③ 시각(oculescis) : 눈을 마주보거나 회피함
④ 촉각(haptics) : 악수, 포옹, 어깨를 치는 것 등의 신체접촉
⑤ 침묵(chronemics) : 대화 중의 침묵 시간, 횟수, 의미

(2) 메타커뮤니케이션

메타커뮤니케이션은 우리가 주고받는 의사전달의 숨은 의미에 관한 것이다. 협상에서 상대방의 속마음을 읽기란 보통 어려운 것이 아니다. 그렇지만 유능한 협상가는 의사전달 과정에서 오고가는 여러 가지 내포된 의미를 끌어낼 수 있어야 한다.

① 보통 처음 말한 것이 중요하다.
② 인칭대명사를 사용한다는 것은 주제에 대한 화자의 위치를 나타낸다. 예를 들어, "나", "우리"라는 말은 "그들이", "그", "그녀"보다 구속력이 강하다.
③ "사람들이 생각하기를", "우리가", "전문가의 입장", "사견으로 말한다면" 등의 표현은 실수나 자만심 같은 것을 감출 수 있는 방패구실을 할 수 있다.
④ 노련한 협상가는 "내가 말하려고 하는 것을 당신이 좋아할 거요"(좋은 소식에 대한 암시). "지금 당장", "당신이 친절하시다면"(도움을 요청하기 위해). "당신처럼 명석한 사람이…"(상대방의 자존심을 부추기면서)와 같은 표현을 사용한다.
⑤ 협상에서 중요한 것은 화자가 무엇을 말하려는가, 무엇을 생각하고 있는가가 아니라 상대방이 화자가 말하는 것에 대해 무엇을 생각하고 있는가 하는 것이다.

2절 국제기업협상

국제기업협상에서 특히 어려운 점은 각 나라마다 고유한 언어, 문자, 정치체제, 생활환경을 가지고 있으며, 무엇보다도 사고체계와 생활방식이 다르다는 것이다. 하지만 이런 문제들은 협상에 대한 연습과 준비에 의해 충분히 극복될 수 있다. 국제기업협상이 무엇인지, 그리고 어떻게 협상능력을 제고시킬 수 있는지 살펴봄으로써 국제기업협상에 대한 실

질적인 이해를 높이고 이를 현실에 적용할 수 있는 원천으로서 기본소양을 배양하는 것은 한국기업이 당면한 주요 과제이다.

1. 국제기업협상의 기본개념

1) 국제기업협상의 의의 및 성격

(1) 국제기업협상의 의의

국제기업협상이란 독립된 각국 기업인 또는 기업인과 외국 정부의 관료들의 공통된 문제를 해결하기 위해 접촉하는 것을 가리킨다. 더구나 다국적기업은 그 활동영역이 범세계적이고, 독특한 경영철학, 문화 · 사회 · 경제구조를 지니고 있기 때문에 협상은 이들 간의 이해상충을 해결하기 위한 중요한 수단이 된다. 협상을 상충된 혹은 공통의 이해관계를 가진 집단 간에 서로 이해하고 이해시키면서 이익을 교환하는 과정이라고 한다면 국제기업협상은 상이한 특성을 가진 국제기업 간의 협상이라고 할 수 있다. 국제협상에서는 국제집단 간의 상이한 문화, 즉 상이한 관습 및 가치관 때문에 서로에 대한 이해가 어려워지고 쌍방 목표의 합일점을 찾는 데 많은 장애요인이 존재하게 된다. 이는 국제기업협상에서도 마찬가지이다. 따라서 국제기업협상 시 다음과 같은 점에 유의해야 한다.

첫째, 협상에 임하기 전에 특히 중요한 것은 사전준비가 더 유리한 협상결과를 가져오는 데 도움이 된다는 것을 인식해야 한다. 협상은 실제 대인 접촉을 통해서 일어나지만, 협상현장 자체는 사실상 빙산의 일각에 불과한 것이고, 그 협상을 낳게 한 외부환경과 기업내부에 대한 충분한 이해가 있어야 한다. 한편, 실제협상에 임하게 될 경우 실수를 유형별로 충분히 검토하여 실수 없이 성공리에 협상할 수 있도록 해야 할 것이며, 협상테이블에서의 기술을 익혀야 한다.

둘째, 국제협상의 과정은 국가 간의 문화차이에 대한 분석을 전제로 한 것이기 때문에, 성공적이고 효과적인 협상을 위해서 이에 대한 이해가 반드시 필요하다.

셋째, 협상의 각 단계는 협상과정과 관련이 있는 다양한 환경에 의해 영향을 받는다. 이러한 점에서 협상과정과 관련이 있는 환경에 대해 정확히 파악하고 있어야 한다. 특히, 각 협상의 조건과 배경을 이해하는 것이 필요하다.

넷째, 협상과정에 있어서 협상력의 원천, 다양한 환경 그리고 대안에 따른 효용이 계속적으로 변화한다는 점을 명심해야 한다.

다섯째, 협상에 임한 각 참여자들의 목표는 서로 상이하고, 각 참여자는 협상을 그들의 목표달성을 위한 하나의 수단으로 사용하고 있다는 점이다.

(2) 국제기업협상의 성격

첫째, 협상은 4Cs로 특징되는데 이것은 공통되는 이익(common interests, 협상할 어떤 것), 상반하는 이익(conflicting interests, 협상대상이 되는 어떤 것), 타협(compromise, 어떤 쟁점에서 주고받는 것), 기준 혹은 목적(criteria or objectives, 달성기준이 되는 것)을 말한다.

둘째, 각국의 정치 · 경제 · 사회 · 문화적 체계로 외부환경을 구성하고, 또 그 국가가 사용하는 협상접근방법에 직접 영향을 미친다. 국내기업협상과 달리 국제기업협상에 있어서 중요한 특징은 협상에 사용되는 적절한 전략과 전술을 선택 · 결정하는 데 있어서 광범위하고 다양한 환경의 영향을 받는다는 것이다. 다른 환경에 속해 있는 특정집단은 협상 시 적당한 것, 합리적인 것, 올바른 것에 대해서 그들 나름대로의 독특한 개념을 갖게 된다. 그리고 각 그룹들은 어떤 쟁점, 사건, 분위기에 대해 자기 준거적 기준에 따라 기대를 가지고 상대편 그룹에 반응한다. 그러므로 효과적인 국제기업협상을 위해서는 기술 · 재무 · 회계 · 법률 측면에서의 전문적 능력뿐만 아니라 사회적 · 문화적 · 정치적 · 경제적 체계에 대한 이해도 필요하게 된다.

셋째, 협상가는 그가 협상하고 있는 상황을 포함하여 광범위한 시야를 가져야 한다. 이러한 시각을 개발하기 위해서 협상가는 협상하고 있는 것을 모두 포함하는 광범위한 틀의 성격을 이해하고, 그가 참여하고 있는 특정협상의 의미를 광범위한 틀 안에서 해석할 수 있어야 한다.

넷째, 시간이 지남에 따라 4Cs는 계속 변하고, 협상 각 참가자의 이용 가능한 정보, 노하우, 대안이 계속 변하기 때문에 4Cs와 환경, 각자의 시각에 대한 새로운 해석이 필요하게 된다.

다섯째, 어떤 경우 국제기업협상은 쌍무적인 것이 아니라 다자간적인 것이기 때문에 다국적협상이 발생할 수도 있다. 그러므로 각 상황에 있어서 당사자는 광범위한 협상전략과 접근방법을 가져야 하고 다른 그룹의 협상상황을 이해하고 해석할 필요가 있다.

여섯째, 협상이란 수많은 기술의 통합적 표현이라고 볼 수 있는데, 다음과 같은 것들이 필요하다. 즉, 재무 · 마케팅 · 생산 · 회계 · 정치학과 같은 분야의 기능적 기술과 사회 ·

문화 · 경제 · 정치적 환경에 대한 인지, 집단역학의 성격 그리고 개인의 능력과 행위에 대한 지식이 필요하다.

2) 국제경영활동과 국제기업협상

다국적기업은 무역에서 해외직접투자에 이르기까지 여러 방법을 통하여 해외로 진출하고자 할 때 국제기업협상을 수행하게 된다. 특히, 다국적기업의 국제경영활동은 다음과 같은 이유 때문에 연속적인 국제협상의 과정으로 파악되기도 한다.

① 원자재 확보
② 미숙련 · 반숙련 · 숙련노동의 확보
③ 원가절감
④ 통화가치 하락에 대한 조치
⑤ 정부의 재정규제조치로 인한 불리한 효과 상쇄조치
⑥ 생산 및 분배의 합리화
⑦ 공장, 기계장치, 생산방식의 대체
⑧ 현금흐름의 증대
⑨ 경영다각화
⑩ 외화표시 준비자산취득
⑪ 외국의 기술취득
⑫ 해외신용의 자본전환
⑬ 현지에 대한 애프터서비스, 재고관리, 창고, 경영을 위한 설비
⑭ 연구개발투자(R&D), 산업기밀의 누설을 방지하기 위한 조치
⑮ 기존 해외영업의 강화
⑯ 과잉생산물의 처분
⑰ 현물 삼각거래 주선
⑱ 관리시스템을 위한 시험단위 설치
⑲ 글로벌화 가능성 모색

국제기업의 협상자는 성공적인 협상을 위해서 당장의 교섭에 관련된 문제뿐만 아니라 그들이 협상하는 큰 배경, 즉 여타의 고려대상, 과거 유사한 프로젝트의 교섭사례, 정치

적 · 경제적 이익집단의 반응 등을 포함한 광범위한 시야를 개발해야 한다.

3) 국제기업협상의 구성요소

(1) 국제기업협상의 참여자

국제기업협상의 참여자는 매우 다양하다. 주요 참여자로는 다른 다국적기업, 현지기업, 본국 혹은 현지국 정부, 국제기구, 소비자집단, 노동조합, 시민조직 등을 들 수 있다.

그런데 이러한 주요 참여자는 국제기업협상의 주체인 다국적기업과는 그 목적이 다르다. 예를 들면, 다국적기업은 세계적 관점에서 최적화를 추구하고 있고, 정부는 경제적 · 정치적 목적을 갖고 있으며, 국제기구는 기구의 고유한 목적을 가지고 있다. 이러한 목적의 차이 때문에 협상은 다국적기업의 국제경영활동에 반드시 필요한 활동이다. 그리고 이러한 주요 참가자들 사이에는 상반되는 이익만이 존재하는 것이 아니라 공통되는 이익이 존재하기도 한다. 예를 들면, 다국적기업은 현지국 정부가 그들의 경제적 목적을 달성하는데 있어서 큰 도움이 될 수도 있고, 정부나 소비자집단에 대하여 다국적기업의 이러한 공헌을 호의적으로 평가하기도 한다.

이상과 같은 공통이익과 상반되는 이익을 동시에 갖는 주요 참여자들은 그들의 목표와 그들 집단의 기능적 측면, 구조적 측면, 지위에 있어서 독특한 특성을 갖고 있다. 더구나 그들은 다양한 정치적 · 경제적 · 문화적 · 사회적 환경 속에서 존재한다. 이러한 환경은 국제기업협상에 있어서는 더욱 광범위하고 다양한 것으로 이러한 환경의 영향은 협상의 전 과정을 통틀어 협상기술 사용에 큰 영향을 미치게 된다.

이와 같은 주요 참가자들의 목표, 구조, 기능, 지위 차이는 공통이익과 상반되는 이익을 생기게 하고 이에 따라 협상의 필요성이 다양한 각도에서 발생하게 된다. 이러한 협상은 주로 협상력에 의존하여 수행되는데 그 원천을 다음에서 살펴보기로 하자.

(2) 협상력의 원천

협상상황에 있어서 주요 참가자와 쟁점이 결정되면 협상과정과 결과는 주로 각 참여자의 협상력에 의해서 결정된다. 이러한 협상력의 원천을 기본적인 협상력의 원천과 인식된 협상력의 원천 두 가지로 나누어 살펴보자.

① 기본적인 협상력의 원천

기본적인 협상력의 원천은 주로 힘과 시간, 정보이다. 힘이란 다른 사람 혹은 집단으로 하여금 힘의 행사자가 원하는 어떤 것을 하도록 시키거나, 원하는 방향으로 행동이 일어나게 만들 수 있는 능력을 가리키는 것으로 보상의 힘, 강압적인 힘, 합법적인 힘, 준거적 힘, 전문적 힘 등의 다섯 가지가 있다.

이러한 힘과 더불어 기본적인 협상력의 원천으로 시간과 정보가 있다. 시간은 자신의 한계선뿐만 아니라 상대방의 한계선을 파악하는 것이 중요하고, 정보는 자신과 상대방의 정보를 연계하여 파악하는 것이 중요하다. 이를 통해서 상대방이 제시할 양보의 폭을 예측할 수 있게 된다.

② 인식된 협상력의 원천

협상력의 원천에는 기본적인 협상력의 원천 이외에 보다 실제적이고, 실제 협상상황에서 단기적으로 변할 수 있는 인식된 협상력의 원천이 있다. 어떤 점에서는 협상에서 중요한 협상력의 원천은 이러한 인식된 협상력이라고 볼 수도 있다. 즉, 협상에 있어서 각 당사자가 기본적인 협상력을 보유하고 있다 하더라도 그것을 상대측이 인식하지 못하는 경우에는 협상력으로서의 역할을 다하지 못하는 경우가 있을 수 있기 때문에 인식된 협상력의 원천이 더욱 중요할 수도 있다. 인식된 협상력의 원천은 주로 협상결과의 가치와 협상결과의 희소성, 각 당사자들이 협상에서 이용하는 협상기술의 세 가지로 구성된다. 각각에 대해서 살펴보면 다음과 같다.

첫째, 협상결과의 가치란 협상결과의 중요성에 대한 협상 당사자들의 주관적인 평가를 의미하는 것으로 가치를 적게 두는 쪽이 가치를 크게 두는 쪽에 대하여 상대적으로 협상력의 우위를 가진다고 본다.

둘째, 협상결과의 희소성이란 협상에서 얻고자 하는 목적을 그 협상 이외의 다른 곳으로부터 획득할 가능성을 의미하는 것이다. 이는 대안의 존재 여부와 대안을 교체시킬 때 발생하는 전환비용 등에 의하여 결정된다. 이러한 협상결과의 희소성이 상대적으로 작은 쪽, 즉 동일한 결과를 그 협상 이외의 다른 곳으로부터 획득할 가능성이 큰 쪽은 협상결과의 희소성이 큰 쪽에 대하여 상대적으로 협상력의 우위를 갖는다.

셋째, 협상의 기술이란 협상과정에서 자신의 이익을 극대화시킬 수 있는 능력을 의미한다. 협상 당사자들이 서로 상대방에 대한 완전한 정보가 없기 때문에 협상기술은 협상결과에 큰 영향을 미친다. 이는 협상 전반에 관한 인식과 상대방에게 주는 신뢰감 그리고 이것들을 구체적인 협상전략에 이용하는 협상진행기술 등을 포함한다. 협상기술이 상대적으로 더 숙달된 또는 우월한 쪽이 그렇지 않은 쪽보다 상대적인 협상력의 우위를 갖는다.

2. 현상인식을 위한 국제기업현상분석

국제기업현상은 다양한 기준에 의하여 분류될 수 있다. 이러한 분류기준들은 국제기업협상의 다양한 현상을 인식하는 데 유용한 기준을 제공해 준다. 그러나 이러한 기준 중에서 시간 측면을 제외한 다른 분류기준들은 다양한 현상에 대하여 나타나는 정도가 미미해서 절대적인 분류기준이나 틀의 변수로 사용되기는 어렵다.

한편, 현상인식을 위한 틀의 기준으로 사용될 수 있는 국제기업현상의 요소로서는 참여자에 의한 분류, 쟁점에 의한 분류, 지역에 의한 분류, 시장접근유형에 의한 분류 등이 있다. 물론, 각각의 분류기준들을 결합하여 2차원 평면상에 나타낼 때 더욱 유효한 현상인식의 틀을 마련할 수 있다.

1) 국제기업협상 분류기준

(1) 참여자에 의한 분류

국제기업협상의 주요 참여자는 다국적기업이다. 다국적기업들은 그들의 국제경영활동을 수행하면서 다양한 국제기업협상의 상대자를 만난다. 이들 중에는 다른 다국적기업, 현지기업, 현지 혹은 본국 정부, 국제기구, 소비자, 노동조합, 시민압력단체, 희생자 등이 포함된다. 이들 주요 참여자들은 목적이 상이하고, 추구하는 바가 다르기 때문에 갈등과 협력의 이중성 속에서 다양한 쟁점에 부딪히게 된다.

① 다국적기업 대 여타 다국적기업, 현지기업

다국적기업은 글로벌시장에서 경쟁과 협력의 위치에 놓이게 된다. 고객특성, 기술특성, 기업특성, 산업특성 등에 따라 다국적기업은 동일한 부문에서 경쟁하기도 하고 협력하기도 한다.

② 다국적기업 대 본국과 현지국 정부

글로벌관점에서의 최적과 특정지역관점에서의 갈등과 협력을 낳는다. 즉, 정부는 경제성장, 정치적 통제력, 국수주의의 관점에서 다국적기업과 협력할 필요를 느끼기도 하고, 규제나 개입의 필요를 느끼기도 한다.

현지국 정부는 경제개발, 자본투자, 기술이전, 취업기회제공 등의 측면에서는 다국적기업을 환영하지만 과다한 송금, 글로벌관점의 경영, 본국정부의 대리인, 문화적 종속이라는 측면에서는 부정적으로 인식한다. 다시 말해서, 현지국 정부는 경제적 측면에서 다국적기업을 옹호하지만, 정치적 혹은 통치권적 측면에서는 배타적이다.

본국 정부 입장에서 볼 때, 다국적기업은 자본과 우수인력의 유출, 국내고용의 감소 등이 부정적이지만 신시장 개척, 이익창출기회 발견 측면에서는 긍정적이다.

③ 다국적기업 대 국제기구

국제기구와 다국적기업 간에도 많은 갈등과 협력의 쟁점이 존재한다. 개발도상국의 경제를 발전시킨다는 측면에서 다국적기업의 개발도상국진출은 국제기구로부터 긍정적인 평가를 받기도 하지만, 개발도상국에서의 이익수탈, 종속성의 심화 등의 측면에서 국제기구는 다국적기업에 대해 집단적 행동으로 대응하려는 움직임도 보이고 있다. 이와 같은 현상은 국제환경문제, 소비자보호문제 등에서도 나타나고 있다.

④ 다국적기업 대 소비자 · 노동자 · 시민 · 희생자 · 테러집단 등

이들 집단들은 다국적기업과 서로 다른 입장을 취하기 때문에 다국적기업과 상당한 갈등을 보인다. 즉, 소비자들은 그들의 권익을 보호하기 위해 다국적기업과 갈등을 일으키고, 노동자들은 임금협상, 근로조건개선 등을 위해 다국적기업과 충돌하기도 한다. 시민압력단체들은 그들의 복지를 위해서 다국적기업과 마찰을 일으키고, 희생자들은 특히 공해산업에 대해 다국적기업과 대립할 수 있다. 물론 이러한 갈등을 해결하기 위해서 협상을 한다.

(2) 쟁점에 의한 분류

다국적기업은 국제경영활동을 수행하면서 다양한 쟁점들에 대하여 협상을 하는데, 이러한 쟁점에는 테러리즘, 인권, 정치, 뇌물, 마케팅, 노동문제, 환경, 기술, 경제적 · 재무적 측면 등이 있다.

(3) 시장접근유형에 의한 분류

다국적기업이 사장에 접근하는 방법으로는 수출, 라이선싱, 합작투자, 해외직접투자가 있다. 물론 각각의 경우 협상이 필요하다. 그리고 시간이 지남에 따라 공헌과 혜택의 조합을 재조정할 때 재협상의 문제가 생기기도 한다. 그리고 다국적기업들은 자신의 능력과 상황의 변화, 글로벌관점에서의 최적화를 위하여 국제경영활동을 지속하면서 협상을 수행한다.

(4) 지역에 의한 분류

다국적기업이 협상해야 할 문제들을 지역에 따라 분류할 수도 있다. 가장 쉬운 예로는 협상문제가 나타난 곳이 선진국이냐, 개발도상국이냐, 후진국이냐에 따라 분류할 수도 있고, 유럽, 동남아, 북미대륙, 아프리카 등으로 구분할 수도 있다. 이러한 구분은 주로 각 지역의 사회적 · 문화적 · 정치적 · 경제적 체제의 차이를 고려하여 분류하는 방법으로 유사성이 있는 집단들로 묶는 방법이다.

2) 현상인식을 위한 틀

앞서 우리는 국제기업협상의 분류기준에 대하여 살펴보았다. 이러한 분류기준에 의해 국제기업협상을 인식할 경우, 협상 시 다국적기업이 당면하게 되는 다양한 현상을 예측할 수 있다. 이러한 분류기준에 대한 현상인식은 어느 정도 한계가 있긴 하지만 여기서는 좀 더 종합적이고 포괄적인 측면에서 다국적기업이 당면하는 현상을 인식하기 위하여 두 개의 분류기준을 결합하여 현상인식을 시도해 볼 것이다.

결합을 통한 현상인식의 틀은 국제기업협상의 현상을 좀 더 포괄적으로 나타내 줄 수 있을 뿐만 아니라 어떤 부분에 대한 연구가 부족한지를 나타내 준다는 점에서 의의가 크다.

3절 주요 국가의 협상사례

1. 중국인과의 협상

중국인의 협상술은 오랜 역사와 문화적 전통을 중심으로 동양철학에 근간을 두고 형성되어 왔다고 한다. 중국 역사의 수많은 전란과 지배계급의 흥망성쇠는 병법에 관한 여러 서적을 탄생시켰다. 이러한 병법서는 중국인의 협상술에 지침을 제시해 주고 있다. 요컨대, 전쟁과 고난의 역사를 헤쳐 온 처세술에서 그들의 독특한 국민성을 엿볼 수 있다. 가장 근간을 이루는 것은 '손자병법'과 '오자병법'이다. 손자병법은 정공(正攻)을, 오자병법은 기공(奇攻)을 중요시한다. 물론, 실제협상에서는 정공과 기공을 절묘하게 배합하여 사용한다. 협상 시 중국인들은 협상참가자 모두에게 이익이 되어야 한다는 호혜평등(互惠平等)원칙을 강조한다. 그리고 협상을 시작하기 전에 완벽한 준비를 해서 협상의 주도권을 잡으려고 하며, 협상을 느긋하게 이끌어서 상대방을 지치게 만들기도 한다.

한편, 중국협상팀은 조직이 의견일치를 볼 수 있도록 하는 매개체의 역할을 수행할 뿐이어서 같은 문제에 대해 승낙 여부를 수없이 다시 묻는 형태를 보이기도 한다. 또한 협상진행을 매우 느긋하게 이끌어 시간확보의 수단으로 활용하기도 하는데, 만찬, 연회, 관광 등이 협상일정에 포함되어 있는 경우를 자주 볼 수 있다. 중국인의 중화사상(中華思想)으로 인해 배타적이고 자기중심적이어서 자기방식으로 협상하려는 태도가 강하다.

2. 미국인과의 협상

미국인들이 주로 사용하는 대표적인 협상유형은 '존 웨인 유형'이다. 이는 말보다는 행동을 중요시하는, "Shoot first, ask questions later." 유형이다. 협상에 있어서 미국인들은 힘의 논리에 의존하는 편이며 상당히 독립적이다. 그리고 매우 솔직하여 상대방의 카드와 내 카드를 보면서 협상하기를 원하며, 경쟁하는 것과 이기는 것 모두를 중요시한다. 문화적인 특징을 반영하여 감정보다는 이성을 중시하며 모든 거래가 합리적으로 이루어지도록 한다. 무엇보다도 약육강식의 논리가 뚜렷하게 나타나며, 체면 그 자체가 그리 중요시되지 않는다. 따라서 자신의 논리와 주장을 분명하게 펴며, 실제적인 행동을 추구하기 때문에 모든 의사결정은 비용-편익분석을 바탕으로 이루어진다.

3. 아랍인과의 협상

아랍인들은 상대방에 의한 평가와 공개적인 질문을 싫어하며 간접적인 의견표출을 선호한다. 회교국가로서 전통적인 예의범절을 강조하며 사회구조의 폐쇄성으로 인해 개인적인 친분이 문제해결에 중요한 수단이 된다. 특히, 이슬람 경전인 '코란'에 기초한 사회적 관계를 매우 중요시한다. 언어표현에 있어서는 실제적인 것보다는 자신이 바라는 것, 객관적인 것보다는 자신이 하고 싶어 하는 것에 많은 비중을 둔다. 그리고 시간을 중요하고 우선적인 요소로 여기지 않으며, 지금이 아니고 다음이라는 생각을 가지고 있다. 협상에서 만나게 되는 사람은 거의 남성이며 협상의 최종단계는 왕족과의 협상으로 이루어지는 경우가 많다.

4. 일본인과의 협상

일본인들은 대체로 협상을 싫어하며 상대방과 정면충돌을 피하려고 한다. 따라서 막후조정을 통해 문제를 해결하려는 경향이 강하며, 이러한 막후조정은 주고받는 관계(give and take)에 기초를 두고 있다. 일본인들은 협상도중에 침묵으로 일관하는 경우가 많은데, 이는 세 가지 의미를 내포하고 있다. 첫째, 그 문제에 대해서 할 말이 없는 경우이거나, 말재주가 없어 가만히 있는 경우이거나, 그 문제를 호의적으로 깊이 생각하고 있음을 나타낸다.

특히, 일본인들은 상거래에 있어서 빈틈없는 준비보다는 완전한 인간관계에 의한 신용상태에서 거래를 행하기 때문에, 계약서 등을 주고받지 않고 거래하는 경우가 많다. 일반적인 상거래에서 일본인들이 강조하는 것으로는 끈기 있게 고객을 끌어들이는 것, 친절하다는 인상을 심어주기 위해 여타의 서비스를 제공하는 것, 자기 상품에 대해서 자주 말하지 않는 것, 상대방과 동고동락하는 기분을 가지기 위해 인간관계를 제일 중시하는 것 등이 있다.

6부

e-비즈니스 환경

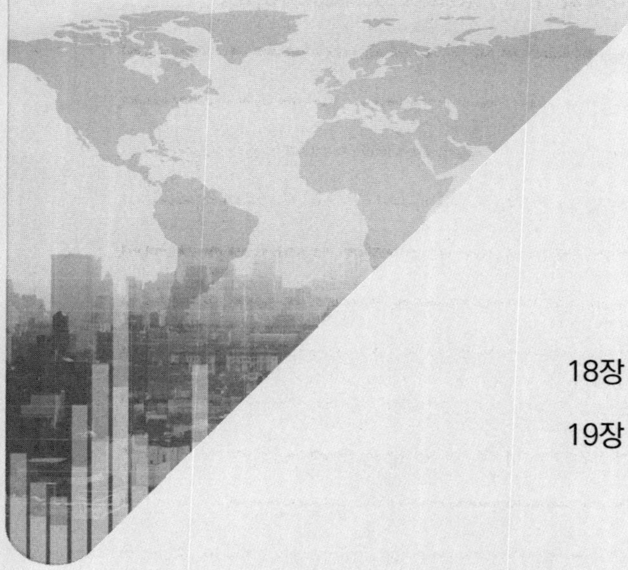

18장 ■ e-비즈니스 환경변화

19장 ■ 글로벌 인터넷 마케팅

18장 e-비즈니스 환경변화

1절 인터넷시대의 국제경영의 환경변화

인터넷은 단순한 네트워크가 아니며 소프트웨어나 하드웨어도 아니다. 인터넷은 미래의 비즈니스와 커뮤니케이션을 위한 환경이다. 환경변화의 핵심 키워드는 고객중심(customer centric), 산업구조의 변화, 가치사슬(value chain)의 역류, e-소싱의 확대, 네트워크화라고 할 수 있다.

1. 고객중심의 환경변화

디지털기술로 인한 경영환경변화의 핵심은 고객중심으로의 변화이다. 모든 정보와 거래가 투명해지고(transparent), 개개인이 네트워크로 연결되어(connected) 고객의 파워가 증대된다. 거래의 중심이 생산자에서 고객으로 이동함에 따라 전통기업의 패러다임과 비전의 변화를 요구한다. 고객 · 기업 간 직거래의 확대는 전통기업에게 기회와 위협요인을 동시에 제공한다.

2. 산업의 환경변화

산업 간 장벽의 붕괴로 타산업의 전통기업이 새로운 경쟁자로 등장하거나 디지털기술과 고객기반을 무기로 한 인터넷 신생기업이 전통기업을 위협하게 된다. 전통기업과 디지털기업의 강점을 융합할 경우 시너지효과의 발휘가 가능하고, 전통기업은 기존사업영역의 전면적 재검토가 필요하다.

3. 가치사슬의 환경변화

고객의 파워증가로 수익의 원천이 고객접점으로 이동하고, 토털 솔루션 제공에 필요한 상품과 서비스의 구성력, 고부가가치를 창출할 수 있는 지식과 콘텐츠의 중요성이 증대된다. 규모의 경제를 바탕으로 한 대량생산중심의 수익구조 탈피가 관건이다. 기존기술력, 브랜드력, 인적자원의 전문성 등을 바탕으로 비즈니스 모델 재구축이 시급하다.

4. 네트워크의 환경변화

고객에 대한 토털 솔루션 제공과 기회선점을 위한 합종연횡이 활발하다. 핵심부문을 유지한 채 기타 부문은 아웃소싱하거나 전략적 제휴, M&A 등을 통해 위험을 분산시키고 시장진입에 소요되는 기간을 최소화한다. 전통기업의 자력주의형 전략과 경영모델은 디지털환경에 부적합하다. 모든 것을 자체 해결하는 방식으로는 디지털기업의 스피드와 비용구조를 따라잡는 것이 불가능하다.

2절 국제적 인터넷환경요인의 분석

1. 인터넷 비즈니스의 환경요인

역동적인 상거래를 준비하기 위해서는 유연한 업무환경이 필요하다. 인터넷 비즈니스의 환경요인이란 “인터넷 비즈니스와 그 시장을 둘러싸고 있으면서 인터넷 비즈니스에 영향을 주는 모든 세력과 실체의 총체”라 정의할 수 있다.

1) 문화환경요인

인터넷은 국경을 초월하여 국제적으로 이루어진다. 따라서 이질적인 문화의 충돌을 겪게 되며 이와 같은 문화적인 환경변수들을 조화시킬 수 있는 경영전략이 요구된다.

2) 기술환경요인

인터넷환경의 기술요인은 대부분 정보기술을 의미하며, 인터넷관련 기술의 발전이 인터넷 비즈니스를 성장시키고, 시장은 필요에 의해 새로운 기술발전을 야기하는 동인이 되고 새로운 기술을 끌어들이는 역할을 하게 된다.

3) 디스플레이기술

오늘날과 같은 스피드시대에 전자쇼핑몰 디스플레이가 느리게 전송된다면 네티즌은 지루해서 외면할 것이며 인터넷 비즈니스의 발전속도는 둔화될 것이다. 빠른 전송속도와 더불어 인터넷 쇼핑몰의 디스플레이를 보기 좋게 진열하고, 쉽고 편리하게 쇼핑할 수 있다면 네티즌의 시간을 오랫동안 끌 수 있고 그러한 곳에서 인터넷 비즈니스가 이루어지기 쉬울 것이다.

4) 법적 · 정치적 요인

법적 · 정치적 요인을 보면, 전자상거래란 종래의 종이문서에 기반을 둔 거래와는 전혀 다른 바탕에서 이루어지기 때문에, 기존의 상관행과 제도를 그대로 적용하기 어렵고, 국가 간의 법 · 제도가 상이함에 따른 문제, 관세문제 등이 인터넷 비즈니스 발전에 커다란 영향을 미치게 된다. 또한 정치적인 환경의 차이가 인터넷 비즈니스에 큰 요인으로 작용할 수 있다.

2. 시장환경요인

인터넷 비즈니스시장이 새롭게 형성되고 성장 · 발전하기 위해서는 먼저 소비자들이 인터넷 비즈니스에 대해 긍정적으로 인식하고 주체적으로 참여하여야 한다. 즉, 인터넷은 정보자원이며 마케팅 매체이자 수입원이고, 인터넷 비즈니스를 가능하게 하는 비즈니스 채널로 소비자들이 인터넷을 정보수집과 배포, 효율적인 통신수단, 편리하고 거래비용이 낮은 쇼핑시장으로 인식하여야 한다.

인터넷은 접근 및 사용의 용이성 · 편리성 · 쇼핑시간절감 및 비용절감, 편리한 지불수단 등으로 확고하게 소비자들을 유인하여야 하다. 이러한 시장요인으로 인터넷 비즈니스가 거래비용감소와 더불어 구매자와 판매자의 활동범위가 넓어지고, 인터넷 비즈니스가 다양한 세계적인 규모의 시장으로 확대됨에 따라 경제 전반의 효율성도 크게 증대될 것이다.

3. 기술환경요인

1) 결제시스템

지난 수 세기 동안 국가는 수송, 커뮤니케이션 및 에너지 인프라를 건설하고 통제하는 데 핵심적인 역할을 했다. 테크놀로지는 정책적으로 개발되었다. 이제 테크놀로지는 민간 기업에서 개발되고 있으며, 국가는 최신의 테크놀로지에 대한 적절한 통제력을 찾는 데 점점 더 어려움을 겪고 있다. 현재 운영되는 대부분의 전자지불시스템은 암호학을 응용해서 만드는 신용카드나 은행계좌를 매개체로 한 지불시스템이다.

인터넷상의 전자지불시스템은 크게 네 가지 시스템으로 나누는데, 첫째, 신용카드 지불시스템, 둘째 전자화폐(현금)시스템, 셋째 전자수표시스템, 넷째 순전히 전자지불을 위한 시스템은 아니지만 인터넷상의 가상은행(cyberbank)을 이용한 전자자금이체가 있다.

(1) 신용카드지불(credit card transaction)시스템

전자상거래에서 가장 많이 이용되고 있는 대금지급수단은 신용카드로서 고객정보 및 신용카드정보가 네트워크에서나 판매업자에게 유출되지 않게 시스템이 설계되어 있다.

(2) 전자화폐시스템

전자화폐시스템은 수표나 신용카드 등의 실제세계의 지불방식을 그대로 인터넷에 옮겨 놓은 것으로 인터넷이라는 가상공간에서 통용되는 새로운 화폐의 발행을 목표로 만들어지고 있는 시스템이다. 전자화폐에 대한 구분은 내장된 IC칩에 화폐가치를 저장하여 사용하는 IC카드형과 정보통신망을 연결하여 사용하는 네트워크형 두 가지로 나눌 수 있는데, IC카드형 전자화폐는 주로 실제점포에서 사용되며 인터넷상의 홈페이지를 이용한 가상점포에서는 네트워크형 전자화폐는 인프라에 대한 투자가 불필요하다는 점이 최대한 이점으로 작용한다.

(3) 전자수표

전자수표는 현실세계에서 사용되고 있는 종이로 된 수표를 그대로 인터넷상에 구현하고 있다. 전자수표를 사용하기 위해서는 구매자는 제3자 회계서버(accounting server)에 등록해야 한다. 구매자는 특정한 금액의 수표를 전자우편 등과 같은 전송방식으로 판매인에게 보내고 판매인은 이를 회계서버에 전송하여 수표발행인의 인증을 확인한다. 인증된 수표는 구매자의 은행계좌로부터 판매인의 계좌로 예금잔고의 이동을 인가하게 된다.

2) 인터넷 보안

인터넷 비즈니스가 원활하게 이루어지려면 무엇보다 보안성 측면이 매우 중요하다. 인터넷 비즈니스가 신뢰받을 수 있으려면 완벽해야 하기 때문이다. 보안기술은 인증기술, 암호기술, 방어벽기술, 접근제어기술로 나누어 볼 수 있다.

인증기술은 거래사실을 입증시켜 주는 기술로 전송되는 메시지에서 동일한 확인을 위한 정보에 대해서 그 신뢰성 · 신용성을 확인하기 위한 제3자 기관, 즉 '인증기관'과 '제3자 수탁자'의 설립이 필요하다. 신용카드를 사용한 결제에 있어서는 카드회사의 인증에 의해 동일성문제를 동시에 해결할 수 있다.

3) 전송기술

인터넷기술이 크게 진보하여 전송기술도 중요한 변수가 되고 있다. 텍스트 중심에서 멀티미디어 중심의 정보가 인터넷을 통해 전송됨에 따라 인터넷에서의 전송속도가 중요한 문제로 부각되었다. 전송속도를 높이기 위한 기술로는 정지화 압축기술(JEPG : Joint Photographic Expert Group) 및 동화 압축기술(MPEG : Moving Pictures Expert Group)이 발전하였고 인터넷 전송용량을 증대시키게 되었다.

4. 물류환경요인

인터넷은 컴퓨터 네트워크이다. 글로벌화가 진전됨에 따라 전 세계의 공급시장을 하나로 묶을 수 있는 방안이 중요하게 되었다. 이것이 인터넷 비즈니스의 성공 비결이라고 할 수 있다. 인터넷 비즈니스상의 물류환경의 범위는 두 가지 관점에서 정의될 수 있다. 하나는 미국 마케팅학회에서 제시한 물적 유통에 대한 고전적 정의로 "생산지점으로부터 소비 또는 이용지점까지 재화의 이동을 관리하는 것"으로 물적 유통을 협의의 관점에서 정의하고 있다.

다른 하나는 물적 유통을 광의의 로지스틱스(logistics)라 불리는 물류 개념으로 정의할 수 있는데 "물류를 원재료나 부품의 공급자단계에서 생산단계를 거쳐 최종소비자에까지 물리적 재화가 전달되는 과정을 관리하는 것"으로 보는 것이다.

5. 법과 정치적 환경요인

인터넷이 전 세계에 보급됨에 따라 비즈니스 세계에서 국경의 의미는 무의미하게 되었다. 그러나 인터넷에 대한 전 세계적 법률체계가 아직 만들어진 것은 아니기 때문에 인터넷에 대한 규제를 두고 국제적으로 많은 움직임이 있다. 특히 인터넷 비즈니스환경 중에서 통제할 수 없는 분야가 바로 법과 정치적 환경이라고 할 수 있다. 각 국가마다 독특한 정치 · 법제도를 가지고 있기 때문에 이를 극복하는 데 많은 노력이 필요하다. 종래의 종이문서에 기초한 거래와 달리 전자자료로 거래가 이루어지는 경우, 이에 맞는 상관행의 확립 및 제도, 법률의 정비문제와 국경을 초월한 비즈니스 및 거래로 인한 국가 간의 상이한 법제도를 어떻게 적용할 것인가가 매우 중요한 문제이다.

현재 인터넷 비즈니스에 대해서 주요 쟁점으로 부각되고 있는 법제도적 문제로는 전자계약의 성립과 전자계약의 법적 문제, 전자서명과 인증의 법적 문제, 인터넷 비즈니스에서 소비자의 보호문제 그리고 국제적 전자상거래의 법적 문제가 있다.

3절 디지털 신경영이론

1. 신경영이론

1) 산업 간 경계붕괴이론

IT기술의 복합화로 산업 간 경계가 붕괴되고 있다. IT기술의 비약적 발전과 기술의 융합화 · 복합화가 진전되고 있다. 무어의 법칙(Moore's law)은 마이크로 프로세서의 트랜지스터 수가 18개월마다 2배로 증가한다는 법칙이다. 길더의 법칙(Gilder's law)은 광섬유의 대역폭이 12개월마다 3배로 증가한다는 법칙이다.

2) 이업종 간 융합의 가속화이론

반도체 부품 간 융합화(메모리 · 비메모리) 등 이업종 간 융합이 가속화되고, 산업 간 경계가 분리되면서 멀티미디어산업과 같은 신산업이 출현하였다. 또한 쌍방향 네트워크의 상승작용으로 수확체증현상이 발생한다.

① 기하급수적으로 증가하는 네트워크 가치

② 네트워크의 가치는 사용자의 일상생활의 변화 초래(Metcalf's law)

③ 디지털 복제의 전파성으로 생산 · 소비 · 유통 등 일상생활의 변화 초래

④ 신기술이 임계점에 도달하면서 타분야의 변화를 유도

3) 기업규모의 축소이론

거래비용의 감소로 기업 또는 조직의 규모가 축소되고 네트워크, 대규모 데이터의 축적으로 거래비용이 감소된다. 거래비용의 감소로 기업조직의 규모가 축소(Coase's law)되고, 공개시장의 활성화 및 기업 내부, 외부의 거래관계가 변화되고, 핵심역량 위주로 전문화된 기업 및 이종업체 간의 합종연횡이 일상화된다.

4) IT기술의 발전과 경제성장의 선순환

IT기술의 발전이 성장을 견인하고 성장이 다시 기술발전을 유도하는 선순환이 된다.

① IT기술의 발전으로 신산업 창출과 전통산업이 디지털화되는 등 산업의 구조조정이 진행된다.

② 생산 및 고용확대를 통한 소득증가가 산업생산을 재확대시킨다. 그리고 자본시장이 IT산업의 발전을 유도한다.

자본시장을 통해 벤처기업에 대한 투자재원 확보가 용이하고, IT관련 산업이 주가상승을 견인하며, 부의 증가에 따른 유효수요의 확대가 산업생산을 재확대시킨다.

2. 디지털경영의 거품이론

거품이란 시장에서 형성되는 자산가격이 내재적 근본가치(fundamentals) 이상으로 높게 형성되는 부분을 의미한다. 역사적으로 유명한 거품현상들은 대부분 새로운 부가가치

를 창출할 능력이 없는 자산의 가격이 근본가치와 무관하게 상승함으로써 발생하였다. 17세기 네덜란드에서 발생한 튤립투기 버블이 대표적인 사례이다. 지식기반산업으로 대변되는 디지털경제에 대하여 거품논쟁이 일고 있는 이유를 살펴보면 다음과 같다.

① 정보화 · 서비스화로 인해 디지털경제에서는 비물적 생산물이 크게 증가하여 물적 생산물에 비해 비물적 생산물의 가치를 평가하는 데 애로가 있기 때문이다.

② 비물적 생산물의 생산을 위한 생산요소투입의 증대로 물적 생산의 근원으로서 제조업이 위축될 가능성이 있다. 궁극적으로 소비되는 식량, 가전제품과 같은 물적 생산물이 줄어들게 되면 사회적 후생이 감소하게 된다.

③ 디지털경제의 발전 가능성을 인정하더라도 그에 대한 가치평가가 과도하며 IT관련 기업의 주가가 매출액이나 수익성에 비해 과도하게 상승하였다.

그러나 2003년도까지 재연되는 나스닥과 코스닥의 주가폭락은 거품논쟁을 재연시키고 있고 신경제에 대한 비판논리가 대두되고 있다.

4절 글로벌화와 인터넷경영

1. 글로벌화와 인터넷

국제적 공간의 축소가 모든 형태의 기업에 미친 근본적인 영향 중의 하나는 소비자의 기호를 급격하게 일치시켰다는 점이다. 오늘날의 시대는 수백 년의 지리적 개척과 기술적 발전의 누적된 결과라는 것을 너무 당연하게 생각한다. 기술개발로 인해 제조업자들은 상품을 만들어 내고 판매할 수 있게 되었다. 그리고 운송수단의 발달로 여러 지역으로 신속히 이동할 수 있게 되었다. 한국 인터넷기업의 해외진출로 국제화에 대한 연구가 최근 높은 관심을 보이고 있다. 따라서 여기서는 국제화과정에 대한 연구를 통해 그 이론적인 배경을 고찰해 보고자 한다.

1) 인터넷기업의 국제화이론

기업의 국제화과정에 대한 연구는 연구하는 학자에 따라 매우 다양하게 전개되어 왔다. 그러나 이에 대하여 어떤 지배적인 정설이 존재하는 것은 아니며, 이제까지 진행되어 온 제반 연구들이 상호 경쟁적이라기보다는 오히려 보완적인 성격을 띠고 있다고 할 수 있다. 기업의 국제화란 기업이 사업에 필요한 자원을 얻기 위해서 또는 시장을 개척하기 위해서 해외로 진출해 가는 과정을 가리킨다. 파울, 올슨, 웰치, 루트 등에 의하면 기업의 국제화는 대략 5단계를 거치는 것으로 볼 수 있다.

일반적으로 기업의 의사결정자와 기업환경 그리고 기업 자체의 세 가지 요인에 의해서 국제화가 고려되고 이에 따라 여러 단계를 거쳐 국제화가 시작된다는 것이다. 21세기 기업의 국제화과정은 글로벌기업들의 해외활동이 해외로 이전되고 진출하는 과정으로 설명할 수 있다. 이와 같은 기업의 국제화과정을 단계별로 보면 다음과 같이 나눌 수 있다.

(1) 제1단계 : 수출 또는 판매단계

국내기업들이 최초의 해외진출을 위하여 무역회사나 독립적인 현지유통망에 의존하게 된다. 직접수출, 현지 에이전트 등을 통한 간접수출, 해외지점 또는 판매법인을 통한 수출 등의 단계이다.

(2) 제2단계 : 현지판매단계

초기의 수출단계에서 기업들이 더욱 효과적으로 해외의 소비자들에게 접근하기 위해서 현지에서 판매조직망을 구출하고 직접 마케팅활동을 수행하고자 하는 단계이다.

(3) 제3단계 : 현지조립생산

임금 등 국내생산에 따르는 비용이 증가하여 국내생산의 어려움이 증대됨에 따라서 생산활동의 일부를 해외로 이전하고 해외에서 해당 수출용 부품을 조립하는 단계이다. 그러나 이 단계에 있는 기업들은 아직 현지의 생산과 판매가 통합된 시스템을 갖추지 못하고 있다.

(4) 제4단계 : 현지생산과 판매

수입한 노하우를 기초로 생산하는 단계로 연구 · 개발, 재무, 생산 등의 기능을 현지로 이전하게 된다. 이 단계에서 현지자회사는 현지의 기업들과 동등한 기반에서 경쟁하게 되고, 소비자들의 욕구를 충족시키기 위한 기업시스템의 최소한의 필요한 기능들을 모두 보유하게 된다.

(5) 제5단계 : 글로벌 생산 및 판매

자기 개발의 노하우를 기초로 생산하고 연구 · 개발과 같이 기본적인 활동을 전 세계적으로 수행하는 것이 효율적인 단계로 이행하게 된다.

2) 글로벌 인터넷 경영단계

이제까지의 글로벌화이론에 의하면 각 국가는 특정한 제품에 대한 생산을 개시하는 시기에 따라 그 순위가 정해질 수 있으며, 그 제품을 생산하고 있는 국가들은 그 순위에 따라서 보다 낮은 순위의 국가에 대하여 동 제품에 대한 수출을 행하거나 이의 현지생산 등을 위한 직접투자를 하게 된다는 것이다.

이와 같은 이론들은 기술의 가용성과 생산비에 그 이론적 근거를 두고 있는데, 시간이 흐름에 따라 비교우위요소인 기술이 순위에 따라서 전개되어 나아갈 때는 하위순위 국가의 여건에 적합하도록 생산기술 및 제품에 약간의 변화가 따르게 된다.

21세기에 들어 기업에 새로운 기회가 부여되고 있다. WTO로 인하여 지역경제의 결속으로 경제성장이 촉진되고 투자재와 소비재의 수요가 증가하는 한편, 관세무역의 장벽이 완화 또는 폐지됨으로써 새로운 시장으로의 진출이 용이해졌다. 이와 같은 국제경영환경의 변화는 기업의 국제화에 있어서 지역통합 또는 글로벌 통합지향단계에서 나타나기 시작했으며 이는 인터넷 비즈니스라는 새로운 기업국제화활동의 탄생으로 더욱 두드러지게 나타나고 있다. 즉, 지구라는 단일경제활동영역에서 더 발전하여 이제는 인터넷 비즈니스를 통한 새로운 경제영역인 사이버시장이 부각되고 있다.

이와 같이 기존의 기업국제화 5단계 이론은 인터넷 비즈니스의 출현으로 인하여 새로운 단계의 추가가 불가피하다. 인터넷이 기업활동의 시간과 공간의 격차를 없애는 제6단계, '글로벌 인터넷 비즈니스단계'가 기업의 글로벌화에 있어서 필연적인 요소가 되었다. 즉, 새로운 인터넷시장이 기존의 글로벌시장에 추가되어 새로운 형태의 기업활동이 이루어진다.

이제까지의 기업경영에는 없었던 현실을 조직하는 방법과 일치해 왔던 범세계적인 공간과 시간의 파괴와 재구축은 지금까지의 국가 간 거래의 개념도 새로운 패러다임으로 변모시키게 된다. 인터넷이나 네트워크를 통해 글로벌기업들의 세계적 경영활동을 변모시키게 되는 것이다.

2. 인터넷이 글로벌화에 미치는 영향

기업이나 가정에 컴퓨터가 급속히 확산되고 있다. 이런 기술의 전자화 · 소형화 · 디지털화 그리고 소프트웨어의 확산은 지금까지의 시간과 공간의 개념을 파괴시킨다. 예컨대, 지구촌의 정보와 주위의 활동은 '실제시간'에 일어난다.

1) 초국적기업 패러다임의 변화

21세기에 들어 새로운 형태의 초국적기업이 등장하고 있다. 전문가들은 그 요인으로 인터넷과 정보통신혁명을 들고 있다. 인터넷으로 전 세계의 자회사들을 통제할 수 있게 되었으며, 새로운 인터넷산업을 창출하고 있는 것이다. 인터넷과 정보통신기술의 발전에 따라 기업이 해결해야 하는 경영전략과 조직구조상의 새로운 문제점들이 제기되고 있다. 그렇지만 본사와 해외자회사 간, 그리고 해외자회사들 간의 의사결정권의 배분과 이를 위한 정보의 통제 및 공유, 전사적 차원에서의 해외자회사의 기능 및 배치결정 등을 정보기술의 발전방향에 맞게 새롭게 적용해야 하는 문제도 제기되고 있다.

인터넷과 정보통신혁명으로 기존의 물리적인 제약요인이 사라지면서 전 세계적인 생산과 판매를 효율적으로 통제하고 응용함으로써 이제까지는 없었던 새로운 효율성을 창출할 수 있게 된 것이다.

2) 전 세계적 경영환경의 통합

초국적기업들이 활동하고 있는 각 국가들은 법, 경제, 문화적인 경영환경을 가지고 있다. 초국적기업들은 여러 상황에 대해서 그들이 해외에서 얻은 경영적 교훈뿐 아니라 현지의 경영환경에 크게 영향을 받는다.

기업이 현지국에서 성공하려면 경영자는 효율성을 극대화하기 위해서 기업의 정책과 법적 · 경제적 · 문화적 · 정치적 환경 간의 관계를 면밀히 분석해야 하는데 인터넷과 정보통신혁명이 이것을 효과적으로 응용할 수 있게 한 것이다. 일반적으로 해외자회사 경영자의 경영전략과 이의 세부 이행과정을 통제하거나 감시하기가 힘들다. 또한 경영자가 실제 경영활동에 자신의 노력을 어느 정도 기여하고 있는지도 정확히 파악할 수 없다. 그러므로 본사는 해외자회사 경영자의 활동을 감시하기 위한 비용을 부담하여야 한다. 그러나 인터넷이 이를 가능하게 해주는 것이다. 이런 측면에서 인터넷은 초국적기업의 글로벌 네트워크를 구축하는 데 크게 기여할 수 있다.

3) 인터넷 글로벌기업의 탄생

21세기를 주도할 인터넷 글로벌기업은 인적자원과 기술과 같은 핵심역량을 개발하고, 조합시켜 최대의 효율성과 혁신을 이룩해야 하며, 부가가치의 사슬구조를 독립적으로 운영하는 것이 아니라 전체적인 관점에서 조화시켜 나가는 데 주안점을 두어야 한다. 부가가치의 사슬구조로 이루어진 글로벌기업은 전통적인 수직계열화기업과는 성격을 달리한다. 글로벌기업의 부가가치의 사슬구조는 수직계열화와 수평적 생산구조의 장점을 취한다고 보아야 한다. 본사와 해외자회사 간의 대리인비용과 경영의사결정비용의 감소는 기업활동의 조정 측면을 정반대로 유도하는 특성을 갖고 있다.

집권화되고 있는 것은 기업활동의 조정을 위해 필요한 정보의 흐름이며, 분권화되고 있는 것은 기업활동의 조정에 실질적으로 중요한 현지의 지식을 구성하는 정보의 구성이다. 즉, 해외자회사들은 현지국에서의 기업활동을 위한 의사결정권을 부여받으며 해외자회사 특유의 정보를 구성하게 되며, 본사는 이러한 정보의 흐름을 중앙에서 집중적으로 관리하고 이것이 전 세계 해외자회사 네트워크의 가치를 증가시킬 수 있도록 조정하는 역할을 하고 있는 것이다. 현재의 급속한 정보기술의 발전으로 대부분의 다국적기업들이 추구하는 방향이 되었으며, 한국기업도 이와 같은 방향에서 급격히 변하고 있다.

4) 인터넷 글로벌기업의 행동양식

인터넷 글로벌기업의 행동양식은 앞으로 매우 보편화될 것이다. 기업의 세계화란 기업활동이 국제적으로 발전하는 과정을 의미한다. 정보기술의 발전이 다국적기업에 미치는 영향은 기업활동의 조정과 기업활동의 범위의 측면이다. 의사결정비용이 감소되므로 본사의 해외자회사 정보의 관리와 통제, 부가가치의 창출을 위한 네트워크 형성을 위해 정보흐름을 집권화하는 것이 유리하다.

인터넷 글로벌기업의 출현으로 현재 전 세계에 흩어져 있는 경영자원들은 새로운 부가

가치의 사슬구조로 편입될 것이다. 이러한 인적자원, 정보기술들이 하나의 사슬로 연결될 때 경영자원 본연의 잠재력이 발산될 것이다. 이는 세계 전체의 소득과 부 그리고 구매력의 증가로 나타날 것이다. 인터넷 글로벌기업의 존재는 결국 전 세계경제의 고도성장으로 연결되는 것이다. 그리고 이러한 기업활동 조정과 범위의 면에서 인터넷과 정보기술이 가져다주는 영향을 기업의 글로벌화전략에 적용할 때 새로운 형태의 글로벌화전략이 가능할 것이다.

인터넷 환경하에서 세계시장을 대상으로 활동하고 있는 우리 기업들도 정보기술의 발전의 영향을 기업 내부로 적극 수용하고, 이에 적합한 글로벌화전략과 조직구조의 수립이 필요하다 할 것이다. 최근에는 인터넷이나 정보시스템의 각종 프로토콜 및 세계표준들도 글로벌기업의 통합능력을 확대시키고 있다.

5절 우리나라 인터넷기업의 해외진출

1. 인터넷기업의 해외진출 필요성

우리나라 기업의 해외진출은 산업구조의 고도화와 국제경쟁력의 강화에 기여할 것으로 보인다. 과거 해외직접투자가 노동집약적인 경공업분야에서 이루어졌던 것과는 달리 최근에는 전자, 반도체, 자동차 등 우리나라의 주력산업이라고 할 수 있는 중화학산업에서 집중적으로 이루어지고 있다. 우리나라 인터넷기업의 해외진출의 필요성은 이론적으로는 디지털시대가 가져온 환경적인 변화에 소자본, 소규모, 기술집약형, 시장개척형, 고부가가치를 그 특징으로 하고 있는 벤처기업의 속성이 융합하여 나타난 것이라 할 수 있다. 현실적으로는 창업부터 해외를 목표로 사업비전을 가지고 출발한 경우도 있고, 국내시장이 너무 작아 해외로 나가는 회사도 있다. 또 재정적으로 해외진출이 유리한 경우도 있다. 사업분야가 특수해 해외진출이 불가피한 회사들도 있을 것이다.

인터넷기업의 해외진출은 기술개발, 개발기술의 기업화 촉진, 해외기술습득의 수단으로서 큰 의미가 있다.

2. 인터넷기업의 해외진출 유형

기업이 특정국가에 특정제품을 가지고 진입하고자 할 경우, 그 진입유형의 선택에 있어서는 이의 결정에 영향을 미치는 몇 가지 요인에 대한 검토가 필요하다. 요한슨(Johanson)은 해외시장에 대한 지식의 부족이 국제화 추진에 중대한 장애가 되고 있으며 이러한 지식은 주로 해외시장에서의 활동을 통해 얻어질 수 있는 것이라고 하였으며, 해외시장 및 해외활동에 관한 지식의 점진적인 습득, 집성 및 활용과 이에 따라 해외시장에 대한 자원의 투입을 점차 확대시켜 나가는 행위를 강조하고 있다. 이와 같은 관점에서 인터넷기업의 해외진출유형을 살펴보면 다음과 같다.

첫째, 기업이 국내시장을 기준으로 할 때는 도입기나 성장기에 속하는 제품을 개발하고 있으나, 외국시장을 기준으로 할 경우에는 초기단계의 비중이 훨씬 낮은 수준에 머무르고 있는 실정일 경우 신기술의 습득이 용이하고 세계적인 추세에 훨씬 민감하게 반응할 수 있는 해외로의 진출을 모색하는 것이 바람직하다.

둘째, 사업영위형은 원천기술의 상품화를 해외에서 추진하는 것으로, 원천기술의 개발·발명은 국내에서, 제품사양과 영업형태는 해외에서 결정하는 방법이다.

셋째, 자본유치형은 초기의 부족한 자본문제를 해결하기 위해 벤처캐피털로부터 자금유입을 시도하는 경우로 최근 실리콘밸리에서 벤처캐피털에 대한 세 가지 대체수단으로 언급되는 엔젤, BI(Business Incubator), 민족 네트워크를 통한 자금유입 시도도 이 범주에 들어갈 것이다.

넷째, 한국형 해외진출유형이다. 우리나라의 인터넷기업은 분야에 따라서는 세계첨단이라고 할 수 있다. 이와 같은 이점을 살리는 진출형태가 모색될 수 있다. 국제경영에서 한국기업이 새로운 기업경영 패턴을 만들 수 있는 계기가 될 수도 있다.

19장 글로벌 인터넷 마케팅

1절 인터넷 마케팅환경

1. 인터넷시대의 마케팅환경변화

1) 소비자의 환경변화

일반적으로 어떤 특정개인이 재화나 서비스의 구매 여부나 언제, 어디서, 어떻게, 누구로부터 구매할 것인가를 결정하는 것을 소비자행동이라고 일컫는바, 이러한 소비자행동에 관한 시장정보를 파악한 다음에 효율적인 마케팅전략 수립이 가능하다. 또한 제품판매에 따라 마케팅전략의 평가를 가늠하게 되며, 그 결과를 토대로 향후 변화 추이를 예측할 수 있다. 따라서 이러한 소비자행동은 다음과 같은 몇 가지 특성을 지니고 있다.

첫째, 소비자행동은 외부인에게 불합리하게 보일지 모르지만, 그 행위자는 매우 합리적으로 목표를 고려하여 행동하는 목표지향적 특성을 지니고 있다.

둘째, 스스로 판단하여 자신에게 필요한 정보만 선택적으로 기억하게 되는 자주적 사고의 특성을 지니고 있다.

셋째, 소비자의 동기와 행동은 조사에 의해 규명될 수 있다.

넷째, 소비자의 행동과정은 소비자교육의 필요성을 야기한다. 즉, 제품을 올바르게 평가하고 선택할 수 있는 능력을 키우고 최선의 사용이 가능하도록 지속적인 교육이 필요하다.

다섯째, 소비자는 사회적으로 합리적인 것을 지향한다. 소비자의 의도와 관계없이 기업의 의도에 의해 제품이나 서비스를 공급한다면, 많은 부작용과 반발이 따르기 때문이다.

표 19-1 | 인터넷 거래의 등장에 따른 소비자차원의 환경변화

긍정적 변화	부정적 변화
• 저렴한 가격으로 상품구입 가능 • 시속하고 편리한 구매 • 상품선택의 폭 확대 • 상당량의 동적인 정보에 대한 접근용이	• 개인정보 노출 및 악용 우려 • 불량품에 대한 반품의 어려움 • 거래 사기 빈발 우려 • 직접 보지 못하는 데 대한 불신 우려

표 19-2 | 인터넷 거래가 기업에 미칠 영향

구분		세부내용
경영 활동에 미칠 영향	기회 요인	• 판매, 운영비용 감소(유통채널 단축, 고정비용 감소, 제조 · 포장비용 감소) • 효율적인 마케팅(상품광고효과 증대, 데이터베이스 마케팅, 고객정보 · 욕구파악 용이) • 대고객서비스 향상(리얼타임서비스, 24시간 영업) • 새로운 판매채널로 활용 • 고객욕구에 맞는 상품개발
	위험 요인	• 기술적 기반 미성숙에 따른 투자위험 • 전자결제시스템의 위험 • 보안유지관리상의 위험 • 낮은 통신속도 • 높은 통신요금 • 사용층의 소수 편중 • 상거래 관행의 정책에 시간소요 • 관련법 및 제도 미비
경영 환경에 미칠 영향	기회 요인	• 지역경제를 초월한 시장확대 • 조달의 개방화 및 국제화 • 새로운 사업기회(소자본, 벤처사업 등)
	위험 요인	• 시장경쟁 심화 : 정보 대리점의 생성 우려 • 거점 위주의 유통산업, 서비스업 침체 • 경쟁우위요소의 변화에 따른 관련산업 퇴조
긍정적 효과		• 상품판매와 관련된 고정비 · 간접비 감소 • 전 세계 대상으로 24시간 365일 사업 가능 • 각종 신규사업 등장으로 사업영역의 확대 • 마케팅 커뮤니케이션 • 판매자와 고객 간의 쌍방 대화 가능
부정적 효과		• 중간 유통업체 쇠퇴 • 상표충성도가 강한 대형업체가 국내시장 잠식 우려

전통적 상거래방식이나 인터넷 거래방식에서의 소비자행동의 특성은 위에서 언급한 기본틀을 크게 변화시키지 않고, 다만 인터넷 거래방식이 그 방법과 편의성 및 소비자에게 보다 유리한 입장을 우선적으로 고려하고 있다는 점에서 진보되었다고 볼 수 있다. 따라서 아직까지 인터넷 비즈니스가 전체 산업분야에 걸쳐 활성화되어 있거나 소비자들에게 깊이 자리 잡혀 있지 않은 단계이기 때문에, 먼저 인터넷 거래에 따른 소비자행동 특성보다는 전통 상거래방식으로부터 인터넷 거래방식의 전환에 따르는 소비자 입장에서 바라보는 긍정적 환경변화와 부정적 환경변화를 〈표 19-1〉과 같이 살펴보았다.

2) 기업의 환경변화

전통적 상거래에 인터넷 거래방식이 도입되면서 기업차원에서의 가장 큰 변화는 물리적 · 시간적 · 공간적 한계를 극복할 수 있다는 데 큰 의의가 있으며, 그에 적합한 새로운 전략 및 활동이 필요하게 되었다. 〈표 19-2〉에서는 인터넷의 도입에 따른 환경변화가 기업 측면에서의 경영활동 및 경영환경에 양극적 요인과 그에 수반되는 긍정적 · 부정적 효과를 설명하고 있다.

2. 인터넷환경변화에 따른 문제점

전통 상거래에서 인터넷 거래로 전환됨에 따라서 환경변화에 수반되는 많은 문제점이 제기된다. 인터넷 거래환경에서의 국제마케팅행위 시 기업의 거래는 전통 상거래환경에 비해 가격 · 시간 · 공간적으로 신속 · 저렴 · 단순하게 이루어질 수 있으며, 기업의 홍보차원에서도 폭넓은 시각으로 마케팅활동을 할 수 있기 때문에, 인터넷 거래는 새로운 경쟁력 확보방안의 도구로 활용되고 있다. 그러나 이러한 이유로 폭발적인 급성장을 보이고 있는 인터넷 거래환경에도 다음과 같은 몇 가지 문제점 및 어려움이 존재한다.

1) 제품관리상의 문제점

정보에 의한 거래이기 때문에 생산 및 제품관리부문에 다음과 같은 문제점이 있을 수 있다. 첫째, 제품경쟁의 압박 우려이다. 인터넷 거래는 가상공간을 통해 전 세계를 대상으로 무한한 정보를 제공하기 때문에 소비자의 탐색, 정보비용을 대폭 절감시키고, 이에 따라 제품 간의 경쟁이 치열해지게 된다. 따라서 제반 기업정보의 세계시장 노출이 촉진됨에 따라 세계시장으로 진출할 수 있는 기회가 확대될 수 있지만, 경쟁의 압박을 받을 수도 있다.

둘째, 중간 유통구조의 소멸 또는 위축으로 인한 역류현상이다. 중간 유통상 또는 면세점을 대상으로 하고 있는 전통 상거래환경의 많은 기업들이 중간 유통구조의 쇠퇴로 인하여 판로가 불투명해지거나 경쟁력이 약화될 뿐만 아니라, 중간 유통구조에 종사하던 기업들이 대거 참여하는 역류현상으로 인해 기존의 판로마저 빼앗길 우려가 많다.

셋째, 소비자의 입장에서 볼 때 제품의 실물과 광고물의 차이에서 오는 불이익의 우려가 있다. 특히, 미미한 불만으로 인한 경우가 많아질수록 인터넷 거래의 발전을 저해할 수 있는 중요한 요인이 될 수 있다. 또한 해외시장에서 상품을 구입한 경우일수록 그에 따르는 영향은 더욱 심화될 수 있다.

2) 판매관리상의 문제점

인터넷 거래환경이 설정되었다고 해서 기업의 광고매체가 가상의 채널만 이용하는 것은 아니다. 기존의 미디어매체를 이용한 광고도 유지하면서 가상매체를 통한 광고를 병행하는 기업이 많을 것이다. 또한 판매에 관련된 부문에 있어서도 전통적 판매관리부문에 인터넷 거래환경이 도입됨으로써 판매방법 및 판매관리상의 혁신을 유도하는 데에 목적이 있다고 할 수 있으므로 그에 따른 문제점도 지적되고 있다.

첫째, 인터넷 거래로 인한 광고효과에 대한 측정방법 또는 효과에 대한 산출이 난해한 것이 문제이다. 인터넷 광고가 성공하기 위해서는 광고효과에 대한 엄밀한 측정이 이루어져야 하고, 다른 매체와 마찬가지로 평가기준이 마련되어야 한다.

둘째, 기존의 판매촉진활동과는 달리 가상채널에서는 소비자가 원하지 않는 부문에 접하게 될 가능성이 적기 때문에 소비자가 직접 접하는 기회가 부여되기를 기다려야 하는 단점이 있을 수 있다.

셋째, 인터넷 거래환경에서의 판매관리부문에서는 유대감 형성이 배제되어 있다.

3) 유통관리상의 문제점

인터넷 거래의 도입에 따른 물류 및 대금수불관리의 궁극적인 목적은 기존의 물류관리 및 통제시스템의 재설계를 통해 낭비요소를 제거하고 처리절차를 혁신하여 비용절감, 처리시간의 단축, 자금의 효율적 관리 및 위험으로부터의 회피 등이다.

기존의 국제상거래방식과 인터넷 거래방식은 매우 단순하고 신속해졌다. 그러나 아직도 인터넷 거래환경에서의 국제마케팅활동 시 유통 및 대금수불관리에 따른 다음과 같은 여러 가지 제약요소 및 문제점이 남아 있다.

첫째, 종합적이고 공통적으로 연계하여 유통시킬 수 있는 배송상의 연계성 및 체계성이 부족하다. 인터넷 거래의 인식전환과 물류부문의 중요성은 이미 입증되고 있으나, 그에 수반되는 종합적인 조정 및 연계, 협력체계가 부족한 실정이므로 경쟁력 강화의 제약요소로 작용되고 있다.

둘째, 많이 개선되었지만 아직까지 국제적인 해결점을 찾지 못하고 있는 통신 프로토콜 부문, 신용장 및 거래규약의 이질성부문, 전자문서의 국제적 합의부문, 운송과 관련된 제반 규약부문 및 지불수단부문 등으로 인하여 기존의 방식과 병용해야 한다.

셋째, 최근 가장 빈발하고 있는 것으로, 정형화된 약관이 마련되어 있지 않은 물류배송 및 대금결제상의 사고에 대해 소비자차원의 피해 우려가 존재하고 있다. 즉, 물품의 배송상에서 발생하는 파손, 분실, 훼손 및 그에 수반되는 행위상의 분쟁발생 시 보호책이 마련되어 있지 않다.

넷째, 국제적인 리스크를 해결할 기관 또는 단체의 부재로 인하여 국제적 분쟁의 우려가 있을 수 있다.

4) 법적 관리상의 문제점

인터넷 거래의 도입에 따른 조세 · 법적 관리상의 측면으로 본다면 다음과 같이 문제점을 요약할 수 있다.

첫째, 거래에 대한 신뢰성 및 비밀보장의 취약성문제이다. 즉, 기업 내부의 정보누출, 사생활 침해 우려, 간섭 및 거래상의 신뢰성에 대한 안전장치가 결여되어 있는 것이 문제이다.

둘째, 안전성문제이다. 구매자와 판매자의 신원확인, 불법거래 유무, 해커로부터의 위험문제 등이 남아 있기 때문이다.

셋째, 저작권 및 지적재산권의 문제이다. 최근 들어 인터넷 거래가 급증함에 따라 정보에 대한 저작권문제, 지적재산권문제, 특허 및 소유권의 문제가 국제적인 법적 현안으로 많은 논란이 되고 있다.

넷째, 과세표준에 대한 과세문제이다. 즉, 관세를 수출자에 부과할 것인지 혹은 수입자에게 부과할 것인가의 문제뿐만 아니라 국내에서의 조세문제에 대한 문제점이 대두되고 있다.

다섯째, 사후관리 및 분쟁에 대한 법률적 근거문제이다. 전통 상거래환경에서는 국제적인 분쟁에 대해서는 중재법이 마련되어 있고, 신용장 운송부문에는 국제신용장통일규칙 및 인코텀즈(Inconterms : 무역조건의 해석에 관한 국제규칙)와 선박 · 육상 · 항공과 관련된 국제운송법이 마련되어 있다. 반면에 인터넷 거래환경에서는 최근 들어 세계적인 관심사로 부각되어 일부 국가에서는 인터넷 거래부문에 대해 무관세화를 원칙으로 하는 국제적 논의과정에 있기는 하지만 아직까지 뚜렷한 협의가 이루어지지 않고 있어 이에 대한 해결책이 시급한 실정이다.

5) 보안상의 문제점

인터넷 거래의 급속한 발전에 따라 사용자들 간의 접촉에서 이루어지는 정보의 유출로 발생되는 프라이버시문제가 큰 관심사항으로 등장하고 있다. 특히 이 분야는 정보통신기술의 발달로 인한 정보의 대량보유 및 유통이 가능해짐으로써 정보유통의 통제라는 소극적인 권리에서 자신의 정보에 대한 타인의 접근통제로서의 '적극적 · 능동적 권리'로 그 개념이 확대되고 있다. 따라서 다음과 같은 위험성이 제기되고 있다.

첫째, 완벽한 인증제도의 미비로 인하여 정보누출 및 대금결제상의 보안에 문제가 우려된다. 가상공간에서 성사되는 거래의 특성상 당사자 간의 신원확인을 위하여 인증기관으로부터 인증이 요구되는데, 인증기관에는 충분한 정보가 축척되어 있지 않아서 완벽한 보안이 보장되지 않고 있다. 또한 대금결제 시 전자지불제도를 사용하는데 사용자의 개인정보를 침해할 수 있는 안전장치상의 문제가 있다.

둘째, 인터넷 접속 시에 이용자의 행위에 대한 정보유출상의 문제가 남아 있다.

셋째, 거래내역의 비밀유지상의 문제점이 발생될 우려가 있다.

넷째, 소비자의 경우 인터넷 거래의 편리성, 제품비교 · 분석의 용이성 등의 이점에도 불구하고, 상품 및 서비스정보에 대한 신뢰감 부족, 주문취소, 교환, 환불 및 사후관리지원 등 체제 미정비로 인한 불이익의 우려로 인해 인터넷 거래의 선호 경향이 떨어질 우려가 있다.

다섯째, 국제 간 시스템 표준화의 부재로 인한 가상채널 사용상 소비자의 혼란을 초래할 우려가 있다. 현재 검색정보시스템이 등장하여 원하는 정보를 자유로이 접근할 수 있지만, 각국의 사용 프로토콜 및 시스템이 상이하여 정보의 전송 및 교류 시 전문가가 아니면 서로 사용할 수 없는 점이 지적되고 있다. 이와 같이 인터넷 거래가 완전한 정착을 이루기 위해서는 아직까지 여러 분야에 대한 문제점을 안고 있지만, 세계적으로 정부나 민간차원에서 문제점 해결을 위해 많은 노력을 기울이고 있기 때문에 현재 크게 개선되고 있다.

2절 인터넷 마케팅전략

1. 인터넷 마케팅전략

1) 인터넷시대의 제품전략

전통 상거래환경에서나 인터넷 거래환경에서의 마케팅믹스전략은 매출증대를 통한 이익획득이라는 동일한 목표를 지향하고 있지만, 인터넷 거래라는 혁신적인 시스템개발로 인하여 국제적 환경이 변화되고 있고, 경쟁력을 강화하기 위한 기반구축의 과정에서 동시에 반영되어 변화해야 하는 여러 전략적 요소들 중 제품생산분야에 관한 전략은 다음과 같다.

첫째, 인터넷 거래는 가상채널을 통해 제품을 판매하기 때문에 소비자의 입장에서는 직접 보고 만져보지 못한다는 단점이 있기 때문에 제품에 대한 충분한 설명이 필요하며, 특히 무형적 제품일 경우 일부분을 보여줌으로써 전통상거래환경에서의 견본 역할을 수행할 수 있도록 하는 것도 고객유치를 위한 좋은 마케팅방법이 된다.

둘째, 제품의 본질을 숙지하고, 그 효용의 특성을 살려 가치향상에 힘써야 한다. 즉, 국제마케팅믹스전략에 의해 수집된 정보데이터를 토대로 고객분석, 상품분석 및 고객반응을 파악한 뒤, 자사의 컨셉과 고객의 요구사항에 적합한 상품구성을 개발해야 한다.

셋째, 제품마다 그 특성상 차이가 많겠지만, 보다 높은 경쟁력을 갖춘 제품을 생산하기 위해서는 통합적인 마케팅 소통이 이루어져야 한다. 즉, 우월성(superiority)이 탁월하고 적가성(moderate price)을 발휘하며, 보존성(preservation, conservation)이 좋아야 한다. 또한 이동성(transportation)이 좋아야 하고, 대체성(substitution)이 중요시되며, 독점성(monopolization)을 가져야 할 뿐만 아니라 공공성(publicity)이 높아야 하는 것을 염두에 두고 소비자와의 의사소통이 이루어져야 함을 의미한다.

넷째, 고객만족에 초점을 둔 사후서비스(A/S), 사전서비스(B/S), 커뮤니케이션 및 소비자 특성을 고려한 혁신적 마케팅활동을 추구하고, 동시에 기술의 경제적 효율성을 높여야 한다.

2) 인터넷 거래시대의 가격전략

가격은 소비자의 구매에 직접적인 영향을 주는 1차적 결정요소이기 때문에, 인터넷 거래의 도입에 따른 환경변화에 맞추기 위하여 다음과 같은 전략적 변화가 요구된다.

첫째, 고객이 구매한 대가를 지불할 전자지불 및 대금결제수단이 확립되어야 한다. 최근 들어 국내외 많은 분야에서 대금결제수단에 대한 방법이 제시되어 이미 가치기반 통화로서의 역할을 수행하고는 있지만, 포괄적 응용분야에 대해 많은 문제점들이 지적되고 있기 때문에 보다 신뢰성 · 안전성 · 호환성 · 익명성 · 편의성 및 소액지불 가능성 등이 고려될 지불수단이 확립되어야 한다.

둘째, 경쟁상품의 가격전략을 지속적으로 파악하고 가상채널의 운영비, 업무자동화의 시간과 비용절감, 유통단계 단축으로 인한 비용절감 등을 통해 최대한의 가격경쟁력을 도모하여 경쟁제품의 시장침투를 견제해야 한다.

셋째, 24시간 구매 및 판매가 가능하도록 다양한 가격옵션 및 결제방법을 제시하여야 한다.

넷째, 재무시스템의 개선에 따라 생산 · 재고 · 유통 · 판매관리가 용이해짐에 따라 무조건적으로 가격을 인하하는 전략보다는 목표시장의 적정가격수준을 파악함으로써 보다 많은 매출을 획득할 수 있을 것이다.

3) 인터넷 거래시대의 유통전략

인터넷 거래환경에서 물류 및 유통혁신은 원가절감효과를 획득하는 데 주요한 영향을 미치며, 중간 유통과정의 소멸 또는 변화로 인해 보다 신속하고 편리해졌다. 그러나 유통상의 문제점이 아직도 존재하고 있으므로 다음과 같은 전략이 요구된다.

첫째, 관세 및 조세 등 각종 조세제도의 한계가 규정되어야 하며, 각국의 법적 · 제도적 협의가 이루어져야 한다. 가령, 다국적기업과 같은 본사와 지사 간의 거래, 기업과 기업 간 및 기업과 소비자 간의 거래, 누락 · 증여 또는 보상, 유형 또는 무형제품 등 거래의 관계성 및 소유에 대한 관세 및 부과세제에 대한 세계적인 법적, 제도적 협의를 거친 후 조속히 그 책임과 한계를 규정한다.

둘째, 전통적 상거래환경에서 업종 간의 담합, 독과점행위, 매점매석, 유통상의 많은 문제점이 지적된 것처럼 새로운 인터넷 거래의 환경에서 발생될 수 있는 신종 악덕 유통형태를 규제하기 위한 국제적 협의가 이루어진 후 소비자의 권익보호를 위한 규제기관이 설립되어야 한다.

셋째, 보다 다양한 형태의 정보처리 및 유통구조를 개선하기 위한 기반시설 확충이 필요하며, 산업 간 · 기업 간 · 지역 간 물류배송상의 연계가 가능하도록 공통화 네트워크가 형성되어야 한다.

넷째, 물류 전산화를 통한 물류 및 배송업무의 대중성과 개방화가 이루어져야 한다.

다섯째, 인터넷 거래환경에서는 전통 상거래환경의 해외시장 개척기업이나 다국적기업 등과 같이 국제유통 효율을 위한 거래적 편의성에 역점을 두기보다는 주로 기업과 기업 간 또는 기업과 소비자 간에 직접 전달되는 경우가 많기 때문에 세계적으로 보다 많은 유통망과 저렴한 비용을 앞세우고 있는 채널을 확보해야 한다.

여섯째, 인터넷 거래에 적응한 당사자 간의 거래 가이드라인을 정비해야 하며, 소비자 보호 및 프라이버시와 관련된 법규 정비가 요구되고 고의성을 제외하고는 환불, 반품, 교환 등과 관련된 일련의 보장이 확립되어야 한다.

마지막으로, 복합물류시스템의 연계, 전자선화증권의 법적 효력, 항공물류의 증가에 따른 창고, 보관, 하역, 포장 등의 편의성 · 연계성 · 신속성 · 국제성 등을 고려하여 여타의 마케팅믹스 전략요소에 부합될 수 있어야 한다.

4) 인터넷 비즈니스시대의 촉진전략

인터넷 거래의 도입에 따른 가상채널의 생성과 함께 가장 많은 부문에 변화를 초래하게 된 부문이 바로 판매촉진부문이기 때문에 보다 효율적인 판매촉진활동을 위한 전략으로는 다음을 들 수 있다.

첫째, 시간의 제약 없이 이용자가 방문할 수 있도록 전용서버를 이용하여 24시간 웹사이트를 열어두어야 한다.

둘째, 제품 및 기업홍보를 위한 그래픽 설정에 따르는 이미지 조화가 잘 이루어져야 한다.

셋째, 소비자들은 동호인 모임과 같은 가상 커뮤니티를 통해 소비자의 권리보호를 추구하게 되고, 제품에 대한 구매반응에 직접적인 영향을 미칠 뿐만 아니라 경쟁제품의 구매력에도 영향을 미치므로 가상 커뮤니티를 통한 제품 및 가격동향을 제공함으로써 그들로부터 구전효과가 형성되도록 유도해야 한다.

넷째, 자사제품을 해외바이어를 위해 검색엔진을 통하여 관련정보를 구축하고, 계속해서 자신을 알리는 판매촉진활동을 유지해야 한다.

5) 경쟁력 확보방안

인터넷 거래는 제2의 산업혁명이라 일컬을 만큼 기술상의 혁신을 일으켰으며, 현재는 물론 미래에 있어서도 보다 편리한 삶을 영위할 수 있는 도구로 자리 잡게 될 것이다. 따라서 인터넷 거래가 도입된 지 불과 몇 년밖에 되지 않았음에도 불구하고 그 사용자 수가 급증하고 있지만 보다 보편화되기에는 여러 분야에 많은 문제점들을 안고 있다. 그중 기술적인 부문에서 가장 많은 해결과제를 요하고 있으며, 보다 발전적인 노력이 끊임없이 지속되어야 하겠지만, 인터넷 거래의 세계적인 공동활동을 위한 시급한 해결책으로는 다음과 같이 고려해 볼 수 있다. 우선 기술분야에 대한 국내외적인 노력을 살펴보면 다음과 같다.

첫째, 사용자는 보안, 인증 및 보호를 위하여 결제정보를 데이터베이스에 저장하는 시스템과 결제처리를 수행하는 시스템에 대한 내외부 보안체제가 국제적으로 확립되어야 한다. 둘째, 결제정보가 전달되는 네트워크로서, 전달되는 정보의 유출 · 방해 · 훼손 및 허위 정보를 방지하는 완벽한 시스템을 구축해야 한다. 셋째, 국제적인 인터넷 거래의 활성화를 위하여 국제 간의 시스템 표준화가 이루어져야 한다. 넷째, 누구나 사용하기 쉽도록 단순하고 편리한 시스템개발과 교육활동이 이루어져야 한다. 다섯째, 보다 많은 분야에서 활용할 수 있도록 폭넓은 시스템이 개발되어야 한다.

그리고 마케팅의 전략적 믹스차원의 경쟁력 확보방안으로는 다음과 같은 것을 살펴볼 수 없다.

첫째, 가상세계에서는 무수히 많은 이름의 도메인이 있기 때문에 소비자들이 보다 쉽게 접속할 수 있도록 기억하기 쉽고 인상적인 도메인명을 사용하여야 한다. 둘째, 검색엔진에 등록하고 보다 빠른 서비스시스템을 구축하여 소비자가 자신의 웹사이트를 쉽게 찾도록 유도해야 한다. 셋째, 보다 이해하기 쉽고 편리한 웹사이트 제작과 차별화된 광고 및 호기심을 유발시킬 수 있는 사이트를 구축해야 한다. 넷째, 세계적으로 인지도가 높은 포털 거래알선 사이트를 통해 지속적인 제품 및 기업의 이미지 홍보에 노력을 기울여야 한다. 다섯째, 새로운 제품소개 및 뉴스를 제공하는 등 지속적인 웹사이트관리를 유지하여야 한다.

이러한 일련의 전략을 통해 인터넷 거래환경에서 기업의 이미지 제고와 경쟁력확보를 통해 매출증대 및 이윤을 추구할 수 있으며, 새로운 시장확보 및 효율적인 기업경영을 이룰 수 있을 것으로 본다.

2. 신경영전략에 따른 기대효과

정보통신기술의 발달은 국제비즈니스의 모습을 근본적으로 바꾸어 놓고 있다. 특히, 인터넷을 통해 상품이나 서비스를 사고파는 인터넷 거래는 시간과 공간의 제약 없이 전 세계를 대상으로 저렴한 비용으로 실시간 쌍방향 마케팅, 주문처리, 대금결제, 고객지원 등을 네트워크인 인터넷이 형성하고 있는 가상공간 자체가 하나의 시장이고, 인터넷 이용자가 곧 고객이다. 인터넷으로 비즈니스를 할 경우 신용장발행, 수출입신고, 적하보험부보, 수출입물류 및 선박수배 등 복잡한 비즈니스절차가 간소화된다.

인터넷 거래를 기존의 국제비즈니스구조와 비교해 볼 때 거래절차상으로는 별다른 차이가 없다고 할지라도 수단이나 방법에는 큰 차이를 보이고 있으며, 의사교환방식과 대금결제방법은 새로운 수단으로 이용될 것이다. 아울러 인터넷을 통해 자사제품과 서비스에 대한 홍보를 할 수 있으며, 국내외 신제품이나 거래선에 대한 정보를 신속하게 입수할 수 있고, 새로운 통신수단을 통해 저렴하고 효율적으로 거래상담과 계약체결을 할 수 있으며, 기업경영에 수반되는 제반활동을 즉시 파악할 수 있게 되었다.

따라서 인터넷 거래의 도입에 따른 기대효과로 가장 큰 부문은 글로벌 마케팅(global marketing)의 효율성 제고와 인터넷 비즈니스(internet business)의 활성화라고 말할 수 있을 것이다.

한국은 21세기에 들어와서 IT강국으로 부상하고 있다. 세계 최대의 반도체 생산국가이자 고속인터넷 이용자 역시 세계 최고수준이다. 글로벌 인터넷 비즈니스환경이 우리나라에 있어서 새로운 국제경영상의 기회를 제공해 주고 있다고 할 수 있다.

참고문헌

[국내문헌]

강태구, 국제경영학, 박영사, 1997.

권영철, 국제경영관리론, 무역경영사, 1998.

박도준, 핵심경영학원론(Ver4.0), 배움출판, 2020.

반경길, 국제경영(제4판), 박영사, 1998.

반병길 · 강호상, 국제경영(제5판), 박영사, 2001,

방호열, 국제경영학, 법문사, 1994.

배양해, 「경영환경변화에 대응하는 한국 철강산업의 세계화 전략」, 한국과학기술원(2000), pp.5-15.

산업자원부 보도자료(www.mocie.go.kr)

심재현, 국제경영론, 학현사, 1995.

어윤대 · 방호열, 전략경영, 학현사, 1995,

이세웅, 국제경영론, 일신사, 1994.

이윤선, 글로벌경영, 청목출판사, 1999.

이철, 글로벌 경영, 학현사, 2020

이홍구, 외국인 직접투자와 투자정책, 한국개발연구원, 1994, pp.98-129.

장세진, 글로벌경영(9판), 박영사, 2019

장윤종, 「세계화와 한국경제」, 산업연구원, 1994, pp.29-34.

정구현, 국제경영학(제3판), 1994.

조동성, 국제경영, 경문사, 1999,

한국무역협회, 기업의 해외투자전략 사례, 한국무역협회, 1993.

[국외문헌]

A. M. Rugman, *Inside the Multinationals* (New York : Columbia University Press, 1981), pp.54-60.

A. M. Rugman, D. J. Lecraw and L. D. Booth, *International Business : Firm and Environment* (New York : McGraw-Hill, 1986), p.299.

B. Chakravarthy & H. Perlmutter, "Strategic Planning for a Global business," *Columbia Journal of world Business* (Summer 1985), pp.3-10.

Bruce Kogut, "Designing Global Strategies : Comparative and Competitive Value-added Chained," *Sloan Management Review*, Summer, 1985.

C. Oman, "Globalazition and Regionalization : The Challenge for Developing Countries," OECD Development Center Studies(March 1994).

C. W. L. Hill, *International Business : Competing in the Global Marketplace* (Burr Ridge, Ill. : Irwin, 1994), p.410.

Chakravarthy, B. and H. Perlmutter, "Strategic Planning for a Global Business," *Columbia Journal of World Business* (Summer 1985), pp.3-10.

Charles R. Kennedy, Jr., *Political Management-International Lending and Investing under Environmental Uncertainty*, New York : Quorum Books, 1987, p.9.

D. A. Aaker, *Strategic Market Management*, New York : John Wiley & Sons,1992, p.66.

D. A. Heenan and H. V. Perlmutter, *Multinational Organization Development* (Reading, Mass. : Addison-Wesley, 1979), pp.18-19.

Donald R. Lessard, "Evaluating International Projects : An Adjusted Present Value Approach," *International Financial Management, : Theory and Application*, D. Lessard(ed.), John Wiley & Sons, 1985.

E. J. Kolde, *Environment of International Business* (Boston, Mass. : Kent Publishing Co., 1985), pp.357-358.

Endel J. Kolde, *International Business Enterprise* (1968), p.8.

F. R. Root, *Entry Strategies for International Markers*, Revised and Expanded ed.(New York : Lexington Books, 1994), pp. 143-165.

F. R. Root, *Entry Strategies for International Markets*, Revised and Expanded ed.(New York : Lexington Books, 1994). p.40.

F. T. Haner, "Business Environment Risk Index, Appendix B," *BERI Ltd. System for Selected Countries*, August 1981, p.9.

G. W. Mechling, J. W. Pearce, and J. W. Busbin, "Exploiting AMT in small Manufacturing Firms for Global Competitiveness", *International Journal of Operations and Production Management*, Vol.15, No.2 (1995), pp.61-76.

George S. Yip, *Total Global Strategy*, Prentice-Hall, 1995.

Group of Thirty, Foreign Direct Investment 1973-1983(New York : Group of Thirsty, 1984), pp.30-31.

H. Cohen, *You Can Negotiate Anytning* (Toronto, Bantam Books, 1980)

J. M. Stopford and L. T. Wells, Jr., *Managing the Multinational Enterprise* (New York : Basic Books, 1972), p.108.

J. Delorme, "The Changing Legal framework for Technology Transfer : Some Implications," in OECD, North South Technology Transfer : The Adjustment Ahead(Paris : OECD, 1982), p.90.

J. J. Boddewyn, *International Divestment : A Survey of Corporate Experience* (New York : Business International, 1976), p.5.

Jeffrey D. Simon, "Political Risk Assessment : Past Trends and Future Prospects," Columbia Journal of World Business, Fall 1982, p.67.

John D. Daniels and Lee H. Radebaugh, *International Business* (Addison-Wesley, 1986), pp.7-11.

K. J. Hladik, *International Joint Ventures* (Lexington, Mass. : Lexington books, 1985).

M. Adler and B. Dumas, "Exposure to Currency Risk : Definition and Measurement," *Financial Management*, Summer 1984, pp. 41-50.

M. Y. Geyikdagi, "The Cost of Equity Capital and Risk of 28 U.S. Multinational Corporation vs 28 U.S. Domestic Corporations : 1965-1978," *Management International Review*, Vol.21, 1981, pp.89-94.

M. Z. Brooke and P. J. Buckley, *Handbook of International Trade* (London : Macmillan Publishers Ltd., 1988), p.205.

M. Z. Brooke and L. H. Remmers, *The Strategy of Multinational Enterprise* (London : Longman Group, Ltd., 1970), pp.227-229.

Michael E. Porter, "Competition in Global Industries : A Conceptual Framework," in M. E. Porter(eds.), *Competition in Global Industries*, Harvard Business School Press, 1986.

N. J. Adler, *Women s Androgynous Managers : A Conceptualization of the Potential for American Women in International Management* (Pergamon Press, Ltd. 1984).

P. J. Buckley, The Theory of the Multinational Enterprise, Acta Universitatis Upsaliensis, *Studia Oeconomiae Negotiorum*, Vol.26, Uppsala, Sweden, 1987, pp.44-45.

R. Boyer(1997b), pp.15-16; R. Boyer(1998c), pp.32-35.

Raymond Vernon, *Storm over Multinational* (President and Fellows of Harvard College, 1977), pp.10-11.

Richard D. Robinson, *International Business Policy* (1964), p.411.

Robert Gross and John Stack, "Non-Economic Risk Evaluation in Multinational Banks," *Working Paper*, No.285, University of Michigan, January 1982, pp.5-7.

S. H. Robock, K. Simmonds and J. Zwick, *International Business and Multinational Enterprise*, Homewood, Ⅲ : Richard D. Irwin, 1977, p.291.

Stan Davis and Christopher Meyer, *Blue : The Speed Change in the Connected Economy* (Addison-Wesley, 1998), pp.132-148.

Sumantra Ghoshal(1987), "Global Strategy : An Organizing Framework," *Strategic Management Journal*, pp 425-440.

T. Levitt, "The Globalizations of Markets", *Harvard Business Review* (1983), pp. 92-102.

T. Kohers, "The Effect of Multinational Operations on the Cost of Equity Capital of U.S. Corporations : An Empirical Study," *Management International Review*, Vol.15, 1975, pp.121-124.

Thomas F. O' Boyle, "Rise and Fall," *Wall Street Journal* (4 January 1984), p.1.

W. J. Keegan, *Multinational Marketing Management* (Englewood Cliffs, NJ : Prentice-Hall, Inc, 1984), p.110

W. Ruigrok and R. van Tulder, *The Logic of International Restructuring* (London : Routledge, 1995)

W. A Dymsza, *Multinational Business Strategy* (McGraw-Hill, 1972), p.22.

찾아보기

한글

(ㄱ)

가격전략 ········ 250
간접수출 ········ 35, 71
경제동맹 ········ 179
경제통합 ········ 176
고문제도 ········ 200
공개경쟁라운드 ········ 160
공동시장 ········ 179
공산품 ········ 166
관세동맹 ········ 179
관세와 무역에 관한 일반협정 ········ 161
국내보조금 ········ 173
국내지향기업(국내기업) ········ 52
국제경영학 ········ 18
국제경영회의론 ········ 11
국제계약진출 ········ 36
국제기업협상 ········ 398
국제로지스틱스 ········ 293
국제사업부조직 ········ 324
국제생산관리 ········ 285
국제운전자본관리 ········ 316
국제인사관리 ········ 265
국제자금조달 ········ 311
국제재무관리 ········ 297
국제조직관리 ········ 320
국제투자관리 ········ 305
국제하청생산계약 ········ 79
국제협상전략 ········ 385
그리드기법 ········ 30
극단적 국제경영론 ········ 11
글로벌 소싱 ········ 290
글로벌전략 ········ 335
글로벌화 ········ 14, 143
글로벌화와 인터넷 ········ 418
기능별 조직 ········ 321
기술의 이전 ········ 99
긴급수입제한조치 ········ 162

(ㄴ)

내국민대우의 원칙 ········ 161

(ㄷ)

다국적기업 ········ 5
다수소유형 합작투자 ········ 122
단독투자 ········ 40
델파이분석 및 전문가견해 ········ 201
델파이분석 · 전문가견해 ········ 200
도하개발 아젠다 ········ 172
도하라운드 ········ 172
동등소유형 합작투자 ········ 123
디지털 신경영이론 ········ 416

(ㄹ)

라이선스 계약 ········ 76
러그만(Rugman)의 단순모형 ········ 59
레다웨이 모델 ········ 153
레이튼 모델 ········ 152

(ㅁ)

매니지먼트계약 ········ 78
매수 · 합병 ········ 121
매트릭스조직 ········ 325

무역원활화 ······ 174
무역전환효과 ······ 180
무역정책검토제도 ······ 169
무역창출효과 ······ 180
문화적 환경 ······ 216

(ㅂ)

반덤핑 ······ 166
배열-조정모형 ······ 344
보상관리 ······ 277
보조금 ······ 66, 161, 166
본국시장중심기업 ······ 146
분권적 조직 ······ 330
분산화 조달 ······ 290
분쟁해결절차 ······ 166, 171

(ㅅ)

서비스 ······ 4
선진기술지향형 해외직접투자 ······ 110
세계무역기구 ······ 165, 167
세계시장중심기업 ······ 147
세계지향기업(세계기업) ······ 53
소수소유형 합작투자 ······ 123
수요우선 확장경로 ······ 48
시장지향형 해외직접투자 ······ 108
시장포트폴리오기법 ······ 32
신설 ······ 112

(ㅇ)

완전경제통합 ······ 179, 180
우루과이라운드 ······ 164
유럽연합 ······ 182
유통전략 ······ 261
e-비즈니스 ······ 411
이전가격 ······ 317
인터넷 마케팅전략 ······ 431

(ㅈ)

자유무역지대 ······ 178
자유서술방식 ······ 200, 201
자체개발 주문생산 ······ 81
자코비 모델 ······ 153
전략적 제휴 ······ 75
전형적 확장경로 ······ 47
정치적 위험 ······ 191
정형적 서술방식 ······ 200
제품별 조직 ······ 322
제품수명주기관리 ······ 246
제품전략 ······ 247
주문자상표부착 방식 ······ 81
지역별 조직 ······ 323
지역시장중심기업 ······ 147
직접수출 ······ 35, 36, 72
집권적 조직 ······ 330

(ㅊ)

천연자원지향형 해외직접투자 ······ 110
첨단산업 확장경로 ······ 48
체크리스트방식 ······ 200, 201
최혜국대우의 원칙 ······ 161

(ㅋ)

클러크혼과 스트로드벡의 모형 ······ 230

(ㅌ)

턴키프로젝트 ······ 82
통합-적응모형 ······ 342
통합화 조달 ······ 291

(ㅍ)

표준화 대 차별화(현지적응) ······ 244
푸시-풀 믹스 ······ 256
풀(pull)전략 ······ 257
프랜차이즈계약 ······ 77

(ㅎ)
할인현금흐름분석 ········ 115
합작투자 ········ 119, 122
해외시장선택 ········ 25
해외시장세분화 ········ 240
해외제품포지셔닝 ········ 243
해외조달방식 ········ 290
해외지향기업(수출기업) ········ 53
해외직접투자 ········ 59, 107
해외직접투자 철수 ········ 137
해외파견인 ········ 268
해외포지셔닝관리 ········ 245
허쉬(Hirsch)의 모형 ········ 61
현지방문조사법 ········ 200, 202
현지시장중심기업 ········ 147
현지인 채용 ········ 272
현지지향기업(다국적기업) ········ 53
협상 ········ 132
협상기술 ········ 135
홀의 모형 ········ 229
홉스테드모형 ········ 225
환경라운드 ········ 160
환위험관리 ········ 297
효율성 지향형 해외직접투자 ········ 110

영문

(A)
APEC(Asia Pacific Economic Cooperation) 185

(C)
checklist ········ 200
common market ········ 179
complete economic integration ········ 180
Configuration-Coordination Framework ········ 344
customs union ········ 179

(D)
DDA(Doha Development Agenda) ········ 172
decentralized organization ········ 330
delphi · expert ········ 200
direct export ········ 72
distributed sourcing ········ 290
Doha Round ········ 172

(E)
economic integration ········ 176
economic union ········ 179
efficiency seeker ········ 110
EPRG ········ 146
Ethnocentric ········ 146
EU(European Union) ········ 182

(F)
foreign divestment ········ 137
franchise agreement ········ 77
free trade area ········ 178
functional organization ········ 321

(G)
GATT ········ 191
Geocentric ········ 147
global sourcing ········ 290
grand tours ········ 200
greenfield ········ 112

(I)
indirect export ········ 71
integrated sourcing ········ 291
Integration-Responsiveness Framework ········ 342
international business ········ 18
international division organization ········ 324
international logistics ········ 293

(J)

joint venture ······ 119

(K)

knowledge seeker ······ 110

(M)

M&A(Merger & Acquisition) ······ 83, 121
management contracts ······ 78
market seeker ······ 108
matrix organization ······ 325
MTO ······ 168
multinational enterprises ······ 5

(N)

NAFTA(North America Free Trade Agreement) ······ 184
negotiation ······ 132

(O)

ODDM(Original Development & Design Manufacturing) ······ 81
OEM(Original Equipment Manufacturing) ······ 81
old Hands ······ 200

(P)

Polycentric ······ 147
product organization ······ 322
push-pull mix ······ 256

(R)

Regiocentric ······ 147
regional organization ······ 323
resources seeker ······ 110
Root ······ 60

(S)

sole investment ······ 87
sole venture ······ 112
strategic alliances ······ 75
structured qualitative ······ 200

(T)

trade creation effect ······ 180
trade diversion effect ······ 180
transfer pricing ······ 317
turn-key project ······ 82

(U)

unstructured qualitative ······ 200
UR(Uruguay Round) ······ 164

(W)

WTO(World Trade Organization) ······ 167

[저자 약력]

박종돈(朴鍾敦)

인천대학교 경영대학 경영학부 교수
고려대학교 경영학 학사, 한국외국어대학교 외국어연수원 영어과 Diploma
미국 Eastern Washington Univ. MBA, 동국대학교 경영학 박사
Eastern Washington Univ. Whitworth College Instructor
BBS '박종돈의 아침저널' 진행자, 인천광역시장 자문교수
한국경영학회, 한국통상정보학회, 한국무역학회 부회장, *Journal of Korea Trade Editor*,
국제 e-비즈니스학회 회장, 행정고시 출제위원(5급)
인천대학교 경영대학장, 경영대학원장 역임
현, 대한상사중재인, 염곡문화재단 감사

▸ 주요 저서 및 논문

IT중소벤처기업 경영사례(2001), 현대경영학원론(2005), 국제경영의 이해(2006), 전자상거래입문(2006), 경영정보시스템(2006), 경영과 노사관계(2007), 국제협상의 기법(2010), 경영의 이해 100(2014), 국제협상의 이론과 실제(2020)

"외국중재판정의 승인거부사유에 관한 연구", "M&A 협상성과에 기업 간 문화차이가 미치는 영향에 관한 연구", "한국수출기업의 경쟁력 강화요인에 관한 연구", "한미 FTA협상 타결에 관한 양국 간의 문제점 및 대응방안", "ODR 분쟁조정시스템 활용을 통한 분쟁해결에 관한 연구", "한일 FTA에 대비한 중소기업 정책자금 지원제도에 대한 연구", "아프리카에 진출한 중국기업의 해외직접투자에 관한 연구", "한국기업의 남아공 마케팅 전략과 성과에 관한 연구", "한국기업의 아프리카 진출 성과에 관한 연구", "Global e-Business Competency Factors Influencing Purchase Intention of Smartphone on Chinese Consumer", "Comparison of Korea and China's FTA Strategies", "베트남 근로자의 조직몰입에 영향을 미치는 요인에 대한 연구–베트남 소재 한국기업에 근무하는 베트남 근로자를 대상으로 –" 등 다수

국제경영의 이론과 실제

2021년 9월 10일 1판 1쇄 인쇄
2021년 9월 15일 1판 1쇄 발행

저　자 | 박종돈
발행인 | 이수영
발행처 | 도서출판 청람
서울시 마포구 독막로 288(대흥동, 세양상가 109호)
전　화 | 02)3272-2601~2
팩　스 | 02)3272-2603
이메일 | crbooks@daum.net
홈페이지 | http://www.crbooks.co.kr
등　록 | 2000년 8월 26일 제6-0509호

ISBN 978-89-5972-838-1 93320　　[정가 26,000원]